KB140074

도 陶
용 俑

中國 西安(長安)의 문화유산

# Xi'an Relics Essence_Pottery Figurine

초판인쇄 2016년 1월 29일
초판발행 2016년 1월 29일

엮은이 시안시문물보호고고학연구소
옮긴이 중국문물전문번역팀
펴낸이 채종준
진 행 박능원
기 획 지성영
편 집 백혜림 · 조은아
디자인 조은아
마케팅 황영주 · 김지선

펴낸곳 한국학술정보(주)
주 소 경기도 파주시 회동길 230(문발동513-5)
전 화 031-908-3181(대표)
팩 스 031-908-3189
홈페이지 http://ebook.kstudy.com
E-mail 출판사업부 publish@kstudy.com
등 록 제일산-115호(2000. 6. 19)

ISBN 978-89-268-7016-7 94910
      978-89-268-6263-6 (전11권)

 한국학술정보(주)의 학술 분야 출판 브랜드입니다.

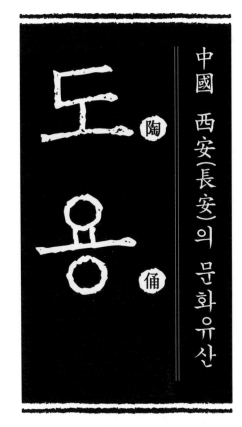

中國 西安(長安)의 문화유산

도용

陶

俑

시안시문물보호고고학연구소 엮음
중국문물전문번역팀 옮김

한국학술정보

# 한눈에 보는 중국 시안(西安, 長安)의 문화유산

　시안(西安, 長安)은 중국 고대문명의 발상지로 역사상 13왕조의 왕도인바 중국 전통문화의 산실이라고 할 수 있다. 주(周)·진(秦)·한(漢)·당(唐)나라 등의 수도로서 청동기(靑銅器)를 비롯한 각종 옥기(玉器)와 금은기(金銀器), 불교 조각상(佛敎彫刻像), 당삼채(唐三彩), 도용(陶俑), 자기(瓷器), 회화(繪畵), 서예(書藝) 등 수많은 문화유산을 남기고 있다. 그러나 이러한 문화유산은 여러 박물관이나 문화재연구소에서 분산 소장하고 있어 한눈에 감상할 수가 없다.

　시안을 답사했을 때 중국의 지역연구기관으로서 시안 지역의 유적·왕릉·건축물 등 역사문화유적의 보호와 연구를 담당하고 있는 시안시문물보호고고소(西安市文物保護考古所)에서 정리하고, 세계도서출판시안공사(世界圖書出判西安公司)에서 발행한『西安文物精華(시안문물정화)』를 접한 바 있다. 이번에 출간된『中國 西安(長安)의 문화유산』시리즈는 이를 번역·출판한 것으로, 이를 통하여 시안의 문화유산을 한눈에 감상할 수 있게 되었다. 이 책은 전문가들이 몇 년간에 걸쳐 시안의 문화유산 가운데 에센스를 선정, 회화·금은기·옥기·당삼채·불교조각상·자기·청동거울·도용·청동기·서예·도장(圖章) 등으로 분류하여 집대성한 것이다. 중국어를 해득하지 못하는 이들을 위해 각종 문화유산에 대한 상세한 해설을 실어 이해를 돕고 있으며, 화질이 좋아 원서보다도 선명하게 문화유산을 접할 수 있게 되었다.

　특히 회화편은 원서보다도 화질이 선명하여 그림의 색감이 더 살아나며, 청동기와 동경(銅鏡)도 세밀한 부분이 더 입체적으로 드러나고 있다. 회화편의 경우, 그림을 보고 있노라면 한국화의 주제나 기법이 어디서 영향을 받았는지를 확연하게 알 수 있어 한국의 회화를 이해하는 데도 많은 도움이 될 것이다. 청동기와 동경의 경우, 한국의 그것과 공통점과 차이점을 비교해보는 재미를 느낄 수 있으며, 불교조각상과 자기의 경우에도 중국과 한국의 공통점과 차이점을 한눈에 살펴볼 수 있다. 이와 같이『中國 西安(長安)의 문화유산』시리즈는 중국의 문화유산을 감상하고 이해하는 것뿐만 아니라 한국의 문화유산과의 비교를 통하여 두 전통문화 간의 공통점과 차이점을 느낄 수 있다.

　실크로드의 기점인 시안은 중국뿐만 아니라 서역의 많은 문화유산을 소장하고 있으나 이곳의 문화유산을 감상하려면 박물관이나 미술관에 직접 가야만 하고, 중요한 유물을 모두 보기 위해선 여러 번 발품을 팔아야 한다. 이에『中國 西安(長安)의 문화유산』시리즈는 한눈에 중국의 우수한 문화유산을 감상하면서 눈의 호사를 누리고, 중국의 전통문화를 제대로 이해하는 계기가 될 것이다.

2015년
前 문화체육관광부 장관
現 고려대학교 한국사학과 교수
최광식

# 중국 시안(西安, 長安)의 유구한 역사를 보여주다

시안(西安, 長安)은 중국의 역사에서 다양한 별명을 갖고 있다. 중화문명의 발상지, 중화민족의 요람, 가장 오래된 도시, 실크로드의 출발지 등이 그것이다. 시안의 6천 년 역사 가운데 왕도(王都, 혹은 皇都)의 역사가 1200년이었다는 사실도 시안을 일컫는 또 다른 이름이 될 수 있다. 즉, 시안은 남전원인(藍田原人)의 선사시대부터 당(唐) 시기 세계 최대의 도시 단계를 거쳐 근대에 이르기까지 중화의 역사, 종교, 군사, 경제, 문화, 학예 등 분야 전반에 걸쳐 가히 대륙의 중심에 서 있어 왔다고 할 수 있다. 그만큼 시안은 역사의 자취가 황토 고원의 두께만큼 두껍고, 황하의 흐름만큼 길다고 할 것이다.

시안시문물보호고고소(西安市文物保護考古所)에서 엮은 『西安文物精華(시안문물정화)』 도록 전집은 이와 같은 시안의 유구한 역사와 그 문화사적인 의미를 잘 보여주고 있다. 첫째, 발굴 및 전수되어 온 문화재들이 병마용(兵馬俑), 자기(瓷器), 인장(印章), 서법(書法), 옥기(玉器), 동경(銅鏡), 청동기(靑銅器), 회화(繪畵), 불상(佛像), 금은기물(金銀器物) 등 다양할 뿐 아니라, 시안만이 가지는 역사 배경의 특징을 심도 있게 관찰할 수 있는 분야의 문화재가 집중적으로 수록되어 있다. 각 권의 머리말에서 밝히고 있듯이 이 문화재의 일부는 시안 지역의 특징을 이루는 것들을 포함하면서 다른 일부, 예컨대 자기는 당시 전국의 물품들이 집합되어 있어 그 시기 중국 전체의 면모를 보여주기도 한다는 것이다. 둘째, 당 이후 중국 역사의 주된 무대는 강남(江南)으로 옮겨갔다고 할 수 있는데, 이 문화재들은 시안이 여전히 역사와 문화의 중심축에서 크게 벗어나지 않고 있음을 보여준다. 문인 취향의 서법, 인장 및 자기들이 이를 말해준다고 할 수 있다. 셋째, 이 문화재들은 병마용의 경우처럼 대부분이 해당 예술사에서 주로 다루어질 수준의 것들이지만 다른 일부, 예컨대 회화 같은 경우는 그러한 수준에서 다소 벗어난 작품들로 보이기도 한다. 그러나 이 경우 이 문화재들은 해당 예술사 분야에서 대표성을 갖는 작품들이 일류 작가의 범작(凡作)들과 이류 작가의 다른 주제와 기법을 통하여 어떻게 조형적 가치와 대표성을 가질 수 있는가를 되비쳐줌과 동시에 중국적인 조형 의식의 심층을 엿볼 수 있게 한다는 사료적 가치가 있다고 평가할 수 있다.

이러한 시안의 방대하고 의미 있는 문화재를 선명한 화상과 상세한 전문적 설명을 덧붙여 발간한 것을 한국학술정보(주)에서 한국어 번역본으로 출간, 한국의 관련 연구자와 문화 애호가들에게 시의적절하게 제공하게 된 것은 매우 다행스럽고 보람된 일이라 생각한다. 향후 이를 토대로 심도 있는 연구가 진행되고, 이웃 문화권에 대한 일반 독자들의 이해가 깊어질 수 있기를 기대하면서 감상과 섭렵을 적극적으로 추천하는 바이다.

2015년 관악산 자락에서
서울대학교 미학과 교수
박낙규

도용(陶俑)은 고대(古代) 조각가가 진흙과 불로 만든 인형(人形)으로 물과 흙으로 빚어낸 혼이 담긴 영혼의 결정체이기도 하다. 정교하고 아름다운 도용은 마치 끓는 피를 쏟아 넣은 듯이 생기가 있어 생동한 운치를 보여주는 동시에 유구한 역사를 품고 있다. 도용은 당시 생활의 집약이자 역사의 반영이며 생명체에 순간적이며 집중적인 조명으로서 무덤 속에 넣어져 피장자(被葬者)와 함께 세세대대 전해져 왔다. 이러한 도용은 은상(殷商) 말기에 순장(殉葬)을 대신해 나타나 명청(明淸) 교체기에 자취를 감추기까지 3천여 년의 역사를 가지고 있다.

주진한당(周秦漢唐) 시대의 도읍지였던 시안(西安)에는 역대 왕조가 남겨 놓은 다양한 도용이 수없이 많다. 이들은 마치 사라진 옛 도시에 대한 시각적 만가(輓歌)와 같이 역사적 유산을 기억하게 할 뿐만 아니라 되새길 가치와 추억에 대한 공감도 불러일으킨다. 도용이 수많은 역사 유물 가운데서 특히 주목받는 것은 당시 공예가들이 사회 현실을 반영하고 보편적인 관심을 받는 제재를 취하는 동시에 옛것을 답습하는 데 그치지 않고 예술적 창의력을 발휘하여 시대적 유행을 표현했기 때문이다. 물론 모든 계층을 아울러서 인기가 있었기에 수많은 도용이 용솟음쳐 나타날 수 있었다. 그러므로 도용은 예술적 허구가 아닌 역사적 증거이다.

조각예술에서 서양인이 깎는 데[彫] 능한 반면 중국인은 빚는 데[塑] 능하다. 깎는 것이 원재료를 깎아내어 사실적(寫實的) 형체만을 남기는 것이라면 빚는 것은 진흙과 같은 재료로 직접 조형을 만들어내는 것으로 둘은 상부상조의 관계인 것이다. 중국에서 조각예술은 진한(秦漢)에서 수당(隋唐)에 이르는 도용에서 절정에 이르렀는데 흔히 날소(捏塑, 주물러 만들기), 조소(雕塑), 도각(刀刻), 모인(模印), 채회(彩繪) 등 여러 기법을 함께 사용하여 무늬가 풍부하고 효과가 뛰어날뿐더러 몸매가 균형 잡히고 형상이 독특하였다. 특히 일부 조형이 독특한 도용은 거푸집으로 찍어낸 후 다시 조각하였는데 간단한 몇 획만으로도 생동감이 넘쳐났으며 섬세하면서도 시각적 효과마저 뛰어났다.

전국(戰國)에서 진한(秦漢), 수당(隋唐)에 이르기까지 중화민족은 예술적 기질이 다분한 민족이었다. 그들은 만물을 포용하는 드넓은 흉금을 가졌는데 특히 관중(關中)이라는 드넓은 땅에서 이 기질을 남김없이 발휘하였다. 진한시대, 도용의 제작은 이미 상당한 수준에 이르렀다. 주지하다시피 진시황(秦始皇) 병마용(兵馬俑)은 진대(秦代)의 도용 제작수준을 잘 보여준다. 크기가 사람 또는 말과 등신대를 이루는 8천여 점이나 되는 도용은 형체가 커다랗고 살아 움직이는 듯하며 용모가 모두 다르며 지극히 사실적(寫實的)이다. 또한 머리모양, 머리장식품, 의복, 갑옷, 신발에서 수염, 표정에 이르기까지 모두 다르며 기백이 넘치는 군진(軍陣)으로 진대 도용의 살짝 경직돼 보이는 단점을 미봉해 주었다. 1999년에 출토된 진(秦) 능원 백희용(百戱俑)은 체구가 우람차고 근육이 발달되어 있어 일부 조각사가(彫刻史家)들은 그리스·로마 풍격의 영향을 받은 것으로 추정하는데 이는 중국 공예가들은 보편적으로 골격이나 근육을 표현하지 않기 때문이다.

창안(長安)에서 출토된 한대(漢代) 도용은 한인(漢人)들의 정교한 축소수준을 잘 보여준다. 서한(西漢)시대 제후(帝後) 및 제후(諸侯) 능묘에서는 크고 작은 남녀 시립용(侍立俑), 기마용(騎馬俑), 보병용(步兵俑), 악용(樂俑), 무용(舞俑) 등이 출토되었다. 한대 도용은 크기가 작아져 진대(秦代) 도용의 1/3 정도밖에 안 되지만 형상이 더욱 생동하다. 한양릉(漢陽陵)에서 발견된 대량의 나체 도용은 사람들을 깜짝 놀라게 하였다. 당시 예의제도(禮儀制度)에서 공예가들이 어떻게 남녀의 은밀한 부위까지 표현하였는지 상상할 수 없는 일이기 때문이다. 시안 지역에서 출토된 동한(東漢)시대 도용은 노복들이 떼를 지어 있거나 잡희(雜戱)를 하는 모습인데 제작이 거칠고 조악하다. 대부분 토호(土豪), 지주(地主)의 장원(莊園)생활 모습을 표현한 것으로 생활의 정취가 있으나 예술·기법 면에서는 다소 뒤처진다.

위진(魏晉)에서 북조(北朝)까지 관중(關中) 지역은 '오호난화(五胡亂華)'로 인해 정권 교체가 빈번하였고 경제가 침체되었으며 아울러 후장(厚葬)도 줄었다. 그러므로 무덤에서 출토된 도용들은 간단하고 거칠며 왜소하다. 유행했던 단일 거푸집으로 만든 도용도 재료를 절약하기 위한 것이었다. 무사용(武士俑), 기마용(騎馬俑), 주악용(奏樂俑), 시립용(侍立俑) 등은 조형이 간단한데 짙은 군사적 분위기와 소수민족의 풍격을 띠고 있다. 서위(西魏)·북주(北周) 도용은 전체적인 풍격이나 세부적인 예술 면에서 모두 새롭고 세련된 동위(東魏)·북제(北齊) 도용보다 뒤처졌다. 예청(鄴城) 황실 무덤에서 출토된 매끈하고 수려한 도용과 비교하면 일정한 차이가 있는데 이는 관롱집단(關隴集團)이 외래문화를 적게 받아들인 것과 관련된다.

수당(隋唐) 도용은 고대(古代) 중국 조각사(彫刻史) 절정기의 대표격이다.『당회요(唐會要)』권38에는 다음과 같은 기록이 있다. "왕공(王公)이나 백관들은 서로 후장(厚葬)하려고 우인(偶人), 코끼리, 말을 생동하게 조각하여 오가는 사람들에게 자랑하였다. 원체 마음에서 우러나온 예의가 아닌지라 서로 비겨 재산을 탕진하는 경우까지 생겨났고 이는 풍조가 되어 유행하였다." 여기에서 우인은 도용을 가리킨다. 이러한 피장자에 대한 산 사람의 마음을 표현하는 부장품은 장례풍속에서의 충효(忠孝)사상을 극단으로 밀고 나갔다. 낭비가 심한 매장(埋葬), 등급을 넘어선 도용 제작, 권세를 자랑하는 송장(送葬) 과정 등은 왕공, 귀족에서 일반관리, 평민에 이르기까지 모두 본받았다. 관청과 민간 작방(作坊) 모두 사치를 부리면서 도용은 더욱더 아름답고 정교하게 제작되었다. 색상을 입히고 금을 붙이며 장식이 화려할뿐더러 조형이 독특하고 동작도 과장되어 예술적으로는 전무후무한 경지에 이르렀다.

가장 전형적인 예로 1991년 시안(西安) 동쪽 교외의 당(唐) 금향(金鄕) 현주묘(縣主墓)에서 출토된 채색 도용 156점을 들 수 있다. 도용마다 조형이 독특하고 자태에 생동감이 있어 당(唐) 개원성세(開元盛世) 시기 귀족들의 호화로운 생활을 생동하게 보여준다. 공작 모양의 모자를 쓴 기마여용(騎馬女俑)은 요고(腰鼓)를 두드리고 있는데 출행의 장용(出行儀仗俑) 중 하나이다. 매, 개, 표범을 앉히고 사냥에 나선 호인(胡人, 고대 서역 소수민족) 사냥꾼 도용은 당시 황궁귀족들이 기마수렵 활동을 즐겼음을 보여준다. 그리고 웃통을 벗어던지고 머리를 좌우로 돌리며 두 다리를 반쯤 굽히고 기회를 엿보는 씨름꾼 도용, 한손으로 물구나무서기를 하는 외팔 예인(藝人), 몸에 붙는 옷을 입고 대간잡기(戴竿雜技)를 표현하는 도용 등에서는 당시 귀족들의 다채롭고 호화로운 생활을 엿볼 수 있다. 그중 괄목할 만한 것은 호인 여성의 용모를 가진 시립용(侍立俑)이다. 이는 고고학연구소에서 지금까지 둘도 없는 서역(西域) 여성 형상으로 당대(唐代) 시인이 노래한 호희(胡姬)의 풍채(風采)를 연상케 한다. 이 도용들에서 볼 수 있는 호모(胡帽), 호복(胡服), 호인(胡人), 표범, 스라소니, 페르시아 견(犬) 그리고 악기 등은 모두 페르시아, 소그디아나(Sogdiana, 중앙아시아의 샤라프샨 하천과 카슈카 다리아 유역 지방의 옛이름) 문화와 밀접한 관계가 있다. 이로부터 당시 서역(西域)문명이 당(唐)에 대한 광범위한 영향을 엿볼 수 있을 뿐만 아니라 도기 공예 예술의 향연을 만끽할 수 있으며 천년이 지난 뒤에도 여전히 발산되는 당대 도용의 예술적 매력을 한껏 느낄 수 있다.

호인 도용은 시안 당묘(唐墓)에서 가장 많이 출토되었는데 종류가 다양하고 형상이 매우 사실적이다. 그중 많은 것은 처음으로 발견된 것으로 매우 진귀하다. 호인 도용은 이주민들의 생활상뿐만 아니라 비단의 길을 통해 나타난 동서양 예술 교류의 충돌과 융합도 보여준다. 또한 문자가 보여줄 수 없는 역사 메시지를 형상적으로 보여주므로 당대(唐代) 및 중고(中古)시대 사회문화에 대한 진실한 반영이기도 하다. 서역문화가 중원(中原)에 유입되어 당(唐)왕조 한인(漢人)들이 받아들인 것과 마찬가지로 호인의 이국적인 외모는 종국적으로 진한(秦漢) 이래 한인(漢人)의 용모와 섞이게 되었고 이는 당시 진실한 '인간'의 용모를 복원하는 데 전형적인 의의가 있다.

성당(盛唐) 시기에 나타난 당삼채용(唐三彩俑)은 가히 당대(唐代) 도용(陶俑)과 어깨를 겨룰 만하다. 비록 양자는 태질(胎質)이나 소성온도(燒成溫度)가 서로 다르지만 모두 예술적 가치가 높은 수작이다. 당대 도용은 회도(灰陶), 홍도(紅陶), 채회도(彩繪陶) 등 종류가 다양하다. 도용 제작도 수준의 차이가 있어 뛰어난 장인의 작품은 흔히 널리 알려져 사람들이 경쟁적으로 사들였다. 『태평광기(太平廣記)』 권484 「이와전(李娃傳)」에서는 창안성(長安城)에서 부장품을 파는 동사(東肆)·서사(西肆) 두 점포가 천문가[天門街, 주작대가(朱雀大街)]에서 우열을 놓고 승부를 다투었는데 구경꾼이 몇만 명이나 되었다고 적고 있다. 하지만 황실귀족이나 고관대신들만을 위해 도용을 제작했던 견관서(甄官署) 장인의 이름을 알 수 없을뿐더러 출토된 도용의 대부분이 제작연대가 미상(未詳)이어서 대체적인 역사시대로 어림잡아 도용을 구분할 수밖에 없었다. 수(隋)왕조에서 초당(初唐) 시기는 색상을 입히지 않은 의장용(儀仗俑)이 주요한 특징이다. 당고종(唐高宗)에서 당현종(唐玄宗) 시기는 삼채용과 채색 도용이 어깨를 나란히 하던 성당(盛唐) 시기로 준마(駿馬), 무사(武士), 시녀(仕女), 기악(伎樂), 고취의장(鼓吹儀仗), 수렵(狩獵), 타구(打毬) 등 다양하고 아름다운 도용들이 넘쳐났고 당대 도용 예술은 절정에 다다랐다. 8세기 중엽 '안사(安史)의 난' 이후, 도용은 수량이 격감하였을 뿐만 아니라 조형도 크게 변하였다. 여용(女俑)의 몸매는 점차 균형을 잃고 실팍하게 변했고 말을 탄 여성 기악용(伎樂俑)이 줄어들었으며 콧마루가 높고 눈이 우묵한 호인의 형상도 찾아보기 힘들게 되었다.

쑨지(孫機)는 「당대도용[唐代的俑]」이라는 글에서 창안(長安)과 뤄양(洛陽)에서 출토된 도용의 태토(胎土), 유색(釉色), 장식기법 등을 비교한 후 "전반적으로 보면 뤄양의 제작수준은 창안보다 뒤처진다"고 말한 바 있다. 실은 뤄양의 삼채용도 매우 우수한바 단지 종류가 그다지 풍부하지 않을 따름이다. 둘은 상호 보완하면서 함께 문화 매개체가 되었다. 공예가들의 심혈로 만들어진 이러한 도용은 당시와 현재를 이어주는 내재적 연결고리로서 후세 소장가 내지 오늘날 국내외 박물관과 개인소장가들의 관심을 한몸에 받게 되었다.

송대(宋代)에 이르러 평면예술인 회화(繪畵)가 주도적 위치를 차지하면서 입체예술인 조각을 대체하게 되었다. 이러한 예술 창작방식의 변화는 조각을 날로 위축시켰고 결과적으로 시안 지역 송대 무덤에서는 극히 적은 도용이 출토되었다. 몇 년 사이 원대(元代)의 흑도용(黑陶俑)이 속속들이 발견되었는데 몽고인의 문화 특징이 잘 드러난다. 명대(明代) 진번왕(秦藩王) 무덤에서 출토된 도용은 우수한 작품이 적을 뿐만 아니라 조형이 간단하고 경직되어 예술적 가치가 떨어진다. 이는 중국 고대사회의 몰락과 종말의 신호로 도용 예술이 사양길에 접어들었음을 의미한다.

시안에서 출토된 도용은 20세기 청대(淸代) 말기, 중화민국(中華民國) 초기에 이미 서양 골동품 소장가들의 사랑을 받았는데 많은 외국 예술품 감정사(鑑定士)들의 높은 평가와 함께 비교적 영향력 있는 도용 연구서적들이 출판되었다. 20세기 이래 중국에서는 고고학을 대표로 하는 새로운 인문학과가 발전을 거듭하였는데 특히 13개 조대(朝代) 도읍지였던 시안에서 일련성 있는 각 조대 도용이 끊임없이 출토됨에 따라 작은 분야지만 다채로운 유물 도용을 예술적인 각도에서 세상에 널리 알리게 되었다. 시안시문물보호고고학연구원(西安市文物保護考古學研究院)의 왕즈리(王自力) 선생이 몇 년간의 고심 끝에 내놓은 본 도록은 학술계에 새로운 역사 소재를 제공해줄 뿐만 아니라 그 문화적 고리작용과 심미가치도 간과할 수 없다. 본서를 펼쳐 아름다운 그림을 보면 살아 숨 쉬는 듯한 역사 형상이 한눈에 안겨오는바 깊은 사색과 예술적 영감을 불러일으킬 것이다. 도용은 당시 사회의 직접적인 반영이자 역사의 축소판인 동시에 천년 세월 동안 간직해온 변하지 않는 문명의 척도이기도 하다.

2014년 3월
베이징에서

陶俑是古代雕塑家用泥土和窑火造成的人形，表现的却是水与土混合后捏塑成的精魂。精致精美的陶俑做佛输入了奔涌的血液，有着灵动朝气，从而显现着生动的神韵，沉浸着厚重的歷史。

小陶俑背后有大歷史。因为陶俑是当时生活的一个浓缩，是一个歷史侧面的反映，是人生凝固生命的集中展示，所以才要放入墓葬中陪伴主人世世代代延续下去。从殷商晚期开始，墓葬中出现替代杀殉的陶俑，一直到明清交际絶迹，其间延续了叁千多年的歷史。

西安是周秦汉唐的京畿之地，歷代王朝遗留下无数的种类繁多的陶俑，犹如一首送给这座消逝古城的视觉挽歌，让人们记住歷史遗产并有了追溯的价值与怀旧的共鸣。陶俑在衆多歷史遗物中脱颖而出，在于当时艺术工匠汲取社会前沿的反映与普受关注的遴选，不断潜心追求艺术创新的表现，各类陶俑的造型不是袭故蹈常，而是时尚价值的延伸。当然，更是受到不同社会阶层的喜爱和赞赏，才会使陶俑大量涌现。我们看到的不是艺术虚构的结晶，更是歷史的总结和见证。

在雕塑艺术上，西方人善于雕，中国人善于塑。雕是减法，塑是加法，雕是把多馀的塬材料凿掉剩下写实的形体，塑则是用泥巴等材料直接堆捏成艺术的形体造型，一雕一塑相辅相成。雕塑艺术在中国秦汉至隋唐的陶俑中发挥到了淋漓尽致的地步，往往是集捏塑、雕塑、刀刻、模印、彩绘等手法于一身，不仅纹饰丰富、效果突出，而且体态匀称，形象独特。特别是一些造型独特的陶塑工艺是在模塑之后又搭配雕刻，简练数刀就刻畵出传神之境，详细而生动，视觉效果非同一般。

从战国以来到秦汉、隋唐的中华民族，是一个富有艺术气质的民族，他们有着虹吸鲸飲的开放胸襟，有着不固步自封的饱满心怀，特别在关中这片广袤土地上有着杰出的表现。秦汉的陶俑制作已经有了五彩纷呈的境域，大家耳熟能详的秦始皇兵马俑显示了秦人制作陶俑的雕塑水平，八千多件如同眞人眞马的陶塑，形体高大，惟妙惟肖，栩栩如生，容貌千人千面却逼眞写实，每个俑从发型、头饰、服饰、铠甲、鞋履以至胡须、表情皆不相同，气势恢弘的军阵掩盖了秦俑稍显僵硬的缺点。1999年出土的秦陵园百戲俑，由于体型魁梧，肌肉发达，被有的雕塑史家称有来自希腊罗马的风格，因为中国工匠一般不表现骨骼肌肉，从而被认为是受到了外来文明的影响。

汉代长安出土的陶俑则展现了汉人塑像精致的缩微水平。在西汉帝陵、后陵以及诸侯王陵发现的大大小小、男男女女的侍立俑、骑马俑、步兵俑、乐俑、舞俑等，作为衆多奴婢随从被陪葬在皇家贵族陵墓中。汉俑虽然缩小为秦俑的叁分之一，但是形象更为生动，汉阳陵发现大量的裸体陶俑令中国人瞠目结舌，男女隐私部分的暴露使人无法想象当时礼俗制度下的工匠创作。西安地区东汉墓葬出土的小陶俑，奴僕成群组合，杂戲拙朴粗糙，以豪犟地主庄园内生活见长，虽有家庭生活气息，但雕塑艺术思想和雕塑技术均落入低谷。

魏晋至北朝时期关中地区"五胡乱华"，政权更迭频繁，经济一蹶不振，厚葬风气减弱，墓葬中出土的陶俑简拙而矮小，流行的半模俑也是节俭省料，武士俑、骑马俑、奏乐俑、侍立俑等造型简单，既有着浓重的军事气息，又流露出少数民族的风尚。西魏北周陶俑整体风格与局部艺术都不如东魏北齐的出新细腻，若与邺城皇室墓葬中秀骨清俊的陶俑相比，还有一定距离，或许与关陇军功集团吸收外来文化较少有关。

隋唐陶俑是中国古代雕塑史巅峰时代的代表，《唐会要》卷叁八记载"王公百官，竞为厚葬，偶人象马，雕饰如生，徒以炫耀路人，本不因心致礼，更相扇动，破产倾资，风俗流行"。偶人就是陶俑，这种利用厚葬死人表达活人心理的随葬品，将丧葬"忠孝"传统思想推向极端，埋葬时大肆铺张，定制时逾越等级，送葬时炫耀权势，从贵族王公到官吏士民争相做效，从官府工署到民间作坊竞相奢华，使得陶俑制作越来越精美，不仅彩绘贴金，装饰鲜艳，而且造型独特，动作夸张，在艺术上达到了空前绝后的地步。

最典型的如1991年西安东郊唐金乡县主墓出土的156件彩绘陶俑，造型独特，姿态传神，生动地再现了唐开元盛世时期贵族生活的豪华场面。头戴孔雀冠的骑马女俑双手拍击腰鼓是出行仪仗乐队的伎乐之一；驾鹰、抱犭或携带猎豹的胡人猎手跃跃欲试，正是皇宫贵族酷爱的骑马狩猎活动的如实写照；裸祖上身的角抵相扑俑摇头晃脑、双腿半蹲欲寻机搏斗，单手倒立的独臂艺人，着紧身衣的戴竿杂技表演，则体现了贵族家居生活的多彩与奢华。令人惊叹的是这批陶俑中还发现一个胡人女子容貌的侍立俑，这是目前考古所仅见的西域妇女形象，使人联想起唐朝诗人歌咏的胡姬风采。其实这批陶俑中所展示的胡帽、胡服、胡人以及猎豹、猞猁、波斯犭还有乐器等都与外来的波斯、粟特文化息息相关，从中不仅可以窥见当时西域文明对唐代社会的广泛影响，而且让后世人们得到了陶塑杰作的艺术享受，看到了唐俑千年之后仍散发着的不灭的艺术魅力。

西安唐墓出土的胡人陶俑最多，种类繁多，形象逼真，有许多属于首次发现，异常珍贵。胡俑不仅是外来移民生存生活的国家形象，也体现着丝路东西方艺术交流的摈撞与交融。如果说胡人俑使后人看到了许多透过文字无法看到的历史信息，那幺胡俑图像对唐代以及中古社会文化进行了很好的诠释，胡人异域风情的容貌最终与秦汉以来的汉人面孔相容，如同西域文化传入中塬成为唐朝汉人共享的文化，从而对活生生的"人"的面貌恢复更具典型意义。

与唐代陶俑相媲美的是盛唐时出现的唐叁彩俑，虽然两种胎质有所不同，烧成温度也不同，但就艺术价值来说，都是珍品。唐代陶俑的品种很多，有灰陶、红陶和彩绘陶等，陶俑制作也无疑有高下之分，成熟工匠的优秀作品往往声名鹊起，不胫而走，世人争相订购。《太平广记》卷四八四《李娃传》曾描述长安城内东肆、西肆两家做丧葬冥器的凶肆铺在天门街（朱雀大街）比试优劣，互争胜负，士女围观者聚至数万。可惜我们不知专为皇家贵族和达官功臣烧制陶俑的"甄官署"匠师姓名，大部分出土陶俑的具体制作纪年都不清楚也无法考证，我们只是笼统地划分了几个大的历史时段。隋朝至初唐是以不施釉的仪仗陶俑为主要特征，唐高宗到玄宗时期是盛唐叁彩俑与彩绘陶俑并重的时期，骏马、武士、仕女、伎乐、鼓吹仪仗、狩猎打球等争奇斗艳，唐俑艺术达到巅峰。八世纪中叶"安史之乱"后，陶俑不仅数量急剧减少，而且艺术造型演变很大，女俑体形越来越胖，丰肥失度，几近臃肿；女性骑马伎乐俑越来越少，高鼻深目的胡人俑亦难得一见。这既反映了思想观念的变化，也是心灵史的巨变。

孙机先生在《唐代的俑》一文中比较了长安、洛阳出土陶俑的胎土、釉色、装饰手法之后，指出"总的说来，洛阳的制作水平稍逊于长安"。其实，洛阳的叁彩俑也相当不错，只是陶俑种类不够丰富而已，但它们如双珠合璧，互相辉映，成为文化的一种载体。可以说，这些艺术雕塑匠师的精琢细刻，成为那个时代的传世文脉，赢得了后世典藏家的青睐，也受到目前海内外博物馆与私人搜集的高度关注。

宋代用平面的绘画作为艺术主导形式取代了立体的雕塑，这种艺术创作方式的转换，使得雕塑与绘画相比江河日下，西安地区出土的宋墓陶俑极少。近年，元代黑陶俑则是屡屡被发现，其中不乏蒙古人文化特征。明代秦藩王墓地出土的陶俑造型简略呆板，力作乏陈，艺术价值欠缺，也许这是中国古代社会停滞终结的讯号，留下了陶俑艺术夕阳西下的斜影。

　　西安出土陶俑早在上个世纪清末民初就已经受到西方古董收藏世家的迷恋喜爱，许多外国艺术鉴赏家给予了很高的评价，并出版了一些影响较大的陶俑研究图书。可是无论怎样在海外掀起热潮，都无法与新中国各地不断发现出土的陶俑相比。二十世纪以来，中国考古文物为代表的新型人文学科取得了长足的进步，尤其是西安作为十叁朝古都"首善"之区，随着各个朝代成序列出土陶俑的不断增多，人们开始将这一狭小领域但却五彩纷呈的文物，从艺术史视角推向了世界广阔的视野。西安市文物保护考古研究院的王自力先生积数年之功，编纂的这部陶俑图录，将会提供给学术界新的歷史形象素材，其文化链环和审美价值不可小觑。开卷而览一幅幅精美的图片掠过，一张张鲜活的面孔从历史中走来，由此激发的思考和艺术的灵感，更会久久不失。

　　如果说陶俑是那个时代形影相随的直接反映，是历史的缩影造型和凝固的袖珍形象，那幺陶俑身上流逝的是千年岁月，负载的是不变的文明尺度。

2014年 3月

于北京

葛承雍

Pottery figurines, baked clay works of ancient sculptors, express the soul of kneaded water-and-clay figures. It looks as if vitality was injected into them. Otherwise, the exquisite objects can't be so vivid and lively! Again, they are laden with history.

Behind small figurines, there is great history. This is because pottery figurine is a miniature of people's living at that time, and even a reflection of history and embodiment of one's whole life. So, these small ornaments ought to be buried with the dead to accompany him or her forever. Since the late Shang Dynasty, pottery figurines appeared in place of killed people. And the mortuary objects didn't leave the historical stage until the turn from Ming to Qing. In short, the custom continued for more than 3000 years.

As the Capital of Zhou, Qin, Han and Tang, different dynasties left countless pottery figurines of various categories, which send a visual elegy to the fading ancient city, so that people remember historical heritages and find traceable values and nostalgic identity. Pottery figurines stand out in many historical relics because ancient artisans absorbed the reflection of forefront society and common concern, but were also devoted to artistic originality. Their various shapes are far from following suit, but extend fashionable values. Of course, mass production should be attributed to popularity and praise among all social classes. What we see is not only a fruit of artistic creation, but also a summary and witness of history.

In terms of sculpture, Westerners are good at carving, but Easterners do kneading better. Sculpture is to add in, but kneading just the other way around. In detail, sculpture means removing those unwanted parts to form a solid shape; on the other hand, kneading is making clay into a shape reflecting the image. Sculpture goes hand in hand with kneading. Sculpture had come to its golden time in China's Qin-Han and Sui-Tang, which is embodied in pottery figurines. A pottery figurine, often a combination of kneading, carving, cutting, mould-printing, colourful painting and so forth, features remarkably rich decoration as well as unique handsome design. Especially, some pottery sculptures indeed look alive through several cuts after kneading. Everyone who sees them would be entirely intoxicated.

From Warring States Period to Qin-Han and Sui-Tang, our Chinese had been possessing high artistry. We are openminded, all-embracing and never self-satisfied. Especially, the Chinese has made great feats. Qin-Han pottery figurines have adopted multi-coloured design. Famous terracotta warriors of Qinshihuang (First Emperor) show us superb skill of ancient Qin people. Over 8,000 life-size soldier and horse sculptures have lofty stature, look lifelike and have different features. Each warrior varies in hairstyle, headdress, clothing, armour, shoes, beard and expression. Their impressing grandeur makes us ignore they look a bit stiff. Qinshihuang Mausoleum's acrobatic figures unearthed in 1999, even possess Greek or Roman style according to some sculpture historians' opinion due to their strong build and good muscles. This is because Chinese artisans often express no bones or muscles. This might be evidence of foreign influence.

Han Dynasty's Pottery figurines unearthed in Chang'an demonstrate the skill of miniature sculpture of artisans. Big or small, male and female standing figurines, cavalrymen, infantrymen, musicians, dancers and so on discovered in Western Han's emperor and empress mausoleums as well as duke tombs had been buried there. With 1/3 size of Qin's counterparts, Han pottery figurines come more vividly. Naked figurines first discovered in Han Yangling Mausoleum make us dumbfounded, because both male and female privates are exposed so clearly that none can imagine how artisans made them under the conservative atmosphere. Pottery figurines unearthed form Eastern Han's tombs in Xi'an are a large group of poignant slaves and coarse acrobatic players. Despite a vivid depiction of the dead landlord wealthy manor living, they marked a slump of sculpture.

In the Guanzhong Region, Chaotic China Caused by Five Hu Tribes continued from Wei-Jin to Northern Dynasties. During the period, frequent regime changes led to economic recession and few accepted proper burial. Pottery figurines of those days are simple, clumsy and short, even popular half-moulded figurines use very few materials: Warriors, cavalrymen, musicians, standing servants and so on of simple design not only have a strong military atmosphere, but also reflect the fashion of minor ethnic groups. In terms of entire style and specific artistry, those of Western Wei and Northern Zhou are less novel and exquisite than Eastern Wei and Northern Qi, which is perhaps related to Guanlong Military Group absorbing less foreign cultures.

As a representative of 'ancient Chinese sculpture' zenith, Sui-Tang pottery figurines were recorded in Vol. 38, *Institutional History of Tang* like this, "Dukes and ministers follow suit of luxurious burial. Pottery figurines of men and chariots are true to life, just to show off before passers-by. That has nothing to do with true rite or respect. They spend much money in doing this, leading to popularity of the bad habit." Pottery men figurines, as mortuary objects by which living people express their commemoration for the dead, brought into full play the traditional "loyal and filial" thought. Burial extravaganza prevailed in that time. Even the adequate burial degree was overstepped. Morever, burial procession showed off the dead's high power. All people, ranging from dukes and nobility to ministers and plebeians, from government agencies to folk workshops, were buried in extravagance, making pottery figurines more and more exquisitely. Those objects not only used colourful painting and gold lacquering, but also adopted unique design and exaggerated behaviours. It reached an unmatched height of all times.

Most typically, 156 colour painted pottery figurines unearthed in the Jinxiang County Magistrate's tomb, eastern suburbs, Xian, featuring unique design and vivid gesture, let extravagant scenes of the nobility in the High Tang's Kaiyuan Period come alive. Female figurine on horseback wearing a peacock cap and beating the waist drum is one of musicians in honour guard; Hu figurines supporting a falcon, holding a dog or carrying a cheetah, indeed look as if they wanted to go hunting on horseback, which reflects the live scenes of imperial nobility at that time; upper-naked wrestling warriors with wagging heads endeavour to find every chance to defeat each other in a half-crouching gesture; last but not least, an one-armed player in one-hand handstand and thrilling acrobatic players reflect colourfulness and extravagance of the nobility's family living. To our surprise, a female Hu in standing gesture is discovered among the set of figurines. That is the first of its kind (image of women in Western Regions) up to now, reminding us of gorgeous Hu girls in Tang poets' poetic gems. As a matter of fact, Hu people in their ethnic caps and costumes as well as cheetahs, wildcats, Persian dogs and instruments are closely related to Persian and Sogdian cultures. From them, not only can we get a glimpse of the Western Civilizations' widespread influence on Tang society, but also later generations enjoy the superb art of pottery figurines. Tang's pottery figurines ooze with an ageless charm several thousand years later.

Pottery Hu figurines, mostly unearthed from Xi'an Tang's tombs, feature various types and vivid images, many of which are discovered for the first time and immensely precious. Hu figurines stand for individual nations' images amidst the art intercourse along the Silk Road. We may say, Hu figurines let us see lots of historical information beyond language, and their images provide a fine interpretation of social cultures in Tang and medieval China. Hu (Western ethnic) cultures were introduced into Medieval China, being an integral part of Tang culture which Han people enjoy as well. So, these figurines hold a more representative meaning for restoring the real appearance of "people at that time".

High Tang's tri-coloured pottery can be a perfect match for pottery figurines. Despite different materials and baking temperatures, both are great treasures. Tang's pottery figurines have many types such as grey pottery, red pottery and colour-painted pottery. Even pottery making vary greatly in skill. Mature artisans often had high fame, so that their excellent works were sought after in the market. *"Legend of Li Wa"* Vol. 484 *The Extensive Records of the Taiping Era* records two burial objects shops in Eastern and Western Markets respectively tried to defeat each other on the Zhuque Street, so that several thousand people crowded to watch the scene. It is a pity that we don't know the artisans' names of "Imperial Pottery Workshop", and we're uncertain about exact production years and incapable of making accurate research. What we can do is just to roughly divide it into several stages: From Sui to Early Tang, non-glazed pottery figurines in honour guard were indeed popular; between reigns of Gaozong and Xuanzong Emperors, High Tang's tri-coloured pottery and colour-painted pottery figurines were two focuses, so that steeds, warriors, girls, musicians, including drumbeaters, honour guards, hunters and ancient football players were made exquisitely, which marked a zenith of Tang's figurines. After An Lushan-Shi Siming Rebellion in the mid-8th century, pottery figurines not only abruptly reduced in numbers, but were also far from the former style, just having fatter and fatter shapes (almost obese). Female horseback figurines and female musicians were fewer and fewer. Hu figurines featuring a long nose and deep eyes were hard to find. This not only reflected a great change in ideology, but also a radical change of spiritual history.

Having compared their clays, glazes and decorations, Mr Sun Ji said in his *Pottery Figurines of Tang Dynasty*, "On the whole, Luoyang's pottery making is a bit inferior to Chang'an." In fact, Luoyang's tri-coloured figurines are very good, but have fewer types. Nevertheless, they set out each other brilliantly like a pair of twin. Both are carriers of profound cultures. We may say, those artisans' exquisite workmanship has been a literary trait handed from that time, but also a great treasure collected by domestic and overseas museums and collectors.

In Song Dynasty, art of painting took place of sculpture. Due to the turn of creation direction, sculpture faded away as time passed. Song tombs' pottery figurines unearthed in Xi'an are exceedingly fewer, but Yuan's black pottery was discovered frequently. The Yuan's pottery often carries characteristics of Mongolian culture. Pottery figurines unearthed from Qin(Shaanxi)'s tombs in Ming Dynasty, are of stagnant shapes, so that they hold low artistic values. Perhaps it is a signal that ancient Chinese society came to an end, leaving the last faint glory of pottery art.

Pottery figurines unearthed in Xi'an have been sought after by Western collecting families in the late-Qing and early- Republic times, so that foreign connoisseurs highly praised them and published influential books. Regardless of the upgrading high tide at abroad, there are more and more pottery figurines in sequence unearthed in various regions of New China. Since the 20th century, China's relic archeology has made fruitful results and improved research levels. Especially in Xi'an (the ancient city of three dynasties, first of its kind), scholars begin promoting these ancient colourful relics in a narrow field to a wider arena from the perspective of art history as pottery figurines of various dynasties spring up increasingly. Mr Wang Zili at Xi'an Relic Protection and Archeological Institute now compiles the album of pottery figurines after several years' effort. I believe it will offer a new reference for academia to research their images. So, cultural link and aesthetic value cannot be underestimated. Open the album and a scroll of exquisite pictures will feast your eyes. A large number of faces will come alive. It will leave us much room for thinking, but also endlessly inspire us in artistry. If we say pottery figurines are mirror and miniature of that time, they indeed carry a long history over several thousand years, and even eternal dimensions of the civilization.

Mar, 2014, Beijing

Ge Chengyong

# 도용(陶俑)의 기원(起源)과 발전

## 1. 도용(陶俑)의 개념(槪念)

도용(陶俑)은 고분(古墳) 중 배장품(陪葬品)으로 명기(明器)의 일종이다. 일명 '명기(冥器)', '흉기(凶器)'라 불리는 고대(古代) 중국에서 전문 배장품으로 제작된 기물(器物)이다. 사람과 각종 동물을 모방한 우인(偶人), 우상(偶像) 및 예기(禮器), 일상기물, 거선(車船), 가구, 집 등을 모방한 각종 모형이 포함된다. 보편적으로 작고 비실용적이며 오직 상징적 의의만 갖고 있다. 애초에 도용은 무덤 속 인물상(人物象)만 가리켰으나 오늘날 범위가 넓어져 인물용(人物俑) 외에 각종 동물용(動物俑)과 상상 속 신수용(神獸俑)도 모두 포함된다.

도용은 도기(陶器)로 된 인물, 동물, 신수 등의 명기를 가리킨다. 고고학 발굴에 의하면 도용 외에도 나무, 자기(瓷器), 돌, 구리, 철, 납 재질의 용(俑)도 존재한다. 그러나 목용(木俑)은 지하에서 오랫동안 보존할 수 없고 석용(石俑)은 조각이 어려워 대량으로 생산할 수 없으며 자용(瓷俑) 및 각종 금속 용(俑)은 품질에 대한 요구가 높고 굽거나 주조하는 데 필요한 비용이 만만치 않다. 오직 도용만이 재료 선택이 편리하고 제작하기가 쉬우며 보존기간 또한 길어 중국 고대 용(俑)의 주류가 되었다. 각종 재질의 용(俑) 가운데 도용은 생겨난 시간이 가장 이르고 수량이 가장 많으며 종류 또한 풍부하다.

## 2. 도용(陶俑)의 기원(起源)

용(俑)은 인류 신앙의 산물이다. 옛사람들은 사후(死後)에 영혼이 있다고 믿었으며 또 다른 세상에서 생전(生前)과 같은 생활을 한다고 여겼다. 이러한 원시적인 불멸의 영혼에 대한 관념은 일찌기 구석기(舊石器)시대부터 생겨났다. 이는 사회 발전에 따라 진화하여 초기의 조상 숭배에서 죽은 자에 대한 후장(厚葬)으로 변하게 되었다. 『좌전(左傳)』에는 "사후를 생전과 같이 하는 것이 예(禮)이다"라는 기록이 있다. 즉 죽은 자를 산 사람과 같이 대해야 한다는 것이다. 그리하여 사람들은 도용을 포함한 각종 명기를 무덤 속에 넣어 죽은 자의 또 다른 세상에서의 수요를 만족시켰다.

도용의 기원은 거슬러 올라가 선사시대 도기 인물상과 각종 도기 동물상에서 찾을 수 있다. 그러나 당시 도기 인물상이나 동물상은 고문헌에서 말하는 '용(俑)'의 개념이 아니라 원시적 토템숭배 또는 종교관의 반영이었다. 진정한 의미에서의 배장품 도용은 은상(殷商)시대에 나타나기 시작했다. 지금까지 고고학적으로 발견된 가장 이른 도용은 1937년 허난(河南) 안양(安陽) 은허(殷墟) 상(商) 왕실 귀족 무덤 속에서 순장(殉葬)된 사람과 함께 출토된 상대(商代) 말기 도제(陶制) 남녀 노예용(奴隷俑)이다. 상주(商周)시대에는 순장이 유행하였는데 발굴된 상주 왕실 귀족 무덤 속에는 순장된 노예와 가축이 대량으로 발견되었다. 잔혹한 순장제도는 당시 많은 사람들의 반대에 부딪혔으며 노예가 대량으로 순장됨으로 인해 사회 생산력마저 커다란 영향을 받게 되었다. 그러나 왕실 귀족과 노예주들은 사후에도 노예가 시중들지 않으면 안 되므로 노예 순장을 대신하는 도기 인형, '용(俑)'이 생겨나게 되었다. 춘추전국(春秋戰國)시대부터 장례관습에 변화가 생기면서 순장에서 점차 인형(人形)을 모방한 용(俑)으로 대체되었다. 사회가 진보하면서 순장제도는 드디어 종결되었고 대신 부장품 도용이 흥성하기 시작했다.

## 3. 도용(陶俑)의 발전, 변화 및 시대 특징

도용(陶俑)은 상대(商代) 말기에 나타나 청대(淸代) 초기에 사라질 때까지 몇천 년간을 경과하였다. 그동안 역대 왕조는 대량의 다양한 도용을 남겨 놓았다. 형상으로 볼 때, 도용에는 주요하게 진묘용(鎭墓俑), 시복용(侍僕俑), 악무용(樂舞俑), 의장용(儀仗俑) 그리고 가축 등 동물용(動物俑)이 있다. 도용의 발전은 대체적으로 아래와 같은 몇 단계를 거쳤다.

### 1) 초기 단계 – 상주(商周)~춘추전국(春秋戰國)시대

이 시기 도용(陶俑)은 조형이 간단하고 거칠며 용도(用途) 및 신분만 나타냈을 뿐 조각예술이나 얼굴 표정 묘사 등은 없었다. 가장 이른 은허의 노예용은 주물러 만든 회도(灰陶)로 조형이 거칠고 인체 비율도 맞지 않다. 춘추 말기 낭가장묘(郞家莊墓)에서 출토된 무녀용(舞女俑)은 긴 치마에는 채색 줄무늬가 남아 있고 형상도 비교적 활발하고 생동감이 있다. 전국(戰國)시대, 도용의 형상은 더욱 다양해졌으며 각종 동작과 표정, 의복 색상도 묘사하면서 점차 생동감이 있고 기법도 성숙해졌다. 전국시대 북방의 도용은 대부분 활발한 악무용(樂舞俑)이었고 산시(陝西) 함양(鹹陽) 탑이파(塔爾坡) 전국 말기 진묘(秦墓)에서는 가장 이른 기마용(騎馬俑)이 나타났다.

### 2) 첫 번째 절정기 – 진한(秦漢)시대

진(秦)왕조가 6국을 통일한 후 경제가 발전하면서 도용 제작도 한층 발전하여 거칠게 주물러 만들고 크기가 작던 데서 등신대(等身大) 정도로 커졌다. 1974년 진(秦) 병마용(兵馬俑)이 발견되었는데 7,000여 점의 위엄 있고 웅장한 병마용은 웅위한 장관을 이루어 '세계 8대 기적'으로 일컬어졌다. 병마용은 진대(秦代) 군대를 모방한 것으로 장군(將軍), 보병(步兵), 기병(騎兵), 노병(弩兵) 및 말, 전차(戰車) 등이 포함되었다. 진대 도용의 특징은 형체가 크고 지극히 사실적이고 성격이 뚜렷하며 규모가 큰 것이다. 진대 도용은 모두 서로 다른 얼굴형, 머리 양식, 눈썹, 수염을 가지고 있어 '초상성(肖像性)'을 띠었는데 이러한 사실적인 풍격은 역사상 유례가 없었다. 물론 도용마다 차이점이 있으나 총체적으로 볼 때, 똑같은 자세와 차림새의 도용을 동일한 거푸집으로 찍어내었기에 대동소이하다. 진대는 통일을 추구하던 시대였기에 관제(官制), 법률, 문자(文字), 화폐(貨幣), 도량형(度量衡), 수레의 폭[軌] 심지어 사상마저도 새로운 정권의 통제 속에서 통일되었으므로 도용 역시 예외가 아니었다. 또한 진대는 웅장함을 추구하던 시대이기도 하다. 장성(長城), 아방궁(阿房宮), 진직도(秦直道), 진시황릉(秦始皇陵) 그리고 당시 세계에서 가장 넓었던 국가판도(版圖) 등 모든 면에서 웅장함을 추구하였다. 즉 통일과 웅장함은 진왕조의 시대적 풍격이자 진대 도용의 정신적 반영이기도 하다.

한대(漢代)는 진대의 제도를 그대로 이어받았다. 서한(西漢)의 제왕 능묘 및 여러 왕후장상들의 무덤 속 역시 대량의 병마용이 부장되었다. 여전히 방대한 군진(軍陣)이나 도용의 크기는 줄어 사람의 1/3 정도에 가까웠다. 반면 형상은 진대보다 생동감이 있었다. 서한시대에 이르러 사상적으로 많이 개방됨에 따라 도용은 진대처럼 경직되지 않고 생활의 정취가 짙어졌으며 풍격이 활발하고 정교해졌다. 이 밖에 대량의 노복용(奴僕俑), 노작용(勞作俑), 악무용이 나타났다. 한경제(漢景帝) 말기부터 창안 지역에는 나체 도용이 새로 나타났는데 경제(景帝), 무제(武帝), 소제(昭帝), 선제(宣帝) 능에서 모두 출토된 바 있다. 나체 도용은 원래 나무로 된 팔이 있고 백의(帛衣)를 걸쳤으나 오랜 시간이

지난 뒤 나무와 비단 모두 부패하였다. 출토 당시 일부 도용에는 편직물의 흔적 또는 작은 구리 대구(帶鉤)가 남아 있었다. 한선제(漢宣帝) 시기 환관(桓寬)이 『염철론(鹽鐵論)』에서 말한 "비단옷을 입힌 오동나무로 만든 인형(人形)"이 곧 이런 도용을 말한 것으로 초(楚)나라 도용 풍격의 영향을 받은 듯하다. 서한 말기부터 후장(厚葬) 기풍이 성행하면서 무덤 속에는 창고, 부뚜막, 우물, 방앗간 등 모형 명기 및 가축용이 나타났다.

동한(東漢)시대, 봉건 장원(莊園)경제가 크게 발전하면서 서한시대에 비해 노작용이 눈에 띄게 많아졌고 이외 악무용(樂舞俑), 백희잡기용(百戱雜技俑), 설창용(說唱俑), 포주용(庖廚俑) 그리고 소, 양, 돼지, 개, 닭 등 동물용(動物俑)이 유행하였다. 무덤을 지키고 벽사(辟邪)하는 진묘용(鎭墓俑)도 발전함으로써 생활에 필요한 모든 것이 전해졌다.

양한(兩漢)시대에 이미 도용의 기본 유형이 갖춰졌다. 한대 도용은 전체적인 형상과 동작의 부각에 중점을 두었고 얼굴, 차림새 등 세부적인 부분까지 심혈을 기울여 소박하고 고졸하며 온화한 미적 특징도 형성하였다.

도용(陶俑) 제작에 있어 진한(秦漢)시대는 다음과 같은 몇 가지 특징을 지닌다.

(1) 조립식 도용이 대량으로 나타났다. 진대 이전 도용은 대부분 옹근 하나로 제작되었으나 진한시대 수공업의 발전 및 도용의 수요량이 많아짐에 따라 일관작업 방식이 생겨났다. 몇 개 부분으로 나누어 구운 후, 일부는 다시 회반죽을 이용해 하나로 만들었고 일부는 직접 하나로 조립하였다. 이를테면 많은 진대 도용의 두부(頭部)는 따로 구워낸 다음 끼워 넣은 것이다.

(2) 서로 다른 성질 및 기능의 도용이 대량으로 나타났다. 예를 들어, 병마용, 진묘용, 노복용, 악무용, 의장용, 백희용, 포주용 및 소, 양, 돼지, 개, 닭 등의 동물용이다.

(3) 채색 도용이 대량으로 나타났다. 춘추시대부터 도용에 색상을 입히기 시작하였으나 보편적인 것은 아니었다. 진한시대에는 도용의 표정, 복식, 생동감을 표현하기 위해 조각가들은 채회(彩繪)기법을 사용하였다. 일반적으로 착색하기 쉽게 먼저 바탕에 백분(白粉, 흰옷)을 바른 다음 다시 여러 가지 색상을 입혔다.

(4) 사실적으로 표현된 도용이 대량으로 나타났다. 여러 가지 도용은 절대다수가 현실 생활에서의 인물과 사물의 면모, 차림새 및 동작, 형태 등을 모방한 것으로 짙은 사실적 풍격을 띠었다.


3) 침체기 - 삼국양진남북조(三國兩晉南北朝)시대

이 시대는 중국 역사상 대분열의 시대인 동시에 민족대융합의 시대이기도 하다. 전란으로 인해 도용의 제작은 침체기에 접어들었고 따라서 수량과 종류도 전에 비해 뚜렷하게 감소되었다. 도용의 발전은 진한(秦漢)과 수당(隋唐) 두 절정기 사이에 놓이며 상대적으로 침체였다. 여전히 도용이 주류였으나 남방에서는 청자용(靑瓷俑)도 나타났다. 당시 장강(長江)을 중심으로 남북 양대 풍격이 형성되었다. 남방은 출토 수량이 적은 편이며 기본적으로 동한(東漢) 말기 도용을 계승하여 제작 수준이 상대적으로 낮은 반면 북방은 출토 수량이 많을뿐더러 뚜렷한 시대적 · 민족적 풍격을 띠고 있어 기본적으로 당시 도용 발전의 새로운 방향을 대표한다.

삼국시대에는 주요하게 진묘용, 노복용 그리고 소량의 개, 닭, 오리 등 가축용이 있었다. 풍격은 동한의 전통에서 벗어나지 못하여 인물과 사물의 동태(動態)를 표현하는 데 치중하였으며 세부 묘사가 미흡하였다. 전체적으로 질박하고 고아하다.

서진(西晉)은 짧은 통일 시기로 당시 중원진묘(中原晉墓)는 이미 진묘용(鎭墓俑), 시복용(侍僕俑), 소달구지, 말 도용, 포주(庖廚) 명기(明器)와 동물용(動物俑) 등 네 조(組)로 구성된 기본조합을 형성하였다.

서진 이후, 북방 각 소수민족이 중원으로 진출하고 강남에 동진(東晉)이 세워지자 남북 대치 국면을 형성하게 되었고 부장된 도용도 서로 다른 특징을 띠게 되었다. 북방은 십육국(十六國)시대에 상례(喪禮)제도가 혼잡하였다. 동북 지역의 후연(後燕), 전연(前燕) 무덤 속에는 부장 도용이 없는 반면 관중(關中) 지역의 후진(後秦) 무덤 속에는 규모가 큰 의장용(儀仗俑) 및 소달구지와 말, 남녀시복용(男女侍僕俑), 돼지, 개, 닭 등 가축용(家畜俑)이 있었다. 이 시기, 사람과 말 모두 갑옷을 두른 '갑기구장용(甲騎具裝俑)'이 나타나기 시작하였다.

북위(北魏)가 북방을 통일한 후 십육국의 전통을 계승하였고 새롭게 물건을 실은 낙타와 노새 도용이 나타났다. 인물용의 형상과 복식은 뚜렷한 소수민족 특징을 띠었다. 북위가 뤄양(洛陽)으로 천도(遷都)한 후, '한화(漢化)'가 심화되면서 도용의 기본조합도 3조로 점차 고정되었다. 즉 웅크리고 앉은 인면(人面)·수면(獸面) 진묘수(鎭墓獸)와 갑옷을 입고 방패를 든 무사용(武士俑)으로 구성된 진묘용(鎭墓俑), 갑기구장용(甲騎具裝俑), 기마고취용(騎馬鼓吹俑), 의장용, 소달구지와 말 도용, 짐을 실은 노새, 낙타 도용 등으로 구성된 출행의장용(出行儀仗俑), 남녀시복용, 호인용(胡人俑), 노작용(勞作俑), 악무용(樂舞俑) 등을 포함한 시복용이다.

북위가 분열된 후 동위(東魏)·서위(西魏) 및 북제(北齊), 북주(北周)는 기본적으로 위 조합을 이어갔으나 각종 도용의 조형과 수량 면에서는 적지 않은 변화가 있었다. 또한 창고, 방앗간, 물레방아, 우물, 부뚜막으로 구성된 포주(庖廚) 명기와 동물용이 출토되었다. 남방의 동진(東晉)·남조(南朝)는 서진의 전통과 관습을 이어 배장 도용의 수량이 북조묘(北朝墓)보다 훨씬 적으며 도용 외에 자용(瓷俑), 석용(石俑), 구리 용(俑) 등이 있다.

북조의 도용 제작에서는 여전히 거푸집으로 찍어 만드는 방법과 채색이 유행하였는데 거푸집으로 찍어 만드는 방법은 다음과 같이 두 가지로 나뉜다. 하나는 두 개의 거푸집을 이용해 도용의 앞뒤 조형을 각각 만든 다음 하나로 붙이는 것이다. 다른 하나는 단일 거푸집을 사용해 도용 앞부분을 만들고 뒷부분은 편평하게 만드는 것이다. 이로써 도용은 형상이 수려해지고 전체 색상이 선명해졌다. 북위 후기 도용의 비율이 정확해지고 한층 섬세하게 표현되어 상상력이 풍부하고 낭만적인 풍격을 갖추었던 한대 도용은 사라진 반면 정교하고 사실적인 풍격이 점차 형성되었다. 남조 도용의 제작도 거푸집을 주로 사용하였는데 세부적인 얼굴 모습과 옷 무늬까지 묘사하면서 간단한 기법을 사용하고 색상도 최대한 적게 사용하였다. 이 외에 간결한 선으로 소박한 형태를 묘사함으로써 남조 도용의 예술적 특징을 형성했다.

남북조시대, 도용의 조형 및 세부는 비율이 알맞으며 자유자재로 선을 묘사하였고 새로운 내용, 새로운 제재도 나타나 수당시대 도용 예술 발전 전성기의 토대를 마련하였다.


4) 도용(陶俑) 발전의 두 번째 절정기이자 최정상기 - 수당(隋唐)시대

수(隋)왕조가 중국을 통일한 후 도용은 북조(北朝)를 계승하였으나 출행의장용(出行儀狀俑)이 적어지고 악무용(樂舞俑)이 많아졌으며 백자용(白瓷俑)이 새로 나타났다. 당대(唐代)에 이르러 의장용이 감소하고 기악용(伎樂俑), 기마용(騎馬俑), 견마용(牽馬俑)·견타용(牽駝俑)이 증가하였다. 시복용은 대부분이 여성 형상으로 몸매는 풍만하고 조형은 정확하며 자태에는 생동감이 넘쳤다. 진묘수(鎭墓獸)의 형상은 점차 활발하게 변하였으며 귀신을 짓밟고 있는 형상의 천왕용(天王俑)이 갑옷을 입은 무사 진묘용(鎭墓俑)을 대체하였다. 낙타재악용(駱駝載樂俑), 흑인용[黑人俑, 곤륜노(崑崙奴)], 호인용(胡人俑), 기악용(伎樂俑), 수렵용(狩獵俑), 백희잡기용(百戲雜技俑) 등은 당대(唐代) 도용의 새로운 형태로 악무가 성행하고 대외교류가 활발하였던 당시 상황을 반영한다.

수당시대는 중국 봉건사회의 전성기로 이 시기 도용은 종류, 수량, 품질에 있어서 모두 새로운 높이에 다다랐다. 특히 당대에 이르러 도용의 제작과 사용이 제도화·규범화되었다. 이 밖에 조정에서는 소부감(小府監) 아래에 견관서(甄官署)를 설치하여 전문적으로 종실 능묘에 필요한 기물과 도용의 제작을 책임지게 하였다. 견관서에서 제작된 장례용품은 흔히 황제가 종실 귀족 또는 조정에 공헌이 많은 대신들이 작고한 후 하사하여 부장하게 하였다. 일반관리와 평민들이 사용하는 명기(明器)와 도용은 대부분 민요(民窯)에서 만든 것이다. 기록에 의하면 창안성(長安城)의 동서시(東西市)에 상당한 규모를 갖춘 점포에서 전문적으로 명기와 도용을 팔았다.

수당 도용은 성질에 따라 네 가지로 나뉜다. 첫 번째는 피장자(被葬者)의 안전을 위해 설치한 진묘용(鎭墓俑)과 압승용(壓勝俑)이다. 이 중 진묘용에는 진묘수(鎭墓獸), 무사용(武士俑), 천왕용(天王俑), 십이지신용(十二支神俑)이, 압승용에는 쇠로 만든 돼지, 소 등이 있다. 두 번째는 피장자의 출행을 위해 배치된 의장용(儀仗俑)이다. 여기에는 소달구지를 주로 한 의장용과 말 또는 낙타에 앉은 의장용이 포함된다. 세 번째는 피장자의 생활모습을 재현한 각종 동복용(童僕俑), 가옥(家屋), 가산(假山), 건축모형 등이다. 동복용(童仆俑)에는 시리용(侍吏俑), 기악용(伎樂俑), 무용(舞俑), 희농용(戲弄俑), 노작용(勞作俑), 포주용(庖廚俑)이 있다. 네 번째는 가축을 주로 한 동물용과 일상용품 또는 주방용품 등의 명기이다.

연구에 따르면 시안(西安)·뤄양(洛陽) 두 도읍지의 수당 도용은 대체적으로 세 시기로 나눌 수 있다.

(1) 수(隋)에서 초당(初唐), 즉 수문제(隋文帝)에서 당고종(唐高宗) 시기(581~683년)까지이다. 도용 예술의 계승과 새로운 풍격의 형성기로 인물의 조형은 수려하고 날씬하던 데서 매끈하고 옹골지게 변하였다. 수에서 초당까지의 도용은 북조의 영향을 많이 받은 탓에 북조 시기 조형 특징이 다소 남아 있다. 의장용은 대부분 소달구지를 중심으로 하고 무장(武裝) 분위기가 짙으며 비교적 많은 출행의장용과 악대(樂隊)가 있다. 소달구지 주위는 남성 기용(騎俑)과 입용(立俑)이 대부분이며 여성 입용은 보기 드물다. 진묘용은 주요하게 진묘수와 무사용이며 천왕용은 드문드문 발견된다.

(2) 성당(盛唐), 즉 무측천(武則天)에서 당현종(唐玄宗) 개원(開元) 말기(684~741년)까지이다. 이 시기는 도용 예술의 절정기로 최정상의 성과를 이룩하였다. 당시 도용은 전체적으로 남북조시대의 수려한 풍격에서 완전히 벗어나 참신하고 자유분방하며 기쁨이 넘치는 형상으로 표현되었다. 중후하고 강건하며 부드러운 것이 특징이며 또한 장식이 화려하고 자태에 생동감이 있고 형상이 과장되었으며 색상이 산뜻하여 대당(大唐)의 운치를 남김없이 드러낸다. 인물 형태는 풍만하게 변하였으며 조형이 정확하고 자태가 지극히 사실적이다. 말이나 낙타를 탄 의장용이 주를 이루고 주위에서 갑옷을 입고 병기를 든 도용을 보기 드물며 얼굴이 풍만하고 표정이 우아한 여용(女俑)이 대량으로 나타났다. 초기 무사용은 이 시기에 화려한 차림새에 위엄스러운 형상의 천왕용으로 대체되었다. 십이지신용이 유행하기 시작하였으며 삼채용(三彩俑)도 유행하였다. 의장용의 무장 분위기가 열어지고 기악용(伎樂俑)이 증가하였으며 일상생활을 반영하는 도용이 많아졌다. 여용은 화려하고 다채로우며 생동감이 있고 활발한 모습이다.

(3) 중·만당(中·晚唐), 즉 현종(玄宗) 천보(天寶) 후기에서 당대 말기(742~907년)까지이다. 이 시기의 도용 예술은 비교적 큰 변화가 생겼다. 도용을 부장하던 풍속이 쇠퇴하기 시작하였고 수량적·예술적으로 도용은 이미 지난날의 번영을 잃고 있었다. 십이지신용이 더욱 보편화되었고 각종 도용의 형태는 더욱 풍만해졌으며 일부는 비대하기까지 하였다. 당헌종(唐憲宗) 원화(元和) 원년(元年, 806년), 즉 9세기 이후 각종 도용의 수량은 격감하였으며 금속 용(俑)과 비단으로 장식한 반신용(半身俑)이 성행하였다.

특별히 주목해야 할 부분은 당대(唐代) 여용이다. 시기마다 뚜렷한 차이가 있는데 몸매, 복식은 당시 사람들의 가치관, 심미관을 반영한 것으로 이러한 변화 또한 사회의 발전과 밀접히 연관된다.

초당(初唐) 시기 여용은 몸매가 날씬하고 비율이 알맞으며 얼굴은 수려하고 약간 야위어 보인다. 머리는 쪽을 짓고 날씬한 몸매가 돋보이는 좁고 몸에 붙는 옷을 입었다. 총체적으로 날씬하고 균형 잡힌 것을 여성미로 여겼는데 이러한 심미관이 형성된 원인은 두 가지이다. 하나는 육조(六朝) 예술 중 '풍기수골(豊肌秀骨)'이라는 전통이 계승되었고 다른 하나는 호복(胡服)이 유행하면서 여장(女裝)은 좁고 작은 것이 유행이었다. 당대 이전 중국 여성은 대부분 날씬한 것을 미로 여겼다. 한대(漢代) 조비연(趙飛燕)에서 남조(南朝)의 장정완(張靜婉)에 이르기까지 날씬함은 줄곧 여성미의 기준이었으며 수대(隋代)에서 초당까지도 지속되었다. 당태종(唐太宗) 후기부터 시작하여 사람들은 더는 날씬함을 추구하지 않았다.

성당(盛唐) 시기, 여용은 몸매가 건강하고 풍만해졌으며 계(髻)도 점차 높아지고 양식이 다양해졌다. 얼굴은 둥글고 매끄러우며 복장 또한 점차 넓고 커졌다. 당시 사람들은 노련하고 준수하며 건강한 외형(外形), 무게감 있고 품격 있는 표정과 자태, 즉 운동적이고 활력이 넘치는 강건미를 추구하였다. 당시는 정치·경제·문화적으로 모두 번영하고 생기가 넘치던 시기라 더불어 여성 심미관도 건강(健康), 풍만(豊滿), 개방(開放)을 미로 여기는 새로운 풍조가 나타났다. 귀부인, 무녀(舞女)들은 심지어 가슴이 드러나는 옷을 입기도 하였는데 당시(唐詩)에서는 "분홍빛 가슴 반쯤 드러내니 몰래 눈 왔나 의심하네"라고 읊고 있다. 이는 당시 사회의 개방 정도 및 귀족들의 사치스러운 생활을 반영하기도 한다.

성당 이후의 여용 조형은 풍만하고 건강하던 데서 점차 살찐 모습으로 변하였으며 계도 더욱 커지고 옷도 점점 더 넓어졌다. 그렇다고 '포의박대(褒衣博帶)'의 재출현은 아니었고 백거이(白居易)가 시에서 "풍류를 아는 이는 가볍게 단장하나, 지금은 넉넉한 차림새가 유행이네"라고 읊은 것을 보면 당시 유행이었다. 중·만당 이후로 여용의 형상은 지나치게 살찌고 특히 복식이 너무 커 더욱 비대해 보였으며 점차 생기마저 잃어갔다.

전체적으로 볼 때, 당대 여용의 기품 있고 풍만한 가운데 보이는 운치는 당대 미인만이 지녔던 아름다움이었다. 이러한 풍요로움, 자신감, 만족감, 대범함을 겸비한 모습은 전무후무한 것으로 한 시대의 정신을 나타낸다.


5) 몰락·쇠망 시기 - 송원명청(宋元明淸)시대

송요금원(宋遼金元) 시대 장속(葬俗)의 변화와 종이로 만든 명기(明器)가 유행함에 따라 도용을 부장하는 풍속이 점차 사라지고 소수 무덤에서만 도용(陶俑), 석용(石俑), 자용(瓷俑)이 발견되었다. 감여술(堪輿術)이 유행하여 사람들은 음양풍수(陰陽風水)를 믿기 시작하였으며 이와 관련된 도용이 나타났다. 예를 들어 인수어신(人首魚身)의 의어(儀魚), 인수사신(人首蛇身)의 묘룡(墓龍), 인수조신(人首鳥身)의 관풍조(觀風鳥) 및 금계(金鷄), 옥견(玉犬)과 앙관(仰觀), 복청(伏聽), 서왕모(西王母), 동왕공(東王公), 장견고(張堅固), 이정도(李定度) 등이 이에 속한다. 이러한 신살용(神煞俑)은 당대(唐代)에 나타나 오대(五代)에 유행하였으며 송대(宋代)에 가장 흥성한 후 요대(遼代)에도 사용되었다. 송대는 도자기와 벽돌로 조각한 잡극(雜劇), 산악인물(散樂人物) 도용 등 새로운 형식이 나타났으며 시정(市井) 문화가 도용에 유입되었다. 금대(金代) 도용은 대부분 등이 벽에 연결되어 둥근 형태는 보기 드물다. 잡극, 산악인물 등을 조각한 벽돌이 금대에 성행하였는데 대부분 묘실의 벽에 사용되었다. 원대(元代)에는 도용을 부장하는 풍속이 없었고 소수의 한족(漢族) 관리(개별적인 외족)들만 도용을 부장하였다. 원대 도용은 실생활을 그대로 모방하였는데 남녀 및 문무를 막론하고 얼굴 모습이나 옷차림새는 모두 몽고족의 특징을 나타냈다.

명대(明代)에는 일반적으로 도용을 부장하지 않았으며 소수의 귀족이나 고관대신의 무덤에만 의장용을 부장하였다. 청대(淸代) 초기 강희(康熙) 황제의 배려로 무관 오육기(鳴六奇)의 무덤에 도용과 가구 명기(明器)들을 함께 묻었는데 당시 도용 부장 풍습은 이미 자취를 감추었다.

## 4. 도용(陶俑)의 연구적 · 예술적 가치

앞에서 서술했다시피 도용의 기본 용도는 부장품이다. 피장자가 생전에 소유하였던 시종(侍從), 의장대(儀仗隊), 가축 등을 모방 제작하여 부장함으로써 사후에도 생전과 똑같은 삶을 영위하게 하였으므로 도용에는 고대 사회의 각종 정보가 담겨 있다. 역대(歷代) 도용을 연구한 결과, 도용은 직접적으로 당시 장례제도와 예의(禮儀)를 반영할 뿐만 아니라 고대상례[喪禮, 또는 흉례(凶禮)] 및 장례풍속 연구에 도움을 준다. 또한 도용에 대한 연구를 통해 옛사람들의 생활습관, 복식, 심미관 등도 엿볼 수 있다. 역대 도용의 조형, 복식, 의장(儀仗) 조합, 군대 포치 및 장면 배치는 사실상 중국 역사에서 각 시대의 정치, 경제, 문화, 군사, 민속을 형상적으로 나타낸 것으로 다른 유물로 대체할 수 없는 연구적 가치가 있다. 형형색색의 도용은 중요한 고대 유물이자 더욱이는 정신문화의 반영으로 고대 중국의 철학, 역사, 풍속, 예술 등을 아우르는 결정체이다.

도용은 고대 장인들이 만들어낸 공예미술품으로 조각예술이기도 하다. 동주(東周)에서 송대(宋代)에 이르기까지 1,500년 동안 도용은 동 시기 중국 조각에서 종류 및 완벽성에서의 미흡한 점을 메워주었다. 동시에 고대(古代) 조각예술의 발전 궤도와 역대 심미관의 변화, 각 시대 조각예술의 풍격, 특징, 수준, 성과를 보여줌으로써 중국 고대 조각예술사를 연구하는 데 중요한 증거자료가 되었다. 도용은 대부분 몸체를 회화의 장으로 하여 색을 입혔는데 조각의 성질은 그리스 · 로마처럼 짙지 않으나 조화롭고 표일(飄逸)하며 찬란한 동양의 고전미(古典美)와 운치를 지니고 있다. 정교하고 아름다운 도용은 다채로운 역사이자 한 폭의 수묵화(水墨畵)이며 형상적인 조각사서(彫刻史書)이기도 하다.

# 시안(西安) 지역 도용(陶俑) 발견 상황 및 특징

## 1. 시안 지역 도용 출토 상황

창안(長安)이라고 불렸던 시안(西安)은 세계적으로 이름난 고도(古都)로 예전부터 "여덟 줄기 강이 창안을 에워싸니, 진중(秦中)은 자고로 제왕의 땅이니라"고 일컬어졌다. 서주(西周), 진(秦), 서한(西漢), 신망(新莽), 동한(東漢), 서진(西晉), 전조(前趙), 전진(前秦), 후진(後秦), 서위(西魏), 북주(北周), 수(隋), 당(唐) 등 13개 왕조의 도읍지로 시안은 3,100여 년의 건성사(建城史)와 1,100여 년의 건도사(建都史)가 있다. 또한 중국 역사에서 가장 많은 조대(朝代)의 도읍지이자 역사가 가장 긴 도시이기도 하다. 한당(漢唐)시대 창안을 기점으로 한 비단의 길은 고대 중국의 가장 중요한 경제, 문화 교류의 통로였다. 당대(唐代) 이후 정치 중심지가 동쪽으로 옮겨갔지만 창안은 여전히 중국 서북 지역의 가장 큰 도시이자 교통요충지였다. 오대(五代)에서 송금(宋金)까지 창안은 '경조부(京兆府)'에 속했으며 원대(元代)에는 '안서로(安西路)'로 하였다가 다시 '봉원로(奉元路)'로 개칭(改稱)하였다. 명(明) 홍무(洪武) 2년(1369년)에 '시안부(西安府)'를 설치하면서 '시안(西安)'으로 불리게 되었다.

유구하고 휘황한 역사는 시안 지역에 많은 유물을 남겨주었다. 그중 지하에 매장된 역대 고분은 수도 없이 많으며 출토된 도용은 만여 점이 넘는다. 그러나 부장품으로서 도용은 과거에 불길한 것으로 여겨져 출토된 것이 많았으나 주목을 받지 못하였다. 중화인민공화국이 수립된 후, 대규모 기초시설 건설에 따른 고고학 발굴에서 많은 도용이 발견되었다. 이 외에도 사회에서 수집한 도용과 공안기관(公安機關)에서 몰수한 도용도 있다. 시안 지역에서 출토된 도용은 한당시대의 것이 가장 많으며 가장 특징적이다. 아래에서는 시대에 따라 중요한 도용의 발견에 대해 간략하게 소개한다.

1) 초기 도기(陶器) 인물상(人物象)

2002년 10월 시안 서남쪽 어화채(魚化寨) 신석기 취락(聚落) 유적지에서 도기 인물상 1점이 출토되었다. 1971년 시안시(西安市) 바치아오구(灞橋區) 노우파(老牛坡) 상대(商代) 유적지에서 상대(商代) 말기 도기 인물 두상(頭像)이 출토되었는데 비록 제작이 간단하고 조악하지만 형상이 뚜렷하고 생동감이 있다.

시안 지역에서 발견된 초기 도기 인물상은 극히 적다. 몇 안 되는 인물상으로 볼 때, 초기 인물상은 소박하고 간단하며 제작기법은 날소(捏塑), 조각(彫刻), 추획(錐劃, 송곳으로 그리기)을 위주로 하였다. 무덤에서 출토된 것이 아니기에 '용(俑)'으로는 볼 수 없으나 도용의 시작으로 간주할 수 있다.

2) 선진(先秦) 도용(陶俑)

시안 지역에서 서주(西周)시대 도용은 거의 발견되지 않았다. 상주(商周) 교체기에는 순장 풍속이 성행하고 대체품인 도용이 아직 보편화되지 않았다. 춘추(春秋) 이후 도용을 부장하는 분위기가 형성되었다. 시안 남쪽 교외 모파(茅坡) 일대 전국(戰國) 시기 진묘(秦墓)에서 도용이 출토된 바 있다.

2001년 9월 시안시(西安市) 창안구(長安區) 모파(茅坡) 우전학원(郵電學院) 남쪽 M123 전국 진묘에서는 남녀 노복용 6점과 기마용 2점이 출토되었다. 인물용은 진흙으로 된 홍도(紅陶)로 거푸집을 이용해 앞뒤를 따로 만든 후 하나로 붙인 것이다. 얼굴에는 먼저 흰색을 입히고 그 위에 묵선(墨線)으로 눈썹과 눈을 그리고 입에는 붉은색을 칠하였다. 의복에는 색상을 입혔으나 지금은 떨어지고 없다. 기마용은 둘 다 파손된 상태이다. 무덤 모양과 출토된 도기로 보아 시간은 전국 말기에서 진(秦) 통일 시기까지로 추정된다. 제작에서 날소(捏塑), 퇴첩(堆貼), 점첩(粘貼), 각화(刻畵), 채회(彩繪) 등 기법을 사용하였고 또한 거푸집을 이용한 성형법(成形法)이 나타났는데 이는 한 차례 비약적인 발전이었다.

3) 진대(秦代) 도용(陶俑)

시안(西安) 임동(臨潼) 진시황릉(秦始皇陵) 배장갱(陪葬坑)에서 출토된 병마용(兵馬俑)은 진대 도용의 대표격이다. 1974년과 1976년에 진시황릉 동쪽 1.5km 되는 곳에서 연이어 병마용 1~3호 갱이 발견되었다. 세 곳에서 출토된 도용은 약 8,000점, 말 도용은 600여 점이다. 병마용의 출토는 중국 도용 가운데서 가장 중요한 발견이다. 웅장한 기세와 섬세하고 생동감이 있는 조각으로 인해 '세계 8대 기적'으로 일컬어진다.

1999년 능원 동남쪽 내외성(內外城) 사이에 있는 '백희용갱(百戱俑坑)'에서 약 11점의 도용이 출토되었다. 2000년 진시황릉 남서쪽으로 약 100m 되는 곳에서 '문관용갱(文官俑坑)'이 발견되었으며 도용 12점이 출토되었다.

진대(秦代) 도용은 중국 고대 조각사(彫刻史)에서 기적으로 짧은 시간 내에 대량의 고품질 작품을 제작해냈다. 진대 도용은 원시 조각과 전국 이래 조각 예술 성과를 받아들여 중국 전통의 날소, 퇴첩, 점첩, 각화 등 기법을 사용하는 동시에 거푸집 성형법을 폭넓게 사용함으로써 작품마다 원조(圓彫), 부조(浮彫), 선조(線彫)가 유기적으로 결합되었다. 예술 풍격은 사실적이고 조형은 정확하고 생동감이 있으며 기법은 엄정하고 조각과 회화를 결합함으로써 조각 예술의 절정에 이르렀다.


4) 서한(西漢) 도용(陶俑)

시안(西安) 지역에서 발굴된 서한(西漢) 무덤은 수천 곳에 달하나 도용이 부장된 무덤은 극히 적다.『시안용수원한묘(西安龍首原漢墓)』에 수록된 서한 초기 무덤 42곳 중 3곳만이 도용 5점이 부장되어 있었다.『장안한묘(長安漢墓)』에 수록된 서한 중·말기 무덤 57곳에는 단 한 곳도 도용이 부장되지 않았다. 발굴 결과로 볼 때, 도용은 주요하게 제후(帝後) 능과 제후(諸侯) 능 등 대형 능묘의 배장갱 및 귀족 무덤 속에서 출토되었으며 일반적인 중소형 무덤에서는 보이지 않았다.

1965년에 정리한 한고조(漢高祖) 장릉(長陵) 배장묘(陪葬墓) 함양(鹹陽) 양가만(楊家灣) 한묘(漢墓) 배장갱 11곳에서 기병용(騎兵俑) 583점, 보병용(步兵俑) 1,800여 점, 이외 문관용(文官俑), 악무용(樂舞俑), 잡역용(雜役俑) 100여 점 등 도합 2,548점이 출토되었다. 이는 한묘에서 도용이 가장 많이 출토된 경우이다. 1970년에 정리한 배장갱 7곳에서는 보병용, 기마용, 악용(樂俑) 등이 출토되었다. 양가만 한묘 및 배장갱 18곳에서 채색병마용 3,000여 점이 출토되었는데 이는 진(秦) 병마용을 답습한 것이며 전자(前者)보다 작았다.

1966년, 시안 임가파(任家坡) 한문제(漢文帝) 패릉(覇陵) 두황후능(竇皇後陵) 배장갱에서 채색 도용 42점이 출토되었는데 모두 채색 옷을 입힌 시녀용(侍女俑)으로 앉아 있는 형상과 서 있는 형상이 있다.

1974년, 두황후 능원 서쪽 담벼락 부근에서 배장갱 47곳을 발굴하였는데 많은 도용이 출토되었다.

1979년 3월, 시안 북쪽 교외 홍묘파(紅廟坡) 제2양말공장 서한 초기 무덤에서 익수용(翼獸俑) 4점이 출토되었다.

1982~1985년, 한선제(漢宣帝) 두릉(杜陵) 1호, 4호 배장갱은 비록 도굴당하였으나 적지 않은 도용이 출토되었는데 그중 1호 갱에서 팔이 없는 나체 남입용(男立俑)이 출토되었다. 일부는 구리 대구(帶鉤) 또는 작은 오수전(五銖錢) 등을 착용하였는데 원래 옷을 입혔던 도용으로 추정된다. 4호 갱에서는 보존 상태가 양호한 도용 9점이 출토되었다.

1983년 9월 시안 남쪽 교외 사파(沙坡)벽돌기와공장 한대(漢代) 무덤에서 나체용, 낙타, 원숭이, 산양, 할(鶡), 오리, 원앙 등의 도용이 출토되었다.

1986~1987년에 발굴된 시안 남쪽 교외 사파(沙坡) 산시(陜西) 신안(新安)벽돌공장 한대 초기 적탄묘[積炭墓, 즉 '이성묘(利成墓)']에서는 나체용 8점을 포함한 10여 점의 인물용이 출토되었다. 대량의 기마용이 파손되었는데 남아 있는 부분으로 분석한 결과 적어도 27점에 달하며 종류로는 시용(侍俑), 견마의장용(牽馬儀仗俑), 병마용 등이다. 이외에도 말, 소, 양, 돼지, 닭, 비둘기 도용 수십 점이 출토되었다.

1988~1993년, 시안 북쪽 교외 범가촌(範家村) 서북의료설비공장 등 공사 현장에서 서한묘(西漢墓) 210여 곳이

발굴되었으며 봉조귀좌용(鳳鳥龜座俑), 익수용(翼獸俑), 여입용(女立俑), 좌용(坐俑) 등이 출토되었다. 그중 서북의 료설비공장 M89에서는 채색 여입용 1점, M92에서 여좌용 3점, M120에서 채색 여좌용 1점이 출토되었다.

　　1990~1999년, 한경제(漢景帝) 양릉(陽陵) 배장갱 20여 곳에서 밀집하게 배열된 무사용, 대량의 채색나체용, 소, 양, 돼지, 개, 닭 등 동물용 만여 점이 출토되었다. 그중 인물용은 실제 사람의 1/3 정도 크기로 높이가 약 60cm에 달한다. 그 외 양릉 배장묘 M130, M9에서도 대량의 제릉(帝陵) 배장갱과 비슷한 도용이 출토되었다.

　　1990년, 시안시 북쪽 교외 십리포촌(十裏鋪村) 남쪽 벽돌공장의 서한묘에서 익수용 4점, 좌용 2점이 출토되었다.

　　1991년, 공안부문에서 마호타(馬浮沱)가마공장 한묘에서 출토된 익수용 1점을 몰수하였다.

　　1992년, 공안부문에서 바치아오구(灞橋區) 호타채(滹沱寨) 한묘에서 출토된 익수용, 기러기 도용을 몰수하였다.

　　1998년, 시안 북쪽 교외 우가장(尤家莊) 교통학교(交通學校) M18에서 옷을 입힌 남녀 입용(立俑) 각각 3점이 출토되었다.

　　1998년, 시안 남쪽 교외 산야오촌(三爻村) 서한묘(西漢墓) M19에서 옷을 입힌 남녀 입용 7점이 출토되었다.

　　2003년 9~10월, 시안시문물보호고고학연구소(西安市文物保護考古學研究所)는 시안시공안국(西安市公安局)에서 몰수한 유물을 넘겨받았는데 그중에는 장릉(長陵) 여후묘(呂後墓)에서 출토된 채색 도용 205점이 포함되었다.

　　서한시대는 중국 조각예술사에서 크게 발전한 시기로 도용의 종류, 수량, 제작기법, 예술 수준 등이 새로운 경지에 이르렀다. 인물용에 있어, 소의식(塑衣式)은 겹겹의 옷을 그대로 표현하였고 착의식(著衣式)은 백의(帛衣) 또는 가죽 갑옷을 입혔는데 제작이 정교할뿐더러 형상도 활발하고 생동감이 있어 진대(秦代) 도용의 모형화(模型化)와 경직화(硬直化)를 떨쳐버렸다. 시안 지역에서 출토된 서한 도용은 제후(帝後) 능묘 배장갱 및 배장묘 또는 제후(諸侯) 무덤에서 출토된 능원형(陵園型) 도용과 중소형 한묘에서 출토된 일반 도용으로 나눌 수 있다. 능원형 도용은 다시 소의식 도용과 착의식 도용으로 나뉘는데 소의식 도용은 진대 도용의 기법을 계승하여 도용에 직접 관(冠), 허리띠, 의복, 신 등을 조각한 다음 색상을 입히는 것이다. 착의식 도용은 나체 상태의 남녀 도용 몸통만 조각한 후 대나무 또는 나무로 된 팔을 끼워 넣고 다시 비단 옷을 입히는 것이다. 출토 당시 팔과 의복은 부식되고 몸통만 남아 '나체용'이라 불리게 되었다. 능원형 도용은 높이가 약 50~60cm로 사람의 1/3 정도 크기인데 모두 거푸집으로 찍어낸 것으로 서한시대 도용 제작의 최고 수준을 나타낸다.


　　5) 동한(東漢) 도용(陶俑)

　　시안 지역에서 발견된 동한(東漢)시대 도용은 소형 도용을 주로 하며 제재가 풍부하고 풍격이 활발하다. 장원(莊園)경제와 관련된 노작용(勞作俑)이 새로 나타났고 돼지, 개, 닭, 양, 소 등 가축 도용이 대량으로 나타났다. 인물용은 노복용(奴僕俑)과 기악백희용(伎樂百戲俑)을 주로 하며 간결함, 질박함, 호방함을 특징으로 한다. 인물을 표현함에 있어서 동태(動態) 변화에 치중하고 세부 묘사를 추구하지 않았으며 대부분 생활 장면을 묘사하여 생활 정취가 짙다. 마찬가지로 다채롭지만 서한 도용의 대범함과 운치가 없다. 주요한 발견으로는 다음과 같은 것이 있다.

　　1957년, 창안현(長安縣) 산리촌(三裏村) 동한묘(東漢墓)에서 좌용(坐俑), 입용(立俑) 각 1점과 개 도용 4점, 돼지 도용 3점이 출토되었다.

　　1987년, 시안 남쪽 교외 정수장(淨水廠) 동한묘에서 주악(奏樂) 도용 및 개, 닭, 오리, 돼지 등 가축 도용이 출토되었다.

1991년, 시안 북쪽 교외 팡신촌(方新村) 서북유색금속연구원 기초공사 현장에서 한묘(漢墓) 35곳을 정리하였는데 그중 동한묘 21곳에서 남녀 좌용이 출토되었다. 구체적으로 M5에서 돼지, 개 도용 각 1점, M9에서 기좌(踞坐) 도용 1점, 개 도용 1점, 닭 도용 2점, M14에서 개, 돼지 도용 각 1점, M15에서 개 도용 1점, M17에서 개 도용 1점, M21에서 개, 돼지 도용 각 1점이 출토되었다.

1996~1997년, 시안 북쪽 교외 우가장(尤家莊) 시안시전신국(西安市電信局) 제2 장거리 통신빌딩 기초공사 현장에서 진한묘(秦漢墓) 197곳을 정리하였는데 그중 동한묘가 5곳이었다. M67에서 인물용 45점과 동물용 39점이 출토되었다. 인물용 중에서 소형 잡기백희용(雜技百戲俑)과 축국용(蹴鞠俑)이 가장 특징적인데 악용(樂俑), 무용(舞俑), 설창용(說唱俑), 잡기용(雜技俑), 2연용(二連俑), 5연용(五連俑) 등이 포함된다. 동물용에는 돼지, 개, 닭 등 가축 외에도 호랑이, 사슴, 뱀, 새, 두꺼비 등이 있어 품종이 다양하다. 이 외에 M18에서 돼지, 개 도용 각 1점, 닭 도용 2점, M107에서 닭 도용 2점, M163에서 개, 돼지 도용 각 1점, 닭 도용 2점이 출토되었다.

1997년, 시안 남쪽 교외 와후통촌(瓦胡同村) 재정간부(財政幹部)배양센터 기초공사 현장에서 동한묘가 발굴되었는데 그중 M53에서 좌용, 2연용, 5연용, 배인용(背人俑) 각 1점, M5에서 진흙 도용 1점, 기타 무덤에서 개 도용 6점, 돼지 도용 5점, 닭 도용 3점 등이 출토되었다.

1998년, 시안 남쪽 교외 산야오촌(三爻村) 동한묘 M12에서 주물러 만든 좌용 4점이, M14와 M12에서 돼지, 개, 닭 도용 6점이 출토되었다.

2000~2001년, 시안 남쪽 교외 석유학원 공사장에서 동한묘 24곳이 발굴되었다. 그중 M7에서 돼지, 개 도용 각 3점, 닭 도용 6점, M10에서 기좌악용(踞坐樂俑), 기좌용(踞坐俑) 각 3점, 입용(立俑), 2연용 각 2점, 기좌포영용(踞坐抱嬰俑), 복궤용(伏跪俑), 나체여용(裸體女俑), 축국용(蹴鞠俑) 각 1점이 출토되었는데 모두 앞뒤를 따로 거푸집으로 찍어 만든 진흙 홍도(紅陶)이다. 이 외 닭 도용 1점, 동물용 2점이 출토되었다. M11, M14에서도 돼지, 개, 닭 도용 각 1점이 출토되었다.

2000~2001년, 시안 남쪽 교외 시안우전학원(西安郵電學院) 창안교구(長安校區) 기초건설현장에서 동한묘 9곳이 발굴되었다. M11, M14에서 7연용, 기좌용, 기좌악용, 설창용, 잡기용, 동물용이 각각 1점씩 출토되었는데 모두 진흙 홍도로 일부는 앞뒤 또는 좌우를 따로 거푸집으로 찍어 만들었다. M3에서 돼지, 닭 도용 각 1점, M10에서 돼지, 개 도용 각 1점, 닭 2점, M22에서 돼지, 개 도용 각각 2점, 닭 도용 4점이 출토되었다.

2003년, 시안 동쪽 교외 이공(理工)대학 한묘에서 동한묘 20곳이 발굴되었다. 그중 M21에서 말, 개 도용 각 1점이 출토되었다. 말은 길이 68cm 높이 61cm이며 진흙 홍도로 소성온도(燒成溫度)가 비교적 낮아 태질(胎質)이 성글다. 머리, 목, 사지를 따로 구웠으며 잔등에는 안장을 얹었다. M29에서는 돼지, 개 도용 각 1점, 닭 도용 2점이 출토되었다.

2000년, 시안 북쪽 교외 펑청(鳳城) 1로(路) 아하지능가원(雅荷智能家園), 시안 동쪽 교외 서북국면오창(西北國棉五廠), 2001년에 취장(曲江) 춘효원(春曉苑), 시안첨단기술개발구 중화세기성(中華世紀城) 단지, 2002년에 얀타난로(雁塔南路), 시안 북쪽 교외 왕치엔촌(王前村) 시안시중약(西安市中藥)공장, 취장화원(曲江花園), 2003년에 시안 서초문(西稍門) 남쪽 욱경명원(旭景名園), 2003년에 동쪽 교외 상가만(常家灣) 등 기초건설현장, 2005년에 시안 동쪽 교외 한삼채로(韓森寨路) 동쪽 부분, 2005년에 취장(曲江) 안호(雁湖)단지 등 기초건설현장 동한묘에서는 모두 돼지, 개, 닭 도용 여러 점이 출토되었다.

2003~2004년, 시안 남쪽 교외 판지아장촌(潘家莊村) 서쪽 스지아싱성(世家星城) 기초건설현장에서 동한묘 11곳이 발굴되었다. M141에서 개 도용 1점, M169에서 기좌용, 기좌지물용(跽坐持物俑), 노작용 각 1점, 말, 유니콘 도용 각 1점, 소달구지 세트(2점), 돼지, 닭 도용 각 2점, 개 도용 1점이 출토되었다.

2005년, 시안 남쪽 교외 취장(曲江) 얀밍(雁鳴)단지 M1에서 도용 2점이 출토되었다. 모두 진흙 홍도로 표면에는 황록색 유약을 입히고 앞뒤를 따로 거푸집으로 찍어 만들었으며 제작이 거칠다. 둘 다 서 있는 모습이며 높이는 대략 18cm이다. 그 외에 돼지, 개, 오리 도용 각 1점, 닭, 양 도용 각 2점이 출토되었다. M2에서는 돼지, 개 도용 각 1점, 닭 도용 2점이 출토되었다.

2006년, 시안시(西安市) 남쪽 교외 전자(電子) 2로(二路) 남쪽의 위광(衛光)전자 기초건설현장에서 동한묘 1곳이 발굴되었는데 그중 M1에서 높이가 29cm인 앞뒤를 따로 거푸집으로 찍어 만든 진흙 홍도 입용(立俑) 2점과 개 도용 1점이 출토되었다.

6) 위진남북조(魏晉南北朝) 도용(陶俑)

시안(西安) 지역에서 발견된 위진남북조(魏晉南北朝)시대 무덤은 적은 편이며 따라서 발견된 도용도 적다. 발견된 각 시기 도용 상황은 다음과 같다.

2005년, 창안구(長安區) 꾸오두진(郭杜鎭) 광펑(廣豊)공사 기초건설현장에서 조위묘(曹魏墓) 2곳이 발굴되었는데 그중 M13에서 돼지, 개, 닭 도용 각 1점이 출토되었다. 그 외 출토된 도관(陶罐)에는 '경원원년(景元元年)'이란 붉은색으로 쓴 명문이 있다. M14에서는 돼지, 개 도용 각 1점, 닭 도용 2점이 출토되었다.

서진(西晉) 무덤은 주요하게 시안시 동ㆍ남ㆍ북 교외 및 창안구(長安區) 등 지역에서 발견되었다. 명확한 기년(紀年)이 있는 서진묘(西晉墓)는 10여 곳뿐이고 출토된 도용 및 명기(明器)는 동한의 풍격을 계승하였으나 더욱 거칠고 간단하다.

십육국(十六國)시대 무덤은 1990년대 이전에는 발견된 것이 적으며 기년묘(紀年墓)로 삼을 기준이 없었던 까닭에 명확히 구분하기 어려워 일부는 북조묘(北朝墓)에 포함시켰다.

1953년, 시안 남쪽 교외 초장파(草場坡) 십육국시대 무덤에서는 무사용(武士俑), 고취용(鼓吹俑), 소달구지, 포주명기(庖廚明器)가 출토되었으나 당시에는 북조묘로 오인(誤認)하였다.

1980년, 산시성고고학연구소(陝西省考古學研究所)에서 발굴한 창안(長安) 웨이곡진(韋曲鎭) 베이위엔(北原) 십육국시대 무덤 2곳에서 부장품 77점이 출토되었으나 역시 북조묘로 오인하였다.

1996년, 산시성고고학연구소에서 발굴한 시안시(西安市) 웨이양구(未央區) 동지아촌(董家村) 후진묘(後秦墓) 1곳에서 진묘수(鎭墓獸), 구장마(具裝馬) 등 도용이 출토되었다.

1997년, 시안시((西安市) 얀타구(雁塔區) 장연보(長延堡) 와후통촌(瓦胡同村)에서 후조(後趙) 시기로 추정되는 무덤 1곳이 발굴되었다. 동년 산시성고고학연구소는 시안 북쪽 교외 경제개발구 등지에서 북조 무덤 6곳을 발굴하였는데 그중 4곳에서 출토된 부장품은 명확히 십육국시대의 것이었다. 실제로 20세기 말까지 관중(關中) 지역에서 발굴된 십육국시대 무덤에 대해서는 정확한 판단이 어려웠다.

2008년 9월, 시안시문물보호고고학연구소(西安市文物保護考古學研究所)는 국가민용항천산업기지(國歌民用航天産業基地) 항천융기실리콘재료공사[航天隆基矽材料公司] 프로젝트 공사 현장에서 십육국, 북조, 수당시대 무덤을 정리하였다. 그중 M9 무덤 규모가 비교적 컸으며 십육국시대 도용 23점이 출토되었다.

2011년 11월, 시안시문물보호고고학연구소(西安市文物保護考古學硏究所)는 시안시(西安市) 바치아오구(灞橋區) 홍칭지에도(洪慶街道) 방직공업신원(紡織工業新園)에서 십육국시대 무덤을 발굴 및 정리하였다. 도용 60여 점이 출토되었는데 색상 보존 상태가 양호하였으며 시안 초장파(草場坡) 십육국묘에서 출토된 도용과 모양, 크기가 거의 비슷하였다.

십육국시대 무덤에서 출토된 기물은 주요하게 무사용, 의장용, 시복악무용(侍僕樂舞俑), 창고, 우물, 부뚜막, 소달구지 등 명기와 각종 일상 도기(陶器)로 그중 소달구지와 갑기구장용(甲騎具裝俑)이 시대적 특징을 가장 잘 반영하였다. 출토된 남녀 시복용, 갑기구장용, 견마용, 호용(胡俑) 및 전조기물(甎彫器物) 등은 뚜렷한 소수민족 특징을 띠었다.

북위(北魏) 무덤에서의 주요한 발견으로는 다음과 같은 것이 있다.

1955년, 시안(西安) 임가구(任家口) 정광(正光) 원년(元年) 소진묘(邵眞墓)에서 진묘수, 무사용, 남녀 입용 등이 출토되었다.

1998년 10월, 창안박물관에서 발굴한 웨이곡진(韋曲鎭) 베이위엔(北原) 7171공장 '태안(太安) 5년(459년)' 기년묘(紀年墓)는 지금까지 시안 지역에서 발견된 유일한 북위(北魏) 평성(平城) 시기 기년묘로 진묘수, 여입용, 남입용(방패 든 무사용), 갑옷 입은 말과 소 등 도용, 이외 갈색 유약을 입힌 도기(陶器)도 출토되었다. 동일한 위치에서 1998년에 발굴된 효창(孝昌) 원년(元年, 525년) 위욱묘(韋彧墓) 등 북위묘에서는 도용과 기타 부장품이 출토되었다. 그중 위욱묘에서 출토된 도용은 단일 거푸집으로 만들어졌는데 이는 북주(北周) 도용 공예의 근원을 연구하는 데 새로운 증거자료를 제공하였다.

2001년 6월, 시안시문물보호고고학연구소(西安市文物保護考古學硏究所)는 창안구(長安區) 웨이곡진(韋曲鎭) 베이위엔(北原)에서 북위에서 북주 시기에 이르는 위씨(韋氏) 가족묘 3곳을 정리하였는데 그중 2곳은 북위 영희(永熙) 3년 위휘묘(韋輝墓)와 위건묘(韋乾墓)였다. 이 2곳에서는 진묘수 4점, 진묘무사용 4점, 남입용 147점, 여입용 18점, 기마용 12점, 동물용 9점을 포함한 도용 194점이 출토되었다.

서위(西魏) 무덤에서의 발견은 다음과 같다.

1950년대, 시안 지역에서 서위묘(西魏墓) 일부가 발견되었다. 1954년 서북공정(西北工程) 유물 정리팀은 시안 서쪽 교외 산민촌(三民村)에서 서위 대통(大統) 3년 무덤 1곳을 발견하였다.

1996년 12월, 시안 북쪽 교외 경제기술개발구 북조 시기 무덤 5곳에서 진묘수 2점, 무사용 7점, 기마주악용 25점, 기악용 10점, 노복용 2점, 말 도용 6점, 개, 비둘기 도용 각 1점이 출토되었다.

1997년 8월, 란티안현(藍田縣) 시에후진(洩湖鎭) 영파(營坡)벽돌기와공장 서위 원흠(元欽) 원년(元年, 552년) 서사군묘(舒史軍墓)에서는 도용 12점이 출토되었다. 이 도용들은 북위의 풍격을 이었으나 입용과 기마용의 몸통은 모두 단일 거푸집으로 만든 것이었다. 진묘수는 사람 얼굴 또는 짐승 얼굴의 엎드린 자세이고 명기(明器)는 작고도 간단하며 질박하였다. 이로부터 알 수 있는바 북주 도용의 조형과 조합 풍격은 이 시기에 이미 초보적으로 형성되었다.

2001년 6월, 창안구(長安區) 웨이곡진(韋曲鎭) 베이위엔(北原)에서 북위에서 북주에 이르는 위씨 가족묘 3곳을 정리하였다.

북주 시기 부장품에서 가장 특징 있는 것은 단일 거푸집으로 만든 도용이다. 이런 도용은 제작 시 앞쪽만 거푸집으로 찍고 등은 편평하게 만듦으로써 인력과 재료를 절약하였는데 이로부터 북주의 검소한 장례풍속을 엿볼 수 있다.

이러한 도용은 창안 북위 시기 무덤에서 이미 나타났고 북주에서 수대(隋代)까지 유행하였다. 이후 대부분 북제(北齊) 풍격을 계승하여 앞뒤를 각각 거푸집으로 찍어낸 후 하나로 붙이는 것으로 바뀌었다.

## 7) 수당(隋唐) 도용(陶俑)

중화인민공화국 수립 이후, 시안(西安) 지역에서 발견된 수당(隋唐) 무덤은 5,000곳이 넘으며 출토된 도용 수량도 몇만 점이 되어 중국 내에서 가장 많다. 수당 도용은 수량, 규모, 종류 면에서 모두 전대(前代)를 훨씬 뛰어넘었고 제도적으로 규범화되었다. 수당시대, 도용은 위진남북조(魏晉南北朝) 도용 예술을 기반으로 진일보 발전하여 점차 전형적인 당대(唐代) 도용 예술 풍격을 형성하였으며 중국 도용 예술발전사에서 절정에 다다랐다. 이는 당시의 일본과 고려에까지 영향을 미쳤으며 중국 내지 세계문화예술 영역에서 중요한 위치를 차지하게 되었다.

수대(隋代) 무덤은 발견된 것이 적다. 출토된 도용은 북주 시기의 경직된 풍격에서 벗어나 조형에 생동감이 있다. 동시에 북제 도용의 풍격을 받아들여, 북주의 앞쪽만 거푸집으로 찍고 등을 편평하게 하는 기법에서 앞뒤를 각각 거푸집으로 찍어 하나로 붙이는 기법으로 바뀌었다. 진묘수도 더는 북주의 엎드린 모습이 아닌 북제의 웅크리고 앉은 모습을 택하였다.

수대(隨代) 도용(陶俑)의 발견은 다음과 같다.

1975년 8월, 창안현(長安縣) 수리(水利)공사장에서 문리용(文吏俑), 무사용(武士俑), 여입용(女立俑), 남입용((男立俑), 풍모용(風帽俑), 주유용(侏儒俑) 등 황유(黃釉) 도용이 출토되었다.

당대 도용의 주요한 발견은 아래와 같다.

1972년 11월, 시안 남쪽 교외 산문구(山門口) 차오지아바오춘(曹家堡村) 당대 현도관주(玄都觀主) 우홍만묘(牛弘滿墓)에서 많은 도용이 출토되었다.

1981년, 창안현(長安縣) 봉서원(鳳棲原) 수당묘(隋唐墓)에서 많은 도용이 출토되었다.

1989년, 시안 동쪽 교외 바오즈춘(堡子村) 당묘(唐墓)에서 많은 도용이 출토되었다.

1990년 3월~1991년 2월, 시안시 문물부문(文物部門)에서는 서교(西郊)화력발전소의 건설에 발맞춰 부지 내에서 수묘(隋墓) 4곳, 당묘 139곳을 발굴하였으며 그중에서 각종 도용 280여 점이 출토되었다.

1990년, 시안 동쪽 교외 진천(秦川)기계설비공장 당묘(唐墓) 13곳에서 많은 도용이 출토되었다.

1991년 8월, 시안 동쪽 교외 바치아오구(灞橋區) 신축향(新築鄕) 우가(於家)벽돌공장 당(唐) 금향(金鄕) 현주묘(縣主墓)에서 채색 도용 156점이 출토되었다.

1992년 5월, 시안 동쪽 교외 싱푸로(幸福路) 화산(華山)기계설비공장에서 발굴한 당(唐) 엄주자사(嚴州刺史) 화문홍(華文弘) 부부묘에서 도용 61점이 출토되었다.

1993~1994년, 산시강철공장과 동쪽 교외 전가만(田家灣) 국가양식창고 건설 가운데서 당묘 92곳을 정리하였고 그 가운데서 도용 약 300점이 출토되었다.

1999년 6월, 얀타구(雁塔區) 양토우진(羊頭鎭) 벽돌공장 당(唐) 요무피묘(姚無陂墓)에서 삼채용 19점, 채색 주유용 2점이 출토되었다.

2001년, 시안 동쪽 교외 홍칭원(洪慶原) 얀완촌(硯灣村) 당(唐) 북평군왕묘(北平郡王墓)에서 채색 도용 400여 점이 출토되었다.

2001년 12월~2002년 1월, 시안 동쪽 교외 파교구(瀟橋區) 방직타운 향양원(向陽院)에서 당(唐) 온작(溫綽), 온사간(溫思諫) 부자묘(父子墓)가 발굴되었는데 그중 온사간묘에서 채색 도용 241점, 온작 부부 합장묘에서 채색 도용 4점이 출토되었다.

2002년 4~7월, 창안구(長安區) 꾸오두진(郭杜鎭) 서북정법학원(西北政法學院) 남교구(南校區)에서 발굴된 한당(漢唐) 무덤 38곳 중 34호 당묘에서 채색 도용 12점이 출토되었다.

2002년 4~7월, 창안구(長安區) 꾸오두진(郭杜鎭) 산시사범대학 난시아오구(南校區) 공사장에서 발굴된 한당명(漢唐明) 무덤 75곳 중 31호 당묘에서 삼채용 41점, 단색 동물용 12점, 채색 도용 17점이 출토되었다.

2002년 9~10월, 시안시문물보호고고학연구소(西安市文物保護考古學研究所)와 산시성고고학연구소(西安省考古學研究所)가 창안구(長安區) 꾸오두진(郭杜鎭) 산시사범대학 신시아오구(新校區) 기초건설현장에서 발굴한 당(唐) 위신명묘(韋愼名墓)에서 채색 도용 238점이 출토되었다.

2002년 3~6월, 안탑구(雁塔區) 연흥문촌(延興門村) 당(唐) 강문통묘(康文通墓)에서 삼채용 10점, 채색 도용 11점이 출토되었다.


8) 송원(宋元) 도용(陶俑)

시안 지역 송대(宋代) 무덤에서 발견된 도용은 극히 적으며 주요하게는 원대(元代) 도용이다.

1988년 8월, 시안 남쪽 교외 산문구(山門口) 사호타촌(沙濠沱村) 원대 토동묘(土洞墓)에서 삼채, 흑채(黑彩) 도용 및 도관(陶罐)이 출토되었다.


9) 명청(明淸) 도용

시안 지역에서 발견된 청대(淸代) 무덤에는 모두 도용이 없었다. 명대(明代) 도용은 대부분 진번왕(秦藩王) 및 그 가족 무덤 또는 진왕부(秦王府)와 관련된 무덤에서 출토되었다.

1997년 2~5월, 안탑구(雁塔區) 와호통촌(瓦胡同村) 동쪽에서 고분 56곳을 정리하였는데 명대 무덤 7곳 가운데 5곳이 진번(秦藩) 합양왕(郃陽王) 가족무덤이었다.

1999년 8월, 안탑구(雁塔區) 취장향(曲江鄉) 금호타촌(金濠沱村) 서쪽 명대 견양왕(汧陽王) 주공쟁묘(朱公鏳墓)에서 도용, 가옥, 가구 등 부장품이 출토되었다.


## 2. 시안(西安) 지역 도용(陶俑)의 특징

도용(陶俑)은 시안 지역에서 출토된 유물 가운데 특별한 유형으로 대체적으로 아래와 같은 특징을 띠고 있다.

① 수량이 방대하고 종류가 구전하다.

　　시안 지역에서 출토된 각종 도용은 수만 점에 달하며 다종다양하다.

② 시대가 길고 일련성이 있다.

　　각 역사시대의 도용이 모두 있으며 연속성이 강하다.

③ 유물 등급이 높고 품질이 양호하며 가치가 높다.

오랫동안 각 조대(朝代) 도읍지로 있었던 시안이므로 주변에는 높은 등급의 무덤이 많다. 따라서 출토된 도용은 등급, 품질, 예술수준 등 방면에서 모두 당시 도용 예술의 최고수준을 나타내며 동시에 전형성과 대표성을 띤다. 또한 대다수 도용은 출토지점과 시대가 비교적 명확하여 높은 역사적 · 예술적 · 연구적 가치를 지니고 있다.

역사는 유물을 창조하였고 유물은 역으로 역사를 말해준다. 본서에 수록된 생동감이 넘치는 도용들은 하나하나가 생생한 역사의 숨결을 느끼게 한다. 본서는 고고학적 각도에서 도용의 역사적 배경, 형태의 변화 발전 및 제작기법에 대해 설명하였고 예술 감상 각도에서 도용의 풍부한 문화적 함의와 심미관을 조명하였다. 또한 지식성과 가독성을 최우선으로 하여 대중성을 염두에 두고 그림과 글을 풍부하고 생동하게 하였다. 독자들이 도용을 통해 고대 문명의 휘황찬란함을 다시 한 번 느껴보길 바란다.

2014년 5월
엮은이

# 陶俑的起源与演变

## 一、陶俑的概念

俑是古代墓葬中的一种陪葬品，属明器的一种（明器又称"冥器"、"凶器"，是我国古代专为陪葬而制作的器物，包括模仿人和各种动物的偶人、偶像以及模仿礼器、日用器皿、车船、家具、房屋的各种模型，一般较小且不实用，仅具模拟象征的意义）。俑最早是专指陪葬的偶人，也就是说，墓葬中只有人像雕塑才能算作"俑"，但今天人们所说的俑已将其外延扩大了，不仅指人物俑，还包括了各种动物俑和想象中的神灵怪兽俑。

陶俑，即陶质的人物、动物和神灵怪兽类明器。从考古发现看，除陶俑外，还有木、瓷、石以及铜、铁、铅等质地的俑。相比之下，木俑难以在地下长久保存；石俑难以雕刻加工成批生产；瓷俑和各种金属俑品质较高，烧制、铸造代价太大；而陶俑取材方便、烧制容易且能长久保存，故成为了中国古俑的主流。在各种质地的俑中陶俑出现最早、数量最多、种类也最为丰富。

## 二、陶俑的起源

俑是人类信仰的产物。古人相信人死后灵魂仍将继续存在，人会在另一个世界里活着，过着和生前一样的生活。这种塬始的灵魂不灭的观念，早在旧石器时代就已产生，并随着社会的进化而演变，由起初的祖灵崇拜，演变到对死者的厚葬。《左传》中就有"事死如事生，礼也"的记载，就是要求人们对待死者，要如同对待活人一样。因此，人们制作了包括俑在内的各种明器随葬墓内，以满足死者冥间生活的需要。

陶俑的起源可追溯至史前时期的陶塑人像以及各种动物的陶塑品。但那时的陶塑人像和动物并不具有古文献所说的"俑"的意义，而是塬始图腾崇拜或宗教观念的一种反映。具有随葬功用的眞正意义上的陶俑，始见于殷商时期。迄今为止，考古发现最早的俑，是1937年在河南安阳殷墟商王室墓葬中与人殉一同出土的商代晚期的陶制男女奴隶俑。商周时期流行"人殉"，考古发掘的商周王室贵族墓葬中，发现了大量被杀戮陪葬的奴隶和牲畜。残酷的人殉制度在当时就遭到许多人的反对，奴隶遭到大量杀殉，使社会生产力也受到很大影响。但是，王室贵族和奴隶主死后是不能没有奴隶侍奉的，于是替代奴隶陪葬的陶塑偶人——"俑"便应运而生。从春秋战国时期开始，随着丧葬观念的变化，殉人现象逐渐为模拟人形的俑所替代，社会的进步最终导致了人殉的终结，随葬陶俑之风初兴。

## 三、陶俑的发展演变及时代特点

陶俑自商代晚期开始出现，至清代初期绝迹，延续了数千年。歴代遗留下来的陶俑，数量巨大，种类繁多。从形象看，主要有镇墓俑、侍僕俑、乐舞俑、仪仗俑以及鞍马、牛车、家畜、家禽等动物俑。陶俑的发展演变大致经过了以下几个阶段。

1、商周至春秋战国时期，为我国古代陶俑发展的初期阶段。

这一时期的陶俑造型简单、粗糙，意在表现俑的用途以及身份，仅仅是"形似"，并不追求雕塑的艺术性，也谈不上俑的面部表情刻画和描绘。最早的殷墟奴隶俑，为灰陶捏制，造型粗糙，人体比例也不协调。春秋末期的郎家庄墓的舞女俑，长裙上还有彩绘条纹，形象也较生动活泼。战国时期，陶俑形象愈加丰富多彩，开始着意刻画俑的各种动作以及面部表情和衣饰的彩绘，俑逐渐趋向形神兼备、日趋成熟。战国时期北方陶俑多为活泼的乐舞俑，陕西咸阳塔尔坡战国晚期秦墓中还出现了最早的骑马俑。

2、秦汉时期，为我国古代陶俑发展的第一个高峰。

秦统一六国后，经济大发展，陶俑的制作一举突破了捏塑粗略、形体微小的局面，竟大如真人真马一般。1974年秦兵马俑的发现，惊世骇俗，七千馀件高大威武的兵马俑，排列成雄伟壮观的军阵，空前绝后，被誉为"世界第八大奇迹"。秦兵马俑是秦代军队的模拟，包括了将军俑、步兵俑、骑兵俑、弩兵俑及陶马、驷马战车等。秦俑的特点可概括为：形体高大、逼真写实、性格鲜明、规模宏大。秦俑"千人千面"，有着不同的脸形、不同的发式、不同的须眉，具有一种"肖像性"，这种写实的风格史无前例。尽管每件俑都存在"小异"，但总体上看，更多的是"大同"。同样的姿势，同样的装束，从同样的模具中不断被复制出来。秦朝是一个追求统一的时代，官制、法律、文字、货币、度量衡、车轨，乃至思想，都在新的政权控制下获得了高度的统一，陶俑又焉能例外？秦朝也是一个追求宏大的时代，长城、阿房宫、秦直道、秦始皇陵，还有当时世界上最大的国家版图，无一不是空前的创造。统一、宏大是秦朝的时代风格，也是秦俑精神之所在。

汉承秦制，西汉的帝陵及诸侯王、重臣大将的墓内也随葬大批的兵马俑，虽然仍有庞大的军阵，但俑的形体大为缩小，约为真人的叁分之一，形象则较秦俑更为生动。西汉时期，人们的思想不再受严刑峻法的制约，制作的陶俑不像秦代那样严苛，而是更具生活气息，风格活泼、小巧、精致。这一时期出现了大量的服务于墓主人生活的家内奴僕俑、劳作俑与乐舞俑。从汉景帝末年开始，都城长安地区新出现一种裸体陶俑，在景帝、武帝、昭帝、宣帝陵中都曾出土。这种裸体陶俑，塬安装有木臂、身着帛衣，经千百年后，木、帛皆朽，出土时有的俑身上还留有丝织衣物的残痕或小铜带钩。这类俑应即汉宣帝时桓宽在《盐铁论》中所说的"桐人衣纨绨"，应是受楚俑风格影响的产物。自西汉晚期，厚葬之风愈盛，墓中出现仓、竈、井、磨等模型明器及家畜家禽俑。

东汉时期，封建庄园经济大发展，劳作俑明显比西汉时期增多，供墓主人消遣的乐舞俑、百戲杂技俑、说唱俑以及为墓主烹饪美食的庖厨俑，还有牛、羊、猪、犭、鸡等动物俑，也非常流行。为保护墓主地下安宁，镇墓辟邪的镇墓俑也发展了起来，生活所需，一应俱全。

两汉时期奠定了后代俑类的基本格局，汉俑更为注重整体形象和动势的塑造，在面貌衣饰等细节上也刻画入微，形成了大朴不雕、古拙浑穆的美学特征。

秦汉时期陶俑的制作有以下几个特点：

（1）组装俑大量出现。秦代以前，陶俑大都是整体塑造。秦汉时期，随着手工业的发展和陶俑需求量的增大，整体制俑的工艺被流水线式的分体制作的组装俑所代替。有的是将俑分解为几大块，分烧出炉后再用灰浆抹缝将其黏合在一起；有的分体烧成后，直接拼装为一个整体，如好多秦俑的头部都是分烧好后直接插入到脖腔里的。

（2）不同性质和功能的俑大量出现。如兵马俑、镇墓俑、侍僕俑、乐舞俑、仪仗俑、百戲俑、庖厨俑以及牛、羊、猪、犭、鷄等动物俑。

（3）彩绘陶俑大量出现。大约春秋时期，彩绘开始在俑上使用，但很不普及。秦汉时期，为了突出随葬陶俑的表情、服饰、感染力等，雕塑家开始大量使用了彩绘手法。一般是先在胚胎上涂白粉（施白衣）以便着色，再根据需要涂各种颜色。

（4）写实俑大量出现。各类俑絶大部分都是模拟了现实生活中的人和物，面貌、衣着及动作形态等都具有浓郁的写实风格。


3、叁国两晋南北朝时期，为我国古代陶俑发展史上的低潮期。

这一时期是中国歷史上大分裂的时期，同时又是民族大融合的时期，由于战乱，陶俑的制作陷入了低谷，随葬俑的数量和种类较以前明显减少。陶俑的发展介于秦汉和隋唐两大高峰之间，相对而言处于低潮时期。随葬俑类仍以陶俑为主流，南方出现了青瓷俑。这一时期以长江为界，形成了南北两大风格体系。南方出土陶俑的数量较少，基本承袭了东汉末年陶俑发展的轨迹，制作水平低下。北方出土陶俑数量较多也有明显的时代和民族风格，基本代表了这一时期陶俑发展的新方向。

叁国时，俑的种类主要有镇墓俑、侍僕俑以及少量的狗、鷄、鸭等家禽、家畜俑。俑的风格，尚未脱离东汉的传统，着重表现人和物的动态，缺乏细部的雕饰，拙朴古雅。

西晋为短期统一时期，中塬晋墓已形成了由四组俑构成的基本组合：第一组为镇墓俑类；第二组为侍僕俑类；第叁组为牛车鞍马俑类；第四组为庖厨明器和动物模型类。

西晋以后，北方各少数民族入主中塬，东晋偏安江左，形成了南北对峙的局面，随葬的俑群也有不同的特点。北方十六国时期，丧葬制度混乱。东北地区的后燕、前燕墓内不随葬俑类，关中地区的后秦墓内则有庞大的仪仗俑群以及牛车鞍马、男女侍僕俑和猪、狗、鷄等畜禽俑。这一时期开始出现了人马均披铠甲的重装骑兵"甲骑具装俑"。

北魏统一北方后，承袭了十六国的传统，还出现了负物的骆驼和驴俑。人物俑的形象和服饰，具有明显的少数民族特征。北魏迁都洛阳后，随着"汉化"的深入，墓葬陶俑的组合日趋固定，基本由叁组俑类构成：第一组为镇墓俑，由蹲坐的人面、兽面镇墓兽和披甲持盾的武士俑组成。第二组为出行仪仗俑，包括甲骑具装俑、骑马鼓吹俑、仪仗俑、牛车鞍马俑和随行负重的驴、骆驼俑等。第叁组为侍僕俑，包括男女侍僕俑、胡人俑、劳作俑、乐舞俑等。

北魏分裂后的东、西魏以及北齐、北周基本沿用了这种俑类的组合，但在各种俑的造型和数量上有不少变化，还出土有仓、磨、碓、井、竃组成的庖厨明器和动物俑。南方的东晋南朝则沿袭了西晋的传统习俗，随葬俑的数量远比北朝墓为少，种类却还有瓷俑、石俑、铜俑等。

北朝陶俑的制作，仍流行模制和彩绘。模制有两种：一种是采用双模，即俑模为前后两片，先利用半模制出俑的前、后单片，再拼合粘接成一体。另一种是仅用单模，即只用前半片模，制出俑的前半面的形象，背后则抹成扁平状了事。俑的形象多趋于清秀俊美，彩绘却较浓丽。从陶俑的制作和艺术上看，北魏后期，陶俑比例更为准确，塑造更加工细，汉俑富于想象力的浪漫之风悄然逝去，而工致写实之风慢慢形成。南朝陶俑的制作，也以模制为主，注重刻画面目细部和衣纹，手法简练，极少使用彩绘。以简洁明快的线条，勾勒出朴素无华的神韵，是南朝俑非常突出的艺术特点。

南北朝时期，俑的造型及细部刻画均比例合适，线条的掌握也达到了准确自如的程度，为陶俑艺术的成熟奠定了基础，许多新内容、新题材也都在这一时期出现，孕育了隋唐时期陶俑艺术的高潮。


4、隋唐时期，为我国古代陶俑发展的第二个高峰，是我国古代陶俑发展的顶峰。

隋统一全国，俑承袭了北朝的系统，但出行仪仗俑减少，乐舞俑增多，并新出现了白瓷俑。至唐代，在俑的组合上，仪仗俑减少，伎乐俑、骑马俑、牵马牵驼俑增多。侍僕俑多为女性，体态丰腴饱满，造型准确，姿态传神。镇墓兽的形象逐渐变得张牙舞爪趋向活跃，甲胄武士镇墓俑渐被足踏小鬼的天王俑取代。骆驼载乐俑、黑人俑（昆仑奴）、胡人俑以及伎乐、狩猎俑、百戲杂技俑等是唐俑突出的新内容，也反映了唐代乐舞的繁荣与对外交流的广泛。

隋唐时期是我国封建社会的鼎盛时期，这一时期的俑在种类、数量、质量上都达到了一个新的高峰。尤其在唐代，俑的制作和使用达到了制度化和规范化。政府在少府监下设甄官署，专门负责制造宗室陵墓所需的明器墓俑，甄官署制造的丧葬用品，往往是由皇帝赐予宗室贵族或有功于朝廷的大将重臣死后随葬的。一般的官吏和平民使用的明器墓俑，则多是民窑的产品，据载长安城的东西市上，就有相当规模的凶器铺专门出售明器墓俑。

隋唐俑的种类，按性质可分为四类：第一类，为保护墓主人安全而设置的镇墓俑和压胜俑。镇墓俑有镇墓兽、武士俑、天王俑、十二生肖俑；压胜俑则有铁猪、铁牛等。第二类，是为墓主人出行而安排的仪仗俑。有以牛车为主的仪仗俑群和以乘马（或乘骆驼）为主体的仪仗俑群。第叁类，是表示墓主人家居生活的各类童僕俑和园宅、假山、建筑模型等。童僕俑有侍吏俑、伎乐俑、舞俑、戲弄俑和劳作俑及疱厨俑。第四类，是以家禽家畜为主的动物俑和日常用具或厨具等的模型明器。

据研究，西安、洛阳两京地区的隋唐陶俑大体可分为叁期：

（1）隋至初唐，即隋文帝至唐高宗时期（581～683年）。为陶俑艺术的继承和新风格的形成时期，人物的造型开始由清秀向圆润转变。隋至初唐时的陶俑还较多地受到北朝时期的影响，在一定程度上还或多或少地保留了部分北朝时期陶俑的造型特征。仪仗俑群多以牛车为中心，俑群中武装气氛较浓，并有较多的出行仪仗和吹奏乐队。牛车周围主要是男骑俑和男立俑，女立俑少见。镇墓俑主要是镇墓兽和武士俑，天王俑偶有发现。

（2）盛唐，即武则天至唐玄宗开元末年（684～741年）。是陶俑艺术的鼎盛时期，创造了隋唐陶俑艺术的最高成就。这一时期的陶俑从整体上完全摆脱了南北朝时期清秀的风格，以一种清新奔放、饱满愉悦的形象展现出来，陶俑富有浑厚、劲健、清新、柔润的特点，且装饰华丽，姿态生动，形象夸张，色彩鲜艳，彰显着大唐风韵。人物形态均趋向肥满丰腴，造型准确，姿态传神。盛行以乘马或乘骆驼为主的仪仗俑群，周围披甲执兵的俑少见，而脸部丰腴、神态优美的女俑则大量出现。早期的武士俑到这一时期则变成了盛装华丽、形象威武的天王俑。十二生肖俑开始流行，这一期还流行叁彩俑。俑群中武装气氛削弱，伎乐仪仗加犟，反映家居生活的俑增多，女俑华丽多彩，生动活泼。

（3）中晚唐，唐玄宗天宝后至唐末（742～907年）。此期陶俑艺术发生了较大的变化，随葬陶俑的风俗已开始衰退，无论从数量上还是艺术上来看，陶俑都已失去了昔日的繁华。此时，十二生肖俑更为普遍，各类俑的体态更趋肥胖，有的已显臃肿之态。至唐宪宗元和年（806年），即九世纪以后，各类陶俑的数量显着减少，金属俑和以锦绣为饰的半身俑盛行。

特别值得一提的是唐代女俑的塑造最具特色，在不同的时期有着显着的变化，俑的体态、服饰也传达出了不同时期人们的思想观念、审美情趣，而这种变化也直接与当时社会的发展息息相关。

初唐的女俑身材修长，比例适当，面部清秀，略显消瘦。头部发髻挽起，穿窄狭贴身的服装以显出苗条优雅的身材。女性的审美观总体上还是以纤瘦匀称为主，或许有两个塬因：一是六朝艺术中称之为"丰肌秀骨"的传统得到了继承，另一个是胡服对妇女服装的冲击，女装以衣裙窄小为时髦。唐代以前我国妇女大多还是以纤细为美的，从汉朝轻盈掌中舞的赵飞燕到南朝"抱月飘烟一尺腰"的张静婉，纤瘦一直是女性审美观发展的主流标准，这种风气一直延续到了隋代直至初唐，从唐太宗后期开始人们开始对那种柔若无骨的清瘦美女不再推崇。

盛唐时期，女俑身材健美渐趋丰满，发髻逐渐高耸，样式多变，面部圆润，服装也渐趋宽大。当时人们崇尚干练、俊俏、健康的外形和庄重、雍容的神态，追求一种运动的、充满活力的矫健之美。盛唐时期政治稳定，经济繁荣，国力犟大，文化昌盛，显现出勃勃生机，在这样的时代背景下，女性审美观上也突破禁锢，一改长期以瘦为美的观念，出现了一种以健康、丰满、开放为美的新风尚，这就是后世所谓的"以胖为美"。盛唐贵妇、舞女甚至身着露胸上衣，即唐诗所说"粉胸半掩疑暗雪"，亦反映了当时社会风气的开放与贵族生活的浮靡。

盛唐以后的女俑造型从丰腴健美逐渐发展为肥胖臃肿，大髻宽衣愈甚，但并非褒衣博带的重演，白居易诗云"风流薄梳洗，时世宽装束"，说明亦是当时的时尚。中晚唐以来女俑的形象丰肥失度，服饰尤为宽大，更显肥硕臃肿，日渐缺乏生气。

总的来说，唐代女俑所表现出的丰腴雍容中的雅致，是唐代美人所独有的。这种充满繁荣、自信、满足、大气的风貌，前无古人、后无来者，体现了一个时代的精神状态。

五代时期的俑发现不多，而且多出土于南方的江苏福建等地。俑的种类、制作技法、艺术风格上等均承袭唐代遗风。


5、宋元明淸时期，为我国古代陶俑的衰落和消亡期。

宋辽金元时期，由于葬俗的变化和纸扎明器的流行，俑的随葬日趋衰落，只有少数墓葬中发现有陶俑、石俑、瓷俑，又由于堪舆术的流行，人们迷信阴阳风水，出现并流行与堪舆迷信有关的神煞压胜俑，如人首鱼身的仪鱼，人首蛇身的墓龙，人首鸟身的观风鸟，以及金鸡、玉犬和仰观、伏听、西王母、东王公、张坚固、李定度等俑像。这类神煞俑在唐代已初见端倪，五代开始流行，宋代盛极一时，辽代也有使用。宋代还出现了瓷塑和甎雕的杂剧、散乐人物俑，开创了俑的一种新形式，市井文化融入了俑像。金代俑像大多背连方甎，少见圆雕的形式。杂剧、散乐人物雕甎在金代盛行，多砌于墓室壁面。元代本无葬俑之俗，只是少数汉族官僚（也有个别外族）沿袭了葬俑习俗，元代的俑，风格写实，无论男女文武俑，面目服饰均呈蒙古族特征。

明代，一般情况已不随葬俑，只有少数王公贵族和高官大臣的墓中有仪仗俑的随葬。清代，唯有清初的高级武官吴六奇墓，由于康熙的特别恩典，随葬了一批陶俑和家具明器，应是俑在走向绝迹时的回光返照，俑的随葬实际上已经消亡。

## 四、陶俑的研究价值和艺术价值

如前所述，陶俑的基本功用是陪葬，模拟了死者生前所需的奴僕侍从、鞍马仪仗、家禽家畜等等，使死者在冥间的生活所需宛如生前一应俱全，所以陶俑眞实地负载了古代社会的各种信息。纵观中国歷代陶俑，可发现陶俑不仅直接反映着当时的丧葬制度和礼仪，有助于人们了解中国古代礼制中的丧礼（也称"凶礼"）及葬俗，而且通过陶俑的研究也可考见古人的生活习俗、衣着服饰、审美情趣等等。歷代陶俑的造型、服饰、仪仗组合、军阵排布以及场景的配置，实际上是中国歷史上各个时期政治、经济、文化、军事及民俗风尚的形象反映，有着其他文物不可替代的研究价值。它不仅是古代物质遗存的重要代表，更是精神文化的体现，中国古代的哲学、歷史、风俗、艺术等等都凝聚在这些形形色色的陶俑之中。

陶俑又是一门雕塑艺术，是古代匠师创造的工艺美术品。中国陶俑在其盛行的从东周至宋代约1500年中，弥补了同时期地面雕塑在种类及完整性上的重大缺憾，为我们勾勒出古代雕塑艺术发展的脉络以及歷代审美风尚变迁的轨迹，体现着各个时代雕塑艺术的风格特点、水平和成就，成为了解中国古代雕塑艺术史不可或缺的珍贵的实物资料。陶俑多以俑身为绘画的载体，然后彩绘，雕塑感虽没有希腊罗马那样的犟烈，但具有和谐飘逸、斑驳灿烂的东方古典美的神韵。一件件雕塑精美的陶俑，向人们展示着一部多彩的歷史长卷，一幅斑杂的水墨风俗，一本形象的雕塑史书。

# 西安地区陶俑的发现及其特点

## 一、西安地区出土陶俑概述

西安古称长安，为世界着名古都，自古就有"八川分流绕长安，秦中自古帝王州"的美誉。歷史上先后有西周、秦、西汉、新莽、东汉（献帝初）、西晋（愍帝）、前赵、前秦、后秦、西魏、北周、隋、唐等十叁个朝代在此建都，已有叁千一百多年的建城史和一千一百多年的建都史，是中国歷史上建都朝代最多、歷时最长的一座城市。汉唐时期以长安为起点的丝绸之路，是中国古代最重要的对外经济、文化交流的通道。唐以后，政治中心东移，但长安仍是我国西北地区的重镇，也是西北地区最大的城市和交通枢纽。五代至宋、金，长安属"京兆府"，元朝改置"安西路"，后改称"奉元路"，明洪武二年（公元1369年）改置"西安府"始有"西安"之名。

悠久而辉煌的历史造就了西安地区得天独厚的文物资源，其中地下埋藏的历代古墓葬更是不计其数，已发掘古墓出土的陶俑数以万计。然而作为陪葬明器的俑，过去被视为不祥之物，致使历史上出土的陶俑数量虽多，却很少引起注意。建国后，随着大规模基本建设的开展，在配合基建的考古工作中发现了一批批的陶俑，此外，还有征集的流散于社会上的陶俑和公安机关破获追缴的被盗陶俑。总体来说，西安地区出土的陶俑以汉唐时期的为最多，也最具特色。现按陶俑的时代择其重要发现简述如下。

### 1、早期的陶塑

2002年10月，西安西南的鱼化寨新石器聚落遗址，出土了一件人形陶塑。1971年西安灞桥区老牛坡商代遗址出土了一件商代晚期的陶塑头像，制作工艺简单粗糙，但形象鲜明生动。

西安地区早期单体的人像陶塑发现极少，从仅见的几例中大略可见，早期的人像陶塑朴素简单，制作工艺以捏塑、雕刻和锥划为主。由于不是墓葬所出，当不属于随葬品，因而还不能看作是"俑"，可视为陶俑的前身。

### 2、先秦陶俑

西周时期西安地区俑像的发现几乎是空白。商周之际，由于人殉风俗的盛行，作为人殉替代物的俑尚未推衍开来。春秋以后，以俑随葬渐成气候。西安南郊茅坡一带的战国秦墓中，就有陶俑出土。

2001年9月西安市长安区茅坡邮电学院南区一座编号为M123的战国秦墓中出土了男女侍俑6件，骑马俑2件。人物俑为泥质红陶，前后压模黏合而成。面施白粉、其上以墨线勾畫眉目、唇涂红彩。衣服塬有彩绘，现已脱落。骑马俑为两件不完整的个体。结合墓葬形制和共出陶器判断，时代当在战国晚期至秦统一时期。这几件陶俑，运用了捏塑、堆贴、粘贴、刻畫、彩绘等手法，还出现了更为先进的模制成型法，在俑像的制作上是一个大的飞跃。

### 3、秦代陶俑

秦代陶俑以西安临潼秦始皇帝陵陪葬坑出土的兵马俑为典型代表。1974年，在秦始皇帝陵东1.5公里处发现兵马俑一号坑，1976年，又在此发现兵马俑二号坑、叁号坑。叁座兵马俑坑出土陶俑约8000件，陶马600多匹。秦兵马俑的出土，横空出世，是中国陶俑最重大的一次发现。它以磅礴的气势和细腻传神的雕塑被誉为"世界第八大奇迹"。

1999年，在陵园东南部的内外城之间发现了"百戲俑坑"，出土约11件陶俑。2000年，在秦始皇陵封土之南偏西约百米处，发现"文官俑坑"，出土陶俑12件。

秦俑的制作是中国古代雕塑史上的一个奇迹，在极短的时间内，却创造出了数量惊人、品质卓越的大批作品。秦俑雕塑吸收了塬始雕塑和战国以来的雕塑艺术成果，我国传统的塑、堆、贴、刻、畫等技法都得以运用，广泛采用模制成型法，每件作品都是圆雕、浮雕和线雕有机结合的产物。艺术风格高度写实，造型准确而生动，手法严谨、一丝不苟、塑绘结合、相得益彰，达到了雕塑艺术的一个高峰。

4、西汉陶俑

西安地区已发掘的西汉墓葬数千座，但是随葬陶俑的墓葬所占比例却很少。《西安龙首塬汉墓》收录的42座西汉早期墓中只有3座随葬有陶俑，共5件；《长安汉墓》所录57座西汉中晚期墓葬，竟无一座随葬有陶俑。从考古发现看，陶俑主要出土于帝、后陵以及诸侯王陵等大型陵墓的陪葬坑及高级贵族的墓葬中，一般中小型墓葬均不见陶俑。

1965年汉高祖长陵陪葬墓咸阳杨家湾汉墓清理的11座陪葬坑中出土骑兵俑583件，步兵俑1800多件，另有文官、乐舞俑、杂役俑100多件，共计2548件，是所见汉墓出土陶俑最多的；1970年清理的7座陪葬坑中也有部分陶俑出土，种类有步兵俑、骑马俑、乐俑等。杨家湾汉墓及其18座陪葬坑出土了3000多件彩绘兵马俑，它承袭了秦俑遗制，个体小于秦俑。

1966年西安任家坡汉文帝霸陵窦皇后陵从葬坑出土彩绘陶俑42件，均为着衣彩绘女侍俑，有坐俑、立俑。

1974年在窦皇后陵陵园西墙以西曾发掘陪葬坑47座，出土了一批陶俑。

1979年3月，西安北郊红庙坡织袜二厂西汉早期墓出土了4件陶翼兽。

1982～1985年，汉宣帝杜陵发掘的一号、四号陪葬坑虽被盗也有不少陶俑出土，其中一号坑内出土有裸体无双臂的男立俑，部分还佩带铜带钩、小五铢钱等，应属着衣式俑，四号坑清理出较完整的9件陶俑。

1983年9月，西安南郊沙坡甄瓦厂发现汉代墓葬，出土汉代裸体俑、骆驼、猴子、山羊、鸟、游鸭、鸳鸯等陶俑。

1986～1987年发掘的西安南郊沙坡陕西新安机甄厂汉初积炭墓（即所谓"利成"墓）中出土了十馀件人物俑，其中8件裸体俑，大量骑马俑被破坏，从残存个体分析至少27件，种类有侍俑、牵马仪仗俑、兵马俑等，另有马、牛、羊、猪、鸡、鸽子数十件。

1988年～1993年，西安北郊范家村西北医疗设备厂等基建工地发掘了210馀座西汉墓，出土了凤鸟龟座俑、翼兽俑、女立俑、坐俑等。其中西北医疗设备厂M89出土彩绘女立俑1件，M92出土女坐俑3件，M120出土彩绘女坐俑1件。

1990年～1999年，汉景帝阳陵20馀座从葬坑中出土了排列密集的武士俑群、大量的彩绘裸体陶俑以及牛、羊、猪、狗、鸡等动物俑，总数逾万件。其中人物俑约为真人的叁分之一大小，高约60厘米。此外，阳陵的陪葬墓M130、M9等都出土大量的与帝陵陪葬坑类似的陶俑。

1990年西安市北郊十里铺村南甄场一座西汉墓出土陶翼兽4件、坐俑2件。

1991年，公安部门追缴的马沱制锅厂汉墓出土陶翼兽1件。

1992年，公安部门追缴了灞桥区浐沱寨汉墓出土的陶翼马、鸿雁等陶俑。

1998年，西安北郊尤家庄交通学校M18出土陶俑6件，均为着衣式立俑，男女俑各叁件。

1998年，西安南郊叁爻村西汉墓M19出土陶俑7件，均为着衣式男女立俑。

2003年9～10月，西安市文物保护考古所陆续接收西安市公安局移交的破案追缴的文物，其中有长陵吕后墓区出土的彩绘陶俑205件。

西汉在中国雕塑艺术史上是一个大发展的时期，陶俑的种类、数量、制作工艺、艺术水平等都达到了一个全新的高度。人物俑中塑衣式的捏塑出层层的衣饰，着衣式的还要穿上帛衣或革甲，不仅制作精美，形象也十分生动、活泼，一改秦俑模型化和稍显僵硬的缺点，极具动态之美。西安地区出土的西汉陶俑，可分为陵园型陶俑和普通陶俑。陵园型陶俑指西汉帝后陵墓陪葬坑及其陪葬墓或诸侯王大墓所出土的陶俑；普通陶俑则是指一般中小型汉墓出土的陶俑。陵园型陶俑大致分两类，一类可称为塑衣式陶俑，是沿袭了秦俑旧制，在俑体上模拟塑出冠带衣履，再施以彩绘；另一类称为着衣式陶俑，只塑出裸体的男女俑身，再上插竹或木制的臂膀，然后着丝帛衣服，出土时因臂膀和衣服已朽，只可见裸体无臂的俑身，故称"裸体俑"。陵园俑体量较大，高约50~60厘米，约为真人的叁分之一，而且皆为模制，技艺精湛代表了西汉时期陶俑制作的最高水平。

## 5、东汉陶俑

西安地区发现的东汉时期的陶俑，以小型陶俑为主，题材丰富、风格活泼，创新了一些与地主庄园经济有关的农夫（劳作）俑等，猪、狗、鸡、羊、牛等家禽家畜俑大量出现。人物俑以家内奴仆俑和伎乐百戏俑为主，以简洁概括、拙朴粗犷为特色。人物塑造更注重形体的动态变化，不求细部雕饰，多以场面性组合见长，充满着生活气息。虽然亦多姿多彩，但却少了西汉陶俑的大气和神韵，主要的发现有：

1957年，长安县叁里村一座东汉墓出土陶俑2件，坐、立俑各1件 ；陶狗4件、陶猪3件。

1987年，西安南郊净水厂清理的一批东汉墓，出土有奏乐小陶俑以及陶狗、陶鸡、陶鸭、陶猪等家禽家畜俑。

1991年，西安北郊方新村西北有色金属研究院基建工地清理汉墓35座，其中21座为东汉墓，出土了男女坐俑等。其中M5出土陶猪、陶狗各1件；M9出土跽坐小陶俑1件，陶狗1件、陶鸡2件；M14出土陶狗、陶猪各1件；M15出土陶狗1件；M17出土陶狗1件；M21出土陶狗、陶猪各1件。

1996~1997年，西安北郊尤家庄西安市电信局第二长途通信大楼基建工地清理秦汉墓197座，其中东汉墓5座。M67出土了人物俑45件，动物俑39件，人物俑中一批小型的杂耍、百戏俑和蹴鞠俑最具特色，其中有乐俑、舞俑、说唱俑、杂耍俑、双连俑、五连俑等；动物俑除了猪、狗、鸡等家禽家畜俑外还有虎、鹿、蛇、鸟、蟾蜍等，品种丰富。此外，M18出土陶猪1件，陶狗1件，陶鸡2件；M107出土陶鸡2件；M163出土陶狗1件、陶猪1件、陶鸡2件。

1997年，西安南郊瓦胡同村财政部培训中心基建工地发掘一批东汉墓，其中M53出土坐俑1件、二连俑1件、五连俑1件、背人俑1件；M5出土泥塑俑1件，其他墓还出土陶狗6件、猪5件、鸡3件等。

1998年，西安南郊叁爻村东汉墓，M12出土小陶俑4件，均为捏塑的坐俑；M14、M12还出土猪、狗、鸡叁种动物俑共6件。

2000~2001在西安南郊的石油学院工地。发掘东汉墓24座，其中M7出土陶猪3件、狗3件、鸡6件；M10出土跽坐乐俑3件，单人立俑2件，双人连体立俑2件，跽坐俑3件，跽坐抱婴俑1件，伏跪俑1件，裸体女俑1件，蹴鞠俑1件，均为泥质红陶，前后合模制成。另有陶鸡1件，动物俑2件。M11、M14皆出土陶猪、狗、鸡各1件。

2001～2002，西安南郊西安邮电学院长安校区基建工地，发掘东汉墓9座。M1出土七连俑1件、踞坐俑1件、踞坐乐俑1件、说唱俑1件、杂耍俑1件；另有动物俑1件，皆泥质红陶，有的前后或左右合模制成。M3出土陶猪鸡各1件；M10出土陶猪1件、狗1件、鸡2件；M22出土陶猪2件、狗2件、鸡4件。

2003年西安东郊理工大学汉墓群，发掘了20座东汉墓，出土一批陶俑，其中M21出土陶马1件，狗1件。陶马长约68厘米，高约61厘米，为泥质红陶，火候较低，胎质较疏松，头、脖颈、四肢分体烧制，马背施鞍。

M29出土有陶猪1件、狗1件、鸡2件。

2000年西安北郊凤城一路的雅荷智能家园、西安东郊西北国棉五厂；2001年曲江春晓苑、西安高新技术开发区的中华世纪城小区；2002年雁塔南路、西安北郊王前村西安市中药厂、曲江花园；2003年西安西稍门南的旭景名园；2003东郊常家湾等基建工地；2005年西安东郊韩森寨路东沿线；2005年曲江雁湖小区等基建工地发掘的东汉墓，皆出土陶猪、狗、鸡数件。

2003～2004年在西安南郊潘家庄村西的世家星城基建工地，发掘东汉墓11座。M141出土陶狗1件；

M169，出土踞坐俑1件，踞坐持物俑1件，劳作俑1件，马1件，独角兽1件，牛拉车1套2件，陶猪2件、狗1件、鸡2件。

2005年，西安南郊曲江雁鸣小区M1出土陶俑2件，均泥质红陶，外表施黄绿釉，前后合模，制作粗糙。均为站立状，高约18厘米。还出土陶猪1件、狗1件、鸡2件、羊2件、鸭1件；M2出土陶猪1件、狗1件、鸡2件。

2006年，西安市南郊电子二路南侧的卫光电子基建工地发掘东汉墓1座，M1出土俑2件，泥质红陶，前后合模，站立状，高约29厘米。陶狗1件。


6、魏晋南北朝俑

西安地区魏晋南北朝时期的墓葬发现较少，出土陶俑也很少，各时期陶俑的发现大致如下：

2005年，在长安区郭杜镇广丰公司基建工地，发掘曹魏墓两座。M13出土陶猪、狗、鸡各1件，出土的陶罐有"景元元年"的朱书题记。M14出土有陶猪1件、狗1件、鸡2件。

西晋墓葬主要发现于西安北郊、东郊、南郊以及长安区等地。有明确纪年的西晋墓仅10馀座，出土的陶俑及模型明器承袭东汉风格，但显得更加粗糙简拙。

十六国时期的墓葬，在二十世纪九十年代以前由于考古发现较少，而且缺乏纪年墓作为标尺，往往不能明确划分，有时归之于北朝墓。

1953年，西安南郊草场坡发掘了一座十六国时期的墓葬，出土武士俑、鼓吹俑、牛车和庖厨明器，当时认为是北朝墓。

1980年，陕西省考古研究所在长安韦曲镇北塬发掘两座十六国时期的墓葬，出土随葬品77件，发掘者当时也将之定为北朝墓。

1996年陕西省考古研究所在西安市未央区董家村发掘1座后秦墓，出土了釉陶镇墓兽与具装马等陶俑。

1997年，西安市雁塔区长延堡瓦胡同村发掘一座墓葬，应是后赵时期墓；同年陕西省考古研究所在西安北郊经济开发区等地发掘北朝墓葬6座，其中有4座墓出土有明显为十六国时期的随葬品。可以说，直到20世纪末，对于关中地区十六国时期墓葬还难以准确判定。

2008年9月，西安市文物保护考古所在国家民用航天产业基地航天隆基硅材料公司项目工地，清理了一批十六国、北朝、隋唐时期墓葬，其中M9墓葬规模较大，出土了23件十六国时期的陶俑。

2011年11月，西安市文物保护考古所在西安市灞桥区洪庆街道办纺织工业新园进行抢救性发掘，清理了一座十六国时期墓葬，出土陶俑60馀件，彩绘保存极好。与西安草场坡十六国墓出土陶俑形制、大小基本相同。

十六国时期墓葬出土器物主要有武士俑、仪仗俑、侍僕乐舞俑，仓、井、竈、牛车等模型明器及各类日用陶器，其中的牛车和甲骑具装俑最具时代特征。出土的男女侍俑、甲骑具装俑、牵马俑、胡俑及甄雕器物等带有明显的少数民族文化内涵。

北魏墓葬的发现主要有：

1955年在西安任家口发掘了正光元年邵眞墓，出土镇墓兽、武士俑、男女立俑等。

1998年10月，长安博物馆在韦曲北塬7171厂发掘的"太安五年"（459年）纪年墓，出土有镇墓兽、女立俑、男立俑（执盾武士俑）、甲马、牛等。除陶俑外，还出土有一批褐釉陶器，是西安地区迄今为止发现的唯一一座北魏平城时代的纪年墓。同工地1998年发掘的孝昌元年（公元525年）韦墓等北魏墓，出土一批陶俑和其他随葬品，其中韦墓出土陶俑为半模制，为北周陶俑工艺的渊源提供了新的资料。

2001年6月，西安市文物保护考古所在长安区韦曲北塬上清理北魏至北周时期韦氏家族墓3座。其中两座为北魏永熙叁年韦辉墓和韦乾墓。两墓共计出土陶俑194件，其中包括镇墓兽4件，镇墓武士俑4件，男立俑147件，女立俑18件，骑马俑12件，动物俑9件。

西魏墓葬的发现：

在上个世纪50年代，西安地区即有一些西魏墓发现，1954年西北工程地区文物清理队配合基建的考古发掘中，在西安西郊叁民村清理了西魏大统叁年残墓一座。

1996年12月西安北郊经济技术开发区发掘5座北朝时期的墓葬。出土镇墓兽2件、武士俑7件、骑马奏乐俑25件、伎乐俑10件、侍俑5件，陶马6件，陶狗1件，陶鸽1件等。

1997年8月，蓝田县湖镇营坡甄瓦厂发现的西魏元钦元年（公元552年）舒史军墓，出土了12件陶俑。出土的陶俑延续了北魏的风格，但立俑和骑马俑的俑身均为半模，镇墓兽为人面、兽面的卧姿，模型明器小而简拙，应该说其后的北周俑造型和组合风格这时已经初步形成。

2001年6月，在长安区韦曲北塬上清理北魏至北周时期韦氏家族墓3座。

北周时期随葬器物最有特色的当属所谓"半模俑"，这种陶俑制作时只用前半模，俑后背抹平，不用合模，既节省了人力又节省了材料，也是北周政府崇尚丧事节俭的表现。这种陶俑在长安北魏时期墓葬中就已出现，大量流行在北周至隋，陶俑多继承北齐风格改为前后合模制作。

7、隋唐陶俑

建国以来，西安地区发现的隋唐墓葬，数量已逾五千座，出土的陶俑数以万计，当居全国之冠。隋唐陶俑在使用数量、规模、种类上都远远超过了前代，并有制度上的规定。隋唐时期，陶俑在魏晋南北朝陶俑艺术的基础上有了更大发展，逐步形成了典型的唐代陶俑艺术风格，并取得了很高的艺术成就，成为中国陶俑艺术发展史上最鼎盛的时期，并影响了当时的日本和高丽，在中国乃至世界文化艺术领域占有极其重要的位置。

隋代墓葬发现较少，从隋墓出土的陶俑看一改北周时期凝重呆板的风格，造型较为生动传神，同时摈弃了北周陶俑后背抹平、半模制作的手法，改为前后合模制作，较多的吸收了北齐陶俑的风格。镇墓兽也不再采用北周俯卧式，而是采用北齐的蹲坐式。

隋代陶俑的发现：

1975年8月，长安县水利工地出土隋代黄釉陶俑，有文吏俑、武士俑、披巾女立俑、男立俑、风帽俑、侏儒俑等。

唐代陶俑的主要发现有：

1972年11月，西安南郊山门口曹家堡村的唐代玄都观主牛弘满墓出土了一批陶俑。

1981年，长安县凤栖塬隋唐墓中出土一批陶俑。

1989年，西安东郊堡子村唐墓出土一批陶俑。

1990年3月～1991年2月，西安市文物部门配合西郊热电厂的建设，在征地范围内发掘隋墓4座、唐墓139座，出土各类陶俑280多件。

1990年，西安东郊秦川机械厂，发掘清理唐墓13座，出土了一批陶俑。

1991年8月，西安东郊灞桥区新筑乡于家甎厂抢救性发掘的唐金乡县主墓，出土彩绘陶俑156件。

1992年5月，西安东郊幸福路华山机械厂发掘出唐严州刺史华文弘夫妇墓，出土陶俑61件。

1993～1994年，配合陕西钢厂和东郊田家湾国家粮食储备库的建设清理唐墓葬92座，出土陶俑近300件。

1999年6月，雁塔区羊头镇甎厂发掘的唐姚无陂墓出土叁彩俑19件，彩绘陶侏儒俑2件。

2001年，西安东郊洪庆塬砚湾村发掘唐北平郡王墓，出土彩绘陶俑400馀件。

2001年12月～2002年1月，西安东郊灞桥区纺织城向阳院发掘了唐温绰、温思暕父子墓，其中温思墓出土彩绘陶俑241件，温绰夫妇合葬墓出土彩绘陶俑4件。

2002年4～7月，长安区郭杜镇西北政法学院南校区发掘汉唐墓葬38座，其中34号唐墓出土了彩绘陶俑12件。

2002年4～7月，长安区郭杜镇陕西师范大学南校区工地发掘汉唐明墓葬75座，其中31号唐墓出土了叁彩俑41件，单彩动物俑12件，彩绘陶俑17件。

2002年9～10月，西安市文物保护考古所与陕西省考古研究所在长安区郭杜镇陕西师范大学新校区基建工地发掘了唐韦愼名墓，出土彩绘陶俑238件。

2002年3～6月，雁塔区延兴门村发掘唐康文通墓，出土叁彩俑10件，彩绘陶俑11件。

8、宋元陶俑

这一时期，西安地区宋代墓葬发现的陶俑极少，主要是元代墓葬。

1988年8月西安南郊山门口沙滹沱村清理元代土洞墓，出土叁彩、黑陶俑、陶罐等。

9、明清陶俑

西安地区发现的清代墓葬中均没有陶俑，明代陶俑，多为秦藩王及其家族墓葬或与秦王府有关的墓葬出土。

1997年2～5月，雁塔区瓦胡同村东清理古墓56座，其中7座为明代墓葬，这其中5座为秦藩阳王家族墓。

1999年8月，在雁塔区曲江乡金滹沱村西抢救性清理了明代汧阳王朱公镗墓，出土陶俑、陶屋模型、陶家具等。

## 二、西安地区陶俑的特点

陶俑在西安地区出土文物中是最具特色的一类，概括起来，大致有以下几个特点：

1、数量巨大、品类齐全。

西安地区出土的各类陶俑数以万计，种类繁多，应有尽有。

2、时代长且序列性彊。

各个历史时期的陶俑都有发现，且延续性较彊，自成序列，中间几无缺环。

3、等级高、品质好、价值高。

由于西安长期作为各代都城，周边遍布高等级墓葬，因而出土的陶俑在等级、品质、艺术水平等方面，都代表了当时陶俑塑造的最高水平，典型性和代表性突出。而且大多数陶俑出土地点和时代都较为明确，具有较高的历史价值、艺术价值和研究价值。

历史创造了文物，文物又在诉说着历史。打开本卷，一件件栩栩如生的陶俑，无不向您诉说着一幕幕活生生的历史。本书不仅从考古学的角度对出土陶俑的历史背景、形态演变以及制作工艺做了阐述，而且还从艺术鉴赏的角度，进一步揭示了陶俑丰富的文化内涵和审美情趣，注重知识性和可读性，力求图文并茂、雅俗共赏，使广大读者通过陶俑能充分感受到古代文明的辉煌与神韵。

2014年 5月

编者

# Origin and Evolution of the Pottery Figurine

## 1) The Concept of the Pottery Figurine

Figurine is a kind of funeral objects in ancient tombs, belonging to a sort of burial objects (burial object is also named 'funerary object', 'ominous object', is a kind of implements specialized for the buried dead, including the model of all kinds of sacrificial vessels, daily vessels, carriage and vessels, furniture and houses, dolls, as well as models of animals. Since the funerary object is provided for the dead, its size is small but unpractical, only for the means of symbolizing.) In the very beginning, the figurine only refers to the clay figure buried with the dead. In other words, only the human sculpture in the tombs can be considered as the 'figurine'. However, the concept of the figurine people talking about today extends, not only referring to the human sculpture, but also including the figurines of all kinds of animals, gods and monsters imagined.

Pottery figurines refer to ceramic potteries of human, animal, gods and monsters. From the archaeology discoveries, besides the pottery figurines, there are figurines made from wood, ceramic, stone, as well as metal, such as copper, iron, and lead. Since the materials of pottery figurines are easy to collect and they are easy to forge and preserve, the pottery figurines appeared earliest in the history, with the largest quantity and the richest category. The wood figurine is difficult to be preserved under the earth; the stone figurine is difficult to be carved and processed in batch; the porcelain figurines and all kinds of metal ones are high quality, thus the production cost is high. Comparatively speaking, pottery figurines are superior to the above-mentioned ones in material taking and manufacturing. Therefore, they have been the mainstream of the ancient Chinese figurine.

## 2) Origin of the Pottery Figurine

The figurine is the product of human belief. Ancient people believed that the soul of the person still existed after death. The person would live in another world and live the same life as before. The concept that the soul is immortal existed early in the the Paleolithic Period, and evolved from ancestor worship at the initial phase to a kind of elaborate funeral as the society develops. Zuo's Commentary of the Spring and Autumn Annals says: 'serving the dead as living is the ritual'. It refers to people to treat the dead as the living person. Thus, people made all sorts of burial objects including pottery figurines buried with the dead to satisfy their demands in another world.

The origin of the pottery figurines can be traced back to potteries of human figures and all kinds of animal pottery sculptures. However, the pottery sculptures of human and animal at that time could not be considered as 'figurine' recorded in ancient documents, but a reflection of primitive totem worship or religions idea. The real pottery figurines as burial accessories were found in the Shang Period. Up to now, the earliest figurines found by archaeologist are the pottery man and woman slave figurines in late Shang Dynasty excavated together with human sacrifices from the royal tomb ruins of Yin Dynasty in Anyang, Henan Province in 1937. In Yin Dynasty, human sacrifices were popular. A large amount of slaves and livestock slaughtered were found in the excavated noble tombs of Yin Dynasty. The cruel human sacrifice system was opposed by many people. Meanwhile, slaughtering of slave led to minimizing of social production force. However, it was a must to have slaves serve the royal nobles and slave owners after their deaths. Thus, instead of slaves, the pottery figures as sacrifices emerged at the right moment. From the Spring and Autumn Period and the Period of Warring States on, the human sacrifices were replaced by the figurines as the funeral idea changed generally. The progress of society contributed to the end of human sacrifices and the pottery figurines as the burial accessories were popular.

## 3) Development and Evolution of Pottery Figurines and Its Epochal Characteristics

The pottery figurine emerged during the period of late Shang Dynasty and disappeared in early Qing Dynasty, lasting for thousands of years. The pottery figurines left in the progress of history are in large quantity and of a great variety. The image of the figurine mainly covers servants, dancers, soldiers, guard of honor, as well as the figurines for defending tombs. In addition, there are saddles and horses, ox carriage, and animal figurines like livestock, fowls, etc. The development and evolution of pottery figurines have undergone the following phases.

(1) From Shang Dynasty to the period of Warring States, the initial phase of the pottery figurine development.

The pottery molding during this period was simple and coarse, and it strived to demonstrate the purpose and status of the pottery figurine. The crafts realized only the similarity in image, without pursuing the artistic method of sculpture, let alone the depiction of expression. The earliest slave figurine in Shang Dynasty was made through kneading with grey pottery. With coarse molding, the body construction was out of proportion. The dancing female pottery figurine in the Langjiazhuang tomb wore long skirt, on which there were colorful stripes. The image of the figurine seemed to be lively and vivid. In the period of Warring States, the images of figurine became richer and more colorful, and the artistic method started to focus on various action, face expression and colorful painting of clothes. The sculpture of figurine tended to the unity of form and spirit, which were more mature. During the period of Warring States, the potteries in the northern area were mostly lively musical potteries. The figurines of riders that have been unearthed in Xianyang City-Taerpo tomb of Qin State in the late Warring States period have been considered to be the earliest figurines of riders at present.

(2) The Qin and Han Dynasties were the first peak time for the development of pottery figurines.

After Kingdom Qin had unified the other six kingdoms in China, the economy soared up, so the molding of the pottery figurines had completely broken through the crude kneading and the tiny body, and is similar in size of the real soldiers and horses. The Terra Cotta Warriors in Qin Dynasty that were unearthed in 1974 have shocked the whole world. More than seven thousand tall and strong figurines were arranged in a grand and magnificent battle array. These figurines have surpassed anything before or since, so they are honored as one of the eight wonders of the world. The Terra Cotta Warriors in Qin Dynasty is the copy of Qin Army, including figurines of general, figurines of foot soldiers, figurines of riders, figurines of crossbow soldiers, as well as pottery horses, chariot with four horses, etc. The feature of Qin pottery can be summarized as bellow: big figure; real life size; distinctive character; lively image; magnificent scale; and great momentum. Each figurine has a distinctive face just like a portrait. The figurines are with different faces, hair styles, and beard and eyebrows. Such kind of realistic style has indeed been unprecedented in the world. Although each pottery is a little different, however, they are generally common. The same posture and guise have been constantly duplicated from the same mould. Qin Dynasty emphasized on unity. The bureaucratic establishments, the law, the characters, the currency, the measures, the tracks, and even the ideology had been highly unified under the control of the new political power. Can the unity of pottery figurines be an exception? Qin Dynasty pursued grandness, for instance, the Great Wall, E-Pang Palace, Qin Straightaway, the Mausoleum of the First Qin Emperor, as well as the largest national territory. All were the unprecedented creation. Unity and magnificence was the spirits of the figurines in Qin Dynasty.

Han Dynasty followed the systems of Qin Dynasty. The mausoleums of Western Han emperors and kings, as well as important officials were buried with a large amount of Terra-Cotta Warriors. Though there were grand battle array, however, the body has been substantially cut down to about 1/3 of the real size while the image had become much more vivid than that of the figurine in Qin Dynasty. In Western Han Dynasty, the thought of people were not restrained with serious laws, and then the expressions of potteries making were not so harsh, instead, they were more living with lively, delicate, and exquisite style. There were also plenty of figurines of the home servants, labors, singers and dancers who were supposed to serve the tomb owners. Since the late period of Emperor Jing in Han Dynasty, a kind of nude pottery figurine emerged in Chang'an, the capital city. These figurines were found in the tombs of Emperor Jing, Emperor Wu, Emperor Zhao and Emperor Xuan. Those kinds of nude pottery figurines were originally equipped with the wooden arms and silk clothes since there were still the remaining trace or the small copper belt-hook of the silk clothes on these figurines. These kinds of potteries were supposed to be 'clay figures with clothes' as explained in the works of Discussion on Salt and Iron by Huan Kuan, who lived in the period of Emperor Xuan of Han Dynasty. They should be the products influenced by the style of figurines in Kingdom Chu. Since late Western Han Dynasty, the ethos of luxurious burial had become increasingly prevalent, so in the tombs there emerged such models of funerary objects as the storage house, the kitchen cooker, the well, and the grind as well as the figurines of domestic animals and poultry.

In Eastern Han Dynasty, the feudal manorial economy flourished. As a result, the figurines of laborers were obviously more than those of Western Han Dynasty. Moreover, it was very prevalent that there were the figurines of singers and dancers, acrobats and drama players, and storytellers who were supposed to entertain the tomb owners; the figurines of cooks supposed to cook the lovely meals for the tomb owners; the figurines of cattle, sheep, pig, dog, and cock. To protect the underground peace of the tomb owners, the figurines of tomb defenders who were supposed to defend the tomb and to counteract the evil were also developed, so all the daily necessities were available here.

Western and Eastern Han Dynasties had established the basic framework for the figurines in the later generations. The figurines in Han Dynasty were not only delicately inscribing in the details but also emphasized the molding of the whole kinetic potential so as to have constituted the aesthetic characteristics: simple and sophisticated.

The pottery workmanship in Qin and Han Dynasties was featured as follows: firstly, a large amount of assembling potteries emerged. Before Qin Dynasty, most of the potteries were made as a whole. In Qin Dynasty, with the development of the handicraft industry and the increased demand of the potteries, the integrated processing technology was replaced by separating manufacture with the style of assembly line. Some potteries were finished by dividing into several parts, and burn them, and then bond them together with mortar to seam after taken out of the furnace. Some were assembled together after separated burning, for example, the heads of most potteries were inserted into the neck cavities directly. Secondly, potteries with different natures and functions were emerged abundantly. Thirdly, colored figurines emerged in great abundance. During the Spring and Autumn period, colored drawing was applied to the potteries of burial accessories, but not popular. During Qin and Han Dynasties, in order to highlight the expression, clothes and influence, sculptures started to employ the method of colored drawing at a large scope. Generally, apply whiting on the embryo to convenient coloring, and then paint all kinds of color as required. Fourthly, realistic potteries emerged in great abundance.

(3) The Three Kingdoms and Western and Eastern Jin Dynasty as well as the Southern and Northern Dynasties was the hard times in Chinese pottery development history.

It was not only the great disruption period but also the great integration period in Chinese history. Due to the wars, the manufacture of potteries came into the hard times. The quantity and type of burial figurines reduced dramatically. The current situation of pottery development was between Sui Dynasty and Tang Dynasty. Comparatively speaking, it was at a lower stage. The burial figurines were mainly potteries at that time. In the south emerged pottery figurines of celadon. During that period, the south and north main style was formed, with the Changjiang River as the boundary. The pottery excavation quantity in the south was lower, and had the similar characteristic with Eastern Han Dynasty with low manufacture level. The excavation quantity in the north was larger with clear characteristic of current times and national style, which represented the new trend of pottery development at the very period.

In the Three Kingdoms period, figurines included ones for defending tombs, servant figurines, livestock figurines like dogs, chicks, ducks, etc. The style was still influenced by those of Eastern Han Dynasty, which focused on the the dynamic of the person and the animals but less detail sculpture, simple but unadorned with elegant taste.

In the short united period of Western Jin Dynasty, the tombs of the Central Plains of China had formed the basic groups composed of four figurines: figurines for defending tombs; the figurines of servants; figurines of the cattle, vehicles, and saddles and horses; figurines of funerary cooking objects and animal models.

After Western Jin Dynasty, the northern minorities had established the political power in the Central Plains while Eastern Jin Dynasty had to retain sovereignty over the south of the lower reaches of the Yangtze River, forming the confrontation situation between Southern Dynasty and Northern Dynasty. As a result, the funerary figurine groups possessed different characteristics. In the period of Northern Sixteen States, the funerary custom became disordered. There were no burial figurines in the tombs of the Latter Yan Dynasty and Former Yan Dynasty in the Northeast. There were large quantity of the figurie group of guards of honor, as well as the figurines of the cattle, vehicles, and saddles and horses, the figurines of male and female servants, and figurines of pigs, dogs, chicks, etc. in the tombs of the Latter Qin Dynasty in Guanzhong Area. In this period there were "the figurine of the armored riders and armed soldiers", namely the heavily armed cavalrymen, the soldiers and horses were both armored.

After Northern Wei Dynasty united North China, the pottery figurine inherited the tradition of the Sixteen States period. There were the figurines of loaded camels and donkeys. Images and clothes of the figurines of persons were characterized with obvious ethnical features. After Northern Wei Dynasty moved the capital to Luoyang City, with the deepening of " Chinesization" the combination of funeral, pottery figurines became increasingly steady and the figurines were composed of three groups: 1. figurines for defending tombs, including the figurines of sitting tomb-defending beasts of human faces or beast faces as well as the figurines of armored warriors with shields; 2. figurines of out going and honored figures, including the figurines of armored riders and armed soldiers, the figurines of riding players, the figurines of honored persons, the figurine of cattle, vehicles, saddles and horses, and the figurine with loaded donkeys and camels; 3. figurines of servants, including the figurines of male and female servants, the figurines of Hun persons, the figurines of laborers, and the figurines of singers and dancer.

After the separation of Northern Wei Dynasty, Eastern and Western Wei Dynasties as well as Northern Qi and Northern Zhou Dynasties had basically followed this combination of figurine groups. However, there were alterations in the model and quantity of potteries, and there were unearthed figurines of funerary cooking objects and animal potteries composed of storage house, the grind, the wood hammer, the well, the kitchen cooker. Eastern Jin Dynasty and Southern Dynasties in the south followed the traditional custom of Western Jin Dynasty, and the burial figurines were much less than those in the tombs of Northern Dynasty. The sorts of pottery covered porcelain figurines, stone figurines and copper figurines, etc.

In Northern Dynasty, the prevalent producing techniques of pottery figurines were molding and paintings. Molding was composed of two types: the first was the double molding which means that the figurine molds include the front and back molds while during the molding the single molds of the front and back were produced respectively at first through the half molding and then the both halves were integrated; the second was the single molding which means that only the front mold was used to produce the front-half image of the figurine while the back-half was only turned into the flat shape. The figurine images tended to be comely and beautiful while the paintings were relatively brighter.

In terms of the production of the pottery figurines and of the art, in late Northern Wei Dynasty, the proportion of the pottery figurine became more accurate and the molding became more delicate. The imaginative romantic style of the figurines in Han Dynasty disappeared while the refined realistic style was formed slowly. The production of the pottery figurines in Southern Dynasty was mainly molding and some emphasized the depicting of the details of faces and clothes textures with concise techniques while the paintings was seldom used. The outlining of the plain and simple verve with the concise and vivid lines are the very prominent artistic characteristics of the figurines in the Southern Dynasty.

In Southern and Northern Dynasties, the production of figurines had stepped into the right path of artistic creation. The portraying of the models and the details were well-proportioned and the mastering of the lines became free and accurate, which has laid the foundation for the maturation of the art of pottery figurines, which have bred the climax of the art of pottery figurine in Sui and Tang Dynasties. Many new contents and new themes were generated in this period, which settled up the solid foundation for the prosperous pottery times in the Sui and Tang Dynasties later.

(4) Sui and Tang Dynasties had been not only the second peak of the development of pottery figurines but also the summit of the development of pottery figurines in ancient China.

After Sui Dynasty had united the whole nation, the figurines had followed the systems of Northern Dynasty. However, the figurines of guards of honor had decreased and the figurins of singers and dancers had increased. Besides, there appeared the white ware figurins. In terms of the figurine combination of Tang Dynasty, the figurines of guards of honor had decreased while the figurins of the singers and dancers, the riders, and the men leading a horse or a camel had increased. The figurines of servants were mainly the females who had full and fleshy body, accurate models, and lifelike postures. The images of the tomb-defending beasts had gradually become fierce and active while the tomb-defending figurines of armored warriors had been replaced by the figurine of heavenly kings stepping on little devils. The figurines of camels, the Negroes (the slaves of Kunlun), people of the alien nations, the singers and dancers, the actors, and the hunters had become the prominent new contents of the figurines in Tang Dynasty. Besides, they also have reflected the extensive foreign communication and exchanges of Tang Dynasty.

As a period of great prosperity in Chinese feudal society, Sui and Tang Dynasties had also been the prosperous period of figurines in China. The figurines of this period had reached a new height in respect of the kinds, quantity, and quality. Especially, the production and usage of figurines had been brought into institutions and regulations in Tang Dynasty. The government established an executive branch that was especially responsible for the production of funeral objects and tomb figurines needed for the tombs of the imperial clansmen. The emperor had often vouchsafed these funeral objects to the imperial clansmen or the nobility who had performed meritorious service to the court for burial articles. However, the funeral objects and tomb figurines for the common government officials and civilians had come from the folk kilns. According to the historical documents, in the east and west markets of the Chang'an City there were the large-scale stores that specialized in the selling of funeral objects and tomb figurines.

As recorded in the archaeological documentation, the figurines in Sui, Tang, and Five Dynasties could be divided into four kinds according to different purpose: 1. tomb-defending figurines and the counteracting figurines for securing the safety of the tomb owners. The tomb-defending figurines included the tomb-defending beasts, the figurines of warriors, the figurines of heavenly kings, and the figurines of Chinese zodiac while the counteracting figurines included the iron pig and iron ox. 2. Figurines of guards of honor arranged for the trip of tomb owners, including the figurine groups of guards of honor mainly on the ox carriages as well as the figurine groups of guards of honor mainly on the horseback or the camel. 3. Figurines of houseboys as well as the models of houses, manmade rocks, and buildings that represented the home life of the tomb owners. The figurines of houseboys included the figurinesof assistant officials, singers, dancers, actors, laborers, and cooks. 4. Figurines of animals, mainly the poultry and livestock, as well as the funeral objects of daily articles or kitchen ware.

According to related experts and scholars' collating and research on tomb materials about Xi'an and Luoyang and especially the analysis on the models and assembly of pottery figurines, combined with the alteration of tomb structure and research on epigraphs of unearthed tombs, the development of pottery figurine in the Sui and Tang Dynasties scattered in the capital city of that time and the Nanjing areas can be divided into four periods. The first period was from 581 to 683. The figurine groups of guards of honor mainly on the ox carriages were popular (the second pottery figurine), with strong armed atmosphere. Around the ox carriages there were male riding figurines and male standing figurines, while female standing figurines were few. Tomb-defending figurines mainly refer to tomb-defending beasts and figurines of warriors and the figurines of heavenly kings could be found accidentally. The second period was from 684 to 755. The figurine groups of guards of honor mainly on the horsebackor the camel were popular, around which there were few figurines who wore armor and hold weapons but more female pottery figurines with well-developed faces and elegant expression. The tomb defending beast and the figurines of heavenly kings were popular, while the figurine of warrior was few. The figurins of the Twelve Chinese Zodiacs and the tri-colored glazed figurine were popular. During this period, the armed atmosphere of the figurine was reduced, while the atmosphere of music and guards of honor were strengthened. In addition, the quantity of figurines reflected the home life increased. The female figurines were splendid and colorful, lively and invigorating. The third period was from 756 to 806. The groups of figurines on the horses were still popular, but the quantity was fewer. The groups of figurines with ox carriage as the center were almost disappeared. The tomb defending beast and heavenly kings were still popular. Besides, the figurines of the Twelve Chinese Zodiacs became more popular. The posture of each figurine had generally developed from the thin style to the fat, so that some of them are too fat to move. The expression content of figurine group shifts from the outdoor life to home life. The fourth period was from 806 to 907.

In the early period of Tang Dynasty, the maidens in the wall painting of the tomb of Yongtai Princess, Li Xianhui (located in Qian County in Shaanxi Province) are petite and lovely figure. The crotch inclines forwardly, which shows the light and graceful figure. It reflected the aesthetic standard of earl Tang Dynasty.

After the flourishing period of Tang Dynasty, the maidens are dressed in loose garments and with well-developed body. Lady Yang, the imperial concubine referred by the common saying 'Yang Yuhuan was plump while Zhao Feiyan was skinny' indicates the very posture.

Elegance reflcted in the well-rounded and plumped figure is the unique characteristic in the beauty in Tang Dynasty. The style and features full of prosperous, confident, satisfactory and magnificen tis unprecedented, which is a reflection of spirit of that era. After the mid and late Tang Dynasty, the image of maiden is too plump, and generally looses the vitality.

The ladies and dancers are even with their chest bared, as described in poems in Tang Dynasty, "hidden chest seems to be the snow". It reflects the dissipated life of the higher class in the society and opening social custom, for example, people ware man's costume, or the costumes of the Hun persons, and the female goes out by riding a horse. We have found few figurines of Five Dynasties and most of them have been unearthed in Jiangsu Province and Fujian Province of South China. These figurines have followed the relics of Tang Dynasty in respect of the kind, production technique, and artistic style.


(5) Song, Yuan, Ming and Qing dynasties: the declining period of pottery figurines.

In Song, Liao, Yuan and Jin Dynasties, due to the change of burial customs and the prevalence of paper-made funerary wares, pottery figurines gradually became less frequently used as burial objects. And it is only in a few tombs that pottery figurines, stone figurines and porcelain figurines could be found. Besides, due to the popularity of the Geomantic Omen, people became superstitious about "Yin", "Yang" and geomancy so that the figurines of the spirits overwhelming the evils related to Geomantic Omen came into being and became prevalent. These figurines include Yi Fish (human head and fish body), Tomb Dragon (human head and snake body), Lookout Bird (human head and bird body), Golden Pheasant, Jade Dog, as well as figurines of Yangguan, Futing, Mother Queen of the West, Father King of the East, Lidingdu etc. Such figurines of the spirits overwhelming the evils started to emerge in Tang Dynasty, and became popular in the Five Dynasties, reaching its climax in Song Dynasty, and they were also used in Liao Dynasty. In Song Dynasty, the emergence of the figurines of porcelain carvings and brick carvings with figures in poetic dramas and Sanyue (a kind of traditional Chinese musical program) on them opened up a new form of figurines, symbolizing the blending of pop culture into the figurines. In the Jin Dynasty, the figurines were mostly in the form of quarrels and rarely of three-dimensional statues. And the above mentioned personage figurines were prevalent in this dynasty, which were mostly built on the walls of the tomb chamber. The Yuan Dynasty had no burial customs of figurines, and it is a few bureaucrats of Han nationality (and exceptionally some other nationalities) that carried on such customs. Figurines of Yuan Dynasty had a style of expressing the reality. Figurines, whether male or female, whether civil or military, are all characterized of Mongolians in both facial features and costumes.

In Ming Dynasty, in general case, figurines were no longer used except in the case of the nobility and senior officials, where honor guard figurines were used as burial objects. In Qin Dynasty, it is only in Senior Official Wu Liuqi's tomb (early Qing Dynasty) that a set of pottery figurines and furniture funeral wares were found as burial objects due to Emperor Kangxi's special grace. This can be regarded as the dying embers of the figurines. Actually the custom of using figurines as burial objects has become extinct ever since then.

## 4) Research Value and Artistic Value of Pottery Figurines.

As previously mentioned, the figurines were normally used to be buried with the dead instead of the alive, and provided the dead with the same life he had lived before death. Thus, the figurines carried with all kinds of authentic information in the ancient society, reflected the funeral system and etiquette at that time. Thus, the research on pottery figurines can help people understand the obsequies (also named 'ominous ritual') and funeral custom. Meanwhile, it can help people observe the custom, culture and the costume of ancient people. Moreover, it is meaningful for the research of costume system, battle array, and life style in ancient period as well as cultural exchange. The culture of pottery figurines almost penetrates into every aspect of ancient society. It is not only the representative of material remains but also a reflection of essence of intangible culture. The philosophy, history, custom and aesthetic mentality in ancient China are condensed into the potter figurines.

The pottery figurines have the largest quantity, the type of which is complete, and they are the best preserved ones with the longest history and integrated development system. The model, costume, and the combination of guards of honor, battle array and the scene allocation is a reflection of politics, economy, culture, military and folk custom of certain historical period, which has irreplaceable value on research.

Pottery is also a statuary art, and it embodies the development situation and the changes of aesthetic custom of each period. As the stone inscription, clay sculpture, and copper carving, pottery figurineis an important composition of Chinese ancient sculpture. If one overlooks the art of pottery figurine in the past dynasties, he cannot hold the clue of sculpture development in ancient China. The body of the pottery figurine is usually as the painting carrier to paint. Although the sense of sculpture is not as intense as those in Greece and Rome, they have the romantic charm of oriental classic esthetics, harmonious and brilliant. Pieces of exquisitely carved pottery figurines now present people an era of splendid past, a genre of ink customs and a vivid book of sculpture history.

# The Discovery of Pottery Figurine and It's Characteristic in Xi'an

## 1) The summary of all previous dynasties pottery figurine unearthed in Xi'an area.

Named Chang'an city and praised as 'Surrounded by eight river branches, Chang'an is Imperial state since ancient times' in ancient china, Xi'an is located in the Midwest of China Guanzhong plain hinterland, facing the Yellow River in the east and the Qinling Mountains in the south, surrounded by eight rivers such as Wei, Jing, Ba, Chan and Feng. As early as one million a hundred thousand years ago, Lantian ape-man lived just in this fertile land in the paleolithic age. Neolithic villages such as BanPo, Ginger village, Fish turn village settlement sites, validated the prosperity of this region six thousand years ago. Xi'an has three thousand one hundred years history of the city and one thousand one hundred years history of Capital. Since the 11th century BC to the end of 9th century, there were thirteen dynasties found it's capital here such as The western Zhou dynasty, Qin, the western Han dynasty, XinMang, the eastern Han dynasty(The early Xian emperor), The western Jin dynasty (Min emperor), QianZhao, QianQin, HouQin, the western Wei dynasty, the northern Zhou dynasty, Sui, Tang, etc, among which Zhou, Qin, Han, Tang four dynasties reached the golden period of the Chinese nation. Xi 'an area has long been the Chinese ancient political, economic and cultural center. As a starting point of the silk road in Han and Tang period, Chang'an is the ancient Chinese the most important foreign economic and cultural communication channel; Known as the 'western Roman, eastern Changan', Chang'an of Tang dynasty was the lane type city model, also is the world largest and most prosperous cities in China ancient times. Although political center moved towards the east after the Tang Dynasty, Chang'an still is our country northwest area of town, also is the northwest region's largest city and transportation hub. Tang, Five dynasties to the Song, Jin dynasty, Chang'an belong 'JingZhao mansion',Yuan dynasty changed as 'An'xi Road', then renamed 'Feng'yuan Road', Ming hongwu two years (AD 1369) changed as 'Xi'an Fu' and since then renamed to Xi'an.

Known as the world thousands years ancient capital, Xi'an is the spirit home of Chinese nation. Chinese nation created glorious ancient civilization and left rich historical and cultural heritage on this area of land. A age-old and glorious history made Xi'an area unique cultural relic resources, so it can be said that the cultural relics unearthed in Xi 'an area, enriched the Chinese civilization quite a long period of essence, embodied the ancient Oriental world advanced culture and witnessed the eastern and western civilization blend each other and collision history. The pottery figurine is an important part of these cultural relics.

(1) The early pottery figurine

In October 2002, the Xi'an Cultural Relics Protection Archaeology Bureau unearthed a pottery human figures when explore Yuhua village settlement sites belonging to yangshao culture BanPo types cooperating with the construction of the foreign affairs college.

A pottery head figure was unearthed in BaQiao district in Xi'an Shang Dynasty ruins in 1971. The craftsmanship is simple but the image is vivid.

The two early pottery figurine's made processes to kneading model, sculpture and cone row in major, plain and simple. Because not tombs out, do not belong to the buried objects, so can't regarded as "warriors", can be regarded as the predecessor of pottery figurine.

(2) Pottery figurine in early Qin dynast

The western Zhou dynasty pottery figurine discovery in Xi'an area is almost blank. Because people sympathetic custom prevailed, pottery figuine, as people sympathetic substitutes is not popularized, during the Shang and Zhou dynasty. After the Spring and Autumn period, pottery figurine being buried with the dead is gradually popular. There unearthed the pottery figurine in the spring and autumn and the warring states tomb, located in Mao Po, south of Xi'an.

In September 2001, there unearthed eight pottery figurine at warring states Qin tomb numbered M123, located in the south area of Mao Po studying post and telecommunications institute at Xi'an Chang'an district. Among them there are six men and women pottery figurines and two rode pottery figurines. Pressed mould from front and back, people pottery figurine was made of red pottery. Painted whiting on the faces and blusher on the lips, sketched eye and eyebrow using ink line. The clothes were painted but now faded. The rode pottery figurines are two broken individual. Judging based on the tomb structure and other pottery unearthed together, it was the work from Warring states to Qin unified. These pottery figurine in Warring states later period to Qin unifie used kneading model, embossing decoration, pasting, carving, colored drawing and other techniques, and also appeared the more advanced mould casting. All of these are a leap on pottery figurine manufacture.

(3) Pottery figurine of Qin dynasty

The typical representative pottery figurine of Qin dynasty is Lintong terracotta soldiers and horses of the Qin Dynasty and mausoleum of the first Qin emperor in Xi'an.

Lintong terracotta soldiers and horses of the Qin Dynasty was unearthed in 1974, and it was a big discovery of China pottery figurine. It is praised as world's No.8 wonder because of the majestic momentum and meticulous sculpture.

The manufacture of Qin pottery figurine is a fastigium of ancient Chinese sculpture. Qin pottery figurine absorbed the original sculpture and the sculpture art achievements since warring states period. Widely used of mould casting, and the used of kneading, embossing, pasting, carving, painting and other traditional techniques. Every works is an organic combination of full relief, relief and engravings. Artistic style is highly accurate and vivid realism, modeling, rigorous and meticulous, kneading drawing combination, bring out the best in each other.

(4) The pottery figurine of western Han dynasty

A number of West Han pottery figurines were discovered, mainly including:

Four pottery easoul figurines from early west Han tomb were discovered at HongMiaopo hosiery second factory located in the northern suburbs of Xi'an in march of 1979. In September 1983, a Han dynasty tomb at ShaPo bricks and tiles plant were discovered in the in the south suburbs of Xi'an, in this tomb naked pottery figurine, camels, monkeys, goats, He birds, swiming duck, mandarin duck and other pottery figurines were unearthed. In 1990, four pottery easoul figurines and two pottery Ji sitting figurines were unearthed from a west Han dynasty tomb located at Shilipu village south bricks and tiles plant in the northern suburbs. From 1988 to 1992, more than 210 seat west Han dynasty tombs were excavated at Nanfan village northwest medical equipment factory construction site, as well as pottery wind bird turtle seat figurines, pottery easoul figurines, pottery standing woman figurines and pottery Ji seating figurines ect, in the northern suburbs of Xi'an. In September and October of 2003, the Xi'an Cultural Relics Protection Archaeology Bureau received more than 200 cultural relics from Xian City Public Security Bureau, which were captured from cases. Among them are 205 painted pottery figurines unearthed from xianyang Hangaozu Changling Queen Lu tomb.

Pottery figurine in Han Dynasty were far more than those of the early dynasties in terms of number and type. It serves as a link between past and future, unprecedented prosperity. All of manufacturing techniques are matured such as carving, kneading model, model made and colored drawing. Because detailed carving and overall dynamic are super excellence, it formed a sculpture made by the nature esthetics characteristic.

The Han dynasty pottery figurine unearthed in Xi'an district can be divided into two types: Mausoleum type pottery figurine and ordinary pottery figurine. Mausoleum type pottery figurineis the pottery figurines that unearthed from later Han emperor mausoleum and the subordinate tombs or large princes tombs; Ordinary pottery figurine is the pottery figurines that unearthed from small Han tombs. Mausoleum type pottery figurine mainly divided into two types of which one type is known as kneading clothes type pottery figurine. The kneading clothes type pottery figurine followed the Qin pottery figurine which kneaded clothing shoes and color decoration latter. The other type of pottery figurine is clothing pottery figurine which only kneaded naked bodies of men and women, latter pluged arms made in bamboo or wood, then wore silk clothes. Because of the decaying of the arms and clothes, the pottery figurine were unearthed naked and it's called naked pottery figurine.As mausoleum type pottery figurine mainly large in size--- about 50-60 cm high a third of the reality people--- and all for molding, all of these represented the highest pottery figurine making level of the western Han dynasty.

(5) Pottery figurine of Eastern Han dynasty

Findings mainly include:

In 1991, when Northwest Institute of Nonferrous Metal was cooperatiing with Fangxin village located in the northern suburb of Xi'an, 35 Han tombs were excavated and Ji sitting pottery figurine was unearthed. In 1996, when Xi'an telecommunications bureau was building its second long-distance communication building in Youjiazhuang located in the northern suburb of Xi'an, more than 100 tombs of Qin and Han Dynasty were excavated. Among them were many small variety, Ji sitting, Baixi and Chuk-guk pottery figurine from tombs of Eastern Han Dynasty, numbered M67. Some pottery figurines from Eastern Han tombs were unearthed at a few places in Xi'an: Xi'an Institute of Petroleum in 2000, Shijia Star City in 2003, and Yanming Community in 2005.

Pottery figurines of Eastern Han unearthed in Xi'an district were mainly small. It created famer pottery figurine related to landlord manor economy which had richer subject and more alive style. These pottery figurines were mainly about slave pottery figurines and pottery figurine of all trades. All of these are concise, cairn and straightforward. Characterization focused on the dynamic changes of the body, paying little attention to face carving, mainly about combination pottery figurine, full of life breath.

(6) Pottery figurine of Wei, Jin, Southern and Northern Dynasties

The number of pottery figurines unearthed in Xi'an district is very few, mainly including: pottery cross topknot female figurine of Sixteen states period unearthed from Chaochangpo.

In August 1997, 12 pottery figurines of Western Wei Dynasty were unearthed from Shushijun tomb (AD 552) located in the Drainage lake town Yingslope bricks and tiles plant Lantian country. In 1998, many pottery figurines from Northern Wei Dynasty were unearthed in Wei yu Tomb (AD 525) at Weiqu north tableland 7171 factory site located in Chang'an country.

(7) Pottery figurine of Sui and Tang dynasty

There unearthed some pottery figurine from Xuandu Taoist temple master NiuHongman tomb of Tang dynasty at Caojiapu village located in southren Xi'an in November 1972. There unearthed yellow glazed pottery figurine of Sui dynasty, includes: pottery civil official figurine, pottery warrior figurine, pottery shawling standing women figurine, pottery standing men figurine, pottery cap figurine, pottery dwarf figurie ect, at water conservancy construction site Changan country in August 1975. There unearthed some pottery figurines from Sui Tang tomb at Fengxi yuanqing Changan country in 1981. There unearthed some pottery figurines from Tang tomb at Puzi village located in the eastern of Xi'an in 1981. In 1990, there excavated 4 Sui tombs and 139 Tang tombs at the new expropriation land area of thermal power plant located in western suburb. In August 1991, explored Tangjin countryside county magistrate tomb at Yujia bricks and tiles plant Xinzhu countryside Baqiao area eastern suburb of Xi'an. And unearthed more than 150 painted pottery figurine. There unearthed some pottery figurines during the exploration of TangYan feudal state HuaWenHong couple tomb at Xi'an huashan machinery factory Happiness Road eastern suburbs. In 1993 and 1994, there explored 92 Tang tombs copperated with Shanxi steel factory and Tianjiawan state grain storage eastern suburbs.There unearthed some pottery figurines in this exploration. There unearthed some pottery figurines when exploring the Tangwenzhuo,Wensijian father and son tomb at Xiangyang yard textile city spinning main street eastern suburbs during the December of 2002 and January of 2001.We explored 38 Han Tang tombs at institute of political science and law northwestern of Guodu town Changan district during April to July 2002 among which from the Tang tomb numbered 34 unearthed beautiful painted pottery figurine. Xi'an Cultural Relics Protection Archaeology Bureau together with Shanxi Cultural Relics Protection Archaeology Bureau explored the Tang Weishen famous tomb at Shaanxi normal university new campus construction site during September to October 2002 and unearthed more than 200 painted pottery figurines.

(8) Pothery Figurine of Song and Yuan dynasty

The pottery figurine of Song dynasty is hardly seen in Xi`an. There unearthed Sancai, black pottery figurine and pottery pot of Yuan dynasty in Sahutuo village in Aug, 1988.

(9) Pothery Figurine of Ming and Qing dynasty

There is no pottery figurine unearthed in the tomb of Qing dynasty. There unearthed pottery figurine, pottery house and furnitures in the tomb of Zhugongzeng of Ming dynasty in Jinhutuo village in Qujiang in Aug, 1999.

In order to suit different tastes, the book not only describes the pottery figurines from the viewpoint of archaeology, but explains the cultural connotation and aesthetic temperament and interest behind the cultural relics. We strive to make understood the historical culture connotation contained in cultural relics, so that readers can fully experience the brilliant and verve of ancient Chinese civilization. We hope a national pride and self-confidence can be inspired in artistic edifcation spiritual enlightenment, and therefore a more beautiful future will be developed and created. Servicing the society and readers, carrying forward the excellent traditional Chinese culture is our purpose of publishing the book. History created the cultural relics and these cultural relics are also telling the history. Open this book and all lifelike pottery figurines without exception will tell you the historical stories.

## 2) The characteristic of pottery figurine unearthed in Xi'an area.

Among all the cultural relics collected in the warehouse of Xi'an cultural relics, pottery figurine is the one with most characteristics and influence. In Shaanxi Province, the collection in the Xi'an cultural relics warehouse is no better than Baoji Museum in bronze, no better than Shanxi History Museum in gold & silver ware and mural, no better than Xi'an Museum of Forest of Steles in Stone carving cultural relics. However, only pottery figurine is No. one. In the aspect of production technology, artistic creation, etc, the large quantity, full range and high grade all represented the highest level, because of it's unbeatable representativeness, integrity and sequence, fully embodies the extensive and profound of the ancient Chinese civilization.

As an ancient capital of 13 dynasties, the number, the quality, the value and significance of pottery figurine remain unknown before the publishing of this book because the systematic research has not been done yet. Cultural relics belong to the ownership of the country and should be accessed to society. They should be open to people so that more people understand the history of Xi'an, know the brilliant of the Chinese nation and successor should be inspired.

# Contents

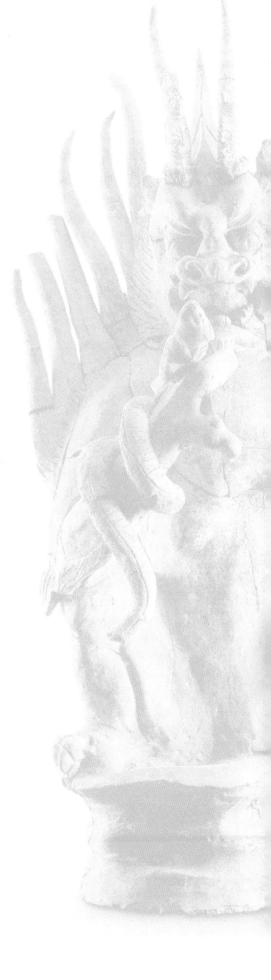

# 초기 도기 인물상

初期 陶器 人物象

원시적인 도기(陶器) 제조업이 형성됨에 따라 신석기(新石器)시대에 이미 도기 인물상(人物象)이 나타났다. 당시 인물상은 원시적인 종교 신앙 및 토템 숭배와 관련될 뿐, 부장품(副葬品)으로 쓰인 명기(明器)가 아니므로 '용(俑)'이라 부를 수 없지만 도용(陶俑)의 시작으로는 볼 수 있다.

With the emerging of the primitive ceramics, there had been pottery human figures in the Neolithic Age. The statues with human appearance of the time may be in connection with the primitive religious beliefs and totem worship instead of being used as the funerary objects for the dead. Consequently, they can not be called "the figurines", but these works of the pottery sculptures should be regarded as the beginning of pottery figurines.

### 001

## 도소인상(陶塑人像)

신석기(新石器)시대
높이 7cm
2002년 10월 서안시 안탑구(西安市 雁塔區) 어화채(魚化寨) 유적지 출토

### Pottery Sculptures

Neolithic Age
H 7cm
Excavated from Yuhuazhai Relic in Yanta District Xi'an in Oct 2002

　　손으로 주물러 만든 비교적 온전한 세협사(細夾砂) 적갈색 도기(陶器)이다. 눈, 코, 입이 비교적 뚜렷하고 양쪽 볼과 머리에는 홈 몇 줄을 내어 머리카락을 표현하였다. 아래쪽에는 손가락으로 낸 구멍이 있는데 손인형과 비슷하다.

### 002

## 도소인상(陶塑人像)

상대(商代)
높이 6.5cm 너비 4cm
1971년 서안시 파교구(西安市 灞橋區) 노우파(老牛坡) 유적지 출토

### Pottery Sculptures

Shang Dynasty (1600BC~1066BC)
H 6.5cm W 4cm
Excavated from Laoniupo Relic in Baqiao District Xi'an in 1971

　　인물상(人物象)은 출토 시 머리 부분만 있었다. 코가 볼록하게 튀어나왔으며 두 눈은 비대칭이다. 오른쪽 눈은 눈동자와 눈꺼풀을 조각하였지만 왼쪽 눈은 비교적 굵은 음각선(陰刻線)으로 눈언저리만 조각하고 동그라미를 새겨 넣어 눈동자로 하였다. 좀 넓게 조각된 입술 주위에 다시 약간 굵은 음각선으로 뒤집힌 사다리꼴의 윤곽을 그렸고 목 부분에는 청동기 도철문(饕餮紋)과 비슷한 무늬가 있다. 제작기법이 거칠고 조형이 원시적이다. 유적지에서 출토되어 용도(用途)가 확실하지 않아 '용(俑)'이라고 부를 수 없지만 신석기(新石器)시대에서 상대(商代)까지의 도기 인물상에서 도용이 변화·발전한 것은 확실하다.

# 춘추전국 도용

## 春秋戰國 陶俑

춘추전국(春秋戰國)시대는 도용(陶俑) 발전의 초기 단계이다. 당시 도용의 조형은 간단하면서도 거칠고 용도와 신분만 중점적으로 표현하여 외형을 닮게 만들었을 뿐 예술기법은 고려하지 않았다. 전국(戰國)시대에 이르러 형태가 더욱 풍부해졌고 여러 가지 동작 및 얼굴 표정과 의복의 색상에도 심혈을 기울여 점차 생동감 있고 성숙해졌다. 전국시대 북방의 도용은 대부분 활발한 악무용(樂舞俑)이었다. 섬서(陝西) 함양(鹹陽) 탑이파(塔爾坡)의 전국 말기 진묘(秦墓)에서 가장 오래된 기마용(騎馬俑)이 발견되었다.

The Spring and Autumn Period and the Warring States Period can be regarded as the initial stage of the development of pottery figurines. With simple and crude models, the pottery figurines of the time can only demonstrate the function and identity of the figurines, so they only produce the "crude shape" instead of pursuing the artistic skills of sculptures. In the Warring States Period, the images of pottery figurines had become increasingly abundant and colorful and people began to portray the various motions, the facial expressions, and the paintings of garments, so the figurines had gradually evolved to a unity of form and spirit and an increasingly mature stage. Most of the northern pottery figurines in the Warring States Period are the lively figurines of musicians and dancers while the earliest figurines of riders have been unearthed at the Qin Kingdom tomb of the late Warring States Period of Xianyang Taerpo in Shaanxi Province.

## 003

### 나계여시용(螺髻女侍俑)

전국(戰國) 말기~진(秦)
높이 12.5cm
2001년 9월 서안시 장안구(西安市 長安區) 우전학원(郵電學院) 남구(南區) 전국(戰國) 진묘(秦墓) 출토

### Figurine of Female Servant with Screw Bun

Warring States Period to Qin Dynasty (475BC~207BC)
H 12.5cm
Excavated from a Tomb of Warring States Period in Xi'an University of Posts & Telecommunications in Chang'an District, Xi'an in Sep 2001

여자 하인은 머리카락을 뒤로 모아 빗어 원추형으로 트레머리를 하고 높은 옷깃에 좁은 소매, 우임(右衽)의 심의(深衣)를 입었으며 발끝은 옷 밖으로 나왔다. 두 팔은 배 앞에서 감쌌는데 손은 소매에 가려졌고 몸은 약간 앞으로 기울었다. 까만 눈썹, 빨간 입술, 청순한 얼굴 표정에 고개를 다소 숙여 인사하는 모습을 하고 있다. 옷의 원래 색상은 대부분 벗겨져 옷깃과 소맷부리에만 붉은색이 남아 있다.

선진(先秦)의 도용은 선사시대의 날소(捏塑)와 추획(錐劃)이 결합된 공예기법을 따랐을 뿐 거푸집으로 찍어 만드는 방법은 사용되지 않았다.

**004**

## 전모남시용(氈帽男侍俑)

전국(戰國) 말기~진(秦)
높이 7.7㎝
2001년 9월 서안시 장안구(西安市 長安區) 우전학원(郵電學院)
남구(南區) 전국(戰國) 진묘(秦墓) 출토

### Figurine of Male Servant with Hat

Warring States Period to Qin Dynasty (475BC~207BC)
H 7.7cm
Excavated from a Tomb of Warring States Period in Xi'an
University of Posts & Telecommunications in Chang'an
District, Xi'an in Sep 2001

　남자 하인은 둥근 전모(氈帽)를 쓰고 높은 옷깃, 좁은 소매에 우임(右袵)의 두루마기를 입었으며 허리에는 띠를 둘렀고 아래로는 발끝이 보인다. 손은 소매에 가려졌으며 두 팔은 자연스럽게 내린 채 곧게 서 있다. 옷깃과 소맷부리에는 붉은색이, 둥근 모자와 허리띠에는 검은색이 남아 있다.

**005**

## 남좌용(男坐俑)

전국(戰國) 말기~진(秦)
높이 9㎝
2001년 9월 서안시 장안구(西安市 長安區) 우전학원(郵電學院)
남구(南區) 전국(戰國) 진묘(秦墓) 출토

### Figurine of Kneeling Sitting Man

Warring States Period to Qin Dynasty (475BC~207BC)
H 9cm
Excavated from a Tomb of Warring States Period in Xi'an
University of Posts & Telecommunications in Chang'an
District, Xi'an in Sep 2001

　남자 도용(陶俑)은 작은 관을 쓴 머리를 처들었고 교령(交領)에 좁은 소매, 우임(右袵)의 두루마기를 입었으며 허리에는 띠를 둘렀다. 두 팔은 앞으로 뻗었고 왼손 주먹은 구멍이 뚫렸으며 오른손은 떨어지고 없다. 무릎을 꿇고 앉은 모습을 보아 어자(禦者, 마부)였던 것 같다. 두루마기의 색상은 대부분 벗겨졌고 옷깃과 앞가슴 및 소맷부리 등에만 붉은색이 간혹 보이며 관과 허리띠에는 검은색이 남아 있다.

## 006

## 기마용(騎馬俑)

전국(戰國) 말기~진(秦)
남은 부분 높이 9.1cm
2001년 9월 서안시 장안구(西安市 長安區) 우전학원(郵電學院)
남구(南區) 전국(戰國) 진묘(秦墓) 출토

### Figurine of a Rider

Warring States Period to Qin Dynasty (475BC~207BC)
H 9.1cm
Excavated from a Tomb of Warring States Period in Xi'an
University of Posts & Telecommunications in Chang'an
District, Xi'an in Sep 2001

　도용(陶俑)은 붉은색 모자를 쓰고 원계(圓髻)를 하였으며 양옆으로 귀를 덮으며 흘러내린 넓은 띠를 턱에서 졸라맸다. 높은 옷깃에 좌임(左衽)이며 소매가 긴 두루마기를 입고 검은색 가죽 띠를 둘렀으며 옷자락이 위로 들렸다. 앞으로 뻗은 오른손은 떨어져 나갔는데 원래 말고삐를 잡았던 것 같고 소매에 감춰진 왼손을 허리 부분까지 내린 것으로 보아 말을 탄 도용인 것 같다. 두 다리와 말은 이미 사라졌고 옷깃에는 붉은색과 흰색이 남아 있다.

　지금까지 발견된 가장 이른 기마용(騎馬俑)은 1995년 함양(咸陽) 탑이파(塔爾坡) 진묘(秦墓)에서 출토된 전국(戰國) 말기 기마용 두 점이다. 이 기마용은 조형과 조각기법으로 볼 때 전술한 기마용보다 더욱 성숙되었으므로 시대가 좀 더 후기 것으로 추정된다.

## 007

## 마용(馬俑)

전국(戰國) 말기~진(秦)
길이 20.5cm 높이 15cm
2001년 9월 서안시 장안구(西安市 長安區) 우전학원(郵電學院)
남구(南區) 전국(戰國) 진묘(秦墓) 출토

### Figurine of a Horse

Warring States Period to Qin Dynasty (475BC~207BC)
L 20.5cm H 15cm
Excavated from a Tomb of Warring States Period in Xi'an
University of Posts & Telecommunications in Chang'an
District, Xi'an in Sep 2001

　말은 가슴을 펴고 목을 앞으로 빼들었으며 귀는 이미 떨어져 나갔다. 갈기는 짧고 꼬리는 아래로 드리워졌는데 그 끝부분을 매듭지었으며 튼실한 네 다리로 땅을 딛고 서 있다. 몸 전체를 검은색으로 채색했고 붉은색으로 그려 넣은 재갈과 고삐, 가슴걸이, 복대 등 마구(馬具)가 보인다. 이러한 조형은 임동(臨潼)의 진(秦) 병마용갱(兵馬俑坑)에서 출토된 말과 비슷하므로 이 무덤의 시대는 진대(秦代)로 추정이 가능하다.

# 진한 도용

## 秦漢 陶俑

진한(秦漢)시대는 도용(陶俑) 발전의 첫 번째 절정기였다. 진(秦)왕조가 육국(六國)을 통일한 후, 경제가 크게 발전하면서 기법이 조악하고 형태가 작은 도용의 제작방식이 크게 변화하였다. 1974년에 발견된 진(秦)나라의 병마용은 세인을 놀라게 하였는데 7천여 점의 크고 웅장한 병마용은 그 크기가 사람 혹은 말과 등신대를 이루며 웅대한 진영을 자랑한다. 진대(秦代) 도용의 '1천 명의 1천 가지 얼굴'은 일종의 '초상성(肖像性)'을 갖고 있는데 이렇듯 사실적인 풍격은 역사상 유례가 없었다. 총체적으로 볼 때, 동일한 모형으로 똑같은 자세와 차림새를 찍어낸 것은 시대적인 풍격임이 틀림없다. 진대는 통일을 추구하던 시대였기에 관제(官制), 법률, 문자, 화폐, 도량형, 수레의 폭[軌]에서 사상에 이르기까지 모두 새로운 정권의 통제 속에서 통일되었는데 도용도 마찬가지였다. 즉, 통일과 웅장함은 진대 도용의 특징이 되었다.

한대(漢代)도 진대의 제도를 이어받아 제왕과 왕후 및 재상의 무덤에 대량의 병마용을 부장하였지만 도용의 크기는 많이 줄어 사람의 3분의 1에 가까웠고 전체 형태도 진대 도용에 비해 생동감이 짙었다. 서한(西漢)시대의 도용은 진대의 냉혹함이 사라지고 생활의 정취가 짙어졌으며 풍격은 활발하면서도 작고 정교하게 변하였다. 이 밖에 피장자(被葬者)의 생활을 돌보던 노복용(奴僕俑), 노작용(勞作俑)과 악무용(樂舞俑)도 나타났다. 한경제(漢景帝) 말기부터 서한 도읍인 장안 지역에는 나체 도용이 새로 나타나기도 하였다. 초나라 도용 풍격의 영향을 받은 이러한 도용들은 원래 나무로 된 팔이 달리고 몸에 백의(帛衣)를 걸쳤다. 이 밖에 일부 도용의 경우 비단 옷을 걸쳤던 흔적이나 몸에 지녔던 작은 동대구(銅帶鉤)도 발견되었다. 서한 말기부터 후장(厚葬)의 기풍이 성행하자 무덤 속에 창고, 부뚜막, 우물, 방앗간 등 모형의 명기(明器) 및 가축용(家畜俑)들이 나타나기 시작하였다.

동한(東漢)시대, 봉건장원 경제가 크게 발전함에 따라 노작용의 수는 서한시대에 비해 크게 늘었고 피장자를 위한 악무용, 잡기백희용(雜技百戱俑), 설창용(說唱俑) 및 요리를 하는 포주용(庖廚俑)과 소·양·돼지·개·닭 등 동물용(動物俑)들이 유행하였다. 이 밖에 피장자의 안녕 및 무덤을 지키며 액을 막는 진묘용(鎭墓俑)도 발전함으로써 생활에 필요한 모든 것이 갖춰져 있었다.

양한(兩漢)시대에 이미 도용의 기본 유형이 갖춰졌다. 한대 도용은 세부적인 부분까지 정교하게 묘사하면서 전체적인 움직임에 중점을 두어 예스럽고 소박한 미적 특징도 형성하였다.

The Qin and Han Dynasties are the first climax time for the development of pottery figurines.

After the Qin Kingdom had unified China, the economy soared so the molding of the pottery figurines had completely broken through the crude kneading and the tiny body. The Terra Cotta Warriors in Qin Dynasty that were unearthed in 1974 have shocked the whole world, because the more than seven thousand tall and strong figurines are similar in size to the real soldiers and horses and they are arranged in a grand and magnificent battle array. These figurines have surpassed anything before or since so they are called one of the wonders of the world. Each of the figurines of the Qin Dynasty has a different face which is just like a portrait. Such kind of realistic style has indeed been unprecedented in the world. However, in general it is just a kind of time style that the same posture and guise have been constantly duplicated from the same mould. The Qin Dynasty is an age that unity is emphasized. The bureaucratic establishments, the law, the characters, the currency, the measures, the tracks, and even the ideology had been highly unified under the control of the new political power. So are the pottery figurines: unity and magnificence is just the spirits of the figurines in the Qin Dynasty.

The Han Dynasty has followed the systems of the Qin Dynasty and many figurines of soldiers and horses are buried in the tombs of the emperors and the nobility. However, the body has been substantially cut down to about 1/3 of that of human while the images have become much more vivid than that of the figurines in Qin Dynasty. The pottery figurines in the Western Han Period are not as strict as those in the Qin Dynasty. Instead, they possess much more flavor of everyday life with the lively, delicate, and exquisite style. There are also plenty of figurines of the home servants, laborers, singers and dancers who are supposed to service the tomb owners. Since the end of Emperor Jing of Han Dynasty, there emerged a kind of nude pottery figurines in Chang'an City, the capital of the Western Han Dynasty. That kind of nude pottery figurines were originally equipped with the wooden arms and silk clothes since there are still the remaining trace or the small copper belt-hook of the silk clothes on these figurines. They should be the products influenced by the style of figurines in Chu Kingdom. Since the late Western Han Dynasty, the ethos of luxurious burial has become increasingly prevalent, so in the tombs there emerged such models of funerary objects as the storage house, the kitchen cooker, the well, and the grind as well as the figurines of domestic animals and poultry.

In the Eastern Han Period, the feudal manorial economy flourished. As a result, the figurines of laborers are obviously more than those in the Western Han Period. Moreover, it is very prevalent that there are the figurines of singers and dancers, acrobats and drama players, and storytellers who are supposed to entertain the tomb owners; the figurines of cooks who are supposed to cook the lovely meals for the tomb owners; the figurines of cattle, sheep, pig, dog, and cock. To protect the underground peace of the tomb owners, the figurines of tomb defenders who are supposed to defend the tomb and to counteract the evil are also developed, so all the daily necessities are available here.

The two Han Dynasties have established the basic framework for the figurines of the future. The figurines in the Han Dynasty not only possess delicate inscribing in the details but also emphasize the molding of the whole kinetic potential so as to have constituted the aesthetic characteristics of the great simple and the unsophisticated.

## 008

## 무슬좌용(撫膝坐俑)

진대(秦代)
높이 100㎝
서안시 임동구(西安市 臨潼區) 출토

Figurine of Kneeling Sitting Man with Hands on the Knees

Qin Dynasty (221BC~207BC)
H 100cm
Excavated from Lintong District in Xi'an

도용(陶俑)은 머리를 조금 앞으로 숙였으며 용모가 매우 수려하다. 머리는 앞가르마를 하고 다시 뒤로 묶어 상투를 틀었다. 안에는 긴 삼베옷을, 겉에는 우임의 교령장포(交領長袍)를 입었는데 등에는 채색을 했다. 곧게 편 허리에는 띠를 두르고 두 팔은 아래로 내렸으며 주먹 쥔 두 손은 자연스레 무릎 위에 놓았다. 두 다리를 꿇고 둔부로 뒤꿈치를 누르는 모습은 진한(秦漢)시대 표준적인 앉음새로 전에는 '기좌(跽坐)'라 잘못 불렸다. 양홍(楊泓)이 고증한 바에 의하면 '坐(좌)'와 '跽(기)'는 서로 다른 개념이다. 무릎을 꿇고 둔부로 양쪽 발꿈치를 누르는 것이 '坐(좌)'이고, 무릎을 꿇었으나 둔부와 발꿈치 사이에 일정한 거리가 있는 것이 '跪(궤)'이다. 오직 둔부가 발꿈치를 누르지 않고 가슴을 펴고 허리를 곧게 한 것만이 '跽(기)'라 부를 수 있으며 또는 '長跪(장궤)'라 한다.

춘추시대에서 한위(漢魏)에 이르기까지 옛 풍속은 땅바닥에서 기거하는 것이었으므로 이러한 발을 몸 뒤에 숨기는 앉음새가 격식 있는 장소에서의 예절이었다. 반면 두 발을 몸 앞에 두는 것은 저속한 행위로 여겨졌다. 남북조(南北朝) 이후 호풍(胡風)의 영향으로 '오랑캐 풍속'이라 손가락질 받던 수족좌(垂足坐) 및 준거(蹲踞) 등 앉음새가 유행하기 시작하였다. 따라서 고족(高足) 가구가 유행하고 전통 침상이나 걸상 역시 점점 높아졌다. 북송(北宋)시대에 이르러 땅바닥에서 기거하던 옛 풍속은 사라지고 수족좌가 일상적인 앉음새가 되었으며 송원(宋元) 이후 '오랑캐 풍속'이었던 '기거(踑踞)'가 점차 한풍(漢風)의 전형적인 앉음새가 되었다. 오직 당(唐) 문화의 영향을 받았던 일본만이 땅바닥에서 기거하던 옛 풍속과 무릎을 꿇고 둔부로 발꿈치를 누르는 앉음새를 유지하게 되었다.

이 도용의 모습이 진시황릉의 마구갱(馬廐坑)에서 출토된 무릎 꿇은 도용과 유사한 것으로 보아 역시 '어사(圉師, 마구간 관리)' 신분인 것 같다. 진흙으로 만들어 아주 견고하다.

작가는 도용의 심리를 중점적으로 묘사하였다. 눈은 아래를 주시하고 입은 살짝 다물었으며 허리는 곧게 폈고 두 팔은 자연스럽게 드리웠다. 이와 같은 자세에서 도용의 온순하면서도 공포에 사로잡힌 듯한 복잡한 심리를 느낄 수 있다. 이는 진대(秦代)의 강권(強權)과 각박한 정치 아래 피통치자들이 느끼던 압박감을 표현한 것이다. 이러한 심리적 특징을 포착함으로써 실제 살아 숨 쉬는 듯한 느낌을 준다.

009

## 봉조귀좌도용(鳳鳥龜座陶俑)

서한(西漢) 초기
길이 28㎝ 너비 21㎝ 높이 54cm
1992년 서안시(西安市) 북쪽 교외 범남촌(範南村) 서북(西北)의료설비공장 건설현장 한묘
(漢墓) 출토

### Pottery Figurine of the Phoenix and Tortoise

Western Han Dynasty (202BC~8AD)
L 28cm  W 21cm  H 54cm
Excavated from a Tomb of Han Dynasty in Northwest Medical Equipment Factory in
Fannan Village Weiyang District, Xi'an in 1992

　도용(陶俑)은 거북이와 봉황으로 이루어졌는데 봉황의 꽁지 부분이 거북
몸뚱이와 한데 이어졌다. 거북이는 엎드린 채로 굽은 목을 길게 빼들고 등 위
에 서 있는 봉황을 당장이라도 물 듯한 형상을 하고 있다. 거북이 배 부분은 비
었으며 아래에는 큰 구멍 두 개가 있다. 봉황은 자신만만하게 가슴을 펴고 머
리를 꼿꼿이 세웠으며 머리 위에는 관(冠)을 쓰고 있다. 목의 튀어나온 부분에
오목한 홈이 있는 것을 보아하니 북틀이었던 것 같다. 전체적으로 흰색을 입
혔고 그 위에 붉은색을 덧칠했으나 현재는 대부분 벗겨진 상태이다.

010

## 도익수용(陶翼獸俑)

서한(西漢) 초기
길이 28㎝ 높이 29cm
1979년 3월 서안시(西安市) 북쪽 교외 홍묘파(紅廟坡) 제2양말공장 한묘(漢墓) 출토

### Pottery Beast with Wings

Western Han Dynasty (202BC~8AD)
L 28cm  H 29cm
Excavated from a Tomb of Han Dynasty in Hongmiaopo Village Weiyang District, Xi'an in Mar 1979

　도용(陶俑)은 두 귀가 뒤로 곧게 뻗었고 두 눈은 튀어
나왔으며 기다란 입에 기다란 몸을 가졌다. 몸뚱이는 앞
으로 기울었고 사지는 굵으면서도 조금 짧다. 앞다리를
펴고 뒷다리를 조금 굽혔으며 옆구리에는 양 날개가 돋
고 기다란 꼬리를 높이 쳐든 모양은 당장이라도 땅을 박
차며 뛰어오를 듯하다. 회도(灰陶)로 만들었다.

　날개와 꼬리를 제외한 부분을 보면 토끼를 연상케 한
다. 토끼는 성격이 온순한 동물로 알려져 있는데, 진한(秦
漢)시대, 토끼가 흉악한 벽사신수(辟邪神獸)의 원형이
된 원인은 수수께끼이다. 본래 토끼는 온순하고 귀여운
동물이지만 한대(漢代) 장인의 손을 거쳐 보기만 해도 두
렵고 신비로우면서도 기이한 형태로 변하였는데 이로부
터 그 당시 장인들의 수준 높은 기예를 엿볼 수 있다.

　옛날 사람들은 죽으면 다른 세계인 '저승'으로 가지만
그곳도 인간세계와 마찬가지로 빈부 차이가 있고 여러
가지 침입과 방해도 있을 거라 믿었다. 따라서 죽은 사람
들이 지옥에 떨어지지 않도록 하기 위해 여러 가지 기이
한 괴물을 만들었는데 이를 통틀어 벽사신수라 부른다.
이러한 괴물들은 비록 현실생활 속에 존재하는 것은 아
니지만 원형은 모두 현실생활에서 얻은 것들이다. 시대
마다 벽사신수의 조형은 서로 다른데 이는 각 시대의 문
화를 반영하고 있다.

## 011

## 도익수용(陶翼獸俑)

서한(西漢) 초기
길이 42.4cm 높이 21.6cm
1992년 4월 서안시(西安市) 북쪽 교외 범남촌(範南村) 서북(西北)의료설비공장 건설현장
한묘(漢墓) 출토

### Pottery Beast with Wings

Western Han Dynasty (202BC～8AD)
L 42.4cm H 21.6cm
Excavated from a Tomb of Han Dynasty in Northwest Medical Equipment Factory in
Fannan Village Weiyang District, Xi'an in 1992

　도용(陶俑)의 조형은 도용 10과 비슷하지만 날개를 직접 몸에
서 조각하고 꼬리도 그다지 길지 않은 것이 다르다. 두 귀는 쫑긋
세웠고 두 눈은 튀어나왔으며 윗입술은 뒤집혔다. 머리는 들고
있고 어깨는 융기하였으며 짧은 꼬리는 아래로 드리웠고 사지를
굽힌 채 바닥에 엎드려 있다. 어깨에는 날개를 조각하였고 목덜
미에는 물건을 꽂았던 정사각형 구멍이 있는데 이로 보아 악기의
받침대였던 것 같다.
　이러한 조형은 남방 초묘(楚墓) 중의 목조(木造) 진묘수(鎭墓
獸) 조형의 영향을 받은 것으로 무덤을 지키는 벽사(辟邪) 역할을
하였다.

## 012

### 도익수용(陶翼獸俑)

서한(西漢) 초기
길이 42㎝ 높이 37㎝
1990년 서안시(西安市) 북쪽 교외 십리포촌(十裏鋪村) 남쪽 벽돌공장 한묘(漢墓) 출토

### Pottery Beast with Wings

Western Han Dynasty (202BC∼8AD)
L 42cm　H 37cm
Excavated from a Tomb of Han Dynasty in Shilipu Village, Xi'an in 1990

둥근 머리는 범 같고 하늘을 향해 크게 벌린 입은 짧다. 예리한 이빨을 드러내고 혀를 날름거리며 긴 목을 빼어들었다. 어깨에는 날개가 돋았고 몸뚱이도 범 같은데 어깨는 융기하고 꼬리는 치켜세웠으며 사지를 굽힌 채 바닥에 엎드렸다. 등에는 악기[편경(編磬) 혹은 편종(編鐘)]를 꽂았던 직사각형 구멍이 있다.

## 013

### 익마용(翼馬俑)

서한(西漢)
길이 55㎝ 너비 19㎝ 높이 39㎝
1992년 서안시 파교구(西安市 灞橋區) 호타채(濠沱寨) 한묘(漢墓) 출토

### Pottery Horse with Wings

Western Han Dynasty (202BC∼8AD)
L 55cm　W 19cm　H 39cm
Excavated from a Tomb of Han Dynasty in Hutuozhai Village Baqiao District, Xi'an in 1992

말은 가슴을 펴며 앞을 주시하고 사지를 굽힌 채 바닥에 엎드렸다. 머리는 크고 두 눈은 볼록 튀어나왔고 두 귀는 깎아놓은 대나무 같고 입술은 위로 뒤집혔고 긴 입은 조금 벌렸다. 정수리와 짧은 목의 갈기는 정연하고 어깨에는 날개가 있으며 꼬리는 아래로 드리웠다. 코와 꼬리 부분에 작고 둥근 구멍이 하나씩 있는데 원래 물건을 꽂았던 것 같다. 회도로 만들었고 전체적으로 하얀색을 입혔으며 그 위에 덧칠했던 붉은색이 군데군데 보인다.

이상의 신수(神獸)는 겨드랑이에 모두 날개가 있고 날아오를 듯한 모습을 하고 있어 눈길을 끈다. 중국 옛 신화에서 사람이 날기 위해서는 날개가 아닌 구름, 새 등을 이용하였다. 또한 신은 구름 위를 걷는 것이 아니라 거대한 날짐승을 타고 다녔다. 중국 옛 신화에 날개를 단 사람이나 신이 없는 것은 중국 고대(古代)의 전통 및 상상력과 연관된다. 날개를 이용하여 하늘을 날려는 상상은 기원전 12~10세기에 지중해 연안의 그리스와 이집트에서 최초로 나타났다. 날개로 비행하려는 의식이 없던 중국에서 기원전 3세기에 갑자기 두 날개를 가진 신수가 나타난 것은 동서 교류를 반영하는 것일 수 있다. 이는 관심과 연구가 필요한 대목이다.

# 주악여좌용(奏樂女坐俑)

서한(西漢)
높이 30.5㎝
1990년 서안시(西安市) 북쪽 교외 십리포촌(十裏鋪村) 남쪽 벽돌공장 한묘(漢墓) 출토

## Figurine of a Sitting Female Player

Western Han Dynasty (202BC~8AD)
H 30.5cm
Excavated from a Tomb of Han Dynasty in Shilipu Village, Xi'an in 1990

여인은 머리를 앞가르마 한 뒤, 뒤로 빗은 다음 목 뒤에서 묶는 '타마계(墮馬髻)'를 하였다. 얼굴이 포동포동하고 눈썹이 길며 눈이 가늘고 코가 높으며 입이 작고 공손한 표정을 짓고 있다. 겉에 걸친 일부 색상이 벗겨진 주홍색 긴 두루마기 안에는 두 겹의 옷을 입었고 소매는 넓으며 허리 부분은 날씬하다. 고개를 들고 가슴을 폈으며 둔부로 발꿈치를 누른 단정한 앉음새이다. 두 손은 각기 가슴 앞까지 올렸는데 반쯤 주먹 쥔 것을 보아 북채를 들고 연주하는 도용인 것 같다.

015

# 무금여좌용(撫琴女坐俑)

서한(西漢)
높이 34㎝
1991년 11월 서안시 미앙구 범남촌(西安市 未央區 範南村) 서북(西北)의료설비공장 건설현장 출토

## Figurine of a Kneeling Sitting Female Qin-Player

Western Han Dynasty (202BC~8AD)
H 34cm
Excavated from a Tomb of Han Dynasty in Northwest Medical Equipment Factory in Fannan
Village Weiyang District, Xi'an in 1991

가야금을 연주하는 여인의 머리를 앞가르마하여 뒤로 모은 다음 목 뒤에서 동여맸다. 희색이 만면한 얼굴은 준수한데 눈썹이 길고 앞을 주시하는 큰 눈이 밝게 빛나며 입가에는 웃음을 머금었다. 세 겹으로 입었지만 목 부분에서는 속옷과 중간 옷의 옷깃만 보이고 속옷에는 붉은색이 조금 남아 있다. 무릎을 꿇고 발바닥이 위로 향하게 하고 둔부로 발꿈치를 누른 단정하고 공손한 앉음새이다. 두 팔은 조금 들고 오른손은 곧게 폈으며 왼손은 고리 모양으로 엄지와 식지를 붙이고 나머지는 곧게 펴 가야금을 연주하는 듯하다. 전체적으로 하얀색을 입혔는데 원래 색상은 이미 벗겨졌다.

## 주악좌용(奏樂坐俑)

서한(西漢)
높이 11.1cm
서안시 미앙구 대백양촌(西安市 未央區 大白楊村) 출토

### Figurine of a Kneeling Sitting Player

Western Han Dynasty (202BC~8AD)
H 11.1cm
Excavated from Dabaiyang Village Weiyang District in Xi'an

타악기를 두드리는 여인 도용(陶俑)은 머리를 뒤로 빗어 길게 드리웠다. 두 겹의 두루마기를 입었는데 우임(右袵)에 소매가 넓으며 허리 부분이 가늘고 아랫자락은 크고 넓다. 용모는 수려하고 두 손은 가슴 앞까지 올렸으며 주먹 쥔 손에 구멍이 나 있는데 원래 물건을 들었던 것 같다. 허리를 곧게 펴고 꿇어 앉았다. 동작으로 볼 때 타악기를 연주하는 것 같다. 원래 입혔던 색상은 대부분 벗겨져 하얀 바탕이 드러났고 그 위에 덧칠했던 붉은색이 군데군데 남았다.

## 017

## 취악좌용(吹樂坐俑)

서한(西漢)
서안시(西安市) 수집

### Figurine of a Kneeling Sitting Player

Western Han Dynasty (202BC~8AD)
Collected in Xi'an

용모가 수려한 여인 도용(陶俑)은 세 겹의 옷을 입었는데 그중 심의(深衣)는 소매가 넓고 허리에는 붉은색 띠를 둘렀으며 바닥에 꿇어앉았다. 손바닥이 안쪽을 향하게 입가로 올려 악기를 연주하고 있는데 손에 들었던 악기는 사라졌지만 손동작으로 보아 우생(竽笙) 종류였던 것 같다.

## 018

### 주악좌용(奏樂坐俑)

서한(西漢)
서안시(西安市) 수집

Figurine of a Kneeling Sitting Player

Western Han Dynasty (202BC∼8AD)
Collected in Xi'an

　음악을 연주하는 도용(陶俑)은 늘어뜨린 머
리를 목 뒤에서 묶고 세 겹의 옷을 입었는데 그
중 심의(深衣)는 소매가 넓고 허리에는 붉은색
띠를 둘렀다. 얼굴은 수려한데 이마가 넓으며
눈썹이 길고 눈이 가늘며 귀가 크고 코가 높으
며 입이 작다. 무릎을 꿇고 맨발바닥이 위를 향
하게 하고 둔부로 뒤꿈치를 누른 앉음새이다.
소매에 가려진 두 손을 입가로 모아 악기를 연
주하는 것 같으나 악기는 유실되고 없다.

## 나팔군여용(喇叭裙女俑)

서한(西漢)
높이 32cm 너비 25cm
1979년 7월 서안시 안탑구 삼효촌(西安市 雁塔區 三爻村) 출토

### Figurine of a Woman in Flare Skirt

Western Han Dynasty (202BC~8AD)
H 32cm W 25cm
Excavated from Sanyao Village Yanta District, Xi'an in July 1979

여인 도용(陶俑)은 얼굴만 드러내고 두부(頭部) 전체를 천으로 감쌌다. V형 옷깃에 소매가 넓고 우임(右袵)인 긴 두루마기를 입었다. 드러낸 여러 겹의 옷깃을 보아 안에도 옷깃이 똑같고 우임인 속옷을 입은 것 같다. 두루마기의 허리 부분은 아주 가늘지만 둔부 아래로 내려오며 양쪽으로 넓어져 큰 나팔치마를 연상케 한다. 다소 부끄러운 표정을 띤 둥근 얼굴, 버들잎 같은 눈썹, 살구씨 같은 눈, 높은 코에 앵두 같은 입을 가졌고 고개는 숙였으며 몸은 앞으로 기울었다. 복부 앞에서 모아 쥔 두 손은 소매에 가려졌다. 이는 한대(漢代) '요조숙녀'의 모습을 재현한 것이다.

문헌에 의하면, 한대 여성에 대한 심미관은 예쁘장한 얼굴, 빨간 입술, 하얀 이에 깨끗한 피부, 늘씬하고 유연한 몸매, 가는 허리였다고 한다. 이는 '풍만함과 건강함'이 미적 기준이었던 당대(唐代)와는 확연히 다르다. '연수환비(燕廋環肥)'라 함은 바로 한대와 당대의 여인에 대한 심미관 차이를 말하는 것이다. 이 외에 분명하면서도 유창한 윤곽으로 짤록한 허리와 넓은 치맛자락을 묘사하여 전체 모습이 더욱더 단정하고 수려해 보임과 동시에 가벼우면서도 품위 있고 부드러워 보이는 예술미도 표현하였다.

고대(古代) 중국의 의복은 다양하지만 형식으로 볼 때 크게 상의하상제(上衣下裳制)와 의상연속제(衣裳連屬制)로 나뉜다. 상의하상은 상의와 하의 둘로 나뉘는데 이후의 고습(袴褶)과 유군(襦裙) 등도 이 같은 유형에서 변화한 것이다. 춘추전국(春秋戰國)시대에 다른 종류의 의복이 나타났는데 윗옷과 아래옷이 하나로 이어져 '심의(深衣)'라 불렸으며 후에 나타난 포삼(袍衫, 겉옷) 등은 심의를 기초로 발전된 복장이다. 이 도용이 입은 복장은 치마허리가 없는 것으로 보아 일부식인 '심의'에 속하며 오늘날의 원피스에 해당한다. 이렇게 허리 부분이 날씬하고 아랫자락이 특별히 넓은 양식은 허리가 가는 여성 도용의 날씬한 몸매를 더욱 완벽하게 표현하였고 바닥까지 끌리는 넓은 치맛자락은 아랫부분에 무게감을 더해 주었다.

# 채회시립용(彩繪侍立俑)

서한(西漢)
높이 29.5cm 너비 10cm 두께 9.5cm
서안시공안국(西安市公安局) 안탑분국(雁塔分局) 형사경찰대에서 넘겨받음

## Colored Figurine of a Standing Servant

Western Han Dynasty (202BC~8AD)
H 29.5cm  W 10cm  Thickness 9.5cm
Transfered by Xi'an Public Security Bureau

여성 도용(陶俑)은 머리칼을 뒤로 빗어 넘겼고 세 겹인 포(袍)를 입었다. 두 겹은 모두 V형 옷깃에 우임(右衽)이다. 세 번째 포도 우임이지만 옷깃은 가슴 아랫부분까지 크게 팠고 어깨가 없으며 크고 넓은 소매는 거의 무릎까지 드리워졌다. 포의(袍衣) 허리 부분은 좁지만 아랫자락은 넓고 커서 나팔치마 모양을 이루며 두 발을 덮어 구름 모양의 신코만 보인다. 남은 흔적으로 볼 때 포복은 붉은색이지만 부분적으로 벗겨져 하얀 바탕이 드러났다. 이 도용은 용모가 수려한데 얼굴에는 미소를 띠고 두 눈은 똑바로 앞을 보고 있다. 두 손은 복부에서 감쌌지만 소매에 가려졌고 공손한 자세로 시립하였다.

여러 가지 재질로 된 도용의 표면을 편평하게 만들고 포의 아랫자락을 나팔치마 모양으로 하는 것은 서한(西漢)시대 조각 예술의 특징이다. 이 밖에 간접적으로 서한시대 복식 형태도 반영하였다. 서한시대, 신분이 높은 사람들은 일반적으로 두 겹 혹은 세 겹의 포복을 입었다. 하지만 도용의 몸에서 세 겹의 포를 나타내는 것은 쉬운 일이 아닌데 세 겹의 옷을 입으려면 층층이 겹쳐져 겉옷이 안의 옷을 가리기 때문이다. 여러 겹의 옷을 나타내기 위해 장인들은 옷깃에 초점을 맞추고 안으로부터 밖으로 계단처럼 한 층 한 층 새김으로써 겉 포복의 옷깃이 원래 위치에 있지 않고 아래로 가슴까지 내려오게 되었다. 이는 조각의 처리기법일 뿐 그 당시 두루마기의 실제 착용방법은 아닌 것 같다.

## 021
### 채회시립용(彩繪侍立俑)
서한(西漢)
높이 25cm 너비 11cm 두께 8cm
서안시(西安市) 수집

Colored Figurine of a Standing Servant

Western Han Dynasty (202BC~8AD)
H 25cm  W 11cm  Thickness 8cm
Collected in Xi'an

도용(陶俑)은 머리에 작은 관(冠)을 쓴 것으로 보아 남성인 것 같다. 교령 (交領)에 소매가 넓은 세 겹의 심의(深衣)를 입었고 두 손은 소맷부리로 감 싸며 복부까지 올렸다. 특히 큰 심의의 아랫자락은 오늘날의 나팔치마 같 다. 두 눈은 똑바로 앞을 보고 눈가는 살짝 올렸으며 입은 오므리고 있다. 미 소를 띤 얼굴은 수려하고 말쑥해 보인다. 이 도용은 온순하면서도 예의 바른 하인의 형상을 나타내고 있다.

## 022
### 채회시립용(彩繪侍立俑)
서한(西漢)
높이 28cm 너비 11cm 두께 8cm
서안시(西安市) 수집

Colored Figurine of a Standing Servant

Western Han Dynasty (202BC~8AD)
H 28cm  W 11cm  Thickness 8cm
Collected in Xi'an

조형과 의복은 도용(陶俑) 21과 동일하다. 반쯤 뜬 두 눈을 내리깔고 입을 약 간 오므리며 미소를 머금은 모습이 청일(淸逸)해 보인다.

이 두 도용은 조심스럽고 신중하며 공손하고 직무에 충실한 하인의 형상을 생동감 있게 만들었다. 인물의 조각에서는 선각(線刻), 선조(線彫)와 원조(圓 彫) 등 기법을 이용하여 소박하면서도 아름다운 시대적 특징을 남김없이 드러 냈다. 대량의 노복용(奴僕俑)은 양한(兩漢)시대 도용의 특징이기도 하다.

81

# 채회보병용(彩繪步兵俑)

서한(西漢)
높이 46cm
함양시 진도구 요점향(鹹陽市 秦都區 窯店鄕) 한고조(漢高祖) 장릉(長陵)
여후(呂後) 배장갱(陪葬坑) 출토

## Colored Figurines of Foot Soldiers

Western Han Dynasty (202BC~8AD)
H 46cm
Excavated from attendant tomb of Empress LYU in Changling
mausoleum of Emperer Gaozu of Han Dynasty in Yaodian County
Qindu District Xianyang City

한대(漢代)는 진대(秦代)의 제도를 이어받아 부장품(副葬品)으로 병마용(兵馬俑)을 묻었다. 장릉(長陵), 안릉(安陵), 패릉(霸陵), 양릉(陽陵), 무릉(茂陵) 등 서한(西漢) 황릉 및 대신, 황족들의 무덤에는 대량의 병마용이 부장되었다. 이 도용(陶俑)들은 공안기관(公安機關)에서 한고조(漢高祖) 장릉 여후(呂後) 배장갱(陪葬坑)에서 도굴한 보병용(步兵俑)을 몰수한 것이다.

도용은 머리칼을 뒤로 빗겨 넘겨 둥근 상투를 틀고 책(幘, 머리를 묶는 짧은 수건)으로 이마에서 뒤통수까지 감쌌으며 그 끝을 머리띠와 이어 맸다. 한고조(漢高祖)가 자신을 '적제자(赤帝子)'라 부르면서부터 한나라 군사들은 붉은 기를 들고 이마에 붉은색이나 검은색 띠를 둘렀다. 붉은색 띠는 지위가 비교적 높은 군사를 가리킨다. 몸에는 무릎까지 내려오는 붉은색 면 재질의 두루마기를 입고 검은색 개갑(鎧甲)을 걸쳤는데 개갑은 앞가슴과 등의 갑옷 두 조각을 어깨의 띠로 이어놓은 것이며 견갑(肩甲)은 없다. 아래에는 통이 넓은 바지를 입고 종아리에는 행등(行縢)을 하였으며 짚신을 신었다. 때문에 한대(漢代) 병사 도용의 형상은 대부분 허벅지가 부은 듯이 부푼 반면 종아리는 바싹 조여져 있다. 행등은 직사각형 비단으로 발목부터 비스듬히 무릎까지 감은 다음 끈으로 단단히 고정하는 것을 말한다.

이 도용의 눈썹은 가늘고 길며 둥근 눈은 앞을 주시하고 팔자수염은 아래로 처졌으며 입은 다물고 엄숙한 표정을 지었다. 얼굴은 편평하게 만들었다. 오른손은 가슴까지 올렸는데 가운데 구멍이 있는 것을 보아 무기(미늘창인 것 같다)를 들었던 것 같다. 왼손은 반쯤 주먹 쥐며 드리웠는데 마찬가지로 가운데 구멍이 있는 것을 보아 방패를 들었던 것 같다. 두 다리를 벌린 채 바닥에 곧게 서 있다.

# 채회보병용(彩繪步兵俑)

서한(西漢)
높이 50cm
함양시 진도구 요점향(咸陽市 秦都區 窯店鄉) 한고조(漢高祖) 장릉(長陵) 여후(呂後)
배장갱(陪葬坑) 출토

## Colored Figurines of Foot Soldiers

Western Han Dynasty (202BC~8AD)
H 50cm
Excavated from attendant tomb of Empress LYU in Changling mausoleum of
Emperer Gaozu of Han Dynasty in Yaodian County Qindu District Xianyang City

　도용(陶俑)은 얼굴이 앙상하고 눈썹뼈가 도드라졌으며, 광대뼈가 튀어나왔고 코가 곧으며 입은 비쭉 튀어나왔다. 머리 모양은 도용 23과 동일하고 검은색 면 재질의 두루마기를 입었으며 왼쪽 어깨에서 오른쪽 허리 부분까지 검은색 가장자리에 하얀색 띠무늬가 있는 갑옷을 걸쳤는데 모양은 사의(蓑衣)와 비슷하다. 용모와 차림새가 특이해 파촉(巴蜀)의 소수민족인 종인(賨人)으로 추정된다. 유방(劉邦)이 한중(漢中)에서 거병(擧兵)할 때, 파국의 종인들을 병사로 모집하였는데 이는 "종인들이 천성적으로 용감하고 선봉에 서서 적진에 뛰어드는 등 사기가 충만하였기 때문"이었다. 1965년, 함양(咸陽) 동북 장릉(長陵) 인근의 양가만(楊家灣) 서한 배장갱(陪葬坑)에서 출토한 3천여 점의 병마용(兵馬俑) 중에 이상의 도용들도 있었는데 흔히 진영의 전열이나 외곽에 배치하였다.

## 025

# 채회보병용(彩繪步兵俑)

서한(西漢)
높이 45.5cm
함양시 진도구 요점향(鹹陽市 秦都區 窯店鄕) 한고조(漢高祖) 장릉(長陵) 여후(呂後)
배장갱(陪葬坑) 출토

## Colored Figurines of Foot Soldiers

Western Han Dynasty (202BC~8AD)
H 45.5cm
Excavated from attendant tomb of Empress LYU in Changling mausoleum of
Emperer Gaozu of Han Dynasty in Yaodian County Qindu District Xianyang City

조형과 복식은 도용(陶俑) 24와 똑같다. 머리에 책(幘)을 쓰고 붉은색 띠를 이마에 묶었으며 둥근 상투를 틀었다. 갑옷이 선명하게 보이는데 약간 좁은 직사각형 갑옷을 이어 만들고 검은색을 칠해 마치 철을 표현한 것 같다. 철 갑옷은 한대(漢代)에 '현갑(玄甲)'이라고도 불렀는데 '玄(현)'은 검은색을 가리킨다.

## 026

# 대변보병용(戴弁步兵俑)

서한(西漢)
높이 49.5cm
함양시 진도구 요점향(鹹陽市 秦都區 窯店鄕) 한고조(漢高祖) 장릉(長陵) 여후(呂後)
배장갱(陪葬坑) 출토

## Figurine of a Foot Soldier with the Bian

Western Han Dynasty (202BC~8AD)
H 49.5cm
Excavated from attendant tomb of Empress LYU in Changling mausoleum of
Emperer Gaozu of Han Dynasty in Yaodian County Qindu District Xianyang City

도용(陶俑)은 머리에 무변(武弁)을 썼고 양측에는 귀를 보호하는 풍대(風帶)를 붉은색 가는 끈으로 턱에 묶었다. 무변 안에 책(幘)을 썼고 붉은색 띠를 이마에 묶었다. 무릎까지 내려오는 면 재질의 두루마기를 입고 밖에 검은색 갑옷을 걸쳤다. 무변은 '기형관(箕形冠)'이라고도 부르며, 머리 뒷부분에 써 상투를 덮음으로써 정수리와 양측을 보호하는데 가죽재질로 만든 것 같다. 『후한서(後漢書)』「여복하(興服下)」에는 "무관(武冠)을 일명 무변대관(武弁大冠)이라고도 하는데 여러 무관(武官)들이 모두 착용하였다"라는 기록이 있다. 이로써 상술한 무변을 쓴 이들은 무관 신분인 것으로 추정된다. 이와 같이 가죽재질로 된 무변은 비록 당시 철주(鐵胄)에 비해 보호기능은 떨어지지만 가볍고 편리해 장거리 행군이나 신속한 돌격에 주로 사용했다. 양쪽 팔꿈치에서 팔뚝까지는 팔을 보호하는 갑옷을 입었다. 두 손은 아래위로 겹쳐 주먹을 쥐었는데 가운데가 빈 것으로 보아 병기를 들었던 것 같다.
도용의 차림새를 보아 지휘관의 형상인 것 같다.

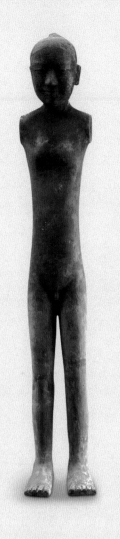

## 027

### 나체남입용(裸體男立俑)

서한(西漢)
높이 63cm
서안시(西安市) 동쪽 교외 한문제(漢文帝) 패릉(覇陵) 출토

### Figurine of a Naked Standing Man

Western Han Dynasty (202BC~8AD)
H 63cm
Excavated from Baling mausoleum of Emperer Wendi of Han Dynasty in eastern Suburbs of Xi'an

　　남성 나체 도용(陶俑)은 머리를 위로 빗어 정수리에서 구형(球形) 상투를 틀었다. 얼굴은 편평하고 눈은 작으며 코는 벌룩하고 입은 약간 다물었으며 턱은 조금 튀어나왔다. 두 팔은 없고 어깨와 두 팔이 연결되는 부분 양쪽은 원형의 평면이며 가운데 둥근 구멍이 뚫렸는데 원래 있던 나무팔이 떨어져 나간 것으로 추정된다. 이 도용은 몸통이 길고 날씬하며 가슴과 등 및 배 부위는 편평하고 둔부는 조금 작다. 다리는 길쭉하고 발은 가늘며 발가락은 손으로 빚어 선명하게 표현했다. 몸체는 나신으로 하체의 남성 생식기도 선명하게 나타내어 전체 형상이 매우 사실적이다. 전체적으로 하얀색을 칠하였지만 무덤 속의 탄소 및 외부 환경의 영향을 받아 이미 검은색으로 변하였다.

## 028

### 여나체용(女裸體俑)

서한(西漢)
높이 58cm
서안시(西安市) 동쪽 교외 한문제(漢文帝) 패릉(覇陵) 출토

### Figurine of a Naked Standing Woman

Western Han Dynasty (202BC~8AD)
H 58cm
Excavated from Baling mausoleum of Emperer Wendi of Han Dynasty in eastern Suburbs of Xi'an

　　여성 나체 도용(陶俑)은 머리를 뒤로 묶어 올렸는데 용모가 수려하고 얼굴에는 붉은색을 입혔던 흔적이 남아 있다. 전체적으로 하얀색을 칠하였다. 이 외에 몸체에는 탄화된 네모 무늬의 포백(布帛) 흔적이 남아 있다. 남녀 나체 도용은 한대(漢代) 패릉(覇陵)과 양릉(陽陵) 및 두릉(杜陵) 등 제왕릉(帝王陵)이나 왕후장상(王侯將相) 무덤에서 대량 출토되었다. 고증에 의하면 이런 도용들은 묻힐 당시에는 비단이나 삼베옷을 두르고 대나무로 된 팔을 끼웠지만 세월이 흐르면서 의복과 팔이 모두 부식되어 이처럼 팔이 없는 형태로 발굴되었는데 이런 도용을 '옷 입은 도용'이라 부르기도 한다.

　　서한(西漢)의 도용은 옷과 모자를 착용하고 색상을 입힌 진대(秦代) 도용의 풍격을 계승함과 동시에 초(楚) 문화의 영향을 받아 백의(帛衣)를 입은 나체 도용도 나타났다. 형상과 풍격은 전자와 완전히 다른데 이는 한고조(漢高祖) 유방(劉邦)과 대부분 조정의 중신(重臣) 및 대장(大將)이 초(楚)에서 생활한 것과 밀접한 연관이 있다. 이 외에 서한 나체 도용의 얼굴에 대한 섬세한 묘사와 완벽한 인체기관을 볼 때 조각가들이 도용에 인성을 부여하려 했음을 느낄 수 있으며 순장(殉葬)을 대신하던 도용의 기능도 알 수 있다.

# 기마용(騎馬俑)

서한(西漢)
높이 53㎝
서안시공안국(西安市公安局) 안탑분국(雁塔分局)
형사경찰대에서 넘겨받음

## Figurine of a Rider

Western Han Dynasty (202BC~8AD)
H 53cm
Transfered by Xi'an Public Security Bureau

를 탄 노용(爾俑)은 머리에 무면(武弁)을 쓰고 책(幘)을 둘렀으며, 교령(交領)의 전포(戰袍)를 입었는데 그 자락이 무릎까지 내려왔다. 통이 좁은 바지를 입었고 다리에는 행등(行縢)을 하지 않았지만 무릎을 가렸으며 코가 뾰족한 신을 신었다. 두 눈은 앞을 주시하고 손은 가슴 앞에서 말고삐를 잡은 동작을 하고 있다. 말은 기세가 등등하고 몸뚱이는 실팍하며 뾰족하고 작은 귀는 높게 치켜세웠다. 잔등은 매끄럽고 궁둥이는 둥글며 다리는 호리호리하고 높게 치켜세운 꼬리는 끝부분에서 작은 매듭을 지었다. 말은 머리를 들고 기민하게 앞을 주시하는 것이 잘 훈련된 전마(戰馬)의 형상인 것 같다. 잔등에는 안구(鞍具)가 없다. 도용은 서한(西漢) 기병의 사실적인 모습을 반영하고 있다.

기마병(騎馬兵)은 춘추전국(春秋戰國)시대부터 나타나기 시작하였다. 기록에 의하면 중원 지역 최초의 기병(騎兵)은 기원전 307년 조(趙)나라 무영왕(武靈王)이 '호복기사(胡服騎射)' 방식을 사용하여 북방 유목 민족의 침입을 막기 위해 만든 것이라 한다. 서한(西漢) 초기, 연이은 전쟁으로 말의 수량이 매우 부족하였다.『한서(漢書)』「식화지(食貨志)」에는 당시 천자는 같은 색깔의 말 네 필을 멘 마차를 탈 수 없었고 대신들은 소달구지를 탈 수밖에 없었다는 기록이 있다. 북방 흉노족의 침입이 끊이지 않아 한(漢)왕조는 방목업을 적극 발전시켰으며 한무제(漢武帝)에 이르러서야 말들의 수량이 점차 많아져 비로소 강대한 기병 부대를 세우게 되었다.

# 도마용(陶馬俑)

서한(西漢)
길이 53cm 높이 51cm
서안시공안국(西安市公安局) 안탑분국(雁塔分局) 형사경찰대에서 넘겨받음

## Pottery Horse

Western Han Dynasty (202BC~8AD)
L 53cm H 51cm
Transfered by Xi'an Public Security Bureau

　도마용(陶馬俑)은 높게 치켜세운 머리, 쫑긋 세운 매끄럽게 깎아 놓은 대나무 같은 뾰족한 귀, 부릅뜬 튀어 나온 두 눈, 두껍고 넓은 이마, 두둑해 보이는 큰 콧방울을 가졌으며 입은 조금 벌렸다. 몸체가 웅장하고 등이 매끈하며 궁둥이가 도드라졌고 다리가 가늘다. 높게 치켜세운 꼬리는 끝에서 매듭지었다. 이외에 안장과 고삐가 없어 훨씬 자유스러워 보이는데 전체 형상을 보아 달리기에 능숙한 양마(良馬)가 기민하게 서 있는 모습인 것 같다.

## 도낙타용(陶駱駝俑)

서한(西漢)
길이 97㎝ 높이 76㎝
1983년 서안시(西安市) 남쪽 교외 사파(沙坡)벽돌기와공장
한묘(漢墓) 출토

## Pottery Camel

Western Han Dynasty (202BC～8AD)
L 97cm  H 76cm
Excavated from a Tomb of Han Dynasty in Shapo Village,
Xi'an in 1983

체형이 큰 낙타는 목을 구부리고 머리를 높게 쳐들어 앞을 주시하고 있다. 등에는 혹두 개가 있고 몸체는 건장하면서도 매끈해 보이며 늘씬한 네 다리로 서 있다. 회도(灰陶)이며 재질이 단단하고 전체적으로 하얀색을 칠하였다.

낙타는 단봉낙타와 쌍봉낙타로 나뉜다. 단봉낙타는 아라비아, 인도 및 아프리카 북부에 주로 서식하고 쌍봉낙타는 중국, 중아시아와 서아시아에 분포하는데 모두 온순하다. 낙타의 혹에는 지방과 물을 저장할 수 있어 갈증에 잘 견디며 무거운 짐을 지고 사막을 지날 수 있고 수맥이나 수원을 쉽게 찾아낼 수 있다. 이 외에 사람을 태우거나 물건을 싣고 다닐 수 있어 '사막의 배'라고 불린다. 낙타는 사막에서 없어서는 안 될 운송도구로서 한당(漢唐) 시대, 이미 비단길의 중요한 운송도구로 쓰였다.

**032**

## 도홍안용(陶鴻雁俑)

서한(西漢)
길이 38.5㎝ 너비 12㎝ 높이 22㎝
1992년 서안시 파교구(西安市 灞橋區) 호타채(滹沱寨) 한묘(漢墓) 출토

## Pottery Swan Goose

Western Han Dynasty (202BC~8AD)
L 38.5cm  W 12cm  H 22cm
Excavated from a Tomb of Han Dynasty in Hutuozhai Village Baqiao District,
Xi'an in 1992

도용(陶俑)은 기러기의 측면 조형이다. 깃털은 자갈색, 배 부분은 하얀색이며 뾰족한 부리는 납작하고 다리는 짧으며 발가락 사이에는 물갈퀴가 있다. 기러기는 식물의 씨앗과 물고기, 벌레를 먹고 집단으로 물가에서 생활하며 일렬로 늘어서 나는 겨울 철새이다. 도용 기러기는 머리를 치켜들고 눈을 동그랗게 떴으며 구부린 목을 앞으로 조금 내밀고 입을 삐죽 내밀었다. 풍만한 몸매로 바닥에 엎드려 있다.

이 작품은 비례가 균일하고 입체감이 강하지만 조각 자체는 아주 간결하다. 예를 들어, 세부는 두드러지지 않은 반면 긴 부리와 생동감 있는 눈을 중점적으로 묘사함으로써 감탄을 자아낸다. 눈을 표현함에 있어 작은 칼로 눈동자를 따라 열은 동그라미를 파고 눈동자에 검은색을 칠해 생동감을 표현하였다. 몸통 표현이 가장 어렵지만 이 작품에서는 입체 기법을 사용해 둥근 몸체를 표현함과 동시에 간결한 음각선(陰刻線)으로 깃털을 생생하게 묘사했다. 전체 작품은 자연스러우면서도 조화롭고 풍만하면서도 소박한 형태로 기러기의 아름다움을 표현해 한대 예술가들의 비범한 재주와 정취를 드러낸 작품이라 할 수 있다.

# 도제호용(陶鵜鶘俑)

서한(西漢)
길이 26㎝ 높이 13.5㎝
1983년 서안시(西安市) 남쪽 교외 사파(沙坡)벽돌기와공장 한묘(漢墓) 출토

## Pottery Pelican

Western Han Dynasty (202BC~8AD)
L 26cm  H 13.5cm
Excavated from a Tomb of Han Dynasty in Shapo Village, Xi'an in 1983

　제호(鵜鶘, 사다새)는 부리가 특히 넓고 크며 끝이 휘었다. 아래 부리에 물고기 등을 넣어 먹을 수 있는 주머니가 있으며 눈은 둥글다. 커다란 날개는 한곳에 다소곳이 모았다. 두 다리를 아래에 모아 조용히 엎드렸고 복부에는 아직 식별해내지 못한 두 글자가 새겨져 있다.

　사다새는 커다란 몸집의 물새로 가람조[塘鵝]라고도 부른다. 대부분 유럽, 아시아, 아프리카 등지에 분포되어 있다. 사다새는 발가락 사이에 물갈퀴가 있고 집단으로 생활하며 물고기를 주로 잡아먹고 연해 지역의 늪과 호수 및 하천에서 서식한다. 큰 부리는 그다지 예리하지 않지만 목 아래에 신축성 있는 주머니가 있어 물고기를 충분히 잡아넣을 수 있다. 중국의 사다새는 하얀 사다새와 얼룩반점 사다새 두 종류로 나뉜다. 얼룩반점 사다새는 입가에 파란색 반점이 있고 머리에 분홍색의 깃털 관이 있으며 몸체 윗부분은 회갈색이고 아랫부분은 하얀색이다. 하얀 사다새는 온몸이 새하얗고 주로 중국의 신강(新疆)과 복건(福建) 일대에 분포되었으며 얼룩반점 사다새와 함께 중국 2급 보호동물로 지정되어 있다. 전체 형태를 보아 이 도용(陶俑)은 얼룩반점 사다새인 듯하다.

**034**

## 도압자용(陶鴨子俑)

서한(西漢)
길이 13.5㎝ 너비 7.3㎝ 높이 8㎝
1983년 9월 서안시(西安市) 남쪽 교외 사파(沙坡)벽돌기와공장 한묘(漢墓) 출토

### Pottery Duck

Western Han Dynasty (202BC~8AD)
L 13.5cm  W 7.3cm  H 8cm
Excavated from a Tomb of Han Dynasty in Shapo Village, Xi'an in 1983

압자(鴨子, 오리)는 조용히 엎드린 형상인데 눈은 둥글고 목을 굽혔으며 부리는 길고 몸체가 풍만하다. 머리를 쳐들고 목을 뒤로 움츠려 Z형을 이루었다. 원조(圓雕)기법으로 오리의 풍만한 몸체를 묘사하고 간결한 도법(刀法)으로 두 날개를 조각하였지만 발바닥은 표현하지 않았다. 전체적으로 비례가 균일하고 입체감이 강하다.

**035**

## 도합자용(陶鴿子俑)

서한(西漢)
길이 12.5㎝ 너비 5㎝ 높이 5㎝
1983년 9월 서안시(西安市) 남쪽 교외 사파(沙坡)벽돌기와공장 한묘(漢墓) 출토

### Pottery Pigeon

Western Han Dynasty (202BC~8AD)
L 12.5cm  W 5cm  H 5cm
Excavated from a Tomb of Han Dynasty in Shapo Village, Xi'an in 1983

합자(鴿子, 비둘기)는 머리와 눈이 둥글고 목이 짧으며 부리가 뾰족하다. 비둘기는 바닥에 조용히 엎드려 있다. 온몸의 깃털은 정연하며 두 발은 움츠려 귀엽고 온순한 모습을 드러내고 있다. 회도이며 전체적으로 하얀색을 입혔다.

비둘기는 인류가 오래전부터 길들인 조류로서 고고학적 발견에 따르면 기원전 4500년, 메소포타미아의 예술품과 동전에 이미 비둘기 그림이 조각되어 있었다. 중국 진한(秦漢)시대, 궁궐에 비둘기를 기르는 장소가 있었고 민간에서도 광범위하게 기르기 시작하였다. 이는 완상(玩賞)이나 식용을 위해서였다. 그중에서도 비둘기는 아무리 먼 거리라도 다시 돌아오는 귀소본능이 있어 사람들의 사랑을 받았다. 통신이 발달하지 못한 옛날, 사람들은 비둘기의 이런 특징을 이용하여 소식을 전하였다. 때문에 사람들은 소식을 전하는 비둘기에 더 깊은 관심을 갖게 되었다.

## 036

### 채회도후용(彩繪陶猴俑)

서한(西漢)
대: 높이 14cm  소: 높이 12.5cm
1987년 서안시(西安市) 신안(新安)벽돌공장 한묘(漢墓) 출토

### Colored Pottery Monkeys

Western Han Dynasty (202BC~8AD)
H 14cm  H 12.5cm
Excavated from a Tomb of Han Dynasty
in Xinan Brick factory, Xi'an in 1987

조형은 기본적으로 동일하다. 몸을 웅크린 원숭이들은 머리가 둥글고 눈이 둥그렇고 기민해 보이며 입이 튀어나왔고 짧은 목은 움츠렸으며 귀는 작고 두 다리는 굽힌 채 바닥에 주저앉았다. 이들의 동작은 서로 조금 다른데 왼쪽 것은 긴 팔을 서로 감싸 배 앞에 두었고 오른쪽 것은 긴 팔을 벌려 무릎 위에 놓았다.

크기가 서로 다른 원숭이들은 전체적으로 색이 입혀져 있다. 조용히 앉은 자세를 취하였지만 두 눈은 데굴데굴 도는 것 같고 한시도 가만있지 못하는 두 발로는 무엇인가를 긁적이는 것 같다. 사실적인 기법으로 원숭이의 민첩하면서도 장난이 심한 모습을 생동감 있게 묘사함과 동시에 한대 도기 제작의 수준 또한 충분히 드러내었다. 원숭이 형상은 장식품으로 고대 여러 기물에 많이 나타났지만 부장품으로 무덤에서 출토되는 경우는 흔치 않아 이 도용은 한대(漢代) 장례풍속 연구에 중요한 자료가 된다.

## 037

### 소도수용(小陶獸俑)

서한(西漢)
길이 6cm 높이 2.5cm
1990년 서안시(西安市) 북쪽 교외 십리포촌(十裏鋪村) 남쪽 벽돌공장 한묘(漢墓) 출토

### Small Pottery Beast

Western Han Dynasty (202BC~8AD)
L 6cm  H 2.5cm
Excavated from a Tomb of Han Dynasty in Shilipu Village, Xi'an in 1990

작은 짐승은 주둥이가 길고 코끝이 뾰족하며 두 눈이 볼록 튀어나왔고 둥근 귀를 추켜세웠으며 납작한 꼬리는 위로 들렸다. 네 다리를 배 아래에 모아 엎드렸는데 배 아래에 작은 구멍이 나 있다. 얼굴이 모호해 구체적으로 어떤 동물인지는 알 수 없지만 전체 형태를 보아 쥐인 것 같다. 회도(灰陶)이며 표면에 입혔던 붉은색은 전부 벗겨졌다.

## 038

### 도구용(陶狗俑)

서한(西漢)
길이 30㎝ 너비 9㎝ 높이 14.5㎝
1963년 서안시 안탑구 삼효촌(西安市 雁塔區 三爻村) 벽돌공장 출토

### Pottery Dog

Han Dynasty (202BC~8AD)
L 30cm  W 9cm  H 14.5cm
Excavated from Sanyao Village Yanta District, Xi'an in 1963

　　개는 귀 끝이 안으로 말렸으며 머리를 쳐들고 꼬리를 높게 치켜세웠다. 몸뚱이가 탄탄해 보이며 곧게 서서 앞을 주시하고 있다. 눈·코·입 등을 모호하게 묘사한 반면, 귀, 꼬리, 몸통 등 윤곽은 뚜렷하게 묘사하여 전체 형태와 기세가 더욱 드러났다. 회도이며 전체적으로 하얀 색을 칠하였다. 붉은색으로 눈언저리를 묘사했으며 목에는 붉은색 줄을 그어 목줄을 표현하였다.

　　말은 인류가 기른 최초의 가축이며 개는 두 번째이다. 중국에서 개를 기른 역사도 수천 년에 달하지만 자료는 극히 드물다. 옛사람들이 어떤 품종의 개를 길렀는지 알 수 없지만 한대(漢代) 도용(陶俑) 개의 출토는 당시 상황에 대한 자료가 된다.

## 039

### 도저용(陶豬俑)

서한(西漢)
길이 35.5㎝ 너비 9.5㎝ 높이 19.5㎝
1979년 서안시 비림구 사파촌(西安市 碑林區 沙坡村) 출토

### Pottery Pig

Han Dynasty (202BC~220AD)
L 35.5cm  W 9.5cm  H 19.5cm
Excavated from Shapo Village Beilin District, Xi'an in 1979

　　돼지는 주둥이가 조금 길고 큰 코는 바깥쪽으로 뒤집혔으며 두 귀는 아래로 드리웠다. 몸뚱이는 피둥피둥하고 허리는 휘었고 짧은 꼬리를 자연스럽게 내렸다. 회도(灰陶)로 되어 있다.

　　고고학적 발견에 의하면 중국에서 돼지를 기른 역사는 8천 년 이상이며 원시사회 유적지와 무덤 속에서 출토된 돼지 뼈의 수량을 당시 재부와 등급을 평가하는 기준 중 하나로 간주한 것에서 돼지가 당시 생활에서 얼마나 중요했는지 짐작할 수 있다.

**040**

## 도산양용(陶山羊俑)

서한(西漢)
길이 28cm 너비 7.5cm 높이 24cm
1983년 9월 서안시 비림구(西安市 碑林區) 사파(沙坡)벽돌기와공장 한묘
(漢墓) 출토

### Pottery Goat

Western Han Dynasty (202BC~8AD)
L 28cm  W 7.5cm  H 24cm
Excavated from Shapo Village Beilin District, Xi'an in Sep 1983

　산양(山羊)은 길고 뾰족하며 곧추세운 뿔이 달렸
다. 두 귀는 밖으로 뒤집혔고 입은 다물었는데 머리
의 골격이 선명하게 보인다. 턱에 수염이 있고 목 아
래로부터 배 아래까지는 긴 털로 뒤덮여 있다. 머리
를 쳐들고 두 눈을 부릅떴으며 꼬리를 위로 치켜세웠
고사지를 곧게 편 채 서 있다.

**041**

## 합자용(鴿子俑)

서한(西漢)
길이 5.5cm 너비 3.5cm 높이 4cm
1979년 서안시 미앙구 호묘파촌(西安市 未央區 紅廟坡村) 출토

### Pottery Pigeon

Han Dynasty (202BC~220AD)
L 5.5cm  W 3.5cm  H 4cm
Excavated from Hongmiaopo Village Weiyang District, Xi'an in 1979

　합자(鴿子, 비둘기)의 머리와 눈은 둥글고 목은 짧
으며 부리도 뾰족한데 고개를 돌려 부리로 깃을 정리
하여 모으며 쪼그려 앉았다. 온몸의 깃털은 풍성하고
두 날개는 강건하며 꼬리털은 정연하게 배열하여 한
곳에 모았다. 전체적으로 온순하면서도 귀여워 보인
다. 깃털을 거칠게 표현해 선이 명확하면서도 힘 있
어 보인다. 부리로 깃털을 정리하는 비둘기는 태연한
표정인데 마치 장시간 비행한 후 잠깐의 휴식을 취하
고 있는 것 같다.

## 042

## 유도우용(釉陶牛俑)

서한(西漢) 말기
길이 7.5㎝ 높이 4.7㎝
서안시(西安市) 수집

Glazed Pottery Bull

Western Han Dynasty (202BC~8AD)
L 7.5㎝ H 4.7㎝
Collected in Xi'an

소뿔은 굵고 단단하며 둥근 두 눈은 무섭게 부릅떴고 머리는 앞으로 내밀었다. 코 아랫부분에 가로로 작은 구멍이 있는데 코뚜레를 꿰었던 것 같다. 몸체는 튼실하고 어깨는 치켜 올라갔으며 허리는 휘어진 자세로 바닥에 곧게 서 있다. 볼록한 선으로 굴레와 등줄기 및 몸의 측면을 묘사했다. 앞다리의 상반부와 뒷다리는 전부 붙어 있다. 발굽을 제외한 부분에는 녹유(綠釉)를 입혔다.

유약을 입힌 도기(陶器)는 한대(漢代) 도기 제작공법의 걸출한 성과이며 당시 도기 제품의 새로운 종류이기도 하다. 유약에 용제(熔劑)인 납을 섞으면 유약의 용점[熔點, 일반적인 소성온도(燒成溫度)는 800℃]을 낮출 수 있고 표면의 광택이 증가되며 전체적으로도 더욱 매끈해 보인다. 납을 섞으면 철·동 등 착색제(著色劑)가 녹색, 노란색, 갈색 등 아름다운 색상을 띠게 된다. 그중에서 녹유를 가장 많이 볼 수 있다. 한대 연유(鉛釉) 기술의 발명은 이후 당삼채(唐三彩) 출현의 토대가 되었다.

## 043

## 독각수용(獨角獸俑)

동한(東漢)
길이 32㎝ 높이 28㎝
1963년 서안시 안탑구 삼효촌(西安市 雁塔區 三爻村) 벽돌공장 출토

### Unicorn

Eastern Han Dynasty (25AD~220AD)
L 32㎝ H 28㎝
Excavated from Sanyao Village Yanta District, Xi'an in 1963

짐승은 다리를 곧게 세우고 서 있는 소의 모습이며 이마는 넓고 단단하고 눈은 통방울 같고 입은 반쯤 벌렸다. 몸은 앞이 낮고 뒤가 높으며 날카로운 외뿔이 돋은 머리를 숙이고 있어 금방이라도 덮칠 듯하다. 어깨에 짧은 날개를 조각하여 신수(神獸) 같은 느낌도 준다. 꼬리는 위로 높게 치켜세웠고 앞다리는 짧고 뒷다리는 길며 발굽이 달려 있다. 도용의 눈언저리, 입가, 귀 등 부분에는 붉은색 동그라미를 그리고 몸체에는 붉은색과 검은색으로 무늬를 새겼다. 당장이라도 덮칠 것 같은 도용의 형상과 숙인 머리, 뻗은 목, 곧게 편 허리, 뻣뻣한 궁둥이, 힘 있는 사지, 높게 치켜세운 꼬리 등을 남김없이 나타냄으로써 외뿔 짐승의 튼실하고 위엄 있는 자태를 형상화해 진귀한 예술품으로 인정받고 있다.

이러한 외뿔 짐승은 고대 사람들이 소의 형태를 과장하고 신격화시켜 만든 것으로 흔히 묘실 옆에 놓아 묘실을 수호하는 벽사(辟邪) 작용을 하게 하였다. 이는 고문헌에 나오는 '궁기(窮奇)'와도 비슷하다. 『산해경(山海經)』에는 "소의 형상에 고슴도치 털을 가져 궁기라 부른다"는 기록이 있다. 『한서(漢書)』에는 '궁기가 서우(犀牛) 같다'라는 말도 있다. 진(晉)·남조(南朝) 시대 이러한 도용(陶俑)의 형상은 서우에 더욱 가깝게 변화되었다. 이는 서우가 물을 진압하였다는 전설과 연관된다. 무덤의 위치가 지하이기 때문에 지하수의 피해를 입을 수 있어 사람들은 서우를 이용하여 물을 막고자 했다. 문헌에도 진촉수(秦蜀守) 이빙(李冰)이 돌 서우로 물을 진압하였다고 기록하였다. 『화양국지(華陽國志)』에는 "이빙이 돌로 된 서우 다섯 마리로 물귀신을 진압하였다"는 기록이 있고 『이물지(異物志)』에서는 "서우 뿔로 파수(破水)할 수 있다"고 하였다.

**044**

# 녹유지배음주호인용(綠釉持杯飮酒胡人俑)

동한(東漢)
높이 9.4cm
1979년 서안시(西安市) 초장파(草場坡) 출토

## Green Glazed Figurine of a Drinking Hun Man

Eastern Han Dynasty (25AD~220AD)
H 9.4cm
Excavated from Caochangpo Beilin District, Xi'an in 1979

호인(胡人) 도용(陶俑)은 끝이 뾰족한 전모를 쓰고 모자 챙 아래로 곱슬머리가 나왔으며 짙은 눈썹, 오목한 눈, 높은 광대뼈와 매부리코를 가졌고 구레나룻이 났다. 우임(右衽)의 긴 소매 옷을 입고 앉은 모습이며, 두 다리 사이에는 편방호(扁方壺)를 끼고 있다. 편방호는 아가리가 좁고 배가 네모나며 밑바닥이 편평하고 짧은 네모 굽다리가 달려 있다. 도용은 오른손을 무릎에 놓고 왼손으로 원통형의 작은 잔을 들었다. 다리 사이의 편방호는 술을 담는 용기이므로 술항아리라고도 할 수 있고, 손에 든 잔은 술잔으로 볼 수 있다. 이 작품은 술을 좋아하는 호인의 형상을 묘사하였다. 홍도(紅陶)이며 머리를 제외한 부분에 녹유를 입혔다.

서한(西漢) 시기 비단의 길이 개통되어 중원(中原)과 서역(西域) 소수민족 관계를 강화시켜 각 지역 상인들도 비단길을 이용하여 내륙지대로 들어오게 되었다. 한대(漢代) 장안성(長安城)은 비단길의 기점이자 상업 및 문화교류의 중심 지역으로서 적지 않은 호인들이 이곳에서 살고 있었다. 이 도용은 장안성에서 생활하는 호인이 만족스럽게 자작자음(自酌自飮)하는 모습을 표현한 것이다.

## 045

### 좌용(坐俑)

동한(東漢)
높이 32,5㎝
2003년 서안시 안탑구(西安市 雁塔區) 세가성성(世家星城) 공사 현장 출토

Figurine of a Sitting Man

Eastern Han Dynasty (25AD～220AD)
H 32,5cm
Excavated from Shijiaxingcheng residential area in Yanta District, Xi'an in 2003

땅에 앉은 도용(陶俑)은 용모가 수려하다. 머리에 작은 관(冠)을 쓰고 세 겹으로 된 옷을 입었는데 맨 겉의 것은 교령(交領)에 소매가 넓은 긴 두루마기이며 띠를 둘렀다. 두 손이 복부에서 앞으로 뻗은 것을 보아 원래 물건을 들었던 것 같다. 몸체, 머리와 두 손을 각기 분리하여 만든 다음 손잡이를 각기 목과 두 손목에 있는 구멍에 끼워 자유롭게 움직이게 하였다. 도용의 몸은 편평한데 등을 얇고 편평하게 만들었으며 두루마기의 아랫부분은 한층 두껍게 하였다.

## 046

### 좌용(坐俑)

동한(東漢)
높이 35,5㎝
서안시(西安市) 수집

Figurine of a Sitting Man

Eastern Han Dynasty (25AD～220AD)
H 35,5cm
Collected in Xi'an

도용(陶俑) 45와 비슷한 모양의 몸이 편평한 도용이다. 작은 관모를 쓰고 소매가 넓은 두루마기를 입었는데 넓은 옷자락은 두 발을 가렸다. 머리와 몸체는 한데 이어졌고 두 손은 따로 제작하였지만 지금은 유실되어 손을 끼워 넣었던 손목 부분에는 둥근 구멍만 남았다.

## 취악좌용(吹樂坐俑)

동한(東漢)
좌: 배소(排簫)를 부는 도용 높이 6.5㎝
1996년 서안시 장안현 곽두진(西安市 長安縣 郭杜鎭) 출토
우: 훈(塤)을 부는 도용 높이 6.5㎝
2000년 서안시(西安市) 석유학원(石油學院) 한묘(漢墓) 출토

## Figurines of Sitting Music Players

Eastern Han Dynasty (25AD~220AD)
Panpipe player
H 6.5cm
Excavated from Guodu town in Chang'an District, Xi'an in 1996
Ocarina player
H 6.5cm
Excavated from Xi'an Shiyou University in 2000

두 도용(陶俑)은 모두 작은 관(冠)을 쓰고 소매가 넓은 두루마기를 입었으며 땅에 앉았다.

왼쪽 도용은 오른손으로 배소를 입가까지 올려 불고 왼손은 아래로 자연스럽게 내렸는데 소매에 가려져 있다. 비록 얼굴 모습은 분명하지 않으나 이마의 주름이 선명한 것을 보아 나이 든 예술가인 것 같다. 배소를 부는 도용의 대부분은 두 손으로 악기를 들고 연주하는 모습이며 한 손으로 악기를 든 모습은 보기 드물다.

오른쪽 도용은 두 손으로 악기를 입가까지 올려 연주하고 있는데 악기 형태를 보아 훈(塤)인 것 같다. 모습은 분명하지 않고 거칠게 제작되어 그 윤곽만 보인다.

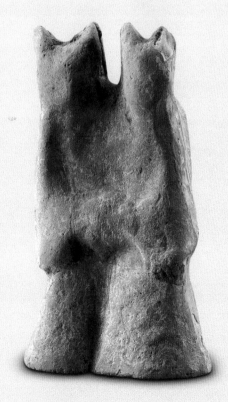

## 연체쌍여용(連體雙女俑)

동한(東漢)
높이 8㎝ 너비 4.7㎝
1996년 서안시 장안현 곽두진(西安市 長安縣 郭杜鎭) 출토

## Figurines of Two Connected Standing Women

Eastern Han Dynasty (25AD~220AD)
H 8cm  W 4.7cm
Excavated from Guodu town in Chang'an District in 1996

두 손으로 상대방을 안고 서 있으며 좌우로 연결된 도용(陶俑)이다. 둘 다 얼굴 모습은 분명하지 않으며 아계(丫髻)를 하고 우임(右衽)에 소매가 넓은 긴 두루마기를 입었으며 포의 자락은 바닥까지 끌려 두 발을 덮었다.

## 049

### 연체오좌용(連體五坐俑)

동한(東漢)
길이 10.5㎝ 높이 4.7㎝
서안시(西安市) 수집

---

## Figurines of Five Connected Sitting Persons

Eastern Han Dynasty (25AD~220AD)
L 10.5cm  H 4.7cm
Collected in Xi'an

다섯 도용(陶俑)이 좌우로 연결되었는데 모두 작은 관
(冠)을 쓰고 소매가 넓은 두루마기를 입었으며 소매에 가려
진 두 손을 가슴 앞에서 맞잡은 채 땅에 앉았다. 도용의 몸체
에는 붉은색이 남아 있지만 얼굴 모습은 분명하지 않다.

## 050

### 연체칠여용(連體七女俑)

동한(東漢)
길이 8㎝ 높이 8㎝
2001년 서안시 장안구(西安市 長安區) 우전학원(郵電學院)
한묘(漢墓) 출토

---

## Figurines of Seven Connected Standing Women

Eastern Han Dynasty (25AD~220AD)
L 8cm  H 8cm
Excavated from Xi'an University of Posts &
Telecommunications in Chang'an District, Xi'an in 2001

도용(陶俑)은 앞줄에 4명, 뒷줄에 3명의 순서로 서서
좌우로 이어지고 뒷줄 3명은 앞줄 4명의 빈 공간에 배치
되었으며 앞뒤 줄도 연결되어 있다. 얼굴 모습은 모호한
데 아계(丫髻)를 하고 교령(交領)의 긴 두루마기를 입었
으며 띠를 둘렀다. 소매에 가린 두 손을 배 앞에서 맞잡
고 선 모습을 보아 옛날의 시녀들인 것 같다.

# 설창용(說唱俑)

동한(東漢)
좌: 높이 8.7cm
1996년 서안시 장안현 곽두진(西安市 長安縣 郭杜鎭) 출토
중: 높이 10cm
1996년 서안시 장안현 곽두진(西安市 長安縣 郭杜鎭) 출토
우: 높이 8.5cm
1963년 서안시(西安市) 프로젝트회사에서 넘겨받음

## Figurines of Storytellers

Eastern Han Dynasty (25AD~220AD)
Left H 8.7cm
Excavated from Guodu town in Chang'an District, Xi'an in 1996
Middle H 10cm
Excavated from Guodu town in Chang'an District, Xi'an in 1996
Right H 8.5cm
Transfered by Xi'an Engineering Company in 1963

설창용(說唱俑)은 작은 관(冠)을 쓰거나 송곳 모양의 추계(錐髻) 머리를 하고 소매가 넓고 길이 가 긴 두루마기를 입었으며 띠를 둘렀다. 한 팔은 곧게 펴 위로 올리고 구부린 다른 팔은 허리와 가 슴 부분까지 올렸다. 머리는 들거나 뒤로 젖히고 눈으로는 손동작을 주시하며 상이한 표정을 짓고 있는 것을 보아 노래를 부르는 것 같다. 이 도용(陶俑)들은 모습과 복식은 모호하게 묘사한 반면 인 물 동작과 표정을 중점적으로 표현하였고, 설창 예인(藝人)의 덩실덩실 춤추는 형태도 생동감 있 게 나타냄으로써 동한(東漢)시대 민간 백희가무(百戲歌舞)를 압축적으로 묘사하였다.

동한시대 소형 도용은 간결하고 개괄적이며 질박하고 호방한 것이 특징이며 전체 윤곽 및 동태 (動態) 관계의 표현도 중시하였다. 때문에 서법에서 얘기하는 것처럼 마음 가는 대로 필을 휘둘러 도 묘미가 살아 있는 것 같다.

## 052

무도용(舞蹈俑)

동한(東漢)
높이 10cm
1996년 서안시 장안현 곽두진(西安市 長安縣 郭杜鎭) 출토

### Figurine of a Dancer

Eastern Han Dynasty (25AD～220AD)
H 10cm
Excavated from Guodu town in Chang'an District, Xi'an in 1996

　도용(陶俑)은 머리에 작은 관(冠)을 쓰고 소매가 넓고 길이가 긴 두루마기를 입었으며 띠를 둘렀다. 몸은 숙이고 한 발을 앞으로 들었으며 두 팔을 휘두르며 덩실덩실 춤추고 있다. 전체 얼굴과 포복(袍服)에 남은 붉은색을 보아 하니 한대(漢代) 백희(百戱)의 배우인 듯하다. 한대 부익(傅毅)의 『무부(舞賦)』에 한대 무용을 묘사한 대목을 보면 "흥에 겨워 머리를 숙이거나 들며 오가고…… 바람에 비단옷이 날리고 긴 소매는 이리저리 엇갈린다"라는 표현이 있는데 한대 악무용(樂舞俑)을 정확하게 해석했다고 할 수 있다.

## 053

백희용(百戱俑)

동한(東漢)
높이 6.7～8.7cm
1996년 서안시 장안현 곽두진(西安市 長安縣 郭杜鎭) 출토

### Figurines of Baixi Actors

Eastern Han Dynasty (25AD～220AD)
H 6.7～8.7cm
Excavated from Guodu town in Chang'an District, Xi'an in 1996

　백희용(百戱俑)은 쌍계(雙髻)를 하거나 복두(襆頭)를 둘렀고 교령(交領)에 몸에 붙은 옷을 입었으며 허리에 띠를 두르고 무릎을 꿇고 있다. 일부는 양쪽 무릎을 모두 꿇고 나머지는 한쪽 무릎만 꿇은 채 두 손으로는 다양한 동작을 하고 있다. 서로 다른 표정과 생동감 있는 형상을 보아 한대(漢代) 백희(百戱)의 한 장면인 듯하다. 옷깃, 소맷부리와 허리 부분에만 붉은색이 남아 있다.

## 복궤용-(伏跪俑)

동한(東漢)
길이 9㎝ 높이 4㎝
2000년 서안시 장안구(西安市 長安區) 서안석유학원(西安石油學院) 한묘(漢墓) 출토

### Figurine of a Kneeling Woman

Eastern Han Dynasty (25AD~220AD)
L 9cm  H 4cm
Excavated from Xi'an Shiyou University in 2000

　복궤용(伏跪俑)은 머리에 복두(襆頭)를 쓰고 몸에 달라붙는 옷을 입었으며 무릎과 종아리, 발등은 모두 바닥에 닿은 채 두 다리를 다소곳이 모으고 꿇어앉아 있다. 두 손을 맞잡고 팔을 곧게 펴서 힘껏 등허리까지 젖혔고 이마를 땅에 붙인 채 상체를 곧게 펴고 기어가는 동작을 하고 있다. 복식과 모습으로 볼 때, 백희용(百戱俑) 도용 53과 비슷해 백희의 배우인 듯하다.

## 055

# 도립잡기용(倒立雜技俑)

동한(東漢)
우: 높이 11.3㎝
좌: 남은 부분 높이 12.5㎝
1996년 서안시 장안현 곽두진(西安市 長安縣 郭杜鎭) 출토

## Figurines of Inverted Acrobats

Eastern Han Dynasty (25AD~220AD)
Right H 11.3cmLeft H 12.5cm
Excavated from Guodu town in Chang'an District, Xi'an in 1996

도립잡기용(倒立雜技俑)은 복두(襆頭)를 쓰고 몸에 달라붙는 옷을 입었다. 머리는 힘껏 위로 젖히고 몸은 곧게 펴며 물구나무서기를 하고 있다. 하나는 오른손으로 바닥을 짚고 왼손은 높게 든 한 손 물구나무서기를 하고, 다른 하나는 손목만 남았지만 동작을 보아 두 손 물구나무서기를 하는 것 같다. 이는 한대(漢代)의 백희잡기(百戲雜技) 도용에 속한다. 잡기는 역기(力技), 형체기교(形體技巧), 사롱기교(耍弄技巧), 고공기예(高空技藝), 환술(幻術, 남을 속이는 기술), 마희(馬戲)와 골계(滑稽, 익살꾼)로 나뉘며 춘추전국(春秋戰國)시대에 이미 존재하였다. 형체기교인 물구나무서기는 산동(山東) 제남(濟南) 무영산(無影山) 서한묘(西漢墓)에서 출토된 채색 악무잡기용, 하남(河南) 낙양(洛陽) 동한묘(東漢墓)에서 출토된 대형 도기(陶器) 상자 가장자리 및 하남(河南) 남양(南陽) 한묘(漢墓)의 화상석(畫像石)에서 모두 찾아볼 수 있다. 한 손 물구나무서기 형상도 적지 않게 보이는데 이를 통해 한대 '물구나무서기'의 수준을 엿볼 수 있다. 한대에는 '물구나무서기'를 '도식(倒植)', '한 손 물구나무서기'를 '단수정(單手頂)'이라고도 불렀다.

백희는 한대에 잡기·음악·가무·설창·무술·희곡 등 공연을 일컫던 것으로 당대(唐代)에 이르러 '잡기'라는 단어가 나타났지만 습관적으로 산악백희(散樂百戲)라 불렀다.

## 축국용(蹴鞠俑)

동한(東漢)
높이 9~11.6cm
1996년 서안시 장안현 곽두진(西安市 長安縣 郭杜鎭) 출토

### Figurines of Cuju Players

Eastern Han Dynasty (25AD~220AD)
H 9~11.6cm
Excavated from Guodu town in Chang'an District, Xi'an in 1996

축국(蹴鞠)은 고대 중국의 공차기이다. '蹴(축)'은 발로 찬다, '鞠(국)'은 가죽으로 만든 공이라는 뜻이지만 언제부터 시작된 것인지는 알 수 없다. 그러나 『사기(史記)』「소진열전(蘇秦列傳)」의 "임치(臨淄)는 매우 부유하고 실(實)하다. 사람들은 모두 피리를 불고 거문고를 퉁기고 가야금을 타며 축(築)을 두드리고 투계(鬪鷄), 주구(走狗), 육박(六博), 축국(蹴鞠) 등을 즐겨 했다"는 기록에서 알 수 있듯이 전국(戰國)시대에 이르러 축국은 이미 체육 및 오락 활동으로 유행하였다. 이 밖에 한대(漢代)에서 위진(魏晉)시대에 이르기까지 더욱 발전해 당(唐) 이전에는 모발을 채운 공이었으나 당대(唐代)에는 공기를 채운 족구(足球)도 나타났다. 동한(東漢)시대 몸에 달라붙는 옷을 입고 공 차는 도용(陶俑)들은 다리로 공을 몰거나 차거나 멈추는 등 서로 다른 동작을 나타냄으로써 고대 중국 족구를 생생하게 묘사했다.

고대(古代) 중국의 전통 체육은 춘추전국(春秋戰國)시대에 형성되어 한대부터 흥성하기 시작하였고, 중국 역사상 체육 발전의 첫 절정기도 나타나게 되었다. 한묘(漢墓)에서 출토된 체육 관련 도용이 바로 이와 같은 상황을 진실하게 나타낸다.

## 057

# 지삽노작용(持鍤勞作俑)

동한(東漢)
높이 28cm
2003년 서안시 안탑구(西安市 雁塔區) 세가성성(世家星城) 공사 현장 한묘(漢墓) 출토

## Figurine of a Laborer with a Spade

Eastern Han Dynasty (25AD~220AD)
H 28cm
Excavated from Shijiaxingcheng residential area in Yanta District, Xi'an in 2003

　　도용(陶俑)은 머리에 평책(平幘)을 두르고 소매가 넓은 두루마기를 입었으며 가슴 앞에서 두 손으로 삽(鍤) 한 자루를 쥐고 섰다. 삽은 오늘날의 가래로 자루가 굵고 짧으며 아래쪽 삽날이 사다리꼴이다. 소박하면서도 성실하고 친절한 농부의 모습을 묘사하였다.

　　동한(東漢)시대 장원(莊園)제도가 발전함에 따라 이와 관련된 삽, 키, 가래나 쟁기를 든 노작용과 함께 주전자, 병을 들거나 바닥을 쓸고 음식을 바치는 등 일을 하는 노복용이 나타나 당시 '시사여생(視死如生)'의 장례관념을 선명하게 반영하였다. 이와 같이 다양한 도용의 모습에서 당시 장원 지주의 일상생활의 진실한 모습도 엿볼 수 있다.

## 058

# 지양기족노작용(持兩歧簇勞作俑)

동한(東漢)
높이 18.5cm
2005년 서안시 안탑구(西安市 雁塔區) 안명(雁鳴)단지 한묘(漢墓) 출토

## Figurine of a Laborer with Double-forked Cu

Eastern Han Dynasty (25AD~220AD)
H 18.5cm
Excavated from Yanming residential area in Yanta District, Xi'an in 2005

　　도용(陶俑)은 머리에 평책(平幘)을 두르고 소매가 좁은 삼베옷을 입었으며 띠를 둘렀다. 오른손에 고기를 구울 때 쓰는 꼬챙이를 들고 왼손은 가슴 앞에서 둥그런 물건을 잡고 다리를 벌린 채 곧게 선 농부의 형상을 묘사하였다. 도질(陶質)이 견고하고 표면에는 유약을 조금 입혔다.

## 녹유도구용(綠釉陶狗俑)

동한(東漢)
길이 33cm 너비 11cm 높이 29cm
서안시(西安市) 수집

### Pottery Dog in Green Glaze

Eastern Han Dynasty (25AD~220AD)
L 33cm  W 11cm  H 29cm
Collected in Xi'an

　개는 두 눈을 부릅뜨고 귀를 쫑긋 세웠으며 머리를 높게 쳐들고 입을 벌려 짖어대는 모습이다. 목걸이에는 방울 몇 개가 달려 있다. 가슴을 내밀고 꼬리를 감은 개의 몸뚱이는 탄탄하고 사지를 곧게 편 채 서 있다. 다리의 아랫부분과 뱃가죽을 제외한 나머지 부분에는 모두 녹유(綠釉)를 입혔다. 후각이 예민하고 반응이 빠른 개의 특징에 따라 코, 눈, 입과 귀 등을 중점적으로 묘사하였다. 목줄을 한 것으로 보아 주인이 기르는 개인 것 같다.

060

## 도구용(陶狗俑)

동한(東漢)
길이 33cm 너비 12.5cm 높이 30cm
서안시(西安市) 수집

### Pottery Dog

Han Dynasty (202BC~220AD)
L 33cm  W 12.5cm  H 30cm
Collected in Xi'an

　개는 두 귀를 곧추세우고 두 눈을 동그랗게 뜨고 앞을 보고 있다. 콧방울은 벌름거리고 조금 벌린 입 안으로 들쭉날쭉한 이빨이 보인다. 몸뚱이가 탄탄하고 네 다리는 곧게 폈으며 꼬리는 위로 말렸다. 비록 조용히 서 있지만 주인의 명령에 따라 금방이라도 뛰어오를 것 같은 모습이다. 목과 가슴에 있는 몇 가닥의 띠는 등에서 묶었으며 구멍 난 매듭으로 보아 주인이 기르는 개인 것 같다. 전체적으로 시유(施釉)하지 않았다.

**061**

녹유도저(綠釉陶豬俑)

한(漢)
길이 29cm 높이 18.5cm
1988년 4월 서안시공안국(西安市公安局)에서 넘겨받음

**Pottery Pig in Green Glaze**

Han Dynasty (202BC~220AD)
L 29cm  H 18.5cm
Transfered by Xi'an Public Security Bureau in April 1988

　돼지는 주둥이가 길고 예리한 이빨이 밖으로 뻗어 나왔다. 두 귀는 쫑긋 세웠고 눈은 부릅떴으며 금방이라도 덮칠 것 같은 기세로 앞을 노려보고 있다. 귀는 좁고 길며 끝이 뾰족하다. 목덜미에는 곤추선 갈기가 있다. 머리를 숙이고 주둥이는 내밀었으며 등은 튀어나오고 허리 부분이 휘어졌는데 전체 몸뚱이는 둔탁해 보인다.
　이러한 형상을 보아 멧돼지를 묘사한 것 같은데 한경제(漢景帝) 양릉(陽陵)에서 출토된 귀를 드리우고 목덜미에 갈기가 없으며 큰 배가 아래로 처진 집돼지와는 크게 구별된다.

**062**

도양용(陶羊俑)

한(漢)
길이 11cm 너비 5cm 높이 9cm
1963년 서안시건설국(西安市建設局) 공사 현장 출토

**Pottery Sheep**

Han Dynasty (202BC~220AD)
L 11cm  W 5cm  H 9cm
Excavated from Xi'an Construction Bureau in 1963

　양은 커다란 뿔을 뒤로 한 바퀴 감아 원형을 이루었다. 머리는 조금 작은 원추형(圓錐形)이고 적합한 위치에 작은 구멍 두 개를 뚫어 눈을 대신하였으며 머리 앞의 뾰족한 부분에 구멍을 뚫어 입을 대신하였다. 몸뚱이는 실팍하고 원추형 사지는 조금 짧다. 간결하면서도 명쾌하게 몸통을 표현한 반면 두 뿔을 중점적으로 묘사함으로써 양의 특징을 드러냈다. 전체적인 조형은 온순하고 사랑스럽다. 등에 있는 둥근 구멍 하나는 물건을 꽂는 용도로 추정되며 회도(灰陶)로 되어 있다.

## 도공계용(陶公鷄俑)

한(漢)
길이 15.5cm 너비 9cm 높이 16cm
1963년 서안시 안탑구 삼효촌(西安市 雁塔區 三爻村) 출토

### Pottery Rooster

Han Dynasty (202BC~220AD)
L 15.5cm  W 9cm  H 16cm
Excavated from Sanyao Village Yanta District, Xi'an in 1963

　튼실한 체격의 수탉 조형인데 높은 볏과 육염(肉髥)이 있으며 튀어나온 눈으로 앞을 주시하고 있다. 온몸의 깃털은 정연하면서도 풍성하고 꽁지는 높게 치켜세웠으며 굵은 두 다리에 발가락을 펼치고 섰다. 볏과 꽁지 및 목 아래 육염에는 붉은색을, 남은 부분에는 하얀색을 칠하였다.

　닭은 인류가 오래전부터 기른 가축이다. 무덤 속의 부장품으로 한대(漢代)에 이미 나타나긴 하였지만 위진남북조(魏晉南北朝)시대에 이르러서야 도용(陶俑)으로 무덤에 부장되기 시작하였다. 송대(宋代)에 이르러 피장자(被葬者)의 지하생활 필수품이 아닌 저승에서의 안녕을 지키는 신수(神獸)로 변하여 '금계(金鷄)'라 했다. 유위(酉位), 즉 묘실 내의 서쪽 중심에 개와 함께 벽사용(辟邪俑)으로 놓여 '금계옥견(金鷄玉犬)'이라 부르게 되었다. 벌레를 주로 먹어 '유일신군(酉日神君)'이나 '유일장군(酉日將軍)'이라고도 부른다. 옛사람들은 닭이 오덕(五德)이 있다 하여 다음과 같이 찬양하였다. "볏은 문(文)의 덕이고 발톱은 무(武)의 덕이며 적이 앞에 있으면 과감히 싸우는 것은 용(勇)의 덕이고 음식을 나누는 것은 인(仁)의 덕이며, 시간을 지키는 것은 신(信)의 덕이다."(『한시외전(韓詩外傳)』) 이러한 이유에서 닭을 신수로 높이 받들었다.

## 유도공계용(釉陶公鷄俑)

한(漢)
길이 22cm 너비 10cm 높이 21cm
서안시(西安市) 수집

### Pottery Cock in Glaze

Han Dynasty (202BC~220AD)
L 22cm  W 10cm  H 21cm
Collected in Xi'an

　수탉은 볏이 조금 크고 머리는 높게 쳐들었으며 꼬리는 위로 힘껏 치켜세웠다. 두 다리부터 발까지는 한데 붙어 원형 받침을 이루었다. 다리 위쪽에는 녹유를 칠하고 나머지는 시유(施釉)하지 않아 홍도(紅陶)가 보인다.

　닭, 오리, 돼지 등 형상의 부장품(副葬品)은 오곡이 풍성하고 가축들이 우리에 넘치는 풍족한 생활을 저승에서도 누리고자 하는 피장자(被葬者)의 바람을 반영하였다. 가축 도기(陶器) 작품은 고대(古代) 부장품에서 일정한 비중을 차지하는데 특히 양한(兩漢)시대에서 남북조(南北朝)시대까지 무덤에서 대량 발굴되었다. 이는 당시 도기 예술성과뿐만 아니라 한대(漢代) 장원제도의 흥성과 발전 또한 드러낸다.

## 065

### 도웅용(陶熊俑)

한(漢)
높이 14cm 너비 14cm
1979년 서안시종고루보관소(西安市鐘鼓樓保管所)에서 넘겨받음

### Pottery Bear

Han Dynasty (202BC~220AD)
H 14cm W 14cm
Transfered by Xi'an Bell & Drum Tower Custody Office in 1979

곰은 앞다리를 세우고 뒷다리를 구부리고 앉아 있으며 목을 높게 빼어들었다. 조금 벌린 입안으로 이빨이 보인다. 귀는 작고 주둥이는 앞으로 튀어나왔다. 게걸스럽게 긴 혀를 내미는 것은 곰의 습성으로 조각가는 이 같은 동작을 통해 곰의 특성을 사실적으로 표현했다. 이 도용(陶俑)은 눈을 반쯤 뜨고 천진난만하며 나른한 모습이다. 목과 앞가슴에 띠를 두른 다음 등 뒤에서 묶었다. 띠를 두른 형태가 앞의 개(도용 59, 60)와 동일한 것으로 보아 포획하였거나 길들인 곰인 것 같다. 회도(灰陶)로 되어 있다.

## 066

### 도웅좌용(陶熊座俑)

한(漢)
높이 10.5cm 너비 5.5cm
서안시(西安市) 수집

### Pottery Bear Base

Han Dynasty (202BC~220AD)
H 10.5cm W 5.5cm
Collected in Xi'an

곰은 두 눈을 동그랗게 뜨고 이빨을 드러내며 힘에 겨운 모습으로 앉아 있다. 배가 불룩하고 굵은 뒷다리를 반쯤 굽힌 채 몸통을 지탱하고 있으며 허리는 곧게 펴고 앞발을 힘껏 위로 올려 네모난 판을 들고 있는데 원래 물건을 놓았던 받침인 것 같다. 회도이며 하얀색을 입혔다. 고대(古代) 사람들은 곰을 힘센 동물로 생각하여 용기의 받침으로 많이 사용하였다.

067

## 도묘두응용(陶貓頭鷹俑)

한(漢)
길이 15cm 너비 6.5cm 높이 9cm
1979년 서안시 비림구 사파촌(西安市 碑林區 沙坡村) 출토

### Pottery Owl

Han Dynasty (202BC~220AD)
L 15cm  W 6.5cm  H 9cm
Excavated from Shapo Village Beilin District, Xi'an in 1979

　부엉이는 둥근 두 눈을 부릅떴으며 부리는 독수리 부리 같고 발톱은 예리하다. 머리를 왼쪽으로 돌리고 깃을 정연히 모았으며 가슴을 펴고 바닥에 곧게 서 있다. 회도(灰陶)이며 부분적으로 하얀색이 남아 있다.

　부엉이는 효(鴞)라고도 부르며 야행성 맹금으로 중국에 분포하는 부엉이는 26종에 달하고 모두 국가 2급 보호동물로 지정되어 있다. 두 눈은 매우 크지만 좌우로 돌릴 수 없어 양쪽을 보려면 머리를 돌려야 한다. 목은 길고 유연하며 270도로 돌릴 수 있다. 짧은 부리는 구부러져 있고 힘 있는 발톱은 갈고리 모양이며 바깥 발가락은 밖으로 젖힌다. 날 때 소리가 없고 밤에만 활동하여 '밤고양이'라고도 부른다. 청각이 아주 예민한데 두 귀가 동일한 수평선상에 놓이지 않아 지면 위의 먹이가 내는 소리에 따라 그 위치를 정확하게 추적할 수 있다.

068

## 도오구용(陶烏龜俑)

한(漢)
길이 10cm 너비 7.8cm 높이 2.7cm
1990년 서안시 미앙구 십리포촌(西安市 未央區 十裏鋪村) 출토

### Pottery Tortoise

Han Dynasty (202BC~220AD)
L 10cm  W 7.8cm  H 2.7cm
Excavated from Shilipu Village Weiyang District, Xi'an in 1990

　거북은 머리를 내밀었고 발을 밖으로 뺐으며 꼬리도 드러내었다. 두껍고 단단한 원형 등껍질에는 무늬가 그려져 있다. 이 작품은 겁이 많은 거북의 특징에 따라 두리번거리며 조심스럽게 기어 다니는 모습을 정확히 나타냈다.

# 위 진 남 북 조 도 용

## 魏晉南北朝 陶俑

위진남북조(魏晉南北朝)시대는 고대(古代) 중국 도용(陶俑) 발전사 중 침체기에 속한다.

이 시기는 중국 역사상 대분열과 민족대융합의 시대이기도 하다. 전란으로 한족(漢族)이 남쪽으로 이동하고 대신 서북 소수민족이 대량으로 유입되었다. 당시 관중(關中) 백만 인구 중 소수민족이 절반 이상을 차지하게 되면서 흉노(匈奴), 선비(鮮卑), 갈(羯), 저(氐), 강(羌) 등 소수민족으로 인한 '오호난화(五胡亂華)'가 나타났다. 관중 지역에는 전조(前趙)·전진(前秦)·후진(後秦)·서위(西魏)·북주(北周) 등 왕조가 건립되었다. 전란으로 인해 도용의 제작이 침체기에 들어섰으며 부장용(附葬俑)의 수량과 종류도 전에 비해 뚜렷하게 감소했다. 도용의 발전은 진한(秦漢)과 수당(隋唐) 두 절정기 사이에서 상대적인 침체기에 놓였다.

당시 장강을 중심으로 남북 양대 풍격 체계를 형성하였는데 남방은 출토 수량이 비교적 적고 기본적으로 동한(東漢) 말기 도용을 계승하여 제작수준도 상대적으로 낮은 반면 북방은 출토 수량이 많고 시대적·민족적 풍격도 명확하여 기본적으로 당시 도용 발전의 새로운 방향을 대표한다.

짧은 통일 시기에 속하는 서진(西晉)의 중원진묘(中原晉墓)는 이미 진묘용(鎭墓俑), 시복용(侍僕俑), 소달구지와 말 도용, 포주(庖廚) 명기(明器)와 동물용으로 구성된 기본 조합을 형성하였다. 서진 이후 북방의 소수민족이 중원으로 진출하고 강남에 동진(東晉)이 세워지자 남북이 서로 대치하는 국면이 형성되었다. 부장한 도용 또한 서로 다른 특징을 갖게 되었는데 북방은 십육국(十六國)시대가 되어서야 사람과 말에 모두 갑옷을 입힌 기병, 즉 '갑기구장용(甲騎具裝俑)'이 나타나기 시작하였다. 북위(北魏)가 북방을 통일하고 낙양(洛陽)으로 천도(遷都)한 후 '한화(漢化)'가 진행됨에 따라 도용의 조합도 기본적으로 3가지 종류로 고정되었다. 즉 진묘용, 출행의장용(出行儀仗俑)[갑기구장용, 기마고취용(騎馬鼓吹俑), 의장용(儀仗俑) 및 소달구지와 말 도용, 짐을 실은 당나귀와 낙타 도용 등]과 남녀시복용[男女侍僕俑, 호인용(胡人俑), 노작용(勞作俑), 악무용(樂舞俑) 등] 등이 있다. 북위(北魏)의 분열 후 동서위(東西魏), 북제(北齊), 북주(北周)는 기본적으로 이러한 형식의 조합을 이어갔다.

북조(北朝)의 도용 제작에서는 여전히 거푸집으로 찍어 만드는 방법과 채색이 유행하였는데 거푸집으로 찍어 만드는 방법은 다음과 같이 두 가지로 나뉜다. 하나는 두 개의 거푸집을 이용해 도용의 앞뒤 조형을 각각 만든 다음 하나로 붙이는 것이다. 다른 하나는 단일 거푸집을 사용해 도용 앞부분을 만들고 뒷부분은 편평하게 만드는 것이다. 이로써 도용은 형상이 수려해지고 전체 색상이 선명해졌다. 북위 후기 도용의 비례가 정확해지고 한층 섬세하게 표현되어 상상력이 풍부하고 낭만적인 풍격을 갖추었던 한대(漢代) 도용은 사라진 반면 사실적인 풍격이 점차 형성되었다. 남조(南朝) 도용의 제작도 거푸집을 주로 사용하였지만 색상은 최대한 적게 사용하였다. 얼굴 모습과 옷 무늬 등 세부 묘사에 치중하면서 간결한 선으로 소박한 형태를 묘사함으로써 남조 도용의 예술적 특징을 형성했다.

남북조시대, 도용의 제작은 정상 궤도에 들어섰고 조형과 세부적인 비례도 알맞게 되었으며 자유자재로 선을 묘사하는 등 수당시대 도용 예술 발전의 토대를 마련하였다.

The Wei, Jin, and Southern and Northern Periods were not only the great disruption period but also the great integration period in Chinese history. The wars had resulted in the massive southward migration of the Han Chinese and the influxes of the northwest minorities. At that time, the minorities had accounted for more than half of the overall one million people in the Guanzhong region. They were mainly the Xiongnu, Xianbei, Jie, Di, and Qiang, and this period was named "the Chinese Disruption by Five Minorities". The minorities had successively established the Dynasties of the Early Zhao, the Early Qin, the late Qin, the Western Wei, and the Northern Zhou. Influenced by their customs, the pottery figurines of accessory funerary objects had also changed enormously. The styles of steadiness, tranquility, and freeness in the Han and Wei Periods disappeared. Instead, the styles had gradually changed from the lifelessness of the Western Jin Dynasty to liveliness and naturalness while the models had developed from the roughness of the early Western Jin and Northern Wei Dynasties to the thinness and comeliness of the Eastern and Western Wei Dynasties because of the influence of the Southern Dynasty and the lines had become mellow in the Northern Qi and Northern Zhou Dynasties so as to open the later vigorous and powerful style of the flourishing Tang Dynasty.

In the short united period of the Western Jin Dynasty, the tombs of the Central Plains had formed the basic groups composed of four figurines: the first was the figurines for defending tombs; the second was the figurines of servants; the third was the figurines of the cattle, vehicles, and saddles and horses; the fourth was the figurines of funerary cooking objects and animal models. After the Western Jin, the northern minorities had established the political power in the Central Plains while the Eastern Jin Dynasty had to retain sovereignty over south of the lower reaches of the Changjiang River, forming the confrontation situation between the Southern Dynasty and the Northern Dynasty. As a result, the funerary figurine groups possessed different characteristics. In the Northern Sixteen States Period, the funerary custom became so disordered that there were "the figurines of the armored riders and armed soldiers", namely the heavily armed cavalrymen, the soldiers and horses were both armored. After the Northern Wei Dynasty united North China, there were the figurines of loaded camels and donkeys while the images and clothes of the figurines of persons possessed obvious ethnical characteristics. After the Northern Wei Dynasty moved the capital to Luoyang City, with the deepening of "Chinesization" the combination of funeral pottery figurines became increasingly steady and the figurines were composed of three groups: the first group was the figurines for defending tombs, including the figurines of sitting tomb-defending beasts of human faces or beast faces as well as the figurines of armored warriors with shields; the second group was the figurines of outgoing and honored figures, including the figurines of armored riders and armed soldiers, the figurines of riding players, the figurines of honored persons, the figurines of cattle, vehicles, saddles and horses, and the figurines with loaded donkeys and camels; the third group was the figurines of servants, including the figurines of male and female servants, the figurines of Hun persons, the figurines of laborers, and the figurines of singers and dancers. The Eastern and Western Wei Dynasties as well as the Northern Qi and Northern Zhou Dynasties after the disrupted Northern Wei Dynasty had basically followed this combination of figurine groups.

In the Northern Dynasty, the prevalent producing techniques of pottery figurines were molding and paintings. Molding was composed of two types: the first was the double molding which means that the figurine molds include the front and back molds while during the molding the single molds of the front and back were produced respectively at first through the half molding and then the both halves were integrated; the second was the single molding which means that only the front mold was used to produce the front-half image of the figurine while the back-half was only turned into the flat shape. The figurine images tended to be comely and beautiful while the paintings were relatively brighter. In terms of the production of the pottery figurines and of the art, in the late Northern Wei Dynasty the proportion of the pottery figurines became more accurate and the molding became more delicate. The imaginative romantic style of the figurines in Han Dynasty disappeared while the refined realistic style was formed slowly. The production of the pottery figurines in the Southern Dynasty was mainly molding and some emphasized the depicting of the details of faces and clothes textures with concise techniques while the paintings was seldom used. The outlining of the plain and simple verve with the concise and vivid lines are the very prominent artistic characteristics of the figurines in the Southern Dynasty.

In the Southern and Northern Dynasties, the production of figurines had stepped into the right path of artistic creation as the portraying of the models and the details were well-proportioned and the mastering of the lines became free and accurate, which has laid the foundation for the maturation of the art of pottery figurines and have bred the climax of the art of pottery figurines in the Sui and Tang Dynasties.

**069**

## 채회안마용(彩繪鞍馬俑)

십육국(十六國)
길이 44.1cm 높이 37.5cm
2011년 11월 서안시 파교구(西安市 灞橋區) 홍경원(洪慶原) 출토

**Painted Pottery Horse with Saddle**

Sixteen States Period(304AD~439AD)
L 44.1cm H 37.5cm
Excavated from Hongqing in Baqiao District Xi'an in Nov 2011

말은 서 있는 모습으로 굴레, 가슴걸이, 안장, 언치, 말다래, 등자, 밀치를 갖추고 있다. 두 눈은 둥그렇게 떴으며 정수리에 난 갈기는 앞으로 뻗어나가 위로 쳐들려 더듬이 같고 코에는 원주 모양 물체가 융기되어 있다. 머리와 몸통은 단일 거푸집으로 제작되었고 사지와 꼬리는 주물러 만들었다. 몸통에는 붉은색을, 갈기와 꼬리는 검은색을, 굴레, 안장, 말다래, 가슴걸이, 밀치는 흰색을 칠하였다.

# 구장개마용(具裝鎧馬俑)

십육국(十六國)
길이 40.9cm 높이 38.7cm
20011년 11월 서안시 파교구(西安市 灞橋區) 홍경원(洪慶原) 출토

## Pottery Horse in Armor

Sixteen States Period(304AD~439AD)
L 40.9cm H 38.7cm
Excavated from Hongqing in Baqiao District Xi'an in Nov 2011

　말은 귀를 쫑긋 세우고 눈을 부릅뜨고 앞을 주시하며 조금 뻣뻣한 사지로 바닥에 곧게 서 있다. 머리가 크고 몸통이 실팍하다. 재갈과 고삐를 씌웠고 온몸을 갑옷[즉 '구장(具裝)']으로 감쌌다. 구장은 면렴(面簾), 계경(鷄頸), 당흉(當胸), 신갑(身甲), 탑후(搭後)로 구성되었는데 검은색 물고기비늘 모양 조각으로 뒤덮였으며 그 위에 붉은 점을 찍어 술을 나타냈다. 등에는 높은 다리(橋) 모양 안장을 설치하였고 안장 앞쪽 양측에는 붉은 선에 매달린 검은색 등자를 그렸으며 뒤쪽에는 '기생(寄生)'을 꽂을 둥근 구멍이 도드라져 나왔다. 꼬리는 갑옷을 따라 아래로 드리웠다. 전체에 청백색을 입히고 두 눈, 갈기, 꼬리는 검은색을, 입, 코, 발굽은 붉은색을 입혔다. 턱 아래로는 붉은색으로 그린 고삐가 보인다.

　옛 중국의 차전(車戰, 수레를 이용한 싸움)은 전통적인 작전방식이었다. 기병은 약 춘추전국 교체기에 나타났으나 군대의 주력이 된 시기는 한무제(漢武帝)가 흉노(匈奴)를 정벌한 시기이다. "사람을 쏘려면 말을 먼저 쏘라"고 말을 보호하는 차원에서 동한(東漢)시대에 부분적으로 보호작용을 하는 마갑(馬甲), 즉 가죽 '당흉'을 입히기 시작하였다. 문헌에 따르면 삼국(三國)시대에 이미 온몸을 감싸는 마개(馬鎧)가 있었다. 양진·십육국(兩晉·十六國)시대에 이르러 마개는 더욱 완벽해졌고 '구장개(具裝鎧)' 또는 '마구장(馬具裝)'이라 불렸다. 동진(東晉) 이후의 관습에 따르면 말에 입힌 갑옷은 '구장(具裝)'이라 하고 사람이 입는 갑옷만이 '갑(甲)'이라 불렸다. 구장개는 철이나 가죽으로 만들어졌다. 위진남북조(魏晉南北朝)시대부터 수대(隋代)에 이르기까지 갑기구장은 기병의 핵심이었지만 기병과 군마에 모두 갑옷을 입히게 되면 말의 부하가 늘어나고 민첩성이 떨어져 수대(隋代) 이후 갑기구장을 사용하지 않았다.

　마구(馬具) 중 안장은 동한시대에 이미 정교하게 제작되었다. 등자는 서진(西晉) 시기에 나타났으며 기본적으로 오르내리기 편하기 위해 한쪽[장사(長沙) 서진(西晉) 영녕(永寧) 2년 묘에서 출토된 도용이 탄 말에는 삼각형 등자가 있는데 안장 앞쪽 왼편에만 있고 오른편에는 없다]에만 설치하였다. 훗날 양쪽에 모두 설치함으로써 오르내리기 편할 뿐만 아니라 등에 앉아서도 안정적인 자세를 유지할 수 있고 말도 더 쉽게 제어할 수 있었다. 십육국시대 '구장'은 말의 머리를 보호하는 '면렴', 목을 보호하는 '계경', 가슴을 보호하는 '당흉', 몸을 보호하는 '신갑', 엉덩이를 보호하는 '탑후' 및 기병의 뒤쪽을 보호하는 '기생'으로 구성되었다. 이러한 구장은 귀, 눈, 코, 입, 사지, 꼬리 외 전부를 감싸 말을 보호할 수 있었다.

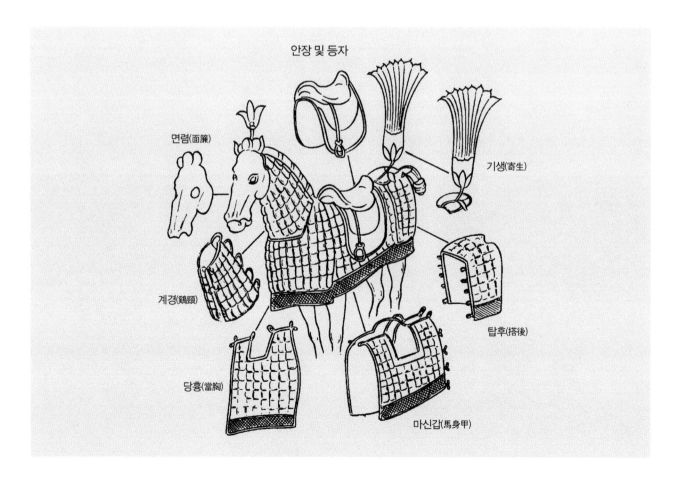

## 071

### 채회백의개갑용(彩繪白衣鎧甲俑)

십육국(十六國)
높이 34.2cm
2011년 11월 서안시 파교구(西安市 灞橋區) 홍경원(洪慶原) 출토

The Figurine of a Colored Armored Warrior
in White Clothing

Sixteen States Period(304AD~439AD)
H 34.2cm
Excavated from Hongqing in Baqiao District Xi'an in Nov 2011

　도용(陶俑)은 서 있는 모습으로 소매에 가려진 양손은 배 앞으로 모았다. 휘어진 눈
썹에 가느다란 눈을 하고 코 밑에는 팔자수염이 있으며 얼굴에 미소를 띠었다. 끝이 둥
근 흰색 투구는 묵선(墨線)으로 미늘 모양을 그리고 가장자리에는 붉은색을 칠하였다.
위에는 높은 옷깃에 우임(右袵)의 작은 소매 저고리를 입었는데 옷깃은 붉은색을, 소맷
부리는 검은색을 칠하였다. 겉에는 흰색의 갑옷을 걸치고 목 뒤로 띠 두 가닥이 흘러내
렸으며 그중 흰색 띠는 허리에 매었다. 갑옷은 허리띠를 기준으로 위쪽은 파도 모양 묵
선으로 격자 모양을, 아래쪽은 역시 묵선으로 물고기비늘 모양을 그렸다. 아래에는 검
은색 바지 겉에 발까지 닿는 갑옷을 둘렀다. 갑옷은 좌우로 나뉘었고 그 위에는 묵선으
로 그린 물고기비늘 무늬가 있다. 바지 아래로는 검은색 신이 보인다.

## 072

### 채회흑의개갑용(彩繪黑衣鎧甲俑)

십육국(十六國)
높이 29cm
2011년 11월 서안시 파교구(西安市 灞橋區) 홍경원(洪慶原) 출토

The Figurine of a Colored Armored Warrior
in Black Clothing

Sixteen States Period(304AD~439AD)
H 29cm
Excavated from Hongqing in Baqiao District Xi'an in Nov 2011

　도용(陶俑)은 서 있는 모습으로 두 팔을 굽혀 가슴 앞까지 올리고 양손을 반쯤 거머
쥔 것이 원래는 물건을 잡았던 듯하다. 굽은 눈썹에 가는 눈 그리고 팔자수염을 가졌으
며 뾰족한 검은색 투구를 쓰고 있다. 위에는 높은 옷깃의 작은 소매 저고리를 입었는데
옷깃, 소맷부리, 하단 가장자리에는 붉은색을 칠하였다. 겉에는 앞가슴 쪽에 역삼각형
모양의 미늘이 있는 검은색 갑옷을 걸치고 허리에는 하얀색 띠를 매고 있다. 아래에는
검은 바지 겉에, 발까지 닿는 검은색 갑옷을 두르고 신을 신었다.

## 073

채회흑의남입용(彩繪黑衣男立俑)

십육국(十六國)
높이 32cm
2011년 11월 서안시 파교구(西安市 灞橋區) 홍경원(洪慶原) 출토

The Figurine of a Colored Standing Man
in Black Clothing

Sixteen States Period(304AD~439AD)
H 32cm
Excavated from Hongqing in Baqiao District Xi'an in Nov 2011

　남자 도용(陶俑)은 소매에 가려진 양손을 배 앞에 모으고 서 있다. 휘어진 눈썹, 가는
눈, 높은 콧마루를 가졌으며 평온한 표정을 짓고 있다. 얼굴은 흰색을, 입술에는 붉은색
을 칠하고 눈썹, 눈, 팔자수염은 묵선(墨線)으로 그렸다. 검은색 둥근 합환모(合歡帽)를
썼는데 모자 뒤에는 좀 길게 튀어나온 부분이 있다. 위에는 검은색 교령(交領), 우임(右
衽)의 짧은 소매 저고리를 입고 있으며 옷깃, 소맷부리, 하단 가장자리에는 붉은색을 칠
하였다. 굽은 오른팔 쪽에 구멍이 나 있는데 원래 들고 있던 물건은 사라지고 없다. 허
리에는 띠를 매었다. 아래쪽에는 가랑이가 넓은 검은색 바지를 입었으며 바지 아래로
는 신코가 드러났다.

## 074

고취의장용(鼓吹儀仗俑) 기마취용(騎馬吹俑)

십육국(十六國)
길이 36.2cm 높이 37.2cm
2011년 11월 서안시 파교구(西安市 灞橋區) 홍경원(洪慶原) 출토

Figurine of an Honor Guard
(Blowing the Horn on Horse)

Sixteen States Period(304AD~439AD)
L 36.2cm  H 37.2cm
Excavated from Hongqing in Baqiao District Xi'an in Nov 2011

　도용(陶俑)은 뾰족한 검은색 투구를 쓰고 위에는 높은 옷깃의
짧은 소매 검은색 저고리를 입고 허리에는 하얀 띠를 매었으며
아래에는 바지를 입고 검은색 신을 신었다. 저고리의 옷깃, 소맷
부리, 하단 가장자리에는 붉은색을 입혔다. 도용은 말 잔등에 단
정히 앉아 머리를 왼쪽으로 살짝 돌린 채 두 손으로 각(角, 악기
일종)을 들고 불고 있는데 각 대부분은 사라지고 없다. 말은 고개
를 숙이고 서 있는데 정수리에 난 갈기(또는 술 장식)는 앞으로 뻗
은 동시에 위로 쳐들려 더듬이 같아 보인다. 등에는 앞뒤가 둥글
고 가운데가 직사각형인 안장이 있고 그 아래로 말다래가 드리
워졌으며 꼬리는 아래로 늘어뜨렸다. 말은 몸통이 대추색이며
두 눈, 갈기, 꼬리, 발굽, 굴레, 안장, 가슴걸이, 밀치는 검은색으
로 그리고 말다래는 흰색을 칠하였다. 사람의 두 다리는 말 몸통
과 한데 연결되었다.

075

## 고취의장용(鼓吹儀仗俑) 기마취용(騎馬吹俑)

십육국(十六國)
길이 36.4cm 높이 37.2cm
2011년 11월 서안시 파교구(西安市 灞橋區) 홍경원(洪慶原) 출토

### Figurine of an Honor Guard (Drumming on Horse)

Sixteen States Period(304AD∼439AD)
L 36.4cm H 37.2cm
Excavated from Hongqing in Baqiao District Xi'an in Nov 2011

　도용은 뾰족한 검은색 투구를 쓰고 높은 옷깃의 짧은 소매 검은색 저고리에 바지를 입고 허리에 하얀 띠를 매었으며 검은색 신을 신고 있다. 저고리의 옷깃, 소맷부리, 하단 가장자리에는 붉은색을 칠하였다. 말 위에 단정히 앉아 앞을 바라보고 있는데 한 손으로는 작은 북을 가슴 앞에 들고 다른 한 손에는 북채를 들고 두드리고 있다. 편평한 북의 막면(膜面)에는 묵(墨)으로 그린 연꽃이 있다. 말은 머리를 수그리고 서 있는데 정수리에는 더듬이 모양의 갈기(또는 술 장식)가 뻗어 있다. 등에는 앞뒤가 둥글고 가운데가 직사각형인 안장과 그 아래로 말다래가 있고 꼬리는 아래로 내려뜨렸다. 말은 전체적으로 검은색을, 발굽, 굴레, 말다래, 가슴걸이, 밑치는 붉은색을 입혔으며 굴레의 매듭지어진 부분은 흰색을 칠하였다. 사람의 두 다리가 말 몸통과 연결되었으며 행진 중인 의장용(儀狀俑)에 속한다.

076

## 십자계여용(十字髻女俑)

십육국(十六國)
높이 35.5cm 너비 11cm 두께 10cm
2008년 9월 서안시 장안구(西安市 長安區) 봉서원(鳳棲原) 출토

### The Figurine of a Woman with Cross Bun

Sixteen States Period(304AD∼439AD)
H 35.5cm W 11cm Thickness 10cm
Excavated from Fengxiyuan in Chang'an District Xi'an in Sep 2008

　여용(女俑)은 검은색 나비 모양 머리핀을 꽂았으며 머리핀 아래로는 네모난 받침이 두드러져 나왔다. 앞가르마를 타고 양쪽 귀밑머리가 귀를 덮으며 뒷머리를 정갈하게 빗고 위쪽에 둥근 빗을 꽂아 전체적으로 십(十) 자 모양을 이루는 십자계(十字髻)를 하였다. 기다란 얼굴에 휘어진 눈썹, 가느다란 눈, 불그레한 볼을 하고 양미간과 턱에는 각각 붉은 점을 찍었으며 양 볼에는 볼우물이 패 있다. 소매에 가려진 양손을 가슴 앞에 모은 채 곧게 서 있다. 교령(交領)에 중간 길이 소매의 붉은색 저고리와 붉은색과 갈색이 엇갈린 주름 잡힌 치마를 입었는데 땅에 끌리는 치마 밑으로 네모난 갈색 신코가 보인다. 머리와 몸은 각기 제작되었으며 모두 앞뒤를 따로 거푸집으로 찍어낸 후 하나로 붙인 것이다. 성형(成形)한 다음 죽도(竹刀)로 다듬고 다시 머리카락, 눈, 코, 입 등 세부를 묘사하였다. 몸통은 중간이 비었으며 표면은 깔끔하게 다듬었다. 십자계는 서진(西晉) 시기에 유행했던 머리이다. 위진남북조(魏晉南北朝) 시대 여성들은 머리를 높게 얹을수록 더욱 고급스럽고 화려해 보인다고 여겼다.

## 십자계여용(十字髻女俑)

십육국(十六國)
높이 35.6cm 너비 11cm 두께 10cm
2008년 9월 서안시 장안구(西安市 長安區) 봉서원(鳳棲原) 출토

### The Figurine of a Woman with Cross Bun

Sixteen States Period(304AD〜439AD)
H 35.5cm  W 11cm  Thickness 10cm
Excavated from Fengxiyuan in Chang'an District Xi'an in Sep 2008

　조형과 의복은 도용(陶俑) 76과 거의 비슷하며 전체적으로 색상을 입혔다. 계(髻)와 얼굴 사이에 붉은 선을 그었고 주사(朱砂)로 눈 둘레와 아래 눈꺼풀의 윤곽을 그렸다. 코와 양쪽 뺨에도 붉은 선을 그었고 목에는 붉은 선 세 줄을 그었다. 복원을 거쳤으며 왼쪽 신은 파손되었다.

## 무관남입용(武冠男立俑)

십육국(十六國)
높이 28.4cm
2011년 11월 서안시 파교구(西安市 灞橋區) 홍경원(洪慶原) 출토

### The Figurine of a Standing Man with Military Hat

Sixteen States Period(304AD〜439AD)
H 28.4cm
Excavated from Hongqing in Baqiao District Xi'an in Nov 2011

　남자 도용(陶俑)은 검은색 무변대관(武弁大冠)을 쓰고 교령(交領) 우임(右衽)의 땅에 끌리는 회색 심의(深衣)를 입고 있는데 옷깃, 소맷부리에는 흰색을 칠하였다. 얼굴은 흰색을 칠하고 눈썹과 눈은 묵선으로 그렸으며 입술은 붉은색으로 칠하였다. 굵은 눈썹, 가느다란 눈, 높은 코를 가지고 있으며 입을 오므리고 미소를 지은 채 서 있다. 소매에 가려진 양손은 배 앞에 모으고 있다. 굽힌 왼쪽 팔 쪽으로 구멍이 나 있는데 원래 들었던 물건은 사라지고 없다.

# 채회취필률여용(彩繪吹篳篥女俑)

십육국(十六國)
높이 27.5cm 너비 14cm 두께 10cm
2008년 9월 서안시 장안구(西安市 長安區) 봉서원(鳳棲原) 출토

## The Figurine of a Colored Woman Playing Bi Li

Sixteen States Period(304AD~439AD)
H 27.5cm  W 14cm  Thickness 10cm
Excavated from Fengxiyuan in Chang'an District Xi'an in Sep 2008

2008년 9월 장안구 봉서원 서안 항공산업단지 실리콘칩공장 공사 현장 십육국(十六國)시대 무덤(No. M9)에서 기악(伎樂) 여용(女俑) 한 조가 출토되었다.

여용은 모두 편평한 검은색 십자형 머리핀을 꽂고 앞가르마를 탔으며 나비 모양 머리핀은 뒷머리 위쪽에서 빗 모양 매듭이 되었다. 둥글 넓적하고 발그레한 얼굴에는 미소를 머금고 가느다란 눈, 오뚝한 코, 빨간 입술을 가졌으며 양미간, 턱에는 붉은 점이 있고 양 볼에는 볼우물이 있다. 교령(交領)의 좁은 소매 붉은색 저고리와 적갈색 내리주름 치마를 입고 허리에는 띠를 매었다. 무릎을 꿇고 둔부로 발뒤축을 누르고 앉은 모습은 한위(漢魏) 이래 표준적인 앉음새이다. 손에는 필률(篳篥), 배소(排簫), 칠현금(七絃琴), 완함(阮咸), 편고(扁鼓) 등 각종 악기를 들고 연주하고 있다.

필률을 불고 있는 여용은 오른손은 위쪽으로 하여 손가락으로 구멍을 막고 왼손은 아래쪽을 잡았는데 지금은 사라지고 없다. 篳篥(필률) 인즉 '觱篥(필률)'로 必栗(필률) 또는 悲篥(비률)이라고도 부른다. 갈대를 황(簧)으로, 대나무 또는 나무를 관(管)으로 하여 세로 세워 부는 관악기의 일종이다.

필률은 약 4세기 십육국시대에 서역(西域)에서 전해진 것으로 양진(兩晉)시대 역사 문헌 및 고고학 자료에 나타나기 시작하였다. 그 후 점차 중국 궁정악(宮廷樂)에서 발전을 거듭하여 수당(隋唐)시대에는 악무(樂舞)에서 폭넓게 사용되었다. 필률은 활음(滑音), 전음(顫音), 타음(打音), 쇄음(涮音), 치음(齒音)을 모두 낼 수 있는데 음색이 때로는 애절하고 때로는 격정적이다. 백거이(白居易)는 〈소동(小童) 설양요(薛陽陶)가 필률을 부네〉라는 시에서 필률의 이러한 음색을 생생하게 묘사하였다. "마른 갈대 자르고 깎아 대에 꽂으니, 아홉 구멍에서 나는 소리 오음을 갖췄구나. ……소리 내니 관이 찢어질 듯하고, 끝소리는 칼로 벤 듯하네. 때로는 애절하게 은은하고, 때로는 각이 선 듯 장단이 분명하네. 화음은 급하면서도 끊길 듯이 이어지니, 수레바퀴 도는 듯, 옥구슬 구르는 듯하구나. 긴 음은 나뭇가지같이 쭉 뻗는데, 음마다 마치 붓으로 그린 듯 곧기도 하구나. 저음은 갑자기 추락하는 돌같이 무겁고, 고음은 홀연히 떠다니는 구름같이 울려 퍼지누나." 독특한 음색과 풍부한 표현력 때문에 악대(樂隊)에서 선두로 연주되었고 관악기 중에서 대체 불가한 위치를 차지하게 되었다. 송대(宋代)에 이르러서는 직접 '두관(頭管)'이라 일컬어졌고 원명(元明)시대까지 이어지다가 점차 필률이란 이름이 적게 쓰이게 되었다. 오늘날 중국 북방에서 광범위하게 전해지는 관자(管子)는 곧 고대 필률에서 변화 발전한 것이다.

# 채회취배소여용(彩繪吹排簫女俑)

십육국(十六國)
높이 27.5cm 너비 14cm 두께 10.5cm
2008년 9월 서안시 장안구(西安市 長安區) 봉서원(鳳棲原) 출토

## The Figurine of a Colored Woman Playing Panpipes

Sixteen States Period(304AD~439AD)
H 27.5cm W 14cm Thickness 10.5cm
Excavated from Fengxiyuan in Chang'an District Xi'an in Sep 2008

　복장과 자태는 도용(陶俑) 79와 같다. 두 손으로 11관 배소(排簫)를 들고 부는 모습이다. 배소는 중국의 오래된 관악기로 편종(編鐘), 편경(編磬)과 마찬가지로 모두 상고(上古)시대 중국의 중요한 아악기(雅樂器)이다. 배소는 고대에 '소(簫)', '뇌(籟)'[『이아(爾雅)』「석악(釋樂)」 곽박(郭璞) 주석]라, 한대(漢代)에는 '동소(洞簫)'[왕포(王褒)「동소부(洞簫賦)」]라 불렸으며 이외에도 저소(底簫), 아소(雅簫), 송소(頌簫), 순소(舜簫), 비죽(比竹), 참치(參差), 봉익(鳳翼), 봉소(鳳簫), 진소(秦簫) 등 여러 가지 이름이 있다. 배소는 길이가 서로 다른 대나무 관을 순차적으로 배열한 후 노끈 또는 대오리로 엮거나 나무틀로 고정시키는 기명악기(氣鳴樂器)이다. 역사가 유구하고 형태가 다양하며 음색이 맑고 풍부하여 고대(古代) 악대(樂隊) 중에서 주요한 악기에 속한다. 고고학 발견에서 가장 이른 배소 실물은 1984년 하남(河南) 광산현(光山縣) 보상사(寶相寺) 황군맹(黃君孟) 부인 무덤에서 출토된 춘추(春秋) 초기 대나무 배소로 관 44가 남아 있다. 춘추 말기 하사(下寺) 1호 무덤에서 출토된 13관 돌 배소는 대나무 배소를 모방하여 만든 것으로 보존 상태가 양호하다. 전국(戰國) 초기의 증후을묘(曾侯乙墓)에서 출토된 배소 2점 역시 13관으로 크기 순서대로 배열되었다. 한대 배소 실물은 아직 발견되지 않았으나 한대 화상석(畫像石)에서 그 모습이 많이 보이는데 이로부터 배소가 한대 속악(俗樂)에서 중요한 위치에 있었음을 알 수 있다. 한대 화상석(벽돌)이나 벽화(壁畵) 속 악무백희도(樂舞百戲圖)를 보면 연주자는 보통 한 손으로 노도(路鞀)를 흔들고 다른 한 손으로 배소를 들고 연주한다. 배소는 원산지가 중국이며 남북조(南北朝), 수당(隋唐) 등 각 조대(朝代) 궁정 아악(雅樂)에서 모두 중요한 자리를 차지하였다. 또한 배소는 동쪽으로 일본, 서쪽으로는 유럽까지 전해졌다. 오늘날까지도 루마니아에서는 배소를 '나이(Nay)'라고 부르는데 배소의 별칭 '뇌(籟)'의 음역으로 추정된다. 중화인민공화국이 수립된 후 배소 도안을 중국 악휘(樂徽)로 사용하기도 하였다. 배소 관 개수에 관한 고문헌 기록은 불일치한데 그중 '23관'과 '16관'이 많은 편이다. 한대 화상석이나 벽화에서 배소 관 개수를 확인할 수 있는 것은 3~10개까지 다양하다. 이 도용의 11관 배소 등을 포함하여 모두 간략하게 그린 것으로 형태만 알 수 있을 뿐 관 개수의 근거로는 불충분하다.

081

## 무금여용(撫琴女俑)

십육국(十六國)
높이 27.5cm 너비 14cm 두께 10cm
2008년 9월 서안시 장안구(西安市 長安區) 봉서원(鳳棲原) 출토

### The Figurine of a Colored Woman Playing Qin

Sixteen States Period(304AD~439AD)
H 27.5cm  W 14cm  Thickness 10cm
Excavated from Fengxiyuan in Chang'an District Xi'an
in Sep 2008

복장과 자태는 앞의 도용(陶俑)들과 같고 주사(朱砂)로 눈 둘레와 아래 눈꺼풀의 윤곽을 그렸다. 무릎에는 가로로 거문고가 놓여 있는데 왼손으로 현(絃)을 누르고 오른손으로 튕기고 있다. 붉은색 거문고는 한쪽이 넓고 다른 한쪽이 조금 좁은 직사각형이며 가는 음각선(陰刻線)으로 새긴 현(絃) 8개가 있다. 거문고는 요금(瑤琴)이라고도 부르는데 현재는 고금(古琴) 또는 칠현금(七絃琴)이라 부른다. 중국의 오래된 민족악기 중 하나이며 수천 년의 역사가 있다. 주대(周代)에 이미 금(琴), 슬(瑟)에 대한 기록이 있었고 고고학 자료에 근거하면 칠현금은 정확히 주대에 생겨났다. 전국(戰國)시대의 증후을묘(曾侯乙墓), 장사(長沙) 오리패묘(五裏牌墓), 서한(西漢) 마왕퇴묘(馬王堆墓) 등에서도 거문고 실물이 출토되었다. 한대(漢代)에 이미 거문고에 대한 전문서적이 나왔고 『후한서(後漢書)』「채옹전(蔡邕傳)」에서는 남북조(南北朝)시대에 거문고 악보가 있었다고 적고 있는데 이는 세계에서 가장 이른 악보이다. 남북조에서 청대(淸代)에 이르기까지 전해지는 거문고 악보는 100여 종이고 당송(唐宋) 이래 역대(歷代)로 모두 우수한 거문고 악보가 전해오고 있다. 거문고는 전국, 진한(秦漢)시대에 성행하였으며 한위(漢魏) 시기에 진일보 발전하여 완벽한 공명통뿐만 아니라 음위(音位)를 나타내는 기러기발이 생겨났다. 수당(隋唐)시대에 거문고는 고려, 백제, 일본 등 동아시아 여러 나라에 전해졌으며 일본 나라(奈良) 도다이지(東大寺) 쇼소인(正倉院)에는 중국 당대(唐代)의 금은평문금(金銀平文琴)이 소장되어 있다. 기록에 따르면 거문고는 처음에는 5현이었고 주대에 7현이 나타났으며 선진(先秦)시대에는 줄 수가 고정적이지 않아 27현, 20현, 15현도 있었으나 대체적으로 한대에 이르러 7현으로 고정되었다. 한대의 거문고에 기러기발이 있는 것으로 보아 당시에 이미 맑은 산음(散音), 부드러운 범음(泛音), 중후한 안음(按音)을 낼 수 있었을 것으로 추정된다. 채옹의「금부(琴賦)」에는 "굽히거니 펴거니 낮거니 높거니, 열 손가락 비 오듯이 움직이네"라는 묘사가 있는데 이로부터 당시 거문고 연주수준이 매우 높았음을 알 수 있다. 고대에는 중국 전통 문화예술로 '거문고, 바둑, 서예, 그림'을 꼽았는데 거문고는 이미 중국 전통문화의 상징으로 되었다.

여용(女俑)은 머리를 수그리고 현을 바라보며 사색에 잠긴 듯하다. 조각가는 이러한 외적 모습으로 연주자가 음악에 심취되었음을 생동감 있게 묘사하였다.

082

## 채회취악여용(彩繪吹樂女俑)

십육국(十六國)
높이 27.8cm 너비 14cm 두께 10cm
2008년 9월 서안시 장안구(西安市 長安區) 봉서원(鳳棲原) 출토

### The Figurine of a Colored Music Player

Sixteen States Period(304AD~439AD)
H 27.8cm  W 14cm  Thickness 10cm
Excavated from Fengxiyuan in Chang'an District Xi'an in Sep 2008

도용(陶俑)은 두 손으로 관악기로 보이는 것을 들고 연주하는 모습이며 들었던 악기는 사라지고 없다.

## 격고여용(擊鼓女俑)

십육국(十六國)
높이 27.7cm 너비 14cm 두께 10cm
2008년 9월 서안시 장안구(西安市 長安區) 봉서원(鳳棲原) 출토

## The Figurine of a Colored Drumming Woman

Sixteen States Period(304AD~439AD)
H 27.7cm  W 14cm  Thickness 10cm
Excavated from Fengxiyuan in Chang'an District Xi'an in Sep 2008

도용(陶俑)은 왼손으로 무릎 위에 놓인 동글납작하고 자그마한 북을 잡고 오른손으로 붉은색 북채를 잡고 북을 두드리는 듯한 모습이다. 전체에 색상을 입혔다.

북은 중국 고대(古代) 막명악기(膜鳴樂器) 중 하나로 역사가 유구하다. 1979년 강서성(江西省) 귀계현(貴溪縣) 어광향(魚壙鄉) 선암(仙岩) 일대의 동주(東周, 기원전 770~기원전 256) 벼랑 묘군(墓群)에서 일찍 나무틀 일부만 남은 작은 북(지름 26.8cm, 높이 6.5cm)이 발견된 적 있다. 1957년 하남(河南) 신양(信陽) 초묘(楚墓), 1965년 호북(湖北) 강릉(江陵) 망산(望山) 1호 초묘에서는 모두 전국(戰國)시대 북이 출토되었다. 북은 크기에 따라 구분되는데 큰 것은 북틀에 걸어 연주하고 작은 것은 손에 들고 연주한다. 일부 학자는 1957년 성도(成都) 천회산애묘(天回山崖墓)에서 출토된 동한(東漢) 설창용(說唱俑)이 팔에 낀 북을 비고(鼙鼓)의 일종으로 보기도 한다. 이 도용이 손에 든 북은 형태와 연주법이 상술한 북과 비슷한바 한 손으로 북을 잡고 다른 한 손에 북채를 들고 두드리는 비고로 추정된다. 비고는 훗날 말 위에서 두드리는 작은 북으로 변하여 군악(軍樂)에서 사용되었으며 한(漢) 이후에는 기고(騎鼓)라고도 불렸다. 당대(唐代) 백거이(白居易)는 「장한가(長恨歌)」에서 "어양(漁陽)에서 북소리 둥둥 울리니 땅을 뒤흔들고, 가희(歌姬)들 놀라 예상우의곡(預裳羽衣曲) 연주 멈추네"라고 읊고 있다.

## 탄완여용(彈阮女俑)

십육국(十六國)
높이 27.5cm 너비 14cm 두께 10cm
2008년 9월 서안시 장안구(西安市 長安區) 봉서원(鳳棲原) 출토

## The Figurine of a Colored Woman Playing Ruan

Sixteen States Period(304AD~439AD)
H 27.5cm  W 14cm  Thickness 10cm
Excavated from Fengxiyuan in Chang'an District Xi'an in Sep 2008

원형(圓形) 4현 완함(阮咸)을 품에 안고 왼손으로 현을 누르고 오른손으로 능형 채를 잡고 연주하는 모습이다. 붉은색 완함 몸통에는 꽃 모양 구멍 네 개가 나 있으며 목은 사라지고 없다. 완함은 완(阮)이라 줄여 부르며 전에는 '진비파(秦琵琶)', '한위비파(漢魏琵琶)', '장경비파(長頸琵琶)' 등으로 불렀으나 쿠차[龜玆]에서 전해진 곡경비파(曲頸琵琶)와는 다르다. 서진(西晉)시대 죽림칠현(竹林七賢) 중 한 사람인 완함이 이런 비파를 잘 탔다. 당대(唐代) 개원(開元) 연간 완함묘에서 구리로 된 곧고 긴 목의 13현 비파가 출토되었는데 당시 사람들은 그 이름을 몰라 '완함'이라 부르게 되었다. 완함비파(阮咸琵琶)의 형태에 대해 서진시대 부현(傅玄)은 「비파부(琵琶賦)」서(序)에서 다음과 같이 적고 있다. "가운데는 비고 둘레는 찼으니 하늘과 땅의 모양이요, 둥근 몸체, 곧은 목은 음양의 질서이다. 기러기발 열둘은 율려(律呂)를 맞추고 네 줄은 사시(四時)를 본받은 것이다." 후에 이러한 둥근 몸통, 곧은 목에 기러기발 12개가 있는 4현 비파는 완함비파의 표준형이 되었다. 삼국(三國)시대 청유자기(靑釉瓷器) 창고 모형에서 가장 이른 완함 모양이 보이며 병령사(炳靈寺) 169호 굴 서진(西秦) 건홍(建弘) 원년(420년) 무량수불(無量壽佛) 배광(背光) 벽화에서도 그 모습을 찾아볼 수 있다. 모양이 보름달 같고 또 초승달 모양의 구멍 두 개가 있어 '월금(月琴)'이라고도 불리며 완함 연주는 늘 '달을 품에 안다'로 묘사되기도 하였다.

### 085

## 채회도저용(彩繪陶豬俑)

십육국(十六國)
길이 20cm 높이 10.6cm
2011년 11월 서안시 파교구(西安市 灞橋區) 홍경원(洪慶原) 출토

### Painted Pottery Pig

Sixteen States Period(304AD~439AD)
L 20cm  H 10.6cm
Excavated from Hongqing in Baqiao District Xi'an in Nov 2011

    서 있는 모습의 돼지로 기다란 입, 커다란 귀, 빽빽한 갈기, 휘어진 허리, 둥그런 엉덩이에 굽은 꼬리를 가지고 있다. 피둥피둥 살졌으며 두 앞다리와 두 뒷다리는 각각 하나로 연결되었다. 전체적으로 검은색을 칠하고 두 눈과 코, 입 부분에는 붉은색을 칠하였다.

### 086

## 채회도구용(彩繪陶狗俑)

십육국(十六國)
길이 18.8cm 높이 12.5cm
2011년 11월 서안시 파교구(西安市 灞橋區) 홍경원(洪慶原) 출토

### Painted Pottery Dog

Sixteen States Period(304AD~439AD)
L 18.8cm  H 12.5cm
Excavated from Hongqing in Baqiao District Xi'an in Nov 2011

    짧은 귀와 넓은 입을 가진 개는 곧게 서 있는 모습이며 허리와 배 부분 늑골이 두드러져 나왔고 두 앞다리와 두 뒷다리는 각기 하나로 연결되었다. 전체적으로 흰색을 칠하고 드문드문 검은색 반점을 찍었다. 눈확은 묵선(墨線)으로 그리고 입은 붉은색을 칠하였다. 머리는 들고 두 눈은 부릅뜨고 입은 벌렸으며 꼬리는 쳐든 것이 영민해 보인다.

087

## 인면진묘수용(人面鎮墓獸俑)

서위(西魏)
길이 20cm 너비 18cm 높이 28cm
서안시(西安市) 수집

### Tomb-defending Beast of Human Face

Western Wei Dynasty (535AD~556AD)
L 20cm  W 18cm  H 28cm
Collected in Xi'an

　도용(陶俑)은 사람 얼굴에 동물의 몸뚱이를 가졌다. 머리는 크고 둥글며 이마 중심에는 둥근 점이 있고 두 눈은 맑고 선해 보이며 코는 납작하고 큰 입은 조금 벌렸으며 턱은 넓고 튼실하고 파도 모양의 수염이 있다. 하늘을 바라보며 미소를 띤 네모난 얼굴 윤곽은 도드라졌다. 동물의 몸뚱이는 홀쭉하고 길며 방망이 같은 사지는 길고 가늘다. 앞다리를 세우고 뒷다리는 굽힌 채 복숭아형의 받침에 웅크리고 앉아 있다. 앞다리 윗부분과 어깨까지 긴 털이 돋아 있다.

088

## 수면진묘수용(獸面鎮墓獸俑)

북위(北魏)
길이 24cm 너비 10cm 높이 20cm
1998년 서안시 장안현 위곡진(西安市 長安縣 韋曲鎮) 북위(北魏) 위욱묘(韋彧墓) 출토

### Tomb-defending Beast of Beast Face

Northern Wei Dynasty (386AD~557AD)
L 24cm  W 10cm  H 20cm
Excavated from the Tomb of Weiyu of Northern Wei Dynasty in Weiqu Town Chang'an County, Xi'an in 1998

　소 모양인데 머리 부분을 과장되게 묘사하였다. 두 눈은 튀어나왔고 시뻘건 혀는 크게 벌린 입 안에서 빼어 물었으며 콧방울은 벌름거리는 것 같고 두 귀는 곧게 세웠다. 특히 정수리부터 목을 지나 어깨까지 톱날 모양의 붉은색 갈기가 높게 돋았는데 전체적으로 흉악하고 살벌해 보인다. 가늘고 긴 꼬리는 궁둥이에 감아올린 채 직사각형에 가까운 받침에 곧게 서 있다.

**089**

## 인면진묘수용(人面鎮墓獸俑)

북주(北周)
길이 25cm 너비 9.5cm 높이 9cm
서안시(西安市) 수집

### Tomb-defending Beast of Human Face

Northern Zhou Dynasty (557AD~581AD)
L 25cm W 9.5cm H 9cm
Collected in Xi'an

도용(陶俑)은 사람 얼굴에 동물 몸뚱이를 가졌다. 눈썹은 치켜세웠고 눈은 부릅떴으며 콧방울은 벌름거리는 것 같다. 두 귀는 커다랗고 입은 굳게 다물었으며 턱은 크고도 둥글다. 목과 등에는 톱날 모양의 갈기가 있고 몸뚱이는 실팍하며 사지를 굽힌 채 바닥에 엎드려 있다. 이 도용은 이후에 나타난 주저앉은 사람 얼굴 진묘수(鎮墓獸)의 초기 형태이다.

**090**

## 수면진묘수용(獸面鎮墓獸俑)

북주(北周)
길이 18cm 너비 8.5cm 높이 9cm
1998년 서안시 장안현 위곡진(西安市 長安縣 韋曲鎮) 북주(北周) 위표묘(韋彪墓) 출토

### Tomb-defending Beast of Beast Face

Northern Zhou Dynasty (557AD~581AD)
L 18cm W 8.5cm H 9cm
Excavated from the Tomb of Weibiao of Northern Zhou Dynasty
in Weiqu Town Chang'an County, Xi'an in Oct 1998

도용(陶俑)은 동물의 형상을 본떠 만들었다. 두 눈은 부릅떴고 이빨을 드러낸 채 으르렁거리고 있다. 콧방울은 벌름거리고 입은 위로 올렸다. 몸통은 비대하고 다리를 굽힌 채 바닥에 엎드려 있다. 등에는 붉은색 줄무늬가 있고 짧은 꼬리는 둔부에 붙었다.

**091**

## 채회무사용(彩繪武士俑)

서위(西魏)
높이 22cm 너비 10.5cm 두께 6cm
1998년 서안시 장안현 위곡진(西安市 長安縣 韋曲鎭) 북조묘(北朝墓) 출토

### Figurine of a colored Warrior

Western Wei Dynasty (535AD~556AD)
H 22cm  W 10.5cm  Thickness 6cm
Excavated from a Tomb of Northern Dynasty in Weiqu Town Chang'an County,
Xi'an in 1998

　무사는 전신무장을 하고 투구를 썼으며 머리 양쪽에 귀가리개가 있다. 명광개(明光鎧)를 입고 어깨막이를 하고 전군(戰裙)을 둘렀다. 목이 짧고 어깨가 넓으며 허리가 둥글다. 두 눈을 동그랗게 뜨고 입을 크게 벌리며 이빨을 드러낸 것이 살벌해 보인다. 반쯤 쥔 오른손을 자연스럽게 내리고 있는데 가운데 둥근 구멍이 있는 것을 보아 원래 무기를 들었던 것 같다. 팔뚝을 드러낸 채로 왼손을 가슴 앞까지 올렸는데 오른손과 마찬가지로 가운데에 구멍이 있어 방패를 들었던 것 같다. 코가 크고 눈이 깊으며 눈동자가 튀어나와 북방 유목민족으로 추정된다.

　명광개는 가슴과 등에 금속 원호(圓護, 태양 모양의 둥근 장식)가 있는 갑옷을 가리키는데 북방에서 유행하였다. 위나라 때 나타나 남북조(南北朝)시대까지 값비싼 갑옷으로 사용되었다. '명광'은 갑옷의 가슴 부분에 있는 대형 금속 원호를 가리키는데 전쟁터에서 거울처럼 햇빛을 반사할 수 있어 이렇게 부르게 되었다. 문헌에 의하면 북주(北周)의 장군인 채우(蔡祐)가 이 갑옷을 입고 낙양의 망산(邙山)에 나타나자 북제(北齊) 군사들은 간담이 서늘하여 뿔뿔이 도망하였다고 한다. "우(祐)는 명광개를 입어 당해 낼 사람이 없으므로 적군은 '이것은 철맹수(鐵猛獸)이다'라고 소리 지르며 뿔뿔이 도망갔다(『주서(周書)』「채우전(蔡祐傳)」)"고 한 것에서 남북조 후기까지 명광개가 광범위하게 보급되지 않았음을 알 수 있다.

**092**

## 채회회갑무사용(彩繪盔甲武士俑)

서위(西魏) 원흠(元欽) 원년(元年 552년)
높이 22㎝
1997년 8월 서안시 남전현 설호진(西安市 藍田縣 洩湖鎭) 영파(營坡)벽돌공장 서사군묘(舒史軍墓) 출토

### Figurine of a Colored Armored Warrior

The firet year of Emperer Yuanqin's Reign of Western Wei Dynasty (552AD)
H 22cm
Excavated from the Tomb of Shu shijun in Xiehu Town Lantian County, Xi'an in Aug 1997

　위풍당당한 무사는 코가 높고 눈이 깊으며 입은 편평하면서도 넓다. 머리에는 투구를 쓰고 양쪽의 귀가리개는 목까지 내려왔다. 전포(戰袍)를 입고 겉에 명광개(明光鎧)를 걸쳤으며 어깨에 피박(披膊)을 하고 신을 신었다. 오른손은 허리 옆으로 내려 몸에 붙이고 왼손은 가슴까지 올렸는데 무기를 들었던 두 손 가운데는 구멍만 남아 있다. 모습을 보아 소수민족 시종 무사인 것 같다.

　서위(西魏)가 통치하고 있던 지역은 현재의 섬서(陝西), 감숙(甘肅), 영하(寧夏) 지역이며 시행하던 부병제(府兵制)도 고대 중국 군사에서 존재하지 않았던 최초의 제도로 선비족(鮮卑族)의 팔부(八部)제도를 도입하였다. 부병(府兵)은 민간 호적이 아닌 별도의 병적(兵籍)에 포함시켰다. 이 밖에 시골 병사들은 국가의 부병 체계에 포함하여 군사력을 강화하였다. 당시 도용(陶俑) 조형은 순박하면서도 거침없이 호방하고 큰 윤곽 위주로 표현해 세부묘사가 부족하다.

**093**

## 채회지순무사용(彩繪持盾武士俑)

서위(西魏) 원흠(元欽) 원년(元年 552년)
높이 13cm
1997년 8월 서안시 남전현 설호진(西安市 藍田縣 洩湖鎭) 영파(瑩坡)벽돌공장 서사군묘(舒史軍墓) 출토

---

Four Figurines of Colored Warriors with Shields

The firet year of Emperer Yuanqin's Reign of Western Wei Dynasty (552AD)
H 13cm
Excavated from the Tomb of Shu shijun in Xiehu Town Lantian County, Xi'an in Aug 1997

무사는 네모난 얼굴에 코가 높으며 눈이 깊은 것을 보아 소수민족 무사인 것 같다. 머리에는 투구를 쓰고 양쪽 귀가리개는 어깨까지 드리웠다. 겉에는 둔부까지 내려오는 명광개(明光鎧)를 입고 아래에는 통이 넓은 바지를 입었다. 왼손은 방패를 들어 가슴을 막았고 오른손은 허리 옆으로 내려 몸에 붙였는데 오른손의 가운데 구멍이 나 있는 것을 보아 무기를 들었던 것 같다. 도용(陶俑)은 늠름한 모습이며 등은 편평하다. 원래 입혔던 색상은 많이 벗겨져 소태가 드러났고 투구의 곳곳에는 덧칠했던 붉은색이 남아 있다.

## 094

채회소관용 (彩繪小冠俑)

서위(西魏) 원흠(元欽) 원년(元年 552년)
높이 12.5cm
1997년 8월 서안시 남전현 설호진(西安市 藍田縣 洩湖鎭) 영파(營坡)벽돌공장 서사군묘(舒史軍墓) 출토

Figurine of a Colored Person with a Small Hat

The firet year of Emperer Yuanqin's Reign of Western Wei Dynasty (552AD)
H 12.5cm
Excavated from the Tomb of Shu shijun in Xiehu Town Lantian County, Xi'an in Aug 1997

도용(陶俑)은 낮고 편평한 관모를 썼고 두루마기를 입었으며 겉에 양당(裲襠)을 두르고 아래에 통이 넓은 바지를 입었다. 두 손은 허리까지 내렸는데 가운데 구멍이 난 것을 보아 물건을 들었던 것 같다. 얼굴은 통통하고 등은 편평하다.

## 095

채회기마용 (彩繪騎馬俑)

서위(西魏) 원흠(元欽) 원년(元年 552년)
높이 14.5cm 말 길이 12.5cm
1997년 8월 서안시 남전현 설호진(西安市 藍田縣 洩湖鎭) 영파(營坡)
벽돌공장 서사군묘(舒史軍墓) 출토

Figurine of a Colored Rider

The firet year of Emperer Yuanqin's Reign of Western Wei Dynasty (552AD)
H 14.5cm  Horse L 12.5cm
Excavated from the Tomb of Shu shijun in Xiehu Town Lantian County,
Xi'an in Aug 1997

말 탄 도용(陶俑)은 교령(交領)의 옷을 입고 겉에 긴 두루마기를 걸쳤으며 가슴 앞에서 두 손으로 말고삐를 잡고 있다. 말은 머리를 숙였고 다리는 굵고 단단해 보인다. 북조(北朝)시대 관중(關中) 지역의 도마용(陶馬俑)은 제작이 조악하고 다리는 기둥 모양이며 몸체 비례는 어울리지 않고 조형적인 운치도 부족하다. 이는 소수민족이 중원(中原)에 진출한 후 한문화(漢文化)를 배우고 풍속을 변화시키는 과정에서 나타난 필연적인 현상으로 "북위(北魏) 사람들의 한족(漢族) 풍속이 아주 혼란하다"는 사실을 엿볼 수 있다.

## 096

### 지순무사용(持盾武士俑)

서위(西魏)
높이 36.5cm 너비 19cm
서안시(西安市) 수집

Figurine of a Warrior with a Shield

Western Wei Dynasty (535AD~556AD)
H 36.5cm W 19cm
Collected in Xi'an

　무사는 눈이 둥글고 튀어나왔으며 코가 높고 입을 크게 벌리고 살벌한 표정을 지은 것이 소수민족 무사 같다. 투구를 썼고 양쪽 귀가리개는 어깨까지 내려왔으며 양당갑(裲襠甲)을 입었다. 바지를 입고 어깨막이와 정강이보호대를 하였으며 신을 신었다. 왼팔을 굽혀 방패를 들어 몸을 가렸다. 주먹 쥔 오른손은 중간에 구멍이 뚫려 있어 무기를 들었던 것 같다. 두 다리를 벌린 채 위풍당당하게 서 있다.

## 097

### 지순무사용(持盾武士俑)

서위(西魏)
높이 18cm
2009년 10월 서안시 장안구(西安市 長安區) 봉서원(鳳棲原) 고망퇴촌(高望堆村) 출토

Figurine of a Warrior with a Shield

Western Wei Dynasty (535AD~556AD)
H 18cm
Excavated from Gaowangdui Village in Chang'an District Xi'an in Oct 2009

　무사는 위가 평평하고 길게 늘어뜨린 귀가리개가 있는 투구를 쓰고 좌우에 타원형 모양의 원호(圓護)가 있는 명광개(明光鎧)를 입고 띠를 둘렀다. 아래에 통이 넓은 바지를 입고 행전(行纏)을 동여맸다. 행전은 무릎 아래의 바짓가랑이를 띠로 단단히 묶어 움직이기 편하게 하는 것을 가리킨다. 어깨막이를 하고 신을 신었으며 두 다리를 벌린 채 서 있다. 왼손에는 가슴을 보호하는 직사각형 모양의 방패를 들었다. 오른손은 배 앞에서 주먹을 쥐었는데 가운데에 구멍이 있는 것을 보아 원래 무기를 들었던 것 같다. 전체적으로 색상을 입혔는데 붉은색 투구 위에 흰색을 칠해 갑편(甲片)을 표현하고 명광개는 흰색을 입혔다. 가슴막이는 가장자리에 흰색을 칠하고 어깨막이는 붉은색으로 갑편을 그렸다. 얼굴에는 적갈색을, 입술에는 붉은색을, 이에는 흰색을, 오른팔과 종아리에는 분홍색을, 등에는 암홍색을 칠하였다. 그리고 얼굴이 넓적하고 눈이 둥글고 튀어나왔으며 코가 크고 이빨을 드러낸 소수민족 병사의 모습을 하고 있다.

098

## 채회무사용(彩繪武士俑)

북주(北周)
높이 28.4cm 너비 11cm
1998년 11월 서안시 장안현 위곡진(西安市 長安縣 韋曲鎭) 출토

### Figurine of a Colored Warrior

Northern Zhou Dynasty (557AD~581AD)
H 28.4cm  W 11cm
Excavated from Weiqu Town Chang'an County, Xi'an in Nov 1998

　도용(陶俑)의 투구는 끝이 뾰족하고 이마 부분이 내려왔으며 머리 양쪽에 귀가리개가 있다. 안에 소매가 좁은 붉은색 옷을 입고 앞뒤가 이어진 물고기 비늘 모양의 갑옷을 겉에 걸쳤으며 통소매의 어깨막이를 하고 허리에는 띠를 둘렀다. 아래는 박고(縛袴)를 입고 코가 둥근 신을 신었다. 왼손은 가슴까지 올렸고(방패를 들었던 곳) 몸 옆으로 자연스레 드리운 오른손 가운데는 구멍이 뚫어져 있다(무기를 들었던 곳). 도용은 큰 코와 입, 무섭게 부릅뜬 두 눈이 위엄스러워 보이는데 전체 모습을 보아 소수민족 무사인 것 같다.

099

## 집순무사용(執盾武士俑)

북주(北周)
높이 34.5cm 너비 12cm
서안시(西安市) 수집

### Figurine of a Warrior with a Shield

Northern Zhou Dynasty (557AD~581AD)
H 34.5cm  W 12cm
Collected in Xi'an

　무사는 전신에 갑옷을 입었다. 투구를 쓰고 명광개(明光鎧)를 걸쳤으며 허리에 띠를 두르고 통이 넓은 박고(縛袴)를 입었으며 신을 신었다. 두 눈을 부라리고 눈썹을 찡그린 기색은 위엄 있어 보인다. 복부 앞에 놓인 왼손은 네모난 방패를 누르고 있는데 방패에는 호랑이 머리를 새겨 넣었다. 몸 옆에 내린 오른손은 주먹 쥐었는데 원래 무기를 들었던 것 같지만 현재 무기는 부식되었다. 몸체가 우람하고 얼굴이 영준하며 자못 엄숙한 표정을 짓고 있다. 양미간에 용감하면서도 호방한 기개가 어려 있는 것을 보아 당시 무사 형상을 묘사한 것 같다. 부장된 무덤에서는 주인의 안녕을 지키는 벽사(辟邪) 역할을 한다.

# 갑기구장용(甲騎具裝俑)

북위(北魏)
길이 23cm 너비 10.5cm 높이 28cm
1998년 11월 서안시 장안현 위곡진(西安市 長安縣 韋曲鎭) 출토

## Figurine of a Rider in Armor

Northern Wei Dynasty (386AD~534AD)
L 23cm  W 10.5cm  H 28cm
Excavated from Weiqu Town Chang'an County, Xi'an in Nov 1998

군마(軍馬)는 온몸에 갑옷을 감쌌고 안장과 말다래를 갖췄다. 기병의 얼굴 모습을 세밀하게 묘사하였는데 머리에는 작은 관(冠)을 썼고 눈썹은 가늘며 눈은 작고 입가의 작은 수염은 위로 들렸으며 표정은 준엄해 보인다. 양당갑(裲襠甲)을 입고 주먹 쥔 두 손을 가슴 앞에 놓았는데 그 가운데 구멍이 난 것을 보아 원래 무기를 들었던 것 같다. 머리와 몸은 앞부분만 거푸집으로 찍는 방법을 사용함으로써 속은 꽉 찬 반면 등은 편평하다. 전체적으로 하얀색을 칠하고, 네모난 옷깃에만 붉은색을 칠하였다. 말은 머리가 크고 목이 굵으며 몸뚱이가 튼실하고 온몸에 '구장(具裝)'이라 부르는 물고기비늘 모양 갑옷으로 감쌌으며 몸뚱이처럼 가늘고 뻣뻣한 사지로 네모 받침 위에 곧게 서 있다. 전체적으로 제작이 조악한데 검은색 선으로 갑옷을 나타내고 그 주위에는 붉은색을 덧입혔다.

옛날 군대에서 기병과 군마에 모두 갑옷을 착용하는 것을 갑기구장(甲騎具裝)이라 불렀다. 사람이 입는 갑옷은 갑(甲), 말을 감싸는 것은 구장(具裝)이나 구장 갑옷이라 불렀다. 기병이 입는 양당갑(裲襠甲)은 일반적으로 금속 혹은 가죽으로 만들고 갑편(甲片)은 철제로 되었는데 직사각형이나 물고기비늘 모양 등 두 가지 종류로 나눌 수 있다. 이 갑옷은 앞뒤를 따로 만든 다음 어깨에서 끈으로 연결하고 허리 부분은 띠를 둘러 묶는다. 피부 마찰을 방지하기 위하여 갑옷을 입을 때 안에 두꺼운 옷을 먼저 입어야 한다. 십육국(十六國)에서 북조(北朝)에 이르기까지 마개(馬鎧)는 군대에서 흔히 사용하는 장비였고 온몸에 갑옷을 입은 기병을 모방한 도용(陶俑)은 북조 무덤에서 다수 출토되었으며 조형도 기본적으로 일치하였다.

## 101

### 갑기구장용(甲騎具裝俑)

서위(西魏)
길이 24cm 높이 25cm
2009년 10월 서안시 장안구(西安市 長安區) 봉서원(鳳棲原) 고망퇴촌(高望堆村) 출토

#### The Figurine of a Rider in Armor

Western Wei Dynasty (535AD~556AD)
L 24cm  H 25cm
Excavated from Gaowangdui Village in Chang'an District Xi'an in Oct 2009

말 탄 도용(陶俑)은 투구를 썼으며 정수리 장식은 뒤로 쳐들렸다. 좁은 소매의 흰색 외투 안에는 거푸집으로 미늘을 빽빽이 찍은 붉은색 갑옷을 입었으며 아래쪽에는 통이 넓은 암홍색 바지를 입었다. 위엄 있는 표정으로 앞을 주시하며 주먹 쥔 두 손을 배 앞에 놓고 말 위에 단정하게 앉아 있다. 오른손에는 구멍이 나 있으며 원래 들고 있던 기물은 사라지고 없다. 전마(戰馬)는 귀를 쫑긋 세우고 머리를 수그렸으며 온몸에 구장(具裝) 갑옷을 걸쳤다. 그리고 거푸집으로 찍어 만든 굴레와 짧게 묶은 꼬리가 있다. 구장 갑옷은 먼저 흰색을 칠하고 다시 붉은색으로 갑편(甲片)을 그려 나타냈다. 엉덩이에는 둥그런 구멍이 나 있고 주위에는 꽃잎무늬를 찍었는데 원래는 구장 갑옷의 '기생(寄生)'을 꽂는 데 사용했던 것 같다. 등에는 검은색 안장이 있다.

## 102

### 기마고취의장용(騎馬鼓吹儀仗俑)

서위(西魏)
길이 21cm 높이 24cm
2009년 10월 서안시 장안구(西安市 長安區) 봉서원(鳳棲原) 고망퇴촌(高望堆村) 출토

#### Figurine of an Honor Guard Riding on Horse

Western Wei Dynasty (535AD~556AD)
L 21cm  H 24cm
Excavated from Gaowangdui Village in Chang'an District Xi'an in Oct 2009

도용(陶俑)은 모군(帽裙)이 위로 말린 풍모(風帽)를 쓰고 교령(交領)의 큰 소매 흰색 겹옷에 흰 바지를 입고 있다. 발로 등자를 딛고 몸을 곧게 펴고 말 잔등에 단정하게 앉아 양손으로 악기를 잡고 부는 동작을 하고 있다. 입에는 둥그런 구멍이 나 있고 악기는 파손되어 없으나 각(角)을 들고 불었던 것으로 보인다. 풍모에는 붉은색이 남아 있고 얼굴, 목, 손, 팔에는 분홍색을 칠하였다. 말은 두 귀를 위로 곧추 세우고 머리를 살짝 수그린 채 사지로 곧게 서 있으며 등에는 안장과 언치가 있다. 말 몸통에는 원래 붉은색을 칠하였으나 모두 떨어져 나가고 흰색만 남았다. 거푸집으로 찍은 굴레에도 붉은색을 칠하였다.

## 103

기마용(騎馬俑)

북주(北周)
길이 17cm 너비 7.5cm 높이 20cm
1998년 11월 서안시 장안현 위곡진(西安市 長安縣 韋曲鎭) 출토

## Figurine of a Rider

Northern Zhou Dynasty (557AD~581AD)
L 17cm W 7.5cm H 20cm
Excavated from Weiqu Town Chang'an County, Xi'an in Nov 1998

　병사는 우임(右衽)에 교령(交領)인 소매가 넓은
두루마기를 걸치고 아래에는 통이 넓은 바지를 입
었다. 두 눈은 앞을 주시하며 말 잔등에 단정히 앉
아 있다. 두 손은 허리 부분에서 주먹 쥔 것을 보아
말고삐를 잡았던 것 같다. 안장과 말다래를 갖춘 말
은 턱을 내리고 머리를 내밀며 앞으로 돌진할 준비
를 하고 있다. 병사 몸체의 색상은 전부 떨어져 나
가 소태가 드러났다. 말은 전체적으로 붉은색을 칠
하고 머리와 몸통은 거푸집으로 찍어 만들었으며
사지에는 선명한 수공작업의 흔적이 남아 있다. 전
체적인 제작은 거칠다.

## 104

### 채회공수문리용(彩繪拱手文吏俑)

북위(北魏)
높이 29㎝
1998년 서안시 장안현 위곡진(西安市 長安縣 韋曲鎭) 출토

## Colored Figurine of a Hand-folded Official

Northern Wei Dynasty (386AD~534AD)
H 29cm
Excavated from a Tomb of Northern Wei Dynasty in Chang'an County, Xi'an in 1998

도용(陶俑)은 검은색 작은 관모[평건책(平巾幘) 혹은 개책(介幘)이라 부른다] 를 쓰고 교령에 좌임(左衽)인 두루마기를 입었다. 아래에 통이 넓은 바지를 입고 붉은색 띠로 바짓가랑이 아래를 묶었으며 코가 둥근 신을 신었다. 얼굴 은 말라 보이지만 눈동자는 맑고 코밑수염은 팔자이며 턱에도 염소수염이 났고 입술은 빨갛게 칠하였다. 가슴 앞에서 맞잡은 두 손 가운데 구멍이 있는 것을 보아 물건을 들었던 것 같다. 왼쪽 가슴 아래에도 물건을 꽂았던 수직구 멍이 나 있다. 두 발을 모으고 서 있어 겸손하면서도 준수한 문관(文官)의 형 상을 나타내고 있다. 표면에는 하얀색을, 의복 부분에는 붉은색을 입혔다.

이러한 중간 길이의 두루마기와 통이 넓은 바지는 남북조(南北朝)시대에 나타난 기마복(騎馬服)의 일종이다. 기마복은 최초 무관들의 복장으로 삼국 (三國)시대에 처음 나타났다. 남북조시대, 북방의 여러 소수민족들이 잇달아 나라를 세운 후 군사를 거느리고 남쪽으로 진출하였으며 연이어 중원에 들 어오면서 북방 유목민족의 문화풍습과 한족(漢族)의 문화습관을 융합시켰고 복식에도 변화가 나타나게 되었다. 이 외에 상술한 기마복은 예전 한족(漢族) 의 포의박대(褒衣博帶)를 변화시켜 윗옷과 아래옷이 하나로 통일된 심의(深 衣)가 아닌 통이 좁은 웃옷을 입었다. 아래의 통이 넓은 바지는 평상시 불편하 면 띠로 무릎 아래를 묶어 말을 타거나 일상 활동에 편리하게 하였다. 이 외에 기마복은 한족 복식을 변화시켜 남북조시대에 이미 민간에서 흔히 입었다. 기록에 의하면 남자뿐만 아니라 북조(北朝)의 여성들도 기마복을 즐겨 입었 다고 한다.

## 105

### 채회지물문리용(彩繪持物文吏俑)

북위(北魏)
높이 28.7㎝
1998년 서안시 장안현(西安市 長安縣) 북원(北原) 북위묘(北魏墓) 출토

## Colored Figurine of an Official with Things in Hands

Northern Wei Dynasty (386AD~534AD)
H 28.7cm
Excavated from a Tomb of Northern Wei Dynasty in Chang'an County, Xi'an in 1998

형상과 복식은 도용(陶俑) 104와 비슷하다. 다른 부분이라면 이 도용은 무릎 아래 다리를 묶은 띠가 검은색이고 두 손의 위치도 서로 다르다. 오른팔의 팔꿈치는 직각으로 굽혔고 손은 가슴까지 올렸으며 왼팔은 허리 부분에 서 조금 굽혔다. 오른손을 높게, 왼손을 낮게 올렸는데 주먹 쥔 가운데가 빈 것을 보아 원 래 물건을 들었던 것 같다.

## 106

취악용(吹樂俑)

북조(北朝)
높이 17.5cm 너비 5.5cm
서안시(西安市) 수집

Figurine of a Music Player

Northern Dynasty (386AD~581AD)
H 17.5cm  W 5.5cm
Collected in Xi'an

　도용(陶俑)은 작은 관모를 쓰고 소매가 넓은 짧은 두루마기를 입었으며, 아래에
바지를 입고 목이 긴 신을 신었다. 두 손으로 둥근 물건을 입가로 올려 열심히 연주
하고 있다. 손에 들었던 물건은 사라지고 둥근 구멍만 남았으며 등은 편평하게 만
들었다. 전체 모습을 보아 악기를 연주하는 도용인 것 같다.

## 107

소관남입용(小冠男立俑)

서위(西魏)
높이 12cm 너비 4.5cm
1998년 11월 서안시 장안현 위곡진(西安市 長安縣 韋曲鎭) 출토

Figurine of a Standing Man with a Small Hat

Western Wei Dynasty (535AD~556AD)
H 12cm  W 4.5cm
Excavated from Weiqu Town Chang'an County, Xi'an in Nov 1998

　　도용(陶俑)은 낮고 편평한 작은 관모를 쓰고 소매가 넓은 붉은색 두루마기를 입
었으며 겉에는 양당(裲襠)을 걸쳤다. 아래에는 통이 넓은 바지를 입었는데 바닥까
지 드리워 옷자락이 두 발을 덮었다. 짙은 눈썹은 역팔자형이고 두 눈은 크며 입이
작고 엄숙한 표정을 짓고 있다. 두 손은 가슴 앞에서 맞잡았는데 좌우 손목에 수직
의 꽂는 구멍이 난 것을 보아 원래 물건을 꽂았던 것 같지만 지금은 구멍만 남았다.

**108**

## 소관용(小冠俑)

북위(北魏)
높이 22.5cm 너비 5.5cm
서안시(西安市) 수집

Figurine of a Man in a Small Hat

Northern Wei Dynasty (386AD~534AD)
H 22.5cm  W 5.5cm
Collected in Xi'an

　도용(陶俑)은 작은 관모(官帽)를 쓰고 젖힌 옷깃에 소매가 넓고
자락이 바닥까지 끌리는 두루마기를 입었다. 두 발은 두루마기의
자락에 가려 끝부분만 조금 보인다. 겉에 양당갑(裲襠甲)을 입었
는데 가슴 부분에는 동물의 흉악한 두 눈 모양의 타원형 원호(圓
護)가 있고 허리에는 띠를 둘렀다. 자연스럽게 드리운 두 손은 소
매에 가려졌으며 두 발을 모으고 선 모습이 무관(武官)인 것 같다.

**109**

## 소관입용(小冠立俑)

북위(北魏)
높이 20cm 너비 5.5cm
서안시(西安市) 수집

Figurine of a Standing Man in a Small Hat

Northern Wei Dynasty (386AD~534AD)
H 20cm  W 5.5cm
Collected in Xi'an

　도용(陶俑)은 작은 관모(官帽)를 쓰고 깊이 파인 교령(交領)에
좌임(左衽)인 소매가 넓은 두루마기를 입었다. 허리에 띠를 두르
고 아래는 통이 넓은 박고(縛袴)를 입었으며 코가 둥근 신을 신었
다. 두 발을 모은 채 곧게 선 도용은 용모가 수려하고 표정이 자연
스럽다. 배 앞에서 두 손으로 뭔가를 들었지만 그 물건은 사라지
고 수직으로 된 동그란 구멍만 남았다. 문관(文官)의 형상으로 보
인다.

## 채회여립용(彩繪女立俑)

서위(西魏)
높이 22.2cm
2009년 10월 서안시 장안구(西安市 長安區) 봉서원(鳳棲原) 고망퇴촌(高望堆村) 출토

## Painted Figurine of a Standing Woman

Western Wei Dynasty (535AD~556AD)
H 22.2cm
Excavated from Gaowangdui Village in Chang'an District Xi'an in Oct 2009

　여용(立俑)은 머리 양쪽에 직사각형 모양의 검은색 고계 (高髻)를 하였다. 미소를 띤 넓적한 얼굴에 관골이 튀어나 왔다. 가슴을 드러낸 교령(交領) 좌임(左衽) 넓은 소매의 붉 은색 저고리에 자락이 땅에 끌리는 긴 흰색 치마를 입었으 며 신코가 밖으로 드러났다. 양손을 공손히 모아 가슴 앞에 놓았으며 손에 들었던 물건은 부식되어 구멍만 남아 있다. 색상 보존 상태가 양호하다.

## 111

### 채회풍모용(彩繪風帽俑)

북주(北周)
높이 13cm 너비 4cm
1998년 11월 서안시 장안현 위곡진(西安市 長安縣 韋曲鎭) 출토

### Colored Figurine of a Man with a Hood

Northern Zhou Dynasty (557AD~581AD)
H 13cm  W 4cm
Excavated from Weiqu Town Chang'an County, Xi'an in Nov 1998

도용(陶俑)은 검은색 풍모를 쓰고 옷깃이 둥근 붉은색 긴 두루마기를 입었으며 겉에 검은색 외투를 걸쳤다. 목에 두른 털가죽 목도리는 그 모양새를 보아 여우꼬리로 만든 것 같다. 아래에 통이 넓은 박고(縛袴)를 입었다. 네모난 얼굴에는 자못 엄숙한 표정이 어리어 있고 눈과 코가 크며 광대뼈가 선명하게 보인다. 두 손은 가슴 앞에서 뭔가를 쥐었지만 그 물건은 사라지고 끼워 넣었던 구멍만 남았다. 두 발을 모은 채 서 있다. 생김새와 복식을 보아 북방 유목민족인 것 같다. 서북 지역은 황사가 자주 발생해 이 복장은 황사를 막는 기능도 한다.

## 112

### 대풍모용(戴風帽俑)

북주(北周)
높이 21.5cm 너비 8cm
서안시(西安市) 수집

### Figurine of a Man with a Hood

Northern Zhou Dynasty (557AD~581AD)
H 21.5cm  W 8cm
Collected in Xi'an

풍모의 챙을 조금 낮게 내려 이마를 덮었다. 둥근 옷깃에 몸에 달라붙는 옷을 입고 허리에는 띠를 둘렀다. 아래에 통이 넓은 박고(縛袴)를 입고 겉에 외투를 걸쳤다. 배 앞에서 두 손 맞잡고 뭔가 든 동작을 하고 있지만 지금은 물건을 꽂았던 구멍만 남아 있다. 얼굴이 둥글고 두 눈이 볼록 튀어나왔으며 코가 큰 것을 보아 북방 소수민족인 것 같다. 이 도용(陶俑)은 머리가 크고 몸이 길며 다리가 짧은 등 전체적으로 비례가 맞지 않다.

## 113

### 농관입용(籠冠立俑)

북주(北周)
높이 15.5cm 너비 4.5cm
1998년 11월 서안시 장안현 위곡진(西安市 長安縣 韋曲鎭) 출토

### Figurine of a Man in a Cage Hat

Northern Zhou Dynasty (557AD~581AD)
H 15.5cm W 4.5cm
Excavated from Weiqu Town Chang'an County, Xi'an in Nov 1998

도용(陶俑)은 검은색 농관(籠冠)을 쓰고 교령(交領)에 좌임(左袵)이며 소매가 넓은 두루마기를 입었으며 허리에는 띠를 둘렀다. 아래는 통이 넓은 박고(縛袴)를 입고 코가 둥근 신을 신었다. 두 발을 모으고 서 있다. 도용은 눈썹이 짙고 눈이 크며 얼굴에는 미소를 띠었다. 복부 앞에서 뭔가를 잡은 듯이 두 손을 맞잡고 있는데 들었던 물건은 사라지고 둥근 구멍만 남았다.

## 114

### 남시립용(男侍立俑)

북주(北周)
높이 15.5cm 너비 4.5cm
1998년 11월 서안시 장안현 위곡진(西安市 長安縣 韋曲鎭) 출토

### Figurine of a Standing Male Servant

Northern Zhou Dynasty (557AD~581AD)
H 15.5cm W 4.5cm
Excavated from Weiqu Town Chang'an County, Xi'an in Nov 1998

도용(陶俑)은 검은색 모자를 쓰고 교령(交領)에 좌임(左袵)이며 소매가 넓은 붉은색 두루마기를 입었다. 옷깃은 가슴까지 내려올 정도로 크게 파였다. 허리에 띠를 두르고 아래에 통이 넓은 박고(縛袴)를 입었으며 코가 둥근 신을 신었으며 두 발을 모으고 서 있다. 짙은 눈썹은 약간 역팔자 모양이고 두 눈은 크며 입은 작다. 자못 엄숙해 보이는 표정을 짓고 있다. 특별히 긴 두 팔로 복부 양쪽에서 뭔가 잡은 듯한 동작을 하고 있는데 물건은 사라지고 수직으로 꽂아 넣었던 둥근 구멍만 남았다.

## 115

소관입용(小冠立俑)

북주(北周)
높이 14.6cm
1998년 11월 서안시 장안현 위곡진(西安市 長安縣 韋曲鎭) 출토

Figurine of a Man in a Small Hat

Northern Zhou Dynasty (557AD~581AD)
H 14.6cm
Excavated from Weiqu Town Chang'an County, Xi'an in Nov 1998

　도용은(陶俑) 작은 관(冠)을 쓰고 교령(交領)에
소매가 넓은 두루마기를 입었는데 그 자락이 무릎
까지 내려왔다. 아래에는 박고(縛袴)를 입고 코가
둥근 신을 신었다. 미소를 띤 얼굴은 둥글고 이마는
넓으며 오관도 단정하다. 가슴 앞에 올린 주먹 쥔
두 손에 수직 구멍이 있는 것을 보아 원래 뭔가를
들었던 것 같다. 전체 색상은 벗겨지고 소태가 드러
났다. 등 부분은 편평하게 만들었다.

141

## 대방노작여용(碓房勞作女俑)

북조(北朝)
길이 25cm 높이 15cm
2009년 10월 서안시 장안구(西安市 長安區) 봉서원(鳳棲原) 고망퇴촌(高望堆村) 출토

## The Figurine of a Female Laborer

Northern Dynasty (386AD~581AD)
L 25cm  H 15cm
Excavated from Gaowangdui Village in Chang'an District Xi'an in Oct 2009

방앗간, 디딜방아, 디딜방아를 밟고 있는 두 여인, 무릎 꿇은 자세로 정리 중인 여인 등 네 부분으로 구성되었다.

방앗간은 둥근 아치형 벽과 바닥만으로 표현하였고 가장자리에는 붉은색 테를 둘렀다. 내벽 양측과 외벽 한가운데는 각각 격자창문을 그려 넣었다.

디딜방아는 옛날에 쌀을 빻던 도구로서 지렛대 원리를 이용하여 문 모양의 받침대에 세로로 나무 하나(방아채)를 세우고 한쪽에 원주형의 돌(나무)을 달아 절굿공이로 하였다. 발로 나무의 다른 한쪽을 연속 밟으면 절굿공이가 오르내리며 쌀겨를 벗겨낸다. 디딜방아를 밟고 있는 두 여인 옆으로 각각 지지대가 있는데 한쪽은 벽에, 다른 한쪽은 바닥에 고정시켰다. 지지대의 바닥과 가까운 쪽의 안쪽에 나 있는 두 구멍과 방아채에 나 있는 구멍에 굴대를 끼워 지렛목으로 하였다. 방아채 앞쪽에는 뾰족한 원추 모양의 절굿공이가 달려 바닥의 둥근 돌확과 조화를 이룬다. 방앗간 바닥은 길이 25cm, 너비 17.5cm, 두께 0.9cm이며 벽 높이는 12cm이다. 방아채는 길이 15.5cm, 너비 0.9~2.1cm, 두께 1cm이다. 지지대는 높이 7.7cm, 둘 사이 간격 4cm, 높이 15cm이다. 방아를 밟고 있는 두 여인은 서로 껴안은 채 뒷벽에 기대서서 한 발은 땅을 딛고 다른 한 발은 동시에 올려 디딜방아를 밟을 준비를 하고 있다. 단일 거푸집으로 제작된 두 도용 모두 등이 편평하며 벽과 연결되었다. 둘 다 수려한 외모에 웃음을 띠고 있으며 가슴이 드러난 교령(交領) 좌임(左衽)의 소매가 넓은 삼(衫)을 입었다. 머리, 눈썹에는 검은색을, 얼굴과 앞가슴에는 분홍색을, 입술, 깃 가장자리 및 옷에는 붉은색을 칠하였다. 오른쪽 여인은 커다란 고계(高髻)를 하고 넓은 띠를 매었다. 오른손은 내리고 왼손은 무릎에 놓았으며 왼발을 반쯤 올린 채 왼쪽 여인의 몸 앞쪽에 기대었다. 왼쪽 여인은 쌍고계를 하고 왼손을 허벅지에 놓고 오른발을 반쯤 올린 채 오른쪽 여인을 뒤에서 껴안고 있어 화기애애한 장면을 연출하고 있다. 높이는 오른쪽 여인이 13.4cm, 왼쪽 여인이 12.6cm이다. 무릎 꿇은 여인은 고계를 하고 넓은 띠를 매었으며 교령의 소매가 넓은 삼을 입었다. 왼손은 무릎에 얹고 오른손으로 빗자루를 들고 돌확 옆에 꿇어 앉아 청소를 하는 듯한 것이 디딜방아를 밟는 여인들과 조화를 이룬다. 편평한 뒷머리 및 울퉁불퉁한 의복과 둥근 등을 보아 단일 거푸집 기법과 주물러서 만드는 기법을 결합하여 만든 것이다. 머리, 눈썹, 눈은 검은색을, 입술, 깃 가장자리는 붉은색을 칠하였으며 나머지 부분은 흰색만 남아 있다. 높이는 10cm이다. 청소하는 여인은 디딜방아와 분리하여 제작하였으나 디딜방아 위에 놓고 구웠기에 디딜방아에 흔적이 남아 있다.

## 지기노작용(持箕勞作俑)

북주(北周)
길이 20cm 너비 13cm 높이 10.5cm
1974년 서안시 장안현 위곡진(西安市 長安縣 韋曲鎭) 출토

### Figurine of a Laborer with a Dustpan

Northern Zhou Dynasty (557AD~581AD)
L 20cm W 13cm H 10.5cm
Excavated from Weiqu Town Chang'an County, Xi'an in Nov 1974

    도용(陶俑)은 작은 관모를 쓰고 교령(交領)인 옷을
입었으며 두 손으로는 키의 양쪽을 잡고 디딜방아 돌
확 옆에 앉아 있다. 이 디딜방아의 방아채와 절굿공
이는 이미 사라졌다. 키를 들고 있는 것을 보아 껍질
을 벗긴 쌀을 정리하는 것 같다. 즉 키질하여 쌀겨와
흙 등의 이물질을 걸러내는 것이다. 때문에 이 도용
은 비록 조악하지만 백성이나 노비들의 생활을 고스
란히 반영하고 있다.

## 우차용(牛車俑)

북위(北魏)
길이 62cm 너비 27cm 높이 28cm
1966년 서안시 비림구 영녕촌(西安市 碑林區 永寧村) 출토

## Ox Carriage

Northern Wei Dynasty (386AD~534AD)
L 62cm W 27cm H 28cm
Excavated from Yongning Village Beilin District, Xi'an in 1966

　거푸집을 이용하여 점토로 만든 소달구지는 회색 바탕에 전체적으로 적갈색을 입혔다. 바퀴와 끌채는 각각 두 개이고 끌채 끝부분에는 활 모양의 가름대를 댔는데 소잔등에 걸쳐 끌채를 끌게 하였다. 소뿔은 휘어 있고 두 눈을 부릅뜨고 두 귀를 곧추세웠으며 굵직한 원주형 다리를 곧게 편 채 꿋꿋이 서 있다. 몸체는 둥글고 튼실하며 모습은 소박하다. 입은 조금 벌리고 벌름거리는 콧방울로 거센 숨을 몰아쉬고 있으며 꼬리는 궁둥이에 찰싹 붙여 드리웠다. 전체 형태를 보아 어깨에 끌채를 걸치고 다리로 땅을 박차며 차를 끌 준비를 하는 것 같다. 차체는 직사각형이고 주위는 전부 막았으며 정면 왼쪽에 네모난 문을 만들었다. 차체와 연결된 권붕식(卷棚式) 지붕은 가운데가 편평하고 앞뒤에는 처마가 있으며 그 가장자리는 조금 위로 말렸다. 차체 양쪽에 각기 16개 바퀴살이 달린 바퀴가 하나씩 있으며 바퀴 축은 밖으로 튀어나왔다.

　고대(古代) 중국의 차(車)는 우선 끌채가 하나인 형태였으나 전국(戰國)시대 끌채가 두 개인 차가 나타났고 서한(西漢) 후기에 이르러 끌채가 하나인 차는 모두 사라지게 되었다. 끌채가 하나인 차는 가축 두 마리가 끌채의 양쪽에서 끌어야 하지만 끌채가 두 개인 경우 한 마리로 충분히 끌 수 있다. 게다가 끌채가 하나인 경우 사람이 차에 서서 몰아야 하지만 끌채가 두 개인 경우 앉아서도 몰 수 있어 더욱 발전적인 형태라 할 수 있다. 한대(漢代) 이전에는 마차를 사용하였고 소달구지는 일반적인 운송도구로 물건을 운반하는 데만[물건을 싣는 것을 역차(役車) 혹은 시차(柴車)라 불렸고 사람이 앉을 수 있는 것은 '잔차(棧車)'라 불렸다] 사용하였다. 한대 초기, 말의 수량이 부족해지자 소달구지에 사람을 태우기 시작하였으며 동한(東漢) 말기에 이르러 보편적인 교통수단이 되었다. 위진남북조(魏晉南北朝)시대 소달구지를 이용하면 안전할 뿐만 아니라 휘장을 칠 수 있고 앉을 수도 있어 크게 유행하였다. 이는 당시 청담(淸淡)하고 세속에 관심이 없던 풍조와 관련된다. 북제(北齊)의 안지추(顔之推)는 『안씨가훈(顔氏家訓)』 「섭무편(涉務篇)」에서 남조의 귀족 자제들을 "품이 넓은 두루마기를 입고 넓은 띠를 둘렀으며 큰 관모를 쓰고 목이 높은 신을 신었으며 외출하면 차가 미리 대기하고 있었고 집에 들어서면 시종들이 부축하였다", "체질이 약하여 스스로 걷지 못하였다"라고 묘사하였다. 때문에 소달구지는 당시 편안함을 추구하는 사대부와 귀족 자제들의 기호에 잘 맞았다.

# 수당오대 도용

隋唐五代 陶俑

수당(隋唐)시대는 도용(陶俑) 발전의 두 번째 절정기임과 동시에 중국 고대 도용 발전의 최고봉이기도 하다.

수(隋)가 전국을 통일한 후, 도용은 북조(北朝)를 계승하였으나 의장용(儀仗俑)의 수량이 줄고 악무용(樂舞俑)이 늘어났으며 백자용(白瓷俑)이 새로 나타났다. 당대 도용은 의장용의 수가 줄었지만 기악용(伎樂俑), 기마용(騎馬俑), 말이나 낙타를 끄는 도용이 증가하였다. 노복용(奴僕俑)은 대부분 여성의 형상을 묘사하였는데 몸매는 풍만하고 조형은 정확하며 자태에는 생동감이 넘친다. 진묘수(鎭墓獸)의 형상도 점차 활발한 모습으로 바뀌었고 갑옷 입은 무사진묘용(武士鎭墓俑)도 작은 귀신을 짓밟고 있는 천왕용(天王俑)으로 대체되었다. 낙타재악용(駱駝載樂俑), 흑인용[黑人俑, 곤륜(崑崙)], 호인용(胡人俑) 및 기악용, 희롱용(戲弄俑), 수렵용(狩獵俑) 등은 당대(唐代) 도용의 새로운 형태로 당시 광범위한 대외교류를 반영한다.

수당시대는 중국 봉건사회의 전성기임과 동시에 고대 중국 도용의 번영기이기도 하다. 이 시대의 도용은 종류와 수량 및 품질 등에서 모두 새로운 절정에 이르렀다. 특히 당대에 이르러 도용의 제작과 사용이 제도화·규범화되었다. 이 밖에 조정에서는 소부감(小府監) 아래에 견관서(甄官署)를 설치하여 종실 능묘에 필요한 기물과 도용의 제작을 책임지게 하였다. 견관서에서 제작한 장례용품은 흔히 황제가 종실귀족이나 조정에 공헌이 많은 대신들이 작고한 후 하사하여 부장하게 하였다. 일반관리와 평민들이 사용하는 명기(明器)와 도용은 민간에서 만든 것이다. 기록에 의하면 장안성(長安城) 동서시(東西市)에 상당한 규모를 갖춘 점포에서 전문적으로 명기와 도용을 팔았다.

수당오대(隋唐五代) 도용의 종류는 다음과 같이 네 가지로 나눌 수 있다. 첫째, 피장자의 안전을 위하여 설치하는 진묘용과 압승용(壓勝俑)이다. 이 중 진묘용에는 진묘수, 무사용, 천왕용, 십이지신용(十二支神俑)이 있고 압승용에는 쇠로 만든 돼지와 소 등이 포함된다. 둘째, 피장자의 출행을 위한 의장용이다. 소달구지를 위주로 한 의장용과 말(혹은 낙타)을 위주로 한 의장용이 포함된다. 셋째, 피장자의 생활모습을 재현하는 동복용(童僕俑)과 가옥, 가산(假山), 건축모형 등인데 동복용에는 시종용(侍從俑), 기악용, 무용(舞俑), 희롱용과 노작용(勞作俑) 및 포주용(庖廚俑) 등이 있다. 넷째, 가축을 위주로 한 동물용과 일상용품 혹은 주방용품 등 명기(明器)가 포함된다.

오대(五代)시대의 도용은 수량이 많지 않은데 대부분 남방의 강소(江蘇), 복건(福建) 등지에서 출토되었으며 종류, 제작기법, 예술풍격 등도 당대의 풍격을 답습하였다.

The Sui and Tang Periods had been not only the second peak of the development of pottery figurines but also the climax of the development of pottery figurines in ancient China.

After the Sui Dynasty had united the whole nation, the figurines had followed the systems of the Northern Dynasty. However, the figurines of guards of honor had decreased and the figurines of singers and dancers had increased. Besides, there appeared the ceramic whiteware figurines. In terms of the figurine combination of Tang Dynasty, the figurines of guards of honor had decreased while the figurines of the singers and dancers, the riders, and the men leading a horse or a camel had increased. The figurines of servants were mainly the females who had full and fleshy body, accurate models, and lifelike postures. The images of the tomb-defending beasts had gradually become fierce and active while the tomb-defending figurines of armored warriors had been replaced by the figurines of heavenly kings stepping on little devils. The figurines of camels, the Negroes (the slaves of Kunlun), the Hun persons, the singers and dancers, the actors, and the hunters had become the prominent new contents of the figurines in Tang Dynasty. Besides, they also have reflected the extensive foreign exchanges of the Tang Dynasty.

As a period of great prosperity in Chinese feudal society, the Sui and Tang Dynasties had also been the prosperous period of figurines in China. The figurines of this period had reached a new height in respect of the kinds, quantity, and quality. Especially, the production and usage of figurines had been brought into institutions and regulations in Tang Dynasty. The government established an executive branch that was specially responsible for the production of funeral objects and tomb figurines needed for the tombs of the imperial clansmen. The emperor had often vouchsafed these funeral objects to the imperial clansmen or the nobility who had performed meritorious service to the court for burial articles. However, the funeral objects and tomb figurines for the common government officials and civilians had come from the folk kilns. According to the historical documents, in the east and west markets of the Chang'an City there were the large-scale stores that specialized in the selling of funeral objects and tomb figurines.

The figurines in the Sui, Tang, and the Five Dynasties were still made up of four kinds: the first were the tomb-defending figurines and the counteracting figurines for securing the safety of the tomb owners. The tomb-defending figurines included the tomb-defending beasts, the figurines of warriors, the figurines of heavenly kings, and the figurines of Chinese zodiac while the counteracting figurines included the iron pig and iron ox. The second was the figurines of guards of honor arranged for the trip of tomb owners, including the figurine groups of guards of honor mainly on the ox carriages as well as the figurine groups of guards of honor mainly on the horseback or the camel. The third were the kind of figurines of houseboys as well as the models of houses, manmade rocks, and buildings that represented the home life of the tomb owners. The figurines of houseboys included the figurines of assistant officials, singers, dancers, actors, laborers, and cooks. The fourth were the figurines of animals, mainly the poultry and livestock, as well as the funeral objects of daily articles or kitchen ware.

We have found few figurines of the Five Dynasties and most of them have been unearthed in Jiangsu Province and Fujian Province of South China. These figurines have followed the relics of Tang Dynasty in respect of the kind, production technique, and artistic style.

## 119

### 진묘수용(鎭墓獸俑)

초당(初唐)
높이 38㎝
1975년 서안시 장안현 가리촌(西安市 長安縣 賈裏村) 당묘(唐墓) 출토

**Tomb-defending Beast**

Early Tang Dynasty (618AD~713AD)
H 38cm
Excavated from Jiali Village Chang'an County, Xi'an in 1975

　도용(陶俑)은 앉아 있는 동물의 형태를 본떴다. 머리는 호랑이 같고 정수리의 뿔은 뒤로 구부러졌으며 가슴은 쭉 폈다. 두 눈은 동그랗게 뜨고 콧방울은 벌름거리고 있으며 반쯤 벌린 넓고 편평한 입안에는 예리한 이빨이 돋아 있다. 어깨에 난 날개를 위로 향하고 앞다리는 곧게 세웠는데 날카로운 발톱이 보이고 뒷다리는 구부렸으며 웅장한 기세로 네모난 받침 위에 앉았다. 목과 앞다리 및 가슴, 복부에서 가로 방향의 줄무늬를 볼 수 있는데 호랑이의 줄무늬와 일치한다. 목은 길게 빼들고 입은 크게 벌리며 포효하는 모습이다. 이 진묘수는 기본적으로 호랑이 원형에 정수리의 뿔과 어깨의 날개를 덧붙여 만든 것이다. 호랑이는 동물의 왕이어서 오래전부터 중국에서는 호랑이로 문을 지켜 액을 막는 풍습을 이어 왔다. 서한(西漢)시대에는 '백호(白虎)'를 무덤 벽화에 주로 새겨 넣었고 동한(東漢)시대에는 전실묘(磚室墓)의 석문에 백호를 새겨 무덤을 보호함과 동시에 액을 막으려 했다. 호랑이에 날개가 돋으면 더욱 흉악하고 위엄 있게 보임과 동시에 하늘의 신수(神獸)가 내려와 피장자의 안녕을 지키는 듯하다.

## 120

### 인면진묘수용(人面鎭墓獸俑)

수(隋)~초당(初唐)
높이 25.5㎝ 너비 12cm
서안시(西安市) 수집

**Tomb-defending Beast of a Human Face**

Sui to Early Tang Dynasty (581AD~713AD)
H 25.5cm  W 12cm
Collected in Xi'an

　도용(陶俑)은 사람 얼굴에 짐승 몸뚱이를 하고 있다. 머리에는 투구를 쓰고 이마는 찌푸렸으며 두 눈은 부릅떴고 콧방울은 벌름거리고 있으며 입은 굳게 다문 것이 표정이 냉혹하다. 앞다리는 펴고 뒷다리는 굽힌 채 장방형인 얇은 받침대 위에 앉아 있다. 몸을 앞으로 기울였고 넓은 가슴 앞부분에는 검은색 선으로 그려 넣은 갈기가 있다.

# 황유수면진묘수용(黃釉獸面鎭墓獸俑)

수(隋)~초당(初唐)
높이 51.8㎝
1988년 서안시 신성구(西安市 新城區) 한삼채(韓森寨) 출토

## Tomb-defending Beast of a Beast Face in Yellow Glaze

Sui to Early Tang Dynasty (581AD~713AD)
H 51.8cm
Excavated from Hansenzhai in Xincheng District, Xi'an in 1988

도용(陶俑)은 범의 얼굴을 가졌다. 두 귀를 쫑긋 세웠고 동그랗게 뜬 두 눈으로 앞을 주시하고 있다. 콧방울을 벌름거리는 모습은 마치 무슨 냄새를 맡은 것 같고 살짝 벌어진 큰 입 사이에 예리한 이빨 몇 개가 드러나 있다. 고개를 들고 가슴을 쭉 폈으며 앞다리를 곧게 세우며 날카로운 발톱을 드러냈고 뒷다리를 굽힌 채 받침에 앉았다. 등에는 척추를 따라 군데군데 삼각형 모양의 짧은 갈기가 있다. 전체적으로 황유를 얇게 입혔다.

수당(隋唐)시대의 짐승 얼굴 진묘수 형상은 호랑이에서 점차 사자로 바뀌었다. 이는 당시 성행한 불교와 연관되는데 '호법신(護法神)' 중 하나인 사자 모양으로 만들면 마치 법력이 더욱 강해지는 것 같다.

## 122

황유인면진묘수용(黃釉人面鎭墓獸俑)

초당(初唐)
높이 49.5㎝
1988년 서안시 신성구(西安市 新城區) 한삼채(韓森寨) 출토

Tomb-defending Beast of a Human Face
in Yellow Glaze

Early Tang Dynasty (618AD~713AD)
H 49.5cm
Excavated from Hansenzhai in Xincheng District, Xi'an in 1988

　동일한 무덤에는 일반적으로 한 쌍의 진묘수(鎭墓
獸)를 부장하는데 짐승 얼굴과 사람 얼굴로 나뉜다. 때
문에 이 도용(陶俑) 또한 도용 121의 짐승 얼굴 진묘수
와 한 쌍을 이룬다. 사람 얼굴에 동물 몸뚱이를 하였으
며 정수리에 둥근 뿔이 있고 두 눈은 부릅떴고 코는 벌
름거리고 입은 굳게 다물었다. 얼굴에는 구레나룻이
나 있다. 큰 귀는 벌쭉하고 목은 굵고 길며 몸통은 앞의
도용과 동일하다. 원래 입혔던 황유(黃釉)는 다소 벗겨
졌다.

## 123

### 수면진묘수용(獸面鎭墓獸俑)

초당(初唐) 고종(高宗) 조로(調露) 2년(680년)
높이 55cm
1991년 4월 서안시(西安市) 동쪽 교외 한삼채(韓森寨) 진천(秦川)기계설비공장
당(唐) 서왕(徐王) 원례(元禮) 후궁 나관조묘(羅觀照墓) 출토

### Tomb-defending Beast of a Beast Face

The Second year of Tiaolu Reign in Early Tang Dynasty (680AD)
H 55cm
Excavated from the Tomb of Luo Guanzhao of Tang Dynasty at Hansenzhai
in Xincheng District, Xi'an in Apr 1991

　사나운 사자 얼굴을 하고 있다. 머리는 들고 가슴은 쭉 폈
으며 두 눈은 부릅뜨고 큰 귀는 곧추세웠다. 큰 콧방울은 벌
름거리는 것 같고 입가에는 긴 송곳니가 뻗어 나왔다. 턱에
는 수염이 조금 나 있고 목의 갈기는 뾰족하게 섰다. 앞다리
는 비스듬히 세우고 뒷다리는 굽힌 채 말발굽형의 받침에
쭈그리고 앉았다.

## 인면진묘수용(人面鎭墓獸俑)

초당(初唐) 고종(高宗) 조로(調露) 2년(680년)
높이 56.5㎝
1991년 4월 서안시(西安市) 동쪽 교외 한삼채(韓森寨) 진천(秦川)기계설비공장
당(唐) 서왕(徐王) 원례(元禮) 후궁 나관조묘(羅觀照墓) 출토

## Tomb-defending Beast of a Human Face

The Second year of Tiaolu Reign in Early Tang Dynasty (680AD)
H 56.5cm
Excavated from the Tomb of Luo Guanzhao of Tang Dynasty at Hansenzhai
in Xincheng District, Xi'an in Apr 1991

도용(陶俑) 123과 한 쌍을 이루며 사람 얼굴에 동물 몸뚱이를 하고 있다. 온 얼굴에 구레나룻이 뒤덮인 남성의 모습으로 머리를 위로 묶고 이마를 찌푸렸으며 두 눈을 부릅뜨고 큰 입을 굳게 다물었다. 콧마루는 곧게 뻗었고 돼지 귀 같은 양쪽 귀는 곧게 치켜세웠다. 어깨에는 두 갈래의 곧추선 갈기가 있고 발굽을 가진 것이 사나운 사자의 기운이 감돈다. 앞다리를 펴고 뒷다리를 굽혔으며 머리를 쳐들고 가슴을 내민 채 받침에 쭈그리고 앉았다. 털에 입혔던 검은색, 가슴에 칠했던 채색, 표면에 덧입혔던 금박은 이미 벗겨졌다.

## 천왕용(天王俑)

초당(初唐) 고종(高宗) 조로(調露) 2년(680년)
높이 92㎝
1991년 4월 서안시(西安市) 동쪽 교외 한삼채(韓森寨) 진천(秦川)기계설비공장
당(唐) 서왕(徐王) 원례(元禮) 후궁 나관조묘(羅觀照墓) 출토

## Figurine of the Heavenly King

The Second year of Tiaolu Reign in Early Tang Dynasty (680AD)
H 92cm
Excavated from the Tomb of Luo Guanzhao of Tang Dynasty at Hansenzhai
in Xincheng District, Xi'an in Apr 1991

도용(陶俑)은 가장자리가 젖힌 투구를 쓰고 명광개(明光鎧)를 입었는데 갑옷의 가슴 부분에는 원호(圓護) 두 개가 있다. 어깨에는 용머리 모양의 어깨막이를 둘렀다. 치맛자락에는 술을 새겼고 몸 뒤 비둘기 꼬리 모양의 옷자락은 아래로 드리웠다. 다리에는 허벅지 보호대를 하고 신을 신었다. 이 도용은 머리를 왼쪽으로 돌리고 눈썹은 찌푸렸으며 입을 크게 벌리고 호령하는 모습이다. 왼손은 허리를 잡고 오른손은 주먹 쥐었는데 그 가운데 구멍이 난 것이 원래 무기를 들었던 것 같다. 눈썹과 구레나룻에는 검은색을, 얼굴에는 붉은색을 칠하였다. 전포(戰袍)자락에는 붉은색, 파란색, 녹색 등으로 그림을 그리고 갑옷에는 금박을 입혔지만 현재는 흔적만 남아 있다. 도용은 위풍당당한 기세로 작은 귀신의 어깨와 둔부를 밟고 있다. 전군(戰裙)과 소맷자락이 바람에 날리는 듯하여 더욱더 위엄 있어 보인다. 나체의 귀신은 이빨을 악물고 고통스러운 표정을 지으며 받침에 엎드려 있다.

이 도용은 당대(唐代)에 새로 나타난 순장용((殉葬俑)인데 묘문(墓門)에서 일반적으로 진묘수(鎭墓獸)와 대칭으로 배치해 '사신(四神)'이라고도 부른다. 귀신을 밟고 있는 도용 천왕(天王)은 불교 천왕의 형태를 본떠 더욱 위풍당당해 보이며 당시 불의와 액을 막는 정의의 신으로 자리 잡았다. 형태는 각 시기 무장(武將)의 복식과 비슷하다. 당대 도용 천왕은 비례가 정확하고 내적인 힘을 표현하였다. 조각 기법으로 볼 때 과장된 기법을 사용하고 고저와 강약을 대조시켜 정의는 반드시 승리한다는 주제를 보여주고 있다.

# 천왕용(天王俑)

초당(初唐) 고종(高宗) 조로(調露) 2년(680년)
높이 92㎝
1991년 4월 서안시(西安市) 동쪽 교외 한삼채(韓森寨) 진천(秦川)기계설비공장
당(唐) 서왕(徐王) 원례(元禮) 후궁 나관조묘(羅觀照墓) 출토

## Figurine of the Heavenly King

The Second year of Tiaolu Reign in Early Tang Dynasty (680AD)
H 92cm
Excavated from the Tomb of Luo Guanzhao of Tang Dynasty at Hansenzhai
in Xincheng District, Xi'an in Apr 1991

도용(陶俑) 125와 한 쌍을 이루는데 복식은 기본적으
로 비슷하다. 약간 다른 부분이라면 이 도용은 구레나룻
이 없고 턱수염만 조금 있다. 동작은 위 도용과 좌우로
대칭된다.

## 천왕용(天王俑)

성당(盛唐) 현종(玄宗) 개원(開元) 12년(724년)
높이 77cm
1991년 8월 서안시 파교구 신축향(西安市 灞橋區 新築鄉) 우가(於家)
벽돌공장 당(唐) 금향(金鄉) 현주묘(縣主墓) 출토

### Figurine of the Heavenly King

The 12th year of Kaiyuan Reign in High Tang Dynasty (724AD)
H 77cm
Excavated from the Tomb of Tang Dynasty at Xinzhu County in
Baqiao District, Xi'an in Aug 1991

도용(陶俑)은 투구를 썼는데 양쪽 귀가리개는 위로 들렸고 정수리에는 장식이 높이 달려 있다. 눈썹은 곧추세우고 두 눈은 부릅떴으며 수염은 위로 들린 사나운 모습을 하고 있다. 명광개(明光鎧)를 입고 목 보호대를 하였다. 갑대(甲帶)는 목 보호대 아래에서 원호(圓護)를 지나 등 뒤로 돌려 묶었다. 배에도 원호가 있고 허리띠 아래 양옆으로 슬군(膝裙)을 드리웠으며 종아리를 묶고 신을 신었다. 어깨막이를 하고 그 양쪽에 화염문(火焰紋) 보주(寶珠)를 하나씩 달았다. 오른손은 허리를 잡고 왼손은 높게 들며 뭔가를 든 듯한 동작을 하고 있다(손은 이미 유실되었다). 왼발로는 작은 귀신의 얼굴을 밟고 곧게 편 오른 발로는 귀신의 둔부를 밟고 있다. 귀신은 입을 벌리며 고통에 허덕이는 모습이다. 그 아래에 타원형의 높은 받침이 있다. 갑옷을 입은 도용 천왕의 형상은 위풍당당하다. 전체적으로 금박무늬를 놓아 세밀하고 화려하지만 현재는 일부 벗겨졌다.

## 천왕용(天王俑)

성당(盛唐) 현종(玄宗) 개원(開元) 12년(724년)
높이 74.4㎝
1991년 8월 서안시 파교구 신축향(西安市 灞橋區 新築鄉) 우가(於家)
벽돌공장 당(唐) 금향(金鄉) 현주묘(縣主墓) 출토

### Figurine of the Heavenly King

The 12th year of Kaiyuan Reign in High Tang Dynasty (724AD)
H 74.4cm
Excavated from the Tomb of Tang Dynasty at Xinzhu County in
Baqiao District, Xi'an in Aug 1991

도용(陶俑) 127과 짝을 이루어 조형이 대동소
이하며 동작은 대칭된다. 머리에 쓴 투구의 가장
자리는 밖으로 젖혀지지 않았고 그 위에는 꽁지를
추켜세우고 나래를 펼치며 날아오르려는 주작(朱
雀)을 장식했다. 양쪽 어깨에는 두 겹의 어깨막이
가 있고, 겉은 용머리 모양인데 얄팍한 입술은 높
게 쳐들렸고 송곳니가 보이도록 크게 벌린 입으
로는 주홍색 어깨막이를 내뻗고 있다. 어깨 위에
는 화염 모양의 보주가 있고, 무릎 부위의 치맛자
락에는 주름이 새겨졌고 산비둘기 꽁지 모양의 천
을 드리웠다. 천왕용(天王俑)은 머리를 돌려 왼쪽
을 바라보고 있다. 왼손은 허리를 잡았고 주먹을
높이 쳐든 오른손 가운데가 비었는데 원래 뭔가를
잡았던 것 같다. 생동감이 넘치면서 위풍당당한
모습이며 전체적으로 채색하고 금박을 입혔다. 투
구 위에는 채색으로 꽃 한 송이를 그렸고 갑옷과
전군(戰裙)에도 채색으로 절지화(折枝花)를 그린
흔적이 남아 있다.

## 129

### 인면진묘수용(人面鎭墓獸俑)

성당(盛唐) 현종(玄宗) 개원(開元) 12년(724년)
높이 63㎝
1991년 8월 서안시 파교구 신축향(西安市 灞橋區 新築鄕) 우가(於家)벽돌공장
당(唐) 금향(金鄕) 현주묘(縣主墓) 출토

---

### Tomb-defending Beast of a Human Face

The 12th year of Kaiyuan Reign in High Tang Dynasty (724AD)
H 63cm
Excavated from the Tomb of Tang Dynasty at Xinzhu County in Baqiao District,
Xi'an in Aug 1991

사람 얼굴에 짐승 몸뚱이를 하고 있다. 둥근 두 눈은 부릅떴고 코는 벌름거리고 있
으며 큰 귀는 밖으로 젖혔다. 털은 곧추세웠고 이마에는 뿔이 하나 있는데 두 개로 나
뉜 끝은 비스듬히 앞을 향하고 있다. 양쪽 어깨에는 날개같이 펼쳐진 털이 높게 솟아
있고 등에는 척추를 따라 닭의 볏 같은 3개의 뿔이 돋아 있다. 가슴은 펴고 앞다리는
세웠으며 작은 꼬리는 위로 치켜세운 채 복숭아 모양의 받침대에 쭈그리고 앉았다.
받침대 아래에는 높은 산 모양의 받침을 덧붙였다. 전체적으로 색상을 입히고 부분
적으로 금박도 붙였다. 전체 형태를 보아 위풍당당해 보이는 반면 험상궂은 무서운
느낌도 없지 않다.

## 130

### 수면진묘수용(獸面鎭墓獸俑)

성당(盛唐) 현종(玄宗) 개원(開元) 12년(724년)
높이 58.5㎝
1991년 8월 서안시 파교구 신축향(西安市 灞橋區 新築鄕) 우가(於家)벽돌공장
당(唐) 금향(金鄕) 현주묘(縣主墓) 출토

---

### Tomb-defending Beast of a Beast Face

The 12th year of Kaiyuan Reign in High Tang Dynasty (724AD)
H 58.5cm
Excavated from the Tomb of Tang Dynasty at Xinzhu County in Baqiao District,
Xi'an in Aug 1991

진묘수(鎭墓獸)는 짐승의 형상을 본떠 만들었다. 얼굴은 수사자 같고 두 눈은
튀어나왔으며 크게 벌린 입안에는 송곳니가 돋아 있다. 두 귀는 쫑긋 세웠고 머
리 위에는 뿔 두 개가 있으며 양쪽 어깨에는 날개가 있고 등에는 뿔이 있으며 온
몸의 털은 곧게 세웠다. 왼쪽 앞발은 뱀을 높게 잡아 올렸는데 뱀은 머리를 높게
쳐들며 몸으로 도용의 팔뚝을 휘감고 있다. 도용은 오른쪽 앞다리를 세우고 뒷
다리를 굽힌 채 타원형 높은 받침에 쭈그리고 앉았다. 전체 모습은 흉악하면서도
살벌해 보인다. 뱀의 등에는 주홍색의 비늘이 있고 배 부분에 하얀색을 입혔으며
그 위에 검은색 가로무늬를 그렸다. 나머지 색상은 도용(陶俑) 129 진묘수와 동
일하다.

## 131

### 인면진묘수용(人面鎭墓獸俑)

당(唐)
높이 61cm 너비 30cm
서안시(西安市) 수집

### Tomb-defending Beast of a Human Face

Tang Dynasty (618AD~907AD)
H 61cm  W 30cm
Collected in Xi'an

진묘수(鎭墓獸)는 사람 얼굴에 돼지 귀를 하고 있다. 정수리에는 서로 엉켜 곧게 올라간 큰 뿔이 있고 이마에도 뿔이 있다. 얼굴이 시뻘게 험상궂어 보이는데 짙은 눈썹은 비스듬하고 두 눈은 튀어나왔으며 콧방울은 벌름거리고 입은 굳게 다물었으며 짧은 목은 굵고 턱은 둥글다. 오른쪽은 머리 위로, 왼쪽은 허리 부분까지 올린 두 앞발은 독수리 발 같다. 머리를 들고 가슴을 폈으며 발로는 괴물을 밟고 있다. 괴물은 큰 두 눈을 부라리고 뾰족한 입이 바닥에 닿은 모양새로 타원형의 높은 받침에 엎드려 있다.

## 132

### 수면진묘수용(獸面鎭墓獸俑)

당(唐)
길이 30cm 너비 21cm 높이 68cm
서안시 장안현 위곡진(西安市 長安縣 韋曲鎭) 출토

### Tomb-defending Beast of a Beast Face

Tang Dynasty (618AD~907AD)
L 30cm  W 21cm  H 68cm
Excavated from Weiqu Town Chang'an County in Xi'an

진묘수(鎭墓獸)는 사자 얼굴에 실오라기 하나 걸치지 않은 사람의 몸통과 짐승의 발톱을 하고 있다. 이마에는 뿔 두 개가 돋았고 양쪽 어깨에는 날개가 있는데 정수리에 곧추세운 털과 어깨의 날개깃은 한데 모이며 위로 뻗어 횃불 모양을 이루었다. 가닥가닥 위로 뻗은 정수리 털은 긴 창 모양이다. 도용은 분노에 찬 눈을 크게 뜨고 콧방울을 벌름거리고 있으며 송곳니를 드러낸 포악한 모습을 하고 있다. 높게 올린 왼팔은 예리한 발톱을 드러냈고 오른팔에는 뱀을 휘감았다. 오른쪽 앞발로 뱀의 몸뚱이를 단단히 잡으며 아래로 잡아 늘이고 있다. 두 다리로 괴물을 밟고 있는데 오른쪽 다리는 곧게 펴 괴물의 둔부를 밟고 있으며 왼쪽 다리를 구부려 괴물 머리를 짓누르고 있다. 괴물은 사지를 웅크린 채 고통스러운 표정으로 산 모양의 높은 받침 위에 엎드려 있다.

도용은 왼쪽 앞발을 추켜들고 오른쪽 다리를 아래로 곧게 펴 왼쪽 위로 비스듬한 자세를 하고 있어 생동감이 넘쳐 보인다.

## 133

### 인면진묘수용(人面鎭墓獸俑)

당(唐)
높이 95cm
1988년 1월 서안시(西安市) 동쪽 교외 한삼채(韓森寨) 홍기(紅旗)전동기공장
당묘(唐墓) 출토

Tomb-defending Beast of a Human Face

Tang Dynasty (618AD~907AD)
H 95cm
Excavated from a Tomb of Tang Dynasty at Hansenzhai in Xincheng District,
Xi'an in Jan 1988

진묘수(鎭墓獸)는 사람 얼굴에 짐승 몸뚱이를 하고 발굽이 있다. 이 도용(陶俑)은 높은 받침에 웅크리고 앉아 있다. 투구 윗부분에 뱀 세 마리가 서로 엉켜 위로 솟아 뿔을 이룬 것이 눈에 띈다. 뱀 머리는 밖으로 높게 추켜세웠고 몸체와 꼬리는 꽈배기처럼 서로 엉켜 위로 솟아 있다. 도용은 눈을 부릅뜨고 콧구멍이 밖으로 뒤집혔으며 입가에는 가시 같은 이빨이 돋은 흉악한 모습을 하고 있다. 어깨의 두 날개는 몸뚱이 양쪽에 돋아 있다. 전체 모습을 보아 마치 침입자에게 "날기와 달리기를 잘 하고 온몸에 독을 갖고 있으니 무섭지 않느냐!"고 호통 치는 것 같다.

**134**

## 수면진묘수용 (獸面鎭墓獸俑)

당(唐)
높이 95cm
1988년 1월 서안시(西安市) 동쪽 교외 한삼채(韓森寨) 홍기(紅旗)전동기공장
당묘(唐墓) 출토

### Tomb-defending Beast of a Beast Face

Tang Dynasty (618AD~907AD)
H 95cm
Excavated from a Tomb of Tang Dynasty at Hansenzhai in Xincheng District,
Xi'an in Jan 1988

짐승 모양의 도용(陶俑)은 높은 받침에 웅크리고 앉아 있다. 머리에 뿔 세 개가 돋았고 큰 귀는 밖으로 젖혀졌으며 둥근 두 눈은 볼록하게 나왔고 콧구멍은 굵고 크며 송곳니는 입가에서 뻗어 나왔다. 어깨에는 곧추세운 날개가 있고 동물의 발톱을 가졌다.

이 도용은 환상 속 괴물의 모습인데 당대 도용은 사실적 기법 외에도 낭만적인 상상도 내포하였다. 이 밖에 신수(神獸)는 큰 귀로는 하늘과 땅속의 소리를 들을 수 있고 번갯불 같은 두 눈으로는 구름층을 꿰뚫을 수 있으며 어깨의 두 날개로는 하늘을 날 수 있고 짐승의 발굽으로는 드넓은 벌판에서 마음껏 달릴 수 있다. 당대 조각가는 피장자(被葬者)의 시신과 영혼을 수호하고 모든 잡귀의 간섭을 막기 위해 상상력을 발휘해 이 같은 형상을 만들어 냈다.

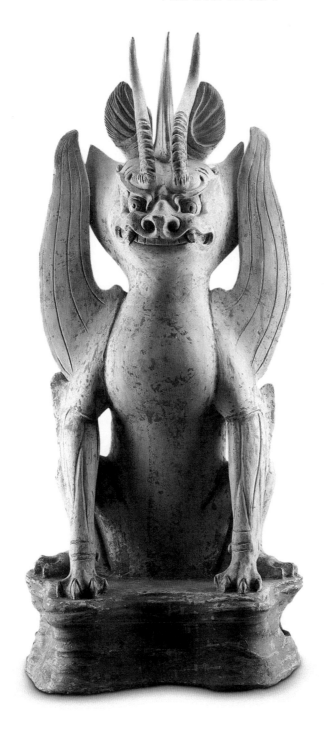

# 인면진묘수용(人面鎭墓獸俑)

성당(盛唐)
높이 54cm
2002년 7월 서안시(西安市) 서북정법학원(西北政法學院) 남교구(南校區) 당묘(唐墓) 출토

## Tomb-defending Beast of a Human Face

High Tang Dynasty (713AD~766AD)
H 54cm
Excavated from Northwest University of Politics & Law in Chang'an County, Xi'an in Jul 2002

　도용(陶俑)은 사람 얼굴에 짐승 몸뚱이를 하고 있다. 앞다리는 곧게 펴고 뒷다리는 구부렸으며 꼬리는 몸에 붙여 위로 치켜세웠고 네 발톱은 바닥에 단단히 박은 채 받침에 쭈그리고 앉아 있다. 눈썹은 곤두세웠고 두 눈에는 분노가 가득하며 콧방울은 넓고 광대뼈는 튀어나왔으며 입은 밖으로 뒤집혔고 입가의 위로 들린 팔자수염에 구레나룻이 나 있다. 두 귀는 굉장히 큰데 마치 부채 두 개가 양쪽에 있는 것 같다. 정수리의 두 뿔은 서로 엉키며 곧게 위로 뻗다가 끝부분에서 다시 좌우로 갈라졌다. 뿔의 앞쪽에는 S형 뿔이 구불구불 앞을 향해 뻗어 있다. 어깨의 두 날개는 위로 올라갔으며 횃불 모양을 이루었다. 동물 몸뚱이에는 붉은색을 입히고 가슴에는 꽃 모양의 채색도안, 복부에는 붉은색의 가로무늬, 등에는 검은색의 표범무늬를 그렸다. 전체 색상은 화려하고 형상은 위엄이 있다.

## 수면진묘수용(獸面鎭墓獸俑)

성당(盛唐)
높이 51㎝
2002년 7월 서안시(西安市) 서북정법학원(西北政法學院) 남교구(南校區)
당묘(唐墓) 출토

---

## Tomb-defending Beast of a Beast Face

High Tang Dynasty (713AD~766AD)
H 51cm
Excavated from Northwest University of Politics & Law in Chang'an County,
Xi'an in Jul 2002

　도용(陶俑)은 짐승의 형태로 만들었는데 앞다리를 세우고 뒷
다리는 굽혔으며 꼬리는 몸에 붙여 위로 치켜세웠고 네 발톱은
바닥에 단단히 박은 채 받침에 쭈그리고 앉아 있다. 머리 부분을
제외한 기타 부분은 조형과 색상이 도용 135와 같다. 얼굴은 호
랑이 형태로 만들었는데 두 눈을 무섭게 부릅뜨고 입을 크게 벌
리며 예리한 송곳니를 드러냈다. 정수리에는 긴 뿔 두 개가 좌우
로 비스듬히 위를 향해 뻗어 있다. 얼굴에서 시뻘건 혀를 내민
큰 입을 중점적으로 묘사하였다.

# 천왕용(天王俑)

성당(盛唐)
높이 49.5㎝
2002년 7월 서안시(西安市) 서북정법학원(西北政法學院) 남교구(南校區) 당묘(唐墓) 출토

## Figurine of the Heavenly King

High Tang Dynasty (713AD~766AD)
H 49.5cm
Excavated from Northwest University of Politics & Law in Chang'an County, Xi'an in Jul 2002

도용(陶俑) 138과 쌍을 이룬다. 도용은 가장자리가 들린 투구를 썼다. 양쪽 귀가리개는 밖으로 젖혀졌으며 투구 가장자리와 가운데에 금박을 입혔다. 얼굴은 네모나고 두 눈은 부릅떴고 넓고 큰 코로 거센 숨을 내쉬고 있다. 굳게 다문 입의 양끝은 아래로 처졌고 팔자수염은 높게 치켜세웠으며 검은색 가는 선으로 턱수염을 그렸다. 안에 전포(戰袍)를, 겉에 갑옷을 입고 그 위에 양당갑(裲襠甲)을 걸쳤다. 가슴 앞에 있는 원호(圓護) 가장자리에 금박을 입혔고 등의 붉은색 바탕에는 꽃을 그려 넣었다. 복부에도 원호가 있고 용머리 모양의 어깨막이를 걸쳤는데 안팎으로 두 겹이며 겉은 용머리 모양으로 대신하고 입에서 안에 입은 어깨막이를 내뿜고 있다. 양어깨의 용머리는 비취색이고 검은 선으로 비늘무늬를 그렸으며 튀어나온 큰 눈에는 검은색을 입혔다.

양쪽 용머리 정수리에는 각기 주홍색의 구슬을 달았다. 안의 어깨막이는 붉은 벽돌색이고 가장자리가 높게 들렸다. 안에 입은 옷의 팔 부분은 소매 끝에서 좁아진다. 허리띠 아래에는 표범무늬가 있고 슬군(膝裙)의 앞면은 붉은색이며 파란색·녹색·노란색·검은색 등으로 꽃무늬를 그렸고 가장자리에는 술을 달았다. 등에는 하얀색 바탕에 주홍색으로 질주하는 표범을 그렸고 그 주위에 권초문(卷草紋)과 운문(雲紋)을 장식하였다. 뒤쪽 옷자락은 비둘기 꼬리 모양이고 정강이 사이에는 허벅지 보호대가 있으며 갈색 신을 신었다. 도용은 눈썹을 치켜세우고 두 눈을 부릅떴다. 오른손은 허리를 잡고 왼손은 주먹을 쥐며 위로 올렸다. 왼쪽 다리는 작은 귀신의 왼쪽 어깨를, 세운 오른쪽 다리는 귀신의 오른쪽 허벅지를 밟고 있다. 나체의 귀신은 왼팔로 간신히 지탱하며 타원형의 받침에 앉아 있다. 눈코입이 크고 두 귀는 곧게 세웠다. 머리가 천왕의 두 발 사이에 끼어 고통에 허덕이고 있다.

## 천왕용(天王俑)

성당(盛唐)
높이 53.2㎝
2002년 7월 서안시(西安市) 서북정법학원(西北政法學院) 남교구(南校區) 당묘(唐墓) 출토

## Figurine of the Heavenly King

High Tang Dynasty (713AD~766AD)
H 53.2cm
Excavated from Northwest University of Politics & Law in Chang'an County, Xi'an in Jul 2002

도용(陶俑) 137과 쌍을 이룬다. 이 도용 천왕(天王)의 조형과 옷차림은 앞의 도용 137과 비슷하다. 다만 머리에 투구를 쓰지 않고 머리카락은 땋았다. 두 눈은 부릅뜨고 눈썹은 찌푸렸으며 입을 벌리며 호령하고 있다. 명광개(明光鎧)를 입었고 가슴과 배에는 원호(圓護)가 있으며 허리띠 아래의 슬군(膝裙)은 좌우로 나뉘었다. 뒤쪽의 슬군에는 채색 꽃무늬만 그렸을 뿐 표범무늬는 새기지 않았다. 가장자리 부분에는 금박을 입혔다. 동작은 앞의 도용과 좌우로 대칭된다.

## 인면진묘수용(人面鎭墓獸俑)

성당(盛唐) 예종(睿宗) 태극(太極) 원년(712년)
높이 120cm 받침높이 15cm
서안시 주지현(西安市 周至縣) 당(唐) 양종묘(梁琮墓) 출토

## Tomb-defending Beast of a Human Face

The First year of Taiji Reign in High Tang Dynasty (712AD)
H 120cm Base H 15cm
Excavated from Tomb of Liangcong of Tang Dynasty in Zhouzhi County in Xi'an

　사람 얼굴에 짐승의 몸뚱이를 가진 용맹한 모습의 진묘수
(鎭墓獸)이다. 앞다리를 곧게 세우고 뒷다리를 굽힌 채 네 발로
착지하여 말발굽 모양의 받침 위에 웅크리고 앉아 있다. 눈썹
을 곧추세우고, 두 눈을 부릅떴으며, 코가 넓적하고 입이 커다
랗다. 정수리에는 기다란 뿔이 위로 우뚝 솟아 있고 부들부채
모양의 커다란 귀가 양측에 달렸으며 어깨에는 불꽃 모양의 날
개가 달려 있다.

## 수면진묘수용(獸面鎭墓獸俑)

성당(盛唐) 예종(睿宗) 태극(太極) 원년(712년)
높이 122cm 받침높이 16cm
서안시 주지현(西安市 周至縣) 당(唐) 양종묘(梁琮墓) 출토

## Tomb-defending Beast of a Beast Face

The First year of Taiji Reign in High Tang Dynasty (712AD)
H 122cm Base H 16cm
Excavated from Tomb of Liangcong of Tang Dynasty in Zhouzhi County in Xi'an

　온전한 짐승의 형상으로 앞다리는 곧게 세우고 뒷다리는 굽혔으며 네
발로 착지하여 말발굽 모양 받침 위에 웅크리고 앉아 있다. 조형과 색상
은 모두 139번 도용과 같으며 머리 부분만 다르다. 사자의 얼굴로 보이는
데 툭 불거진 두 눈을 커다랗게 뜨고 입을 크게 벌려 뾰족한 이를 드러내
고 있다. 머리 부분 갈기는 모두 곧추 세웠으며 정수리에는 기다란 뿔이,
어깨에는 날개가 나 있다. 정수리, 어깨, 등에는 위로 곧추 세운 기다란 털
이 나 있다. 특히 시뻘겋고 커다란 입과 곧추 세운 털을 부각시킴으로써
흉악하고 공포스러운 모습으로 표현하였다.

## 141

진묘용(鎭墓俑)

당(唐)
높이 37cm
1990년 서안시(西安市) 서쪽 교외 화력발전소 건설현장 당묘(唐墓) 출토

### Tomb-defending Figurine

Tang Dynasty (618AD~907AD)
H 37cm
Excavated from the Thermal Power Plant in western suburbs of Xi'an in 1990

도용(陶俑)은 사람의 모습이며 손과 발은 짐승 모양이다. 머리카락은 위로 곧게 선 횃불 모양이고 눈썹은 튀어나왔다. 눈가가 들어가 눈이 두드러져 보인다. 두 귀는 위로 곧게 세웠고 콧마루는 꺼졌으며 뒤집힌 입술은 조금 벌어졌다. 머리는 쳐들고 두 눈은 부릅떴으며 얼굴 부분의 근육은 경직되어 더욱 살벌해 보인다. 알몸 상태로 허리 부분에만 삼각형의 짧은 천을 둘렀다. 온몸의 근육도 울퉁불퉁하여 현재의 보디빌더를 연상케 한다. 오른손은 허리를 잡고 높게 올린 왼손에는 예리한 손톱이 보이며 두 다리를 벌린 채 둥근 구멍이 난 받침에 곧게 서 있다.

## 142

진묘용(鎭墓俑)

당(唐)
높이 36.5cm
1990년 서안시(西安市) 서쪽 교외 화력발전소 건설현장 당묘(唐墓) 출토

### Tomb-defending Figurine

Tang Dynasty (618AD~907AD)
H 36.5cm
Excavated from the Thermal Power Plant in western suburbs of Xi'an in 1990

도용(陶俑)의 형태는 기본적으로 도용 141과 일치하지만 머리카락은 짧고 곱슬곱슬하다. 오른손은 허리를 잡고 왼손으로는 뱀을 쥐어 들었다.

이 무덤은 경사지고 긴 묘도(墓道)에 꼭대기가 궁형인 단실묘(單室墓)이다. 출토 당시 이러한 도용들이 막힌 문 안쪽에 있었던 것을 보아 묘실을 지키고 피장자(被葬者)의 안녕을 보호하는 진묘용(鎭墓俑)의 역할을 하는 것으로 추정되어 통틀어 진묘용이라 부른다. 당묘(唐墓) 중의 진묘용은 일반적으로 진묘수(鎭墓獸)와 천왕용(天王俑)을 한 쌍씩 세우는데 이같이 진묘용 한 쌍이 더 있는 경우는 극히 드물어 방상시(方相氏)인지는 고증이 필요하다.

## 황유무사용(黃釉武士俑)

수(隋)~초당(初唐)
높이 56.5cm
1985년 서안시 장안현 가리촌(西安市 長安縣 賈裏村) 출토

### Figurine of a Warrior in Yellow Glaze

Sui to Early Tang Dynasty (581AD~713AD)
H 56.5cm
Excavated from Jiali Village in Chang'an County, Xi'an in 1985

　도용(陶俑)은 투구를 쓰고 주위에는 목보호대와 귀가리개가 있다. 명광개(明光鎧)를 입고 가슴 앞에는 두 개의 원호(圓護)가 있으며 등의 갑옷은 여러 개의 갑편(甲片)을 이어 만들었는데 어깨에서 가죽 끈으로 가슴과 등의 갑옷을 연결한 것을 보아 양당갑(裲襠甲) 종류인 것 같다. 이 끈은 목에서 가슴까지 내려오다 양쪽으로 돌려 배에서 묶었다. 허리띠 아랫부분의 좌우에는 슬군(膝裙)을 하나씩 둘렀고 그 가장자리에는 술을 장식하였다. 두 겹의 어깨막이를 걸쳤는데 겉은 호랑이 모양이고 호랑이 아가리 사이로 안의 어깨막이가 보인다. 왼팔은 굽히며 위로 올렸는데 주먹 쥔 손 가운데가 빈 것을 보아 원래 무기를 잡았던 것 같고 오른손은 허리를 잡았다. 아래는 허벅지보호대를 하고 좌우 무릎에는 각기 용머리를 새겼다. 이는 무사용 중 극히 드문 형태이다. 두 다리를 곧게 편 채 네모난 받침판 위에 서 있고 목이 높은 신을 신었다. 전체적으로 황유를 입혔다.

　도용은 웅건한 자태를 뽐내고 있는데 몸체가 크고 허리가 잘록하다. 두 눈은 동그랗게 뜨고 입은 굳게 다물어 엄숙하면서도 사나워 보인다. 생동감 있게 표현하였지만 지나치게 과장하지 않았는데 당시 무장(武將)의 모습을 사실적으로 표현한 것 같다.

　당묘의 진묘용(鎭墓俑)은 초당(初唐) 시기 진묘수(鎭墓獸)와 무사용(武士俑) 한 쌍식을 배치한 것으로 알려져 있다. 무측천(武則天) 시기에 이르러 무사용은 점차 작은 귀신을 밟은 천왕용(천왕용)으로 바뀌기 시작하였고 현종(玄宗) 개원(開元) 시기에 이르러서는 모두 천왕용으로 바뀌었다.

## 무사용(武士俑)

당(唐)
높이 60.5cm 너비 18.3cm
1990년 서안시 신성구(西安市 新城區) 황하(黃河)기계설비공장 출토

### Figurine of a Warrior

Tang Dynasty (618AD~907AD)
H 60.5cm  W 18.3cm
Excavated from Huanghe Machinery Factory in Xi'an in 1990

　도용(陶俑)은 얼굴에 구레나룻이 가득하고 눈썹 뼈가 높으며 눈은 오목하고 코가 높고 광대뼈가 튀어나온 호인(胡人)의 모습이다. 투구를 쓰고 갑옷을 입은 군장(軍裝) 차림새인데 가슴 앞에서 주먹 쥔 두 손 가운데 구멍이 난 것을 보아 원래 무기를 들었던 것 같다. 역사적으로 당대의 울지경덕(尉遲敬德) 등 다수 장군이 모두 호인이었다. 이 도용도 당대 호인장군의 실제 모습을 본떠 만들었다.

# 천왕용(天王俑)

초당(初唐) 고종(高宗) 함형(鹹亨) 원년(670년)
높이 101.5㎝
2001년 1월 서안시(西安市) 동쪽 교외 방직타운 온작묘(溫綽墓) 출토

---

## Figurine of the Heavenly King

The first year of Xianheng Reign in EarlyTang Dynasty (670AD)
H 101.5cm
Excavated from the Tomb of Wen Zhuo in Eastern Suburbs of
Xi'an in Jan 2001

   도용(陶俑)은 끝이 둥근 투구를 쓰고 명광개(明光
鎧)를 입었으며 가슴 부분에 두 개의 둥근 원호(圓護)
가 있고 어깨에는 용머리 모양의 어깨막이를 걸쳤다.
허리띠 아래 좌우로 슬군(膝裙)을 둘렀고 그 가장자
리에는 술을 장식하였으며 붉은색 전포를 입고 정강
이보호대를 하였다. 두 눈은 부릅떴고 수염은 치켜세
웠으며 왼손은 허리를 잡고 오른손은 높게 들었으며
발로는 괴물을 밟고 있다. 도용은 당당한 위용을 드러
내고 있다. 전체적으로 색상을 칠하고 투구와 갑옷에
는 금박을 붙였다.

# 천왕용(天王俑)

당(唐)
높이 80cm
서안시 신성구(西安市 新城區) 한삼채(韓森寨) 출토

## Figurine of the Heavenly King

Tang Dynasty (618AD~907AD)
H 80cm
Excavated from Hansenzhai in Xincheng District of Xi'an

　공작새를 장식한 투구를 썼다. 공작새는 머리를 들고 날개를 펼쳤으며 꽁지를 높이 치켜세웠다. 천왕(天王)은 눈썹을 추켜세우고 퉁방울 같은 두 눈을 부릅떴으며 코를 벌름거리는 모습이 노기등등해 보인다. 명광개(明光鎧)를 입고 허리띠 윗부분에는 보호용 원호(圓護)가, 어깨에는 용머리 모양의 어깨막이가 있다. 슬군(膝裙)가장자리에는 술을 장식하고 뒷자락은 비둘기 꽁지 모양이며 정강이보호대를 하고 코가 둥근 신을 신었다. 팔에는 근육이 불끈불끈 튀어나왔고 오른손은 주먹을 쥐었으며 왼손은 허리 부분에서 펼쳤으며 발로는 귀신을 밟고서 있다. 귀신은 원형 받침에 주저앉아 있는데 머리가 천왕의 두 다리에 밟히고 끼여 오른쪽 다리와 팔로 몸을 힘겹게 지탱하고서 고통스럽게 몸부림치는 모습이다. 도용(陶俑)의 몸에는 금박의 흔적이 남아 있다.

# 천왕용(天王俑)

당(唐)
높이 63.5cm 너비 23cm
1991년 11월 서안시 장안현 위곡진(西安市 長安縣 韋曲鎭) 206연구소 공사 현장
당묘(唐墓) 출토

## Figurine of the Heavenly King

Tang Dynasty (618AD~907AD)
H 63.5cm  W 23cm
Excavated from Institute No.206 of China Arms Industy Group Corporation
in Weiqu Town Chang'an County, Xi'an in Nov 1991

　천왕(天王)은 가장자리가 들리고 양쪽이 뾰족한 투구를 썼는데 그 위에는 공작새 깃털 모양의 장식을 달았다. 갑옷에 전군(戰裙)을 입고 띠를 둘렀으며 목이 높은 신을 신었다. 눈썹을 찌푸리고 두 눈을 부릅뜬 모습이 위협적으로 보인다. 오른손은 허리를 잡고 왼손은 주먹을 쥐었는데 가운데 구멍이 있는 것을 보아 원래 무기를 들었던 것 같다. 작은 귀신을 밟고 있는데 귀신은 나체인 채로 낮은 받침에 엎드려 있다.

**148**

## 천왕용(天王俑)

당(唐)
높이 95cm
서안시 신성구(西安市 新城區) 한삼채(韓森寨) 출토

## Figurine of the Heavenly King

Tang Dynasty (618AD~907AD)
H 95cm
Excavated from Hansenzhai in Xincheng District of Xi'an

　도용(陶俑)은 가장자리가 젖혀진 투구를
썼다. 두 눈은 퉁방울 같고 콧방울은 넓고 납
작하며 큰 입을 굳게 다문 흉악한 모습이다.
명광개(明光鎧)를 입고 용머리 모양의 어깨
막이를 하였으며 코가 둥근 신을 신었다. 두
손은 모두 주먹 쥔 상태로 오른팔은 살짝 굽
혀 허리에 붙였고 왼팔은 들어 올린 왼쪽 다
리를 내리찍고 있다. 천왕은 두 발로 작은 귀
신을 밟고 있는데 머리카락을 곧게 세운 귀
신은 타원형 받침에 앉아 있다. 귀신은 귀를
세우고 눈을 부릅떴으며 머리가 천왕의 두
다리 사이에 끼어 입을 벌린 채 고통스러운
표정이다. 천왕의 몸에는 금박을 붙였던 흔
적이 남아 있다.

171

## 149

### 천왕용(天王俑)

당(唐)
높이 83.5cm
1995년 서안시 파교구(西安市 灞橋區) 재정국(財政局) 공사 현장 출토

Figurine of the Heavenly King

Tang Dynasty (618AD∼907AD)
H 83.5cm
Excavated from the construction site in Baqiao District, Xi'an in 1995

　도용(陶俑)은 끝에 날개 편 공작새를 장식한 투구를
썼다. 양쪽 태양혈 부분의 털은 횃불 모양으로 구부러
지며 위로 향했고 끝이 뾰족하다. 부릅뜬 둥근 두 눈은
금방이라도 튀어나올 것 같고 입은 굳게 다물었는데
표정이 자못 엄숙해 보인다. 명광개(明光鎧)를 입고 띠
를 둘렀다. 주먹 쥔 왼손은 허리 부분에 놓았고 오른손
은 떨어져 나갔으며 목이 높은 신을 신은 발로는 작은
귀신의 몸을 밟고 있다. 귀신의 둔부는 바닥에 닿았고
두 손으로 몸을 지탱하며 고통스러운 표정으로 높은
받침대에 주저앉아 있다. 도용의 어깨와 복부의 갑옷
에는 금박을 붙였다.

**150**

## 천왕용(天王俑)

당(唐)
높이 78cm
서안시 신성구(西安市 新城區) 한삼채(韓森寨) 출토

### Figurine of the Heavenly King

Tang Dynasty (618AD~907AD)
H 78cm
Excavated from Hansenzhai in Xincheng District of Xi'an

　천왕(天王)은 머리를 횃불 모양으로 빗어
올리고 정수리에는 복숭아 모양의 계(髻)를
하였으며 갑옷을 입고 가슴 앞에서 두 손 모
두 주먹 쥐고 있는데 가운데 구멍이 난 것을
보아 원래 무기를 들었던 것 같다. 머리는 오
른쪽으로 돌리고 눈을 부릅뜨며 호령하는
모습이며 발로 작은 귀신을 밟고 있다. 귀신
은 나체인 채로 받침에 엎드려 고통스러운
표정을 하고 있다.

## 151

### 천왕용(天王俑)

당(唐)
높이 37cm 너비 16cm
1966년 서안시(西安市) 제2건축회사 81철공장 출토

Figurine of the Heavenly King

Tang Dynasty (618AD~907AD)
H 37cm  W 16cm
Excavated from the second Construction Company of Xi'an in 1966

　천왕(天王)은 끝이 둥글고 가장자리가 들린 투구를 쓰고, 명광개(明光鎧)에 전군(戰裙)을 입었으며 띠를 두르고 목이 높은 신을 신었다. 눈썹은 찌푸리고 두 눈은 부릅떴으며 입은 굳게 다문 험상궂은 모습이다. 오른손으로 왼쪽 팔꿈치를 받치고 왼쪽 식지를 얼굴에 갖다 대고 사색에 잠긴 듯한 모습을 하고 있는데 발로는 엎드려 있는 괴물을 밟고 있다.

## 문관용(文官俑)

성당(盛唐) 현종(玄宗) 개원(開元) 12년(724년)
높이 60.4㎝
1991년 8월 서안시 파교구 신축향(西安市 灞橋區 新築鄉) 우가(於家)벽돌공장
당(唐) 금향(金鄉) 현주묘(縣主墓) 출토

### Figurine of a Civil Office

The 12th year of Kaiyuan Reign in High Tang Dynasty (724AD)
H 60.4cm
Excavated from the Tomb of Tang Dynasty at Xinzhu County in
Baqiao District, Xi'an in Aug 1991

　도용(陶俑)은 검은색 진현관[進賢冠, 양관(梁冠)이라고
부르는데 문관들이 흔히 착용한다]을 쓰고 교령에 소매가 넓
은 붉은색 두루마기를 입었는데 그 자락이 발을 덮었으
며 끝부분에는 술을 장식하였다. 소매는 무릎까지 내려
왔는데 그 가장자리 및 옷깃 가장자리에는 꽃무늬를 새
겼다. 두루마기 안에는 반비(半臂)를 입었고 허리에는 띠
를 둘렀으며 끝이 네모나고 굽이 높은 신을 신었다. 짙은
눈썹에 눈이 가늘고 팔자수염의 끝이 위로 들렸으며 얼
굴은 발그스름하고 가슴 앞에서 두 손을 맞잡았다. 몸체
는 조금 앞으로 굽혀 겸손한 모습으로 받침대에 서 있다.

## 153

문관용(文官俑)

성당(盛唐) 예종(睿宗) 태극(太極) 원년(712년)
높이 101cm 받침높이 13cm
서안시 주지현(西安市 周至縣) 양종묘(梁琮墓) 출토

Figurine of a Civil Office

The First year of Taiji Reign in High Tang Dynasty (712AD)
H 101cm Base H 13cm
Excavated from Tomb of Liangcong of Tang Dynasty in Zhouzhi County
in Xi'an

　문관은 검은색 진현관(進賢冠)을 쓰고 무릎까지 오는
기다란 소매의 교령(交領) 두루마기를 입었는데 술이 달
린 끝자락이 발을 덮고 있다. 허리에는 넓은 띠를 매고
코가 네모나고 목이 높은 신을 신었다. 짙은 눈썹에 커다
란 눈, 곧은 콧마루에 꾹 다문 커다란 입술을 가졌으며
엄숙한 표정을 짓고 있다. 두 손을 가슴 앞에서 맞잡고
허리를 펴고 받침 위에 곧게 서 있다.

## 무관용(武官俑)

성당(盛唐) 예종(睿宗) 태극(太極) 원년(712년)
높이 97㎝ 받침높이 13cm
서안시 주지현(西安市 周至縣) 양종묘(梁琮墓) 출토

### Figurine of a Militery Office

The First year of Taiji Reign in High Tang Dynasty (712AD)
H 97cm Base H 13cm
Excavated from Tomb of Liangcong of Tang Dynasty in
Zhouzhi County in Xi'an

무관은 검은색 할관(鶡官)을 썼는데 할은 두 날개를 좌우로 펼치고 머리는 아래로 내린 급강하 자세를 취하고 있다. 소매가 넓은 붉은색 두루마기를 입었는데 그 자락은 무릎을 덮었고 허리에 넓은 띠를 두르고 목이 높은 신을 신었다. 눈썹은 짙고 눈은 크며 코는 곧다. 네모진 입을 굳게 다문 것이 위엄 있어 보인다. 가슴 앞에서 아래위로 두 주먹을 쥐었는데 손가락 사이에 작은 구멍이 있는 것을 보아 원래 칼이나 검을 들었던 것 같다. 산 모양의 높은 받침에 곧게 서 있다. 겉옷의 색상은 대부분 벗겨졌고 옷깃 부분의 꽃무늬에만 색상이 조금 남아 있다.

할관은 할(鶡)이나 할의 깃털로 장식한 관이다. 할은 갈마계(褐馬鷄)로 동물학 분류에 따르면 조류, 닭목, 꿩과, 마계속(馬鷄屬), 갈마계종(褐馬鷄種)이다. 온몸이 갈색이고 얼굴에서 드러난 피부는 붉은색이다. 가장 두드러진 특징은 발달한 귀깃인데 흰색에 짧은 뿔 모양으로 '각계(角鷄)' 또는 '이계(耳鷄)'라 불린다. 꽁지깃이 길고 가운데 크고도 긴 두 쌍의 깃털은 '마계령(馬鷄翎)'이라 불리는데 끝이 위로 쳐들렸으며 깃털을 모아 드리운 모양이 말꼬리 같아 '마계(馬鷄)'라 불린다. 용감하고 잘 싸우는 갈마계는 짧은 거리만 비행할 수 있다. 중국에만 있는 희귀 조류로 현재는 국가1급 보호동물이다. 중국조류학회는 갈마계를 학회 마크로 사용하고 있으며 산서성(山西省)은 갈마계를 성조(省鳥)로 정하였다.

옛 서적에서는 할이 용감하고 잘 싸우며 끝까지 굴하지 않는다고 적고 있다. 『진서(晉書)』「여복지(輿服志)」에서는 "할은 조류로 매와 비슷하지만 조금 더 검다. 용감하여 죽을 때까지 싸우므로 제물로 사용한다"고 적고 있다. 할관은 가장 늦어 전국(戰國)시대에 이미 존재하였으며 전하는 바에 의하면 조무영왕(趙武靈王) 시기에 무관의 투구를 할의 깃으로 장식하여 장려하였다 한다. 할관은 한대(漢代)에 이르러 무관(武官)의 관(冠)이 되었다. 『후한서(後漢書)』「여복지하(輿服志下)」에는 "무관(武冠)은 속칭 대관(大冠)이라고도 하는데 띠를 두르고 술이 없다. 가장자리에 청색 띠를 두르고 좌우 양측에 할의 깃을 꽂아 장식하므로 할관이라 한다"라고 쓰여 있고, 『신당서(新唐書)』「의위지(儀衛志)」에는 "조회(朝會) 의장(儀仗) 시에는 삼위(三衛)와 번상(番上)이 다섯 의장대로 나뉘는데 아내오아(衙內五衛)라 부른다. ……모두 할관에 붉은색 두루마기를 입는다"라고 쓰여 있다. 당대(唐代)부터 참새와 비슷한 할

의 전체 모습으로 관을 장식하기 시작하였으며 당대 중엽 이후에는 점차 사라졌다. 당대 이후 할관은 의장대의 복식으로 사용되었고 송대(宋代) 이후 무관의 투구는 끈으로 장식되었다. 청대(淸代)에 이르러 문관이나 무관의 관모에는 할의 깃으로 된 남령(藍翎)과 공작새의 깃으로 된 화령(花翎)이 있었는데 이는 전국(戰國)시대 이래 할관의 유풍(遺風)으로 추정된다.

## 155

### 장염견타호용(長髥牽駝胡俑)

성당(盛唐) 현종(玄宗) 개원(開元) 12년(724년)
높이 43cm
1991년 8월 서안시 파교구 신축향(西安市 灞橋區 新築鄉) 우가(於家)벽돌공장
당(唐) 금향(金鄉) 현주묘(縣主墓) 출토.

Figurine of a Long-Bearded Hun Person Leading a Camel

The 12th year of Kaiyuan Reign in High Tang Dynasty (724AD)
H 43cm
Excavated from the Tomb of Tang Dynasty at Xinzhu County in Baqiao District, Xi'an in Aug 1991

　호인(胡人)은 불그레한 얼굴, 치켜세운 눈썹, 오목한 눈, 검은 눈동자, 높은 콧마루를 하고 하얀 이를 드러냈으며 구레나룻이 뒤덮여 있다. 두 눈을 무섭게 부릅뜨고 입을 크게 벌린 모습은 마치 누군가에게 호령을 하는 것 같다. 검은색 복두(襆頭)를 쓰고 젖힌 옷깃에 소매가 좁은 호복(胡服)을 입었는데 그 자락이 무릎까지 내려왔다. 오른팔을 내놓고 오른쪽 소매를 허리에 묶었다. 교령(交領)에 화변(花邊)을 장식한 붉은색 반비(半臂)를 입고 검은색 가죽 띠를 둘렀으며 목이 높은 신을 신었다. 허리 부분에서 오른손은 조금 높게, 왼손은 다소 낮게 하며 주먹 쥐었는데 원래 고삐를 잡았던 것 같고 두 다리를 벌린 채 가운데 구멍이 있는 타원형 받침에 서 있다. 호복(胡服)의 색상이 벗겨져 소태가 드러났다. 전체 조형에서 소수민족의 호방하고 용맹한 개성이 충분히 드러난다.

## 단흉견타호용(袒胸牽駝胡俑)

성당(盛唐) 현종(玄宗) 개원(開元) 12년(724년)
높이 40.5cm
1991년 8월 서안시 파교구 신축향(西安市 灞橋區 新築鄕) 우가(於家)벽돌공장
당(唐) 금향(金鄕) 현주묘(縣主墓) 출토

### Figurine of a Bare-breast Hun Person Leading a Camel

The 12th year of Kaiyuan Reign in High Tang Dynasty (724AD)
H 40.5cm
Excavated from the Tomb of Tang Dynasty at Xinzhu County in Baqiao District, Xi'an in Aug 1991

도용(陶俑)은 콧마루가 높고 눈이 오목하게 들어간 호인(胡人)의 모습이다. 벗겨진 머리가 구레나룻과 선명한 대조를 이루고 뒷머리는 조금 길고 곱슬곱슬하다. 가슴과 배를 드러낸 모피 두루마기를 입었는데 옷깃과 소매에 모두 털이 있고 두루마기 자락은 무릎까지 내려왔다. 허리에는 전대를 두르고 목이 높은 신을 신었다. 소매를 걷어 올려 튼실한 팔을 드러냈다. 고삐를 잡은 모양이며 가운데에 구멍이 있는 말발굽 모양의 받침에 서 있다. 낙타 등이 함께 출토된 것을 보아 원래 낙타를 몰던 호인으로 추정된다. 가슴을 드러내고 소매를 걷어붙였으며 배가 나온 형상은 호인들의 호방한 개성을 충분히 보여주고 있다.

## 157

# 쌍계견마용(雙髻牽馬俑)

성당(盛唐) 현종(玄宗) 개원(開元) 12년(724년)
높이 40cm
1991년 8월 서안시 파교구 신축향(西安市 灞橋區 新築鄕) 우가(於家)벽돌공장
당(唐) 금향(金鄕) 현주묘(縣主墓) 출토

## Figurine of a Woman with Double Buns and Leading a Horse

The 12th year of Kaiyuan Reign in High Tang Dynasty (724AD)
H 40cm
Excavated from the Tomb of Tang Dynasty at Xinzhu County in Baqiao District,
Xi'an in Aug 1991

　　도용(陶俑)은 머리를 양쪽으로 나누어 쌍계(雙髻)를 한 다음 귓가로 드리웠다. 큰 눈에 둥근 얼굴, 검은 눈썹에 붉은 입술이며 얼굴이 앳된 것이 여인 또는 어린이 도용인 듯하다. 소매가 좁은 삼(衫)과 V형 옷깃의 반비를 입었는데 겉에 걸친 중간 길이의 두루마기와 두 소매는 허리에 졸라맸고 신을 신었다. 왼팔은 반쯤 올리고 오른팔은 자연스럽게 내렸는데 말고삐를 잡은 동작으로 사다리꼴 받침에 곧은 자세로 서 있다.

## 견마호용(牽馬胡俑)

성당(盛唐) 현종(玄宗) 개원(開元) 12년(724년)
높이 38.7㎝
1991년 8월 서안시 파교구 신축향(西安市 灞橋區 新築鄕) 우가(於家)벽돌공장
당(唐) 금향(金鄕) 현주묘(縣主墓) 출토

## Figurine of a Hun Person Leading a Horse

The 12th year of Kaiyuan Reign in High Tang Dynasty (724AD)
H 38,7cm
Excavated from the Tomb of Tang Dynasty at Xinzhu County in Baqiao District,
Xi'an in Aug 1991

도용(陶俑)은 얼굴이 둥글고 눈이 가늘며 코가 납작하고 광대뼈가 튀어나왔다. 머리를 뒤로 넘겨 계(髻)를 하였는데 지금은 떨어지고 없다. 가운데에 구멍이 있는 받침 위에서 오른손은 위로, 왼손은 아래로 내려 말고삐를 잡는 자세를 하고 있다. 둥근 옷깃에 소매가 좁은 두루마기를 입고 검은색 가죽 띠를 둘렀으며 목이 높은 신을 신었다. 얼굴로 보아 노파 같지만 한인(漢人)은 아니고 이전의 호인(胡人)과 조금 다르지만 호인의 개념이 광범위해 통틀어 '호인 도용'이라 부른다.

**159**

## 견타호용(牽駝胡俑)

당(唐)

인물용: 높이 32cm 너비 13cm 두께 10cm
낙타: 높이 46cm 길이 26cm 너비 16cm
서안시 파교구(西安市 灞橋區) 문화관에서 넘겨받음

**Figurine of a Hun Person Leading a Camel**

Tang Dynasty (618AD~907AD)
Person H 32cm  W 13cm  Thickness 10cm
Camel H 46cm  W 26cm  Thickness 16cm
Transferred by the Cultural Centers of Baqiao District in Xi'an

도용(陶俑)은 끝이 뾰족한 전모(氈帽)를 쓰고 둥근 옷깃, 좁은 소매에 몸에 붙는 하단을 몸 뒤에서 묶은 두루마기를 입었다. 띠를 두르고 몸에 붙는 바지를 입었으며 목이 높은 신을 신었다. 온 얼굴에는 구레나룻이 나 있고 오목한 눈은 부릅떴으며 콧마루는 높고 광대뼈는 튀어나왔다. 주먹 쥔 오른손은 앞으로 내밀었는데 걷어 올린 소매 사이로 근육이 발달한 팔이 보인다. 굳게 거머쥔 왼손은 복부에 놓았고 두 발은 약간 벌려 사다리 모양의 받침 위에 서 있다. 전체 동작과 거머쥔 두 손 가운데 모두 구멍이 난 것을 보아 낙타를 모는 도용인 것 같지만 손에 잡았던 고삐는 이미 사라졌다.

낙타는 머리를 높게 추켜세웠고 하늘을 향해 입 벌려 울부짖는 모습을 하고 있다. 등에는 혹 두 개가 있고 그 사이에 탄자를 깔았으며 짐을 싣고 가죽 주머니를 달았다. 낙타는 튼실한 사지로 직사각형 받침 위에 곧게 서 있다. 낙타는 사막의 배라고도 불리는 고대 비단길의 주요 운송 도구이다. 당대(唐代)는 동서양 교통이 상당히 발달한 시대이므로 당시 도기 작품 중 낙타를 모는 호인(胡人) 도용이나 낙타를 탄 호인 도용 등은 흔한 소재였다. 이 작품은 걷는 도중, 낙타가 울부짖자 호인이 고삐를 당기는 순간을 포착하여 낙타의 온건하고 믿음직하며 부지런한 특성을 정확하게 묘사했다. 호인 또한 낙타를 타기도 하지만 끌고 가야 할 때도 있어 당시 비단길의 험난함도 충분히 느낄 수 있다. 이로써 비단길을 오가는 호인 상인과 낙타를 생생하게 묘사하였다.

## 160

### 견마(타)호용[牽馬(駝)胡俑]

당(唐)
높이 35cm 너비 16cm
서안시(西安市) 수집

**Figurine of a Hun Person Leading a Horse (Camel)**

Tang Dynasty (618AD∼907AD)
H 35cm  W 16cm
Collected in Xi'an

도용(陶俑)은 호인(胡人)의 형상을 본떠 만들었다. 복두(幞頭)를 썼는데 노기 가득한 얼굴에는 구레나룻이 덮여 있고 이마는 찌푸렸으며 오목한 눈은 앞을 주시하고 입은 굳게 다물었다. 안에 소매가 좁은 옷을 입고 그 위에 반비(半臂)를 입었으며 겉에 젖힌 옷깃의 호복(胡服)을 입었다. 호복의 착용방법은 오른팔만 넣고 왼쪽 소매는 그대로 내려 허리에 묶는다. 몸에 붙는 바지를 입고 목이 높은 신을 신었다. 머리는 오른쪽으로 돌리고 몸은 조금 오른쪽으로 돌렸으며 가슴 앞에서 두 손을 주먹 쥐었는데 왼쪽이 높고 오른쪽이 낮다. 두 다리를 벌린 채 받침 위에 서 있는데 자세를 보아 말(낙타)고삐를 잡아당기는 것 같다.

## 161

### 견마(타)용[牽馬(駝)俑]

성당(盛唐)
높이 59cm
1988년 1월 서안시(西安市) 동쪽 교외 한삼채(韓森寨) 홍기(紅旗)전동기공장 당묘(唐墓) 출토

**Figurine of a Man Leading a Horse (Camel)**

High Tang Dynasty (618AD∼907AD)
H 59cm
Excavated from a tomb of Tang Dynasty at Hansenzhai in eastern suburbs of Xi'an

도용(陶俑)은 복두(幞頭)를 쓰고 둥근 옷깃에 소매가 좁은 두루마기를 입었으며 허리에 띠를 둘렀다. 몸에 붙는 바지를 입고 목이 높은 신을 신었으며 직사각형 받침에 곧게 서 있다. 두 손은 위로 올려 고삐를 잡은 동작을 하고 있는데 입은 약간 오므리고 두 눈은 무섭게 부릅뜬 것을 보아 한창 가축을 훈련시키는 것 같다.

## 견마(타)·용[牽馬(駝)俑]

성당(盛唐)
높이 57㎝
1988년 1월 서안시(西安市) 동쪽 교외 한삼채(韓森寨) 홍기(紅旗)전동기공장 당묘(唐墓) 출토

### Figurine of a Woman Leading a Horse (Camel)

High Tang Dynasty (618AD∼907AD)
H 57cm
Excavated from a tomb of Tang Dynasty at Hansenzhai in eastern suburbs of Xi'an

쌍환(雙鬟) 머리를 한 것을 보아 여인인 것 같다. 둥근 옷깃에 소매가 좁은 두루마기를 입고 허리에 전대(纏帶)를 둘렀다. 받침대에 곧게 선 도용은 몸에 붙는 바지를 입고 목이 높은 신을 신었으며 두 주먹을 꼭 쥐고 고삐를 잡아당기는 동작을 하고 있다. 도용(陶俑)이 입은 옷은 호복(胡服)이라고도 부르는데 당시 풍습을 사실적으로 반영하고 있다. 이는 당대(唐代) 시인 원진(元稹)의 시 『법곡(法曲)』에서 "호인(胡人)의 기마가 연기를 일으킨 뒤로 모피 누린내가 함양과 낙양에 가득하네. 여인은 호부(胡婦)가 되어 호인의 화장을 배우고 기예는 호음(胡音)에 들고 호악(胡樂)에 힘쓰네…… 호인의 음악, 기마와 화장이 근 50년간 혼란함을 다투네"라고 한 것과 일치한 모습이다.

## 견마호용(牽馬胡俑)

성당(盛唐)
높이 57㎝
1988년 1월 서안시(西安市) 동쪽 교외 한삼채(韓森寨) 홍기(紅旗)전동기공장 당묘(唐墓) 출토

### Figurine of a Woman Leading a Horse (Camel)

High Tang Dynasty (618AD∼907AD)
H 57cm
Excavated from a tomb of Tang Dynasty at Hansenzhai in eastern suburbs of Xi'an

도용(陶俑)은 머리를 양쪽으로 묶었으며 도드라진 눈썹뼈, 볼록 나온 둥근 두 눈, 매부리코, 튀어나온 광대뼈, 작은 입을 한 호인(胡人)의 모습이다. 크게 젖힌 옷깃, 우임에 소매가 좁은 두루마기를 입고 목에는 여우꼬리를 둘렀으며 허리에는 띠를 차고 몸에 붙는 바지를 입었다. 목이 높은 신을 신고 곧은 자세로 받침대 위에 서 있다. 주먹 쥔 오른손은 가슴 높이로 올렸고 소매에 가려진 왼손은 자연스레 드리웠다. 오른쪽 어깨에 멘 반원형 가죽가방이 왼쪽 겨드랑이에 끼워져 있다. 동작으로 보아 말을 끄는 도용인 것 같다.

# 견타호인용(牽駝胡人俑)

성당(盛唐)
높이 60㎝
1988년 1월 서안시(西安市) 동쪽 교외 한삼채(韓森寨) 홍기(紅旗)전동기공장 당묘(唐墓) 출토

## Figurine of a Hun Person Leading a Camel

High Tang Dynasty (618AD~907AD)
H 60cm
Excavated from a tomb of Tang Dynasty at Hansenzhai in eastern suburbs of Xi'an

　도용(陶俑)은 복두(襆頭)를 쓰고 둥근 옷깃에 우임(右衽)인 소매가 좁은 두루마기를 입었으며 허리에 띠를 두르고 목이 높은 신을 신었다. 두루마기 앞자락은 접어서 허리띠 안으로 넣어 무릎까지 내려온 속옷이 보이고 뒷자락은 아래로 드리워 받침과 연결되었다. 도용은 코가 높고 눈이 오목하며 팔자수염의 끝이 위로 들렸다. 두 눈을 부릅뜨고 입을 오므린 얼굴에는 노기가 가득하다. 두 팔을 벌렸고 두 손은 복원하였으며 다리를 벌리고 받침에 곧게 섰다.

## 견마용(牽馬俑)

성당(盛唐)
높이 33cm
2002년 7월 서안시(西安市) 서북정법학원(西北政法學院) 남교구(南校區) 당묘(唐墓) 출토

### Figurine of a Man Leading a Horse

High Tang Dynasty (618AD~907AD)
H 33cm
Excavated from Northwest University of Politics & Law in Chang'an County, Xi'an in Jul 2002

　　도용(陶俑)은 검은색 복두(幞頭)를 쓰고 젖힌 옷깃에 색상이 검은 두루마기를 입었다. 옷의 착용방법은 왼쪽 팔만 소매에 넣고 오른쪽 소매는 왼쪽 어깨에서 비스듬히 내려 허리에서 묶은 다음 다시 복부 앞에서 매듭을 짓는다. 노출된 오른쪽으로 안에 입은 반비(半臂)가 보인다. 바지를 입고 목이 높은 신을 신은 채 사다리꼴 받침대에 곧게 서 있다. 얼굴에 살이 찌고 입술은 붉으며 두 눈이 밝다. 고개를 들어 오른쪽을 주시하고 몸은 오른쪽으로 돌렸다. 허리는 구부리고 왼손은 허리 아랫부분에서 주먹을 쥐었으며 오른발은 앞으로 내딛고 말고삐를 잡은 동작을 하고 있다.

## 견타용(牽駝俑)

당(唐)
높이 32.8cm 너비 13cm
1991년 서안시(西安市) 장안현(長安縣) 위곡진(韋曲鎮) 206연구소 공사 현장 출토

### Figurine of a Man Leading a Camel

Tang Dynasty (618AD~907AD)
H 32.8cm W 13cm
Excavated from Institute No.206 of China Arms Industy Group Corporation in Weiqu Town Chang'an County, Xi'an in 1991

　　도용(陶俑)은 호인(胡人)의 모습을 본떠 만들었다. 코가 높고 눈이 오목하며 긴 수염이 나 있다. 끝이 뾰족한 검은색 전모(氈帽)를 쓰고 둥근 옷깃에 소매가 좁고 붉은색인 두루마기를 입고 허리에 검은색 가죽 띠를 둘렀으며 목이 높은 신을 신고 곧은 자세로 받침 위에 서 있다. 오른팔 소매를 걷어붙여 튼실한 근육이 보이고 주먹 쥔 오른손은 가슴 앞까지 들어 올렸다. 왼손은 허리 부분에서 주먹 쥐며 고삐를 잡은 모양새를 하고 있다.

## 남입용(男立俑)

성당(盛唐)
높이 80㎝
1988년 1월 서안시(西安市) 동쪽 교외 한삼채(韓森寨) 홍기(紅旗)전동기공장 당묘(唐墓) 출토

### Figurine of a Standing Man

High Tang Dynasty (618AD~907AD)
H 80cm
Excavated from a tomb of Tang Dynasty at Hansenzhai in eastern suburbs of Xi'an

　도용(陶俑)은 검은색 복두(襆頭)를 쓰고 젖힌 옷깃, 우임(右衽)에 좁은 소매의 두루마기를 입었으며 허리에 띠를 두르고 목이 높은 신을 신었다. 두루마기의 앞자락은 허리띠에 졸라맸고 뒷자락은 바닥까지 드리웠다. 얼굴은 둥글고 두 눈은 가늘게 떴으며 코는 높고 작은 입은 굳게 다물었다. 왼팔은 자연스레 몸 옆에서 드리웠고 손목만 살짝 들었으며 손가락을 구부렸다. 오른팔은 손바닥을 펼치며 앞으로 내밀어 아래로 누르는 동작을 하고 있다. 두 다리를 벌린 채 받침에 곧게 서 있는데 옷차림새와 동작을 보아 말(또는 낙타)을 끄는 도용인 것 같다.

## 168

### 견타용(牽駝俑)

성당(盛唐)
높이 33cm
2002년 7월 서안시(西安市) 서북정법학원(西北政法學院) 남교구(南校區)
당묘(唐墓) 출토

#### Figurine of a Man Leading a Camel

High Tang Dynasty (618AD~907AD)
H 33cm
Excavated from Northwest University of Politics & Law in Chang'an County,
Xi'an in Jul 2002

　도용(陶俑)은 검은색 복두(襆頭)를 쓰고 젖힌 옷깃의 두루
마기를 입었는데 조형과 차림새는 도용 167과 같다. 다만 표
면에 입혔던 색상이 전부 떨어져 소태가 드러났다. 낙타의
앞쪽에서 출토된 것을 보아 낙타를 끄는 도용인 것 같다.

## 169

### 견마용(牽馬俑)

성당(盛唐)
높이 30.7cm
2002년 7월 서안시(西安市) 서북정법학원(西北政法學院) 남교구(南校區)
당묘(唐墓) 출토

#### Figurine of a Man Leading a Horse

High Tang Dynasty (618AD~907AD)
H 30.7cm
Excavated from Northwest University of Politics & Law in Chang'an County,
Xi'an in Jul 2002

　도용(陶俑)은 앞가르마 한 머리를 양쪽에서 두 개로 땋은
다음 뒤에서 틀어 올렸다. 둥근 옷깃에 소매가 좁은 두루마
기를 입고 허리에 띠를 둘렀는데 띠는 복부 앞에서 매듭지
었다. 바지에 목이 높은 신을 신고 붉은색 받침 위에 곧게 서
있다. 짙은 눈썹에 오목한 눈, 불거진 광대뼈로 보아 호인(胡
人) 같다. 두 손은 말고삐를 잡은 동작을 하고 있다.

**170**

# 기립타호용(騎立駞胡俑)

성당(盛唐) 현종(玄宗) 개원(開元) 12년(724년)
높이 63㎝ 낙타 길이 56㎝
1991년 8월 서안시 파교구 신축향(西安市 灞橋區 新築鄕) 우가(於家)벽돌공장
당(唐) 금향(金鄕) 현주묘(縣主墓) 묘실(墓室) 출토

## Figurine of a Hun Person Riding a Standing Camel

The 12th year of Kaiyuan Reign in High Tang Dynasty (724AD)
H 63cm  Camel L 56cm
Excavated from the Tomb of Tang Dynasty at Xinzhu County in Baqiao District,
 Xi'an in Aug 1991

낙타는 목을 구부리고 머리를 들어 앞을 주시하고 있으며 다리를 곧게 펴 네모난 받침대 위에 서 있다. 쌍봉(雙峰)은 좌우로 처졌다. 등에는 호인(胡人)이 앉아 있는데 코가 높고 눈이 오목하다. 호인은 가슴을 펴고 두 눈을 부릅떴으며 입을 벌린 채 명령하는 모습이다. 왼손은 앞으로 뻗어 뭔가 잡는 행동을 하고 있으며 오른손은 이미 떨어지고 없다. 끝이 둥글고 가장자리가 들린 혼탈모(渾脫帽)를 썼는데 가장자리 아래로 털가죽이 보이는 것이 가죽재질로 만든 것 같다. 둥근 옷깃에 소매가 좁으며 하얀 바탕에 노란색을 조금 띤 호복(胡服)을 입고 검은색 목이 높은 신을 신었으며 허리에는 가죽 띠를 둘렀다. 얼굴은 붉고 눈썹은 검으며 입술은 빨갛다. 낙타의 정수리에는 붉은색을, 몸통에는 노란색을 입혔지만 현재 일부가 벗겨졌다.

## 171

### 기와타호용(騎臥駝胡俑)

성당(盛唐) 현종(玄宗) 개원(開元) 12년(724년)
높이 41㎝ 낙타 길이 61㎝
1991년 8월 서안시 파교구 신축향(西安市 灞橋區 新築鄕) 우가(於家)벽돌공장
당(唐) 금향(金鄕) 현주묘(縣主墓) 묘실(墓室) 출토

Figurine of a Hun Person Riding a Lying Camel

The 12th year of Kaiyuan Reign in High Tang Dynasty (724AD)
H 41cm  Camel L 61cm
Excavated from the Tomb of Tang Dynasty at Xinzhu County in Baqiao District,
Xi'an in Aug 1991

낙타는 다리를 굽힌 채 엎드려 있지만 머리를 들고 금방이라도 일어설 듯한 모습이다. 쌍봉(雙峰) 사이에 호인(胡人)이 앉아 있는데 호인은 코가 높고 오목한 눈은 동그랗게 떴다. 끝이 뾰족한 전모(氈帽)를 쓰고 둥근 옷깃에 소매가 좁으며 몸에 달라붙는 옷을 입었고 가죽 띠를 허리에 둘렀으며 목이 높은 검은색 신을 신었다. 오른팔은 오른쪽 어깨 위로 올리며 주먹 쥐었는데 가운데 구멍이 난 것을 보아 원래 물건을 들었던 것 같다. 왼팔은 허리 부분에서 조금 굽히며 오른손과 동일하게 주먹을 쥐었는데 전체 모습을 보아 두 손으로 고삐를 잡은 채 낙타를 몰며 길을 재촉하는 것 같다. 낙타는 온몸에 황갈색을 입혔는데 조형이 생동감이 있고 자태도 늠름해 먼 길을 떠날 차비를 하는 것 같다.

190

# 기와타호용(騎臥駝胡俑)

성당(盛唐)
높이 54㎝ 낙타 길이 60㎝
1988년 1월 서안시(西安市) 동쪽 교외 한삼채(韓森寨) 홍기(紅旗)전동기공장
당묘(唐墓) 출토

## Figurine of a Hun Person Riding a Lying Camel

High Tang Dynasty (618AD~907AD)
Camel L 60cm  H 54cm
Excavated from a tomb of Tang Dynasty at Hansenzhai in eastern suburbs of Xi'an

낙타는 목을 구부리고 고개를 쳐들었으며 등에는 쌍봉(雙峰)이 있고 사지를 굽힌 채 바닥에 엎드려 있다. 등에 남자가 타고 있는데 호인(胡人)의 형상을 본뜬 것으로 눈이 오목하고 코가 높다. 끝이 뾰족한 허모(虛帽)를 썼다. 위에는 둥근 옷깃에 몸에 붙는 두루마기를, 아래에는 바지를 입었으며 목이 높은 신을 신었다. 오른손은 주먹 쥐며 높게 들었는데 가운데 구멍이 난 것을 보아 원래 채찍을 들었던 것 같다. 주먹 쥐고 아래로 내린 왼손으로는 뭔가를 힘껏 당기고 있는데 원래 고삐를 잡았던 듯하다. 도용(陶俑)은 두 눈을 부릅뜬 성난 표정으로 몸을 앞으로 기울인 채 채찍을 휘두르며 고삐를 당기는 모습을 하고 있는데 마치 낙타를 일으켜 세워 길을 재촉하려는 것 같다. 동태적인 사람과 정태적인 낙타가 대조를 이루어 전체 형상이 더욱더 선명하고 생동감 있다.

## 173

**기타호용**(騎駝胡俑)

성당(盛唐)
높이 73㎝ 낙타 길이 60㎝
1988년 1월 서안시(西安市) 동쪽 교외 한삼채(韓森寨) 홍기(紅旗)전동기공장
당묘(唐墓) 출토

Figurine of a Woman Riding a Standing Camel

High Tang Dynasty (618AD~907AD)
L 60cm H 73cm
Excavated from a tomb of Tang Dynasty at Hansenzhai in eastern suburbs of Xi'an

낙타는 목을 구부리고 머리를 쳐들었는데 등에는 쌍봉(雙峰)이 있고 네모난 받침에 서 있다. 도용(陶俑)은 몸을 돌려 낙타 등에 앉아 있는데 왼손으로 왼쪽 다리를 밖으로 젖히고 오른손을 낙타의 앞쪽 혹에 놓았으며 머리를 오른팔에 파묻고 쪽잠을 자고 있다. 이 도용은 둥근 옷깃에 소매가 좁은 두루마기와 바지를 입었으며 목이 높은 신을 신었다. 머리를 팔에 파묻고 쪽잠을 자고 있어 뒷모습만 보이지만 쌍계(雙髻)를 한 것을 보아 여성 또는 어린이인 것 같다. 낙타의 다리 부분과 받침은 복원하였다. 이 작품은 먼 길을 달려 극도로 피곤한 상태로 낙타 잔등에서 쪽잠을 자는 상황을 생생하게 묘사함으로써 짙은 생활의 정취가 넘친다.

# 기타호용(騎駝胡俑)

당(唐)
높이 33.2cm 너비 27cm 두께 10cm
서안시(西安市) 수집

Figurine of a Hun Person Riding a
Standing Camel

Tang Dynasty (618AD~907AD
)H 33.2cm  W 27cm  Thickness 10cm
Collected in Xi'an

호인(胡人) 도용(陶俑)은 육각 전모(氈帽)를 썼는데 코가 높고 눈이 오목하며 온 얼굴에 구레나룻이 뒤덮였다. 둥근 옷깃에 몸에 붙는 옷을 입고 끝이 뾰족한 신을 신었다. 두 손은 가슴 앞에서 주먹 쥐고 두 다리를 벌린 채 낙타의 쌍봉(雙峰) 사이에 걸터앉아 있다. 낙타는 목을 빼들고 입을 크게 벌린 채 하늘을 향해 울부짖고 있다. 입은 두껍고 큰데 쩍 벌린 입안의 이빨과 혀도 선명하게 묘사하였다. 낙타의 둥근 눈은 볼록하고 귀가 작으며 정수리의 털도 성연하게 머리 뒤에 드리웠다. 잔등에는 타원형 깔개를 씌웠고 그 가장자리에는 장식을 했다. 혹이 깔개의 둥근 구멍을 뚫고 나왔다. 몸통이 크고 다리가 탄탄한 낙타는 네모난 받침 위에 곧게 서 있다.

# 사녀용(仕女俑)

성당(盛唐)
높이 45.9㎝
2002년 7월 서안시(西安市) 서북정법학원(西北政法學院) 남교구(南校區)
당묘(唐墓) 출토

## Figurine of a Maiden

High Tang Dynasty (713AD~766AD)
H 45.9cm
Excavated from Northwest University of Politics & Law in
Chang'an County, Xi'an in Jul 2002

도용(陶俑)은 새까맣고 풍성한 머리카락이 두 귀를 가리며 얼굴을 감싼 모양의 '오만계(烏蠻髻)'를 하고 있다. 살찌고 매끄러운 얼굴은 미소 짓고 있고 가는 눈은 초롱초롱하며 코는 높고 입은 앵두 같다. V형 옷깃의 저고리를 입고 어깨에는 피백(披帛)을 둘렀으며 바닥까지 끌리는 긴 치마를 입었는데 치맛자락 아래로 코가 들린 신이 보인다. 몸은 왼쪽으로 조금 돌리고 두 손을 가슴까지 올렸는데 오른손은 소매에 가려졌고 왼손은 식지를 내밀며 반쯤 거머쥐었는데 거울을 보며 화장하고 있는 것 같다. 도용은 오각형 받침에 곧게 섰는데 옷에 원래 입혔던 검은색과 붉은색 등 색상은 현재 많이 떨어져 나가 옷깃의 붉은색과 피백의 하얀색, 신 끝의 녹색만 보인다.

도용의 얼굴 색상이 비교적 완벽하게 보존된 것이 눈길을 끄는데 정성을 들여 색상을 입혔음을 알 수 있다. 눈썹은 짙게 그리고 이마에는 매화형의 붉은 꽃 모양 장식을 하였으며 얼굴에 분을 바르고 연지를 찍었다. 입술에 붉은색을 입혀 더욱더 예뻐 보인다. 입가는 두 개의 검은 점으로 보조개를 대신하였다.

당대(唐代) 여성들의 얼굴 화장은 조금 복잡한데 우선 분을 바르고 곤지를 찍으며 눈썹을 그리고 아황(鵝黃)을 바르고 연지를 찍은 후 관자놀이에 비스듬한 문양을 그리고 입술을 바른다. 이 도용은 관자놀이의 문양을 제외하고 나머지는 전부 표현하였다.

당대 여성들은 눈썹을 그리는 것이 이미 관습이 되었는데 성당 이후 더욱 보편화되었으며 여자애들까지 눈썹을 그리기 시작하였다. 이상은(李商隱)은 『무제(無題)』라는 시에서 다음과 같이 말하였다. "내 나이 여덟 살에는 몰래 거울을 비춰 보고 긴 눈썹도 이미 잘 그릴 수 있었다네." 미간에 그리거나 붙이는 아황(鵝黃)과 화전(花鈿)의 종류는 다양하여 '화황(花黃)'이라고도 하는데 가장 간단한 것은 미간에 둥근 점을 찍는 것이고 복잡한 것은 여러 가지 꽃 모양을 그리는 것인데 이 중에서 매화꽃을 가장 많이 그렸다. 전하는 바에 의하면 남조(南朝) 송무제(宋武帝)의 딸인 수양(壽陽)공주가 정월 초이렛날, 함장전(含章殿) 아래에서 누워 있을 때, 산들바람이 불어 궁정 앞의 매화나무에 피어난 꽃 한 송이가 그녀의 이마 가운데 떨어져 매화꽃 모양이 이마에 남게 되었고 털어도 없어지지 않자 궁중의 여성들이 다투어 모방하기 시작한 후 점차 풍습이 되었다 한다. 당대 매화장(梅花妝)도 이에 속한다. 연지는 일반적으로 보조개 부분에 찍는데 콩 모양으로 둥글게 물들이거나 여러 가지 꽃 모양으로 장식한다. 입술을 바르는 방식도 여러 가지가 있다.

# 시녀용(侍女俑)

성당(盛唐)
높이 44.8㎝
2002년 7월 서안시(西安市) 서북정법학원(西北政法學院) 남교구(南校區)
당묘(唐墓) 출토

## Figurine of a Maiden

High Tang Dynasty (713AD~766AD)
H 44.8cm
Excavated from Northwest University of Politics & Law in Chang'an County,
Xi'an in Jul 2002

도용(陶俑)은 머리 모양, 얼굴 화장, 옷차림새에서 손동작에 이르기까지 모두 도용 175와 대동소이하다. 짙고 검은 머리는 빗어내려 두 귀를 가렸고 정수리의 계(髻)는 앞의 도용과 달리 앞으로 향하지 않고 이마에 드리웠지만, 역시 '오만계(烏蠻髻)'에 속한다. 도용은 얼굴이 풍만하면서도 매끄럽고 화장을 꼼꼼하게 하였으며 눈썹은 엷게 그렸다. 분을 바른 위치와 곤지를 찍은 부분은 앞의 도용과 동일하지만 다른 점이라면 미간에 마름모 형태의 꽃 장식을 하고 분홍색 볼의 좌우 광대뼈에 밝은 초록색 연지를 각각 찍은 것이다. 가느다란 눈썹에 두 눈을 살포시 떴으며 얼굴에는 미소를 띠고 있다. 위에는 소매가 좁은 갈색 저고리를 입었는데 소맷부리에서 저고리에 붉은색, 하얀색으로 만든 작은 꽃을 새겼음을 알 수 있다. 아래에는 가슴까지 올라오고 바닥에 끌리는 주홍색 긴 치마를 입었다. 치마의 앞뒤와 옆에는 거꾸로 된 몇 개의 지엽문(枝葉紋)을 수놓았는데 작은 잎사귀는 복숭아 모양이고 남색, 붉은색, 하얀색 등 여러 가지 색상을 입혔다. 도용은 몸매가 풍만하고 복부가 조금 나와 윤곽이 자연스럽고 우아하다. 이로써 짙은 화장을 하고 귀티 나는 당대(唐代) 시녀의 형상을 뚜렷하게 나타냈다.

## 177

### 시녀용(侍女俑)

성당(盛唐)
높이 74cm
1988년 1월 서안시(西安市) 동쪽 교외 한삼채(韓森寨) 홍기(紅旗)전동기공장 당묘(唐墓) 출토

#### Figurine of a Maiden

High Tang Dynasty (713AD~766AD)
H 74cm
Excavated from a tomb of Tang Dynasty at Hansenzhai in eastern suburbs of Xi'an in Jun 1998

　도용(陶俑)은 눈썹이 가늘고 길다. 머리는 정수리에서 좌우로 나누어 양쪽에 드리웠다. 위에는 소매가 좁은 저고리를, 아래에는 바닥에 끌리는 긴 치마를 입었다. 통통한 얼굴은 단정하면서도 매끈해 보인다. 피백(披帛)은 왼쪽 가슴에서 위로 감싸 배 앞에 드리우다 다시 왼쪽 어깨에서 등 뒤로 넘겨 바닥까지 드리웠다. 소매에 가려진 두 손은 가슴 앞에서 맞잡고 있다. 치맛자락 아래로 높이 들린 뾰족한 신코가 보인다. 도용의 몸매는 풍만하다.

## 178

### 시녀용(侍女俑)

성당(盛唐)
높이 77cm
1988년 1월 서안시(西安市) 동쪽 교외 한삼채(韓森寨) 홍기(紅旗)전동기공장 당묘(唐墓) 출토

#### Figurine of a Maiden

High Tang Dynasty (713AD~766AD)
H 77cm
Excavated from a tomb of Tang Dynasty at Hansenzhai in eastern suburbs of Xi'an

　도용(陶俑)은 머리카락을 양쪽으로 나누어 빗어 정수리에서 계(髻)를 했는데 왼쪽 앞으로 기울었다. 위에는 소매가 좁고 깊게 판 저고리를, 아래에는 바닥까지 끌리는 긴 치마를 입었는데 치마허리가 가슴까지 올라왔다. 미소를 띤 얼굴은 조금 왼쪽으로 돌렸고 눈썹은 가늘며 눈은 살며시 떴고 입은 빨간 것이 앵두 같다. 오른손은 허리 부분에서 굽혔는데 원래 물건을 들었던 것 같고 소매에 가려진 왼손은 자연스레 드리웠다. 치맛자락 아래로 구름 모양의 신코가 보인다. 치마에 입혔던 원래 색상은 현재 많이 떨어졌는데 남은 흔적을 보아 원래 분홍색을 입혔던 것 같다. 뒷부분의 치맛자락에는 새 몇 마리를 장식했다.

**179**

## 단도계시녀용(單刀髻侍女俑)

성당(盛唐)
높이 86㎝
1988년 1월 서안시(西安市) 동쪽 교외 한삼채(韓森寨) 홍기(紅旗)전동기공장
당묘(唐墓) 출토

### Figurine of a Maiden

High Tang Dynasty (713AD~766AD)
H 86cm
Excavated from a tomb of Tang Dynasty at Hansenzhai in eastern suburbs of Xi'an

　　정수리에 닭 볏 모양의 고계(高髻)를 하였다. 위에는 가슴 부위
가 깊게 패고 소매가 좁은 저고리를, 아래에는 바닥까지 끌리는
긴 치마를 입었는데 치마허리가 가슴까지 올라왔다. 얼굴이 둥글
고 눈이 가늘며 입이 작고 소매에 가려진 두 손은 가슴 앞에서 교
차시켰다. 치맛자락 아래로 높이 들린 뾰족한 신코가 보인다.

**180**

## 시녀용(侍女俑)

성당(盛唐)
높이 83㎝
1988년 1월 서안시(西安市) 동쪽 교외 한삼채(韓森寨) 홍기(紅旗)전동기공장
당묘(唐墓) 출토

### Figurine of a Maiden

High Tang Dynasty (713AD~766AD)
H 83cm
Excavated from a tomb of Tang Dynasty at Hansenzhai in eastern suburbs of Xi'an

　　머리는 빗어내려 두 귀를 가렸고 정수리의 고계(高髻)는 왼쪽
으로 기울었다. 위에는 소매가 좁고 가슴 부위가 깊게 팬 저고리
를, 아래에는 바닥에 끌리는 긴 치마를 입었는데 치마허리가 가
슴까지 올라왔다. 가슴 앞에서 두 손으로 공손히 든 긴 수건은 바
닥에 드리웠고 치맛자락 아래로 구름 모양의 신코가 보인다. 얼
굴은 둥글고 몸매가 풍만한데 당대(唐代) 시녀들의 귀티 나는 우
아한 형상을 사실적으로 표현하였다.

## 181

### 시녀용(侍女俑)

성당(盛唐)
높이 76cm
1988년 1월 서안시(西安市) 동쪽 교외 한삼채(韓森寨) 홍기(紅旗)전동기공장
당묘(唐墓) 출토

### Figurine of a Maiden

High Tang Dynasty (713AD~766AD)
H 76cm
Excavated from a tomb of Tang Dynasty at Hansenzhai in eastern suburbs of Xi'an

　　도용(陶俑)은 정수리의 계(髻)를 왼쪽 앞으로 기울여 이마에 드리웠다. 위에는 옷깃이 없고 소매가 좁으며 가슴 부위가 깊게 팬 저고리를, 아래에는 바닥까지 끌리는 치마를 입었는데 치맛자락 밑으로 구름 모양의 신코가 보인다. 가는 눈썹, 작은 눈에 앵두 같은 입을 하고 있다. 머리는 왼쪽으로 조금 돌렸고 얼굴에는 미소를 머금고 있다. 오른손은 가슴으로 올려 뭔가 쥔 동작을 하는데 원래 물건을 들었던 것 같다. 소매에 가려진 왼손은 자연스레 몸 옆으로 내렸다.

## 182

### 시녀용(侍女俑)

성당(盛唐)
높이 78cm
1988년 1월 서안시(西安市) 동쪽 교외 한삼채(韓森寨) 홍기(紅旗)전동기공장
당묘(唐墓) 출토

### Figurine of a Maiden

High Tang Dynasty (713AD~766AD)
H 78cm
Excavated from a tomb of Tang Dynasty at Hansenzhai in eastern suburbs of Xi'an

　　귀밑머리는 빗어내려 두 귀를 가렸고 정수리에는 가운데가 빈 타원형의 계(髻)를 했다. 위에는 옷깃이 없고 소매가 좁으며 가슴 부위가 깊게 팬 저고리를, 아래에는 바닥까지 끌리는 긴 치마를 입었는데 치맛자락 밑으로 높게 들린 신코가 보인다. 가는 눈썹, 긴 눈, 앙증맞은 코, 앵두 같은 입을 하고 있다. 기다란 소매에 가려진 양팔은 가슴 앞에서 껴안았다.

## 183

### 시녀용(侍女俑)

성당(盛唐)
높이 84㎝
1988년 1월 서안시(西安市) 동쪽 교외 한삼채(韓森寨) 홍기(紅旗)전동기공장
당묘(唐墓) 출토

### Figurine of a Maiden

High Tang Dynasty (713AD~766AD)
H 84cm
Excavated from a tomb of Tang Dynasty at Hansenzhai in eastern suburbs of Xi'an

귀밑머리는 빗어내려 두 귀를 가렸고 정수리에는 금방이라도 활짝 필 것 같은 보주(寶珠) 모양의 사판(四瓣) 연꽃 장식을 달았다. 위에는 옷깃이 없고 소매가 좁으며 가슴 부위가 깊게 팬 저고리를, 아래에는 바닥까지 끌리는 긴 치마를 입었고 치맛자락 아래로 구름 모양의 신코가 보인다. 가는 눈썹, 긴 눈, 앙증맞은 코에 앵두 같은 입을 하고 있다. 두 손은 가슴 앞에서 맞잡았는데 가운데 구멍이 있는 것을 보아 원래 물건을 들었던 것 같다.

정수리의 꽃 장식은 당대(唐代)의 잠화(簪花) 풍습을 반영하였다. 중당(中唐) 시기 화가 주방(周昉)의 〈잠화사녀도(簪花仕女圖)〉에 나오는 귀부인은 모두 고계(高髻)를 하고 계에 생화 하나를 꽂았는데 그중 한 명은 머리에 활짝 핀 연꽃을 꽂았다. 문헌 기록에 의하면 생화를 머리에 꽂는 풍속은 한대(漢代)에 이미 나타났다고 한다. 성당(盛唐) 시기, 부녀들이 고계를 좋아하여 유행하였다. 이백(李白)의 〈궁중행락사(宮中行樂詞)〉에는 "산꽃을 꺾어 고계에 꽂네", 〈비홍아(比紅兒)〉 시 중에는 "눈같이 흰 재스민 운계(雲髻)에 꽂네"라고 하여 부녀들이 머리에 꽃을 꽂는 모습을 묘사하였다. 그러나 생화는 금세 시들어 조화를 사용하기 시작하였다. 조화는 일반적으로 비단이나 색종이로 만드는데 오랫동안 사용할 수 있어 애용되었다. 상층 귀족 여성들은 금속으로 만든 금비녀를 주로 꽂았다. "귀에는 명월주(明月珠) 걸고, 머리에는 금전 꽂았네"라는 시는 당시 금비녀를 사용한 사실을 증명해 준다. 금비녀는 두 가지로 나뉘는데 하나는 뒷면에 채량(釵梁)을 달아 직접 꽂는 것이고 다른 하나는 뒤에 구멍을 뚫어 잠채(簪釵)와 함께 계(髻)에 고정하는 것이다. 금비녀에 보석을 상감한 것을 보전(寶鈿)이라 불렀는데 당나라 장간지(張柬之)의 시구에도 "화사한 화장에 보전까지 어우러졌네"라고 묘사한 바 있다. 이 도용이 머리에 꽂은 것도 조화인 것 같다.

## 184

### 시녀용(侍女俑)

성당(盛唐)
높이 72㎝
1988년 1월 서안시(西安市) 동쪽 교외 한삼채(韓森寨) 홍기(紅旗)전동기공장
당묘(唐墓) 출토

## Figurine of a Maiden

High Tang Dynasty (713AD~766AD)
H 72cm
Excavated from a tomb of Tang Dynasty at Hansenzhai in eastern suburbs of Xi'an

귀밑머리는 빗어내려 두 귀를 가렸고 정수리의 계(髻)는 왼쪽 앞으로 기울었다. 위에는 옷깃이 없고 소매가 좁으며 가슴 부위가 깊게 팬 저고리를, 아래에는 바닥까지 끌리는 긴 치마를 입었는데 치맛자락 아래로 높게 들린 신코가 보인다. 오른손은 올렸고 오른쪽 어깨에 피백(披帛)을 걸쳐 하늘하늘 드리웠으며 왼손으로 피백을 살짝 들어올렸다. 긴 치마는 가볍게 온몸을 감쌌는데 부드럽고 매끄러운 옷감은 시녀들의 풍만한 몸매와 품고 있는 고귀한 기질을 생생하게 나타냈다.

당대(唐代)에는 풍만한 몸매가 아름다움의 기준이었기 때문에 이 도용은 성당(盛唐) 시기 미인의 전형을 드러내고 있다고 할 수 있다. 당나라 황제는 모두 풍만한 여인을 좋아하였는데 이는 한족(漢族) 황제의 전통적인 심미표준(한족 황제는 대부분 날씬한 여성을 좋아했다)과 상반된다. 이 밖에 당(唐)나라 황족은 선비족(鮮卑族)의 혈통이 있어 서북의 '호풍(胡風)'(유목민족들은 예로부터 목축업에 종사하였는데 소와 양들이 살찐 것을 자랑으로 생각해 심미관에서도 풍만한 몸매를 아름다움으로 간주하였다)을 간직하고 있었기에 당시 심미관에도 일정한 영향을 가져다주었다. 당대 사람들은 풍만함을 숭상하여 꽃도 모란꽃을 즐겨 감상하였으며 말도 몸통이 통통한 것을 좋아했다. 황족의 취미는 곧 백성 사이에 퍼져 풍조가 되었다.

## 185

### 잠화여용두(簪花女俑頭)

당(唐)
높이 13.5cm 너비 9.5cm
서안시(西安市) 수집

## Head of the Figurine of a Woman with Flowers

Tang Dynasty (618AD~907AD)
H 13.5cm W 9.5cm
Collected in Xi'an

여성의 머리조각상인데 몸체는 이미 유실되었다. 정수리에 꽃을 꽂고 이마에는 금방이라도 피어날 듯한 복숭아 모양의 큰 꽃봉오리를 장식하였다. 두꺼운 양쪽 귀밑머리는 빗어 아래로 드리웠지만 두 귀는 드러냈다. 미소를 띤 얼굴은 크고 둥글며 옅은 눈썹, 살포시 뜬 가느다란 눈, 높은 코, 앵두 같은 입을 하고 있다. 도용(陶俑)의 머리를 섬세하게 조각했고 얼굴 표정에는 생동감이 넘쳐 더욱더 우아해 보인다.

## 186

### 시녀용(侍女俑)

성당(盛唐)
높이 72㎝
1988년 1월 서안시(西安市) 동쪽 교외 한삼채(韓森寨) 홍기(紅旗)전동기공장 당묘(唐墓) 출토

## Figurine of a Maiden

High Tang Dynasty (713AD~766AD)
H 72cm
Excavated from a tomb of Tang Dynasty at Hansenzhai in eastern suburbs of Xi'an

도용(陶俑)은 쌍환계(雙環髻)를 하고 옷깃이 둥근 두루마기를 입었으며 띠를 두르고 목이 높은 신을 신었다. 가슴 앞에서 두 손에 물건을 든 채 받침에 곧게 서 있다. 도용은 남장(男裝)을 한 소녀의 형상을 본떠 만든 것으로 허리는 조금 뒤로 젖혔으며 머리는 조금 들었다. 얼굴에 미소를 띠었고 자태는 우아하며 도도하고 자신감이 넘친다.

## 187

### 시녀용(侍女俑)

성당(盛唐)
높이 77cm
1988년 1월 서안시(西安市) 동쪽 교외 한삼채(韓森寨) 홍기(紅旗)전동기공장
당묘(唐墓) 출토

## Figurine of a Maiden

High Tang Dynasty (713AD~766AD)
H 77cm
Excavated from a tomb of Tang Dynasty at Hansenzhai in eastern suburbs of Xi'an

　귀밑머리는 얼굴 양쪽으로 빗어내려 두 귀를 가렸고 정수리의 계(髻)를 이마로 드리웠는데 '포가계(抛家髻)'로 보인다. 위에는 소매가 좁고 가슴 부위가 파인 저고리를, 아래에는 바닥까지 끌리는 긴 치마를 입었는데 치마 밑으로 위로 들린 구름 모양의 신코가 보인다. 자연스레 내린 왼손과 가슴 앞으로 올린 오른손은 모두 소매에 가려졌다.

## 188

# 시녀용(侍女俑)

성당(盛唐)
높이 74cm
1988년 1월 서안시(西安市) 동쪽 교외 한삼채(韓森寨) 홍기(紅旗)전동기공장
당묘(唐墓) 출토

## Figurine of a Maiden

High Tang Dynasty (713AD~766AD)
H 74cm
Excavated from a tomb of Tang Dynasty at Hansenzhai in eastern suburbs of Xi'an

　귀밑머리는 빗어내려 두 귀를 가렸고 정수리에는 두 개의 거위 알 모양 계(髻)를 하였다. 위에는 소매가 좁고 가슴 부위가 파인 저고리를, 아래에는 바닥까지 끌리는 긴 치마를 입었는데 그 밑으로 위로 들린 구름 모양 신코가 보인다. 소매에 가린 두 손은 가슴 앞에서 모았다.

## 189

시녀용(侍女俑)

중당(中唐)
높이 48㎝
서안시 장안현 곽두진(西安市 長安縣 郭杜鎭) 중위촌(中緯村) 출토

Figurine of a Maiden

Mid Tang Dynasty (766AD∼836AD)
H 48cm
Excavated from Zhongwei Village Guodu Town Chang'an County in Xi'an

　도용(陶俑)은 검은 머리를 빗어내려 두 귀를 가렸고 정수리에 틀어 올린 계(髻)는 정면 위쪽을 향해 '오만계(烏蠻髻)' 모양을 했다. 얼굴은 붉고 눈과 입은 작으며 코는 높다. 위에는 소매가 넓고 길이가 긴 흰색 저고리를 입고 어깨에는 주홍색의 긴 피백(披帛)을 둘렀다. 아래에는 허리 부분이 높게 올라오고 바닥에 끌리는 연녹색 긴 치마를 입었으며 치맛자락 아래로 코가 들린 신이 보인다. 두 눈에는 정기가 돌고 분을 바른 얼굴에는 미소를 띠었으며 젖힌 옷섶 안으로 새하얀 가슴 부분과 속에 입었던 붉은색 배두렁이[당대(唐代)에는 '가자(訶子)'라고도 하는 현대의 브래지어를 드러냈다. 머리를 조금 왼쪽으로 기울이고 몸을 오른쪽으로 돌려 S형을 이루었고 소매에 가려진 두 손은 가슴 앞에 모았다. 치마에는 여러 가지 색상의 작은 꽃을 새겼다.

　당대 여성 도용의 조형은 일반적으로 마른 몸매에서 통통한 몸매로 변하였다. 즉, 초당(初唐) 시기에는 얼굴이 수려하고 몸매가 날씬하였지만 성당(盛唐) 시기에 이르러 점차 풍만하고 건강하게 변하다 만당(晚唐)에 이르러서는 살찐 형태로 바뀌게 되었다. 이 도용도 몸매가 풍만하고 복부가 도드라져 살찐 모습인 것을 보아 중당(中唐) 시기의 여성 형상인 것 같다. 옷자락을 젖히고 가슴을 드러낸 대담한 차림새에서 당대 사회의 개방적인 분위기가 느껴진다.

# 수쌍계여입용(垂雙髻女立俑)

성당(盛唐) 현종(玄宗) 개원(開元) 12년(724년)
높이 43.3㎝
1991년 8월 서안시 파교구 신축향(西安市 灞橋區 新築鄕) 우가(於家)벽돌공장
당(唐) 금향(金鄕) 현주묘(縣主墓) 출토

## Figurine of a Standing Woman with Pendulous Double Buns

The 12th year of Kaiyuan Reign in High Tang Dynasty (724AD)
H 43.3cm
Excavated from the Tomb of Tang Dynasty at Xinzhu County in Baqiao District,
Xi'an in Aug 1991

머리 양쪽에서 각기 쪽을 지어 아래로 드리웠고 정수리와 오른쪽 계(髻)에는 금박 장식이 남아 있다. 얼굴에는 미소를 띠었고 코는 오뚝하며 붉은 입술은 살짝 다물었다. 안에 반비를, 겉에는 둥근 옷깃의 호복(胡服)을 입었는데 그 아래로 바짓가랑이가 좁은 붉은색 바지가 보인다. 코가 들린 금리(錦履)를 신고 허리에는 검은색 띠를 둘렀는데 그 뒷부분에 다섯 개 원을 상감한 것을 보아 '접섭대(蹀躞帶)'인 것 같다. 대구(帶鉤)와 타미(鉈尾)에도 금박을 입혔다. 호복(胡服)은 연녹색이고 그 위에 동글고 하얀 꽃을 군데군데 새겼다. 목둘레로부터 두루마기 자락 끝까지 가장자리에는 넓게 꽃무늬를 장식했는데 꽃무늬는 붉은색·하얀색·검은색·녹색 등으로 이루어진 변형된 보상화문(寶相花紋)으로 모두 일곱 송이이다. 도용(陶俑)은 두 손을 가슴 앞에 두었는데 오른손은 곧게 폈지만 왼손 일부는 유실되었으며 쇠 손잡이를 든 것을 보아 원래 거울을 들었던 것 같다. 가운데 구멍이 난 받침에 곧게 선 도용은 건강하고 풍만한 소녀의 형상인데 오른편으로 약간 돌린 머리와 우아하고 아름다운 몸매는 S자형을 이루었다. 전체 조형은 온화하고 교양 있으며 상냥하고 부드러워 보이는데 금박을 붙인 계(髻)를 하고 화려한 호복을 입은 묘령의 소녀가 거울 들고 화장하는 정경을 생동감 넘치게 묘사하였다.

## 191

# 착남장여입용(著男裝女立俑)

성당(盛唐) 현종(玄宗) 개원(開元) 12년(724년)
높이 44.8cm
1991년 8월 서안시 파교구 신축향(西安市 灞橋區 新築鄕) 우가(於家)벽돌공장
당(唐) 금향(金鄕) 현주묘(縣主墓) 출토

## Figurine of a Standing Woman in Man's Clothes

The 12th year of Kaiyuan Reign in High Tang Dynasty (724AD)
H 44,8cm
Excavated from the Tomb of Tang Dynasty at Xinzhu County in Baqiao District,
Xi'an in Aug 1991

도용(陶俑)은 검은색 복두(幞頭)를 쓰고 그 위에 화관을 올렸는데 현재 관은 유실되었지만 원래 입혔던 색상과 금박의 흔적은 고스란히 남아 있다. 귀마개를 하고 둥근 옷깃에 소매가 좁은 두루마기를 입었는데 그 자락은 무릎까지 내려왔다. 안에 반비(半臂)를 입고 띠를 둘렀으며 띠의 뒷부분에 둥근 대구(帶鉤)가 있고 오른쪽에는 주머니를 달았다. 포삼(袍衫)의 색상은 이미 지워졌지만 검은색 선으로 그린 꽃들과 두루마기의 앞자락에 수놓은 꽃은 어렴풋하게 보인다. 눈을 가늘게 뜨고 붉은 입술을 살짝 벌렸으며 분을 바른 둥근 얼굴에는 미소를 띠었다. 왼팔은 자연스레 내렸는데 손은 소매에 가려졌고 손 부분이 파괴된 오른팔은 가슴 앞까지 올렸다. 쇠 손잡이가 남은 것을 보아 원래 물건이나 거울을 들었던 것 같다. 말발굽 모양의 받침에 곧게 선 형상이 귀티 나 보인다.

## 수쌍계시녀용(垂雙髻侍女俑)

성당(盛唐) 현종(玄宗) 개원(開元) 12년(724년)
높이 24.2cm
1991년 8월 서안시 파교구 신축향(西安市 灞橋區 新築鄉) 우가(於家)벽돌공장
당(唐) 금향(金鄉) 현주묘(縣主墓) 출토

### Figurine of a Female Servant with Pendulous Double Buns

The 12th year of Kaiyuan Reign in High Tang Dynasty (724AD)
H 24.2cm
Excavated from the Tomb of Tang Dynasty at Xinzhu County in Baqiao District, Xi'an in Aug 1991

도용(陶俑)은 머리를 양쪽으로 빗어 뺨에 드리웠다. 위에는 소매가 좁은 하얀색 저고리를, 그 안에 반비(半臂)를, 아래에는 바닥에 끌리는 연녹색 긴 치마를 입었는데 치마허리가 가슴 부분까지 올라왔다. 주홍색 피백(披帛)은 가슴 앞을 지나 어깨에 걸쳐 등 뒤로 늘어뜨렸다. 피백에는 하얀색 꽃을 수놓았다. 도용은 머리를 돌리고 미소 짓고 있는데 눈썹은 버들잎 같고 두 눈은 가늘며 입은 앵두 같고 입가 양쪽에는 연지를 찍었다. 오똑한 코와 둥근 얼굴이 조화를 이루어 더욱 예뻐 보인다. 두 손은 가슴 앞에서 맞쥐었는데 가운데 구멍이 난 것을 보아 원래 물건을 들었던 것 같다. 사람의 마음을 설레게 하는 소녀의 형상을 묘사한 것으로 자태가 우아하고 기품이 넘친다.

## 193

### 왜타계시녀용 (倭墮髻侍女俑)

성당(盛唐) 현종(玄宗) 개원(開元) 12년(724년)
높이 26cm
1991년 8월 서안시 파교구 신축향(西安市 灞橋區 新築鄕) 우가(於家)벽돌공장
당(唐) 금향(金鄕) 현주묘(縣主墓) 출토

---

#### Figurine of a Female Servant with a Bun

The 12th year of Kaiyuan Reign in High Tang Dynasty (724AD)
H 26cm
Excavated from the Tomb of Tang Dynasty at Xinzhu County in Baqiao District,
Xi'an in Aug 1991

머리는 양쪽으로 빗어내려 두 귀를 가렸고 앞으로 기울어진 정수리의 계(髻)는 둘로 나뉘었는데
'왜타계(倭墮髻)' 모양으로 보인다. 정수리의 계는 하얀색 끈으로 묶었다. 위에는 소매가 좁은 하얀색
저고리를, 그 속에 반비, 아래에는 바닥까지 끌리는 주홍색 긴 치마를 입었다. 희고 기다란 피백은
가슴 앞을 지나 왼쪽 어깨에서 넘겨 등 뒤에서 자연스럽게 늘어뜨렸다. 미소를 띤 포동포동한 얼굴
에는 분을 발랐고 코는 높으며 빨간 입술을 살짝 벌렸다. 두 손은 가슴 앞에서 맞잡았는데 그 사이 작
은 구멍이 난 것을 보아 원래 물건을 잡고 있었던 것 같다. 오른쪽으로 조금 돌린 머리와 유연한 몸은
S형을 이루어 우아하고 아름다워 보인다. 몸매 비율이 균일하고 전체적으로 늘씬하여 단정하면서도
부드러운 느낌을 준다. 전체 형상을 보아 성당(盛唐) 시기 부녀들의 전형적인 모습을 묘사한 것 같다.

## 194

### 호희용 (胡姬俑)

성당(盛唐) 현종(玄宗) 개원(開元) 12년(724년)
높이 25cm
1991년 8월 서안시 파교구 신축향(西安市 灞橋區 新築鄕) 우가(於家)벽돌공장
당(唐) 금향(金鄕) 현주묘(縣主墓) 출토

---

#### Figurine of a Hun Woman

The 12th year of Kaiyuan Reign in High Tang Dynasty (724AD)
H 25cm
Excavated from the Tomb of Tang Dynasty at Xinzhu County in Baqiao District,
Xi'an in Aug 1991

도용(陶俑)은 얼굴이 크고 눈이 조금 오목하며 코가 조금 크고 입도 작은 모습이 호인(胡人) 여자
인 듯하다. 머리는 양쪽으로 빗어 두 귀를 가렸고 정수리의 계(髻)는 이미 파괴되었다. 위에는 소매가
좁은 주홍색 저고리를 입었는데 그 위에 작은 하얀색 꽃을 새겼으며 속에는 반비(半臂)를 입었다. 아
래에는 바닥까지 끌리는 연녹색 긴 치마를 입었는데 치마허리가 가슴 부분까지 올라왔다. 하얀 피백
(披帛)은 가슴을 지나 등 뒤로 자연스럽게 늘어뜨렸다. 두 손은 복부 오른쪽에서 맞쥐었는데 가운데
구멍이 난 것을 보아 원래 물건을 들었던 것 같다. 머리는 왼쪽 위로 젖히고 눈은 다소 가늘게 떴으며
입꼬리는 살짝 들렸는데 굴복하기 싫은 듯한 표정이다. 이 작품은 서역 소녀의 천진하고 장난기 많으
며 다소 고집 센 개성을 생동감 있게 나타냈다.

**195**

## 호희용(胡姬俑)

성당(盛唐) 현종(玄宗) 개원(開元) 12년(724년)
높이 26cm
1991년 8월 서안시 파교구 신축향(西安市 灞橋區 新築鄕) 우가(於家)벽돌공장
당(唐) 금향(金鄕) 현주묘(縣主墓) 출토

Figurine of a Hun Woman

The 12th year of Kaiyuan Reign in High Tang Dynasty (724AD)
H 26cm
Excavated from the Tomb of Tang Dynasty at Xinzhu County in Baqiao District,
Xi'an in Aug 1991

여인은 칼 모양의 고계(高髻)를 하였다. 위에는 소매가 좁은 담황색 저고리를, 속에는 반비(半臂)를, 아래에는 바닥까지 끌리는 주홍색 긴 치마를 입었다. 하얀 피백(披帛)은 가슴 앞을 지나 양쪽 어깨에 걸치며 등 뒤에서 자연스레 늘어뜨렸다. 도용(陶俑)은 옆으로 몸을 돌리고 섰고 두 손은 가슴 앞에서 맞쥐었는데 가운데 작은 구멍이 난 것을 보아 원래 물건을 들었던 것 같다. 얼굴이 다른 여인 도용들과 완전히 다른데 눈썹은 조금 높고 눈은 다소 오목하며 코는 약간 넓고 편평하다. 젊어 보이는 얼굴은 둥글고 입꼬리는 살짝 들렸는데 전체적으로 우울한 기색이 감돈다. 얼굴 모습을 보면 당대(唐代) 호희(胡姬)를 묘사한 듯하다.

'호희'는 호인(胡人) 여자를 가리키는데 한대(漢代) 이래 시에서 호희에 대한 묘사가 다수 눈에 띈다. 그중 동한(東漢) 신연년(辛延年)은 〈우림랑(羽林郞)〉에서 "호희 나이 열다섯, 봄날 홀로 술청에 앉았네, 긴 옷자락에 띠를 두르고, 넓은 소매에 합환 저고리 입었네, 머리에는 남전의 옥비녀 꽂고, 귀에는 큰 진주 걸었네, 두 갈래 머리는 어찌나 얌전한지, 이 세상에 다시없을 아름다운 모습이네"라고 묘사하였다. 당(唐)나라 문헌 중에는 서역의 소무구성(昭武九姓)이 '호선녀(胡旋女)'를 당 조정에 바친 기록이 나온다. 이백(李白)의 시를 보면 "호희가 꽃 같은 얼굴로, 술청에 앉아 봄바람에 미소 짓네", "호희가 흰 손을 흔들어 부르니, 손님들 모두 술에 취하네", "떨어진 꽃잎을 밟으며 어디로 가는가, 웃으며 호희의 술집에 들어가야지"라는 묘사가 있고 온정윤(溫庭筠)은 시에서 "강족(羌族)의 아이는 옥관(玉管)을 불고, 호희는 비단꽃 밟으며 춤을 추네"라고 한 바 있다. 이는 모두 장안성의 호인(胡人) 여자들이 술집에서 술을 팔거나 노래와 춤에 능한 모습에 대한 묘사이기도 하다. 하지만 발굴조사에서는 줄곧 호희용을 볼 수 없었는데 금향(金鄕) 현주묘(縣主墓)에서 이 호희용이 최초로 출토되었다. '호인 여인' 도용은 화려한 색상의 옷을 입고 입가에는 연지를 찍었으며 요염하면서도 늘씬해 보이는데 시인이 묘사한 호인 여자의 모습을 생생하게 느껴볼 수 있다.

## 196

착남장여용(著男裝女俑)

당(唐)
높이 46.5cm
1982년 6월 서안시(西安市) 기계화양계장 출토

Figurine of a Woman in Man's Clothes

Tang Dynasty (618AD~907AD)
H 46.5cm
Excavated from Mechanized Chicken Farm in Xi'an in Jun 1982

　도용(陶俑)은 머리에 복두(襆頭)를 쓰고 위에는 옷깃이 둥근 두루마기를, 그 안에 반비(半臂)를 입었으며 허리에 가죽 띠를 두르고 받침대에 곧게 서 있다. 도용의 용모는 수려하고 얼굴빛이 붉으며 얼굴은 포동포동하고, 매혹적인 눈은 작으며 코는 높고 앵두 같은 입을 살짝 벌렸는데 전체 모습이 예쁘장해 보인다. 작은 복두를 비스듬히 정수리에 얹어 뒷머리와 양 옆 머리카락을 드러낸 모습이 재미있다. 뒷모습을 보면 복두에 갈고리 모양의 물건이 걸려 있는데 뒤통수에 바싹 붙어 있는 것을 보아 머리장식인 것 같다. 이 외에 귀마개와 허리에 두른 정사각형 대과(帶銙) 및 사미(鉈尾)도 보인다. 오른손은 위로 올렸는데 긴 소맷자락은 어깨 뒤로 넘겨 늘어뜨렸다. 소매에 감춰진 왼손은 자연스레 내렸는데 소매길이는 허리를 넘는다. 머리는 조금 왼쪽으로 돌리고 몸체는 손의 동작에 따라 움직이는 듯하다. 전체 조형은 S형이며 자태가 우아할뿐더러 소녀의 장난기 넘치는 모습도 나타내고 있다. 복두가 작고 포복은 넓은 것을 보아 여인들이 남장을 하는 풍조로 인해 한 소녀가 남장(男裝)을 해본 상황을 나타낸 것 같다. 급히 복두를 착용하여 눈썹마저 가렸으며 두루마기의 허리 부분도 아래로 쏠려 제대로 추켜올리지 못한 모습이 서둘러 남장을 해보려 한 듯하다.

## 197

### 고계여용(高髻女俑)

당(唐)
높이 27cm 너비 7cm
서안시문물보호고고학연구소(西安市文物保護考古學研究所) 소장

Figurine of a Woman with a High Bun

Early Tang Dynasty (618AD~713AD)
H 27cm  W 7cm
Collection of Xi'an Cultural Relic Protection and Archaeology Institute

도용(陶俑)은 나선형의 고계(高髻)를 했다. 수려한 용모의 도용은 위에 가슴까지 파이고 소매가 좁은 저고리를 입었고 어깨에는 피백(披帛)을 둘렀다. 아래는 가슴 부분까지 높게 올라온 치마를 입었는데 넓은 치마끈은 가슴 앞에서 매듭지은 다음 자연스레 늘어뜨렸다. 왼손은 배 앞까지 올리고 오른손은 자연스레 내린 채 치마에 가린 발로 바닥에 곧게 서 있다. 몸매가 날씬한 것을 보아 초당(初唐) 시기 도용으로 보인다.

## 198

### 호복시녀용(胡服侍女俑)

당(唐)
높이 65cm
서안시 장안현 대조향(西安市 長安縣 大兆鄕) 출토

Figurine of a Female Servant in Hun Clothes

Tang Dynasty (618AD~907AD)
H 65cm
Excavated from Daizhao Town Chang'an County in Xi'an

도용(陶俑)은 가장자리가 들린 호인(胡人) 모자를 썼는데 높게 접힌 챙은 가운데가 볼록하고 뾰족하며 양끝이 오목하다. 안에 반비(半臂)를, 겉에 크게 젖힌 옷깃의 호복(胡服)을 입고 띠를 둘렀으며 허리띠의 오른쪽에는 가죽 주머니를 걸었다. 목이 높은 신을 신은 채 둥근 받침에 곧게 서 있다. 붉은 얼굴은 매끄럽고 눈썹은 가늘며 눈과 입은 작고 입술을 빨갛게 칠한 것을 보아 소녀의 모습인 것 같다. 두 손은 가슴 앞까지 올렸는데 원래 물건을 들었던 것 같다. 도용은 머리를 들고 가슴을 쭉 폈는데 호인 모자를 쓰고 남장(男裝)을 한 것이 늠름하면서도 씩씩하다.

## 199

호복시녀용(胡服侍女俑)

당(唐)
높이 65cm
서안시 장안현 대조향(西安市 長安縣 大兆鄕) 출토

Figurine of a Female Servant in Hun Clothes

Tang Dynasty (618AD~907AD)
H 65cm
Excavated from Daizhao Town Chang'an County in Xi'an

　도용(陶俑)은 정수리에 나계(螺髻)를 했다. 안에 반비
(半臂)를, 겉에 호복(胡服)을 입은 모습은 도용 198과 같은
데 검은색 가죽 띠에 가죽 주머니를 걸지 않은 차이점이
있다. 얼굴이 둥글고 눈과 입이 작은 소녀의 형상을 묘사
하였다. 머리는 조금 오른쪽 위로 돌리고 두 손은 왼쪽 가
슴에서 주먹을 쥐었으며 목이 높은 신을 신은 채 네모난
받침 위에 서 있다.

## 200

### 봉분합여용(捧粉盒女俑)

당(唐)
높이 21cm
서안시문물보호고고학연구소(西安市文物保護考古學研究所) 소장

### Figurine of a Woman Carrying a Powder Box

Tang Dynasty (618AD~907AD)
H 21cm
Collection of Xi'an Cultural Relic Protection and Archaeology Institute

도용(陶俑)은 두툼한 계(髻)를 하였는데 머리를 양쪽으로 빗어내려 두 귀를 가렸고 정수리의 계는 뒤로 빗어 넘겼다. 붉은 얼굴은 포동포동하고 입, 코, 눈은 작으며 목은 새하얗다. 옷깃이 둥글고 소매가 넓은 두루마기를 입고 허리에 넓은 띠를 둘렀으며 목이 높은 신을 신었다. 가슴 앞에서 양손으로 분합을 든 채 받침에 서 있는데 표정은 온순하고 예의 바른 모습이다. 분합은 둥글고 뚜껑이 있는데 일반적으로 도자기 재질로 만드는 당대(唐代) 여인들의 화장도구로 당묘(唐墓)에서 다수 출토되었다. 이 도용은 남장(男裝)을 한 시녀의 형상을 본떠 만들었다.

## 201

### 쌍계여용(雙髻女俑)

당(唐)
높이 52cm 너비 15.5cm
1979년 서안시(西安市) 동쪽 교외 출토

### Figurine of a Woman with Double Buns

Tang Dynasty (618AD~907AD)
H 52cm  W 15.5cm
Excavated from eastern suburbs of Xi'an in 1979

머리는 쌍계(雙髻)를 했는데 계는 크지만 드리우지 않고 뒤통수에서 양쪽으로 세웠다. 크고 붉은 얼굴, 앵두같이 붉은 입, 가느다란 눈에 높은 콧마루를 하고 있다. 위에는 긴 소매 저고리를, 아래에는 바닥까지 끌리는 긴 치마를 입었다. 소매에 가려진 두 손은 가슴까지 올려 물건을 들었던 것 같다. 머리는 오른쪽으로, 몸은 왼쪽으로 돌렸다. 몸매가 풍만하지만 여전히 우아하고 매혹적인 자태이다.

# 여용(女俑)

당(唐)
높이 64cm 너비 24cm 두께 18.5cm
서안시문물보호고고학연구소(西安市文物保護考古學研究所) 소장

## Figurine of a Woman

Tang Dynasty (618AD~907AD)
H 64cm  W 24cm  Thickness 18.5cm
Collection of Xi'an Cultural Relic Protection and Archaeology Institute

양옆으로 빗은 머리는 귀 위로 올라왔고 정수리의 고계(高髻)는 뒤로 젖혔다. 위에는 소매가 좁은 저고리를, 아래에는 가슴 부분까지 올라오고 끝자락이 바닥에 끌리는 긴 치마를 입었다. 치맛자락 밑으로 둥근 신코가 보인다. 둥근 얼굴, 가느다란 눈썹, 작은 눈, 높은 코에 앵두 같은 입을 하고 있다. 가슴까지 올린 오른손은 소매에 가려졌고 같은 위치로 올린 왼손은 유실되었으며 곧은 자세로 받침에 서 있다.

## 203

### 남장여입용(男裝女立俑)

당(唐)
높이 31.5cm 너비 12cm 두께 10cm
1959년 서안시(西安市) 제5건축프로젝트회사에서 넘겨받음

### Figurine of a Standing Woman in Man's Clothes

Tang Dynasty (618AD~907AD)
H 31.5cm W 12cm Thickness 10cm
Transferred by Xi'an No.5 Construction Company in 1959

　머리는 넓게 양쪽으로 빗어내려 귀를 가렸고 정수리의 머리는 거꾸로 두 개의 계(髻)를 만들어 뒤로 젖혔다. 둥근 얼굴, 가느다란 눈썹, 작은 눈에 앵두 같은 입을 하고 있다. 옷깃이 둥근 두루마기를 입었으며 넓은 띠를 두르고 받침대에 곧게 서 있다. 두루마기의 자락은 좌우로 트였고 코가 둥근 신을 신은 것을 보아 여인이 남장(男裝)을 한 것 같다. 두 손은 가슴 앞까지 올려 물건을 든 모습이다. 몸매가 풍만한데 고개를 끄덕이고 복부를 내밀어 측면에서 보면 머리, 목, 허리와 다리가 약간의 S형을 이룸으로써 더욱더 우아해 보인다.

## 204

### 여입용(女立俑)

당(唐)
높이 36.5cm 너비 12cm
1979년 서안시(西安市) 동쪽 교외 출토

### Figurine of a Standing Woman

Tang Dynasty (618AD~907AD)
H 36.5cm W 12cm
Excavated from eastern suburbs of Xi'an in 1979

　머리는 크게 양쪽으로 빗어내려 두 귀를 가렸고 정수리에 틀어 올린 계(髻)는 왼쪽으로 높게 세웠다. 미소를 띤 붉은 얼굴은 포동포동하고 눈과 입은 작으며 코는 오뚝하다. 표정이 즐거워 보인다. 위에 소매가 넓은 저고리를, 아래에 폭이 넓은 긴 치마를 입었는데 그 끝으로 둥근 신코가 보인다. 이 도용은 가슴 앞에서 양손으로 긴 천을 든 채 발판에 곧게 서 있다.

## 205

### 포가계여입용(抛家髻女立俑)

당(唐)
높이 52cm 너비 15cm
1979년 서안시(西安市) 동쪽 교외 출토

Figurine of a Standing Woman with the Paojia Bun

Tang Dynasty (618AD~907AD)
H 52cm  W 15cm
Excavated from eastern suburbs of Xi'an in 1979

　도용(陶俑)은 포가계(抛家髻)를 하였는데 얼굴은 붉고 입술은 빨갛게 칠하였다. 위에는 넓고 큰 소매의 저고리, 아래에는 바닥까지 끌리는 긴 치마를 입었다. 살찐 얼굴, 앵두 같은 작은 입을 가진 도용의 모습이 귀여워 보인다. 저고리에 입혔던 색상은 이미 지워지고 긴 치마에만 원래 입혔던 붉은색이 조금 남아 있다. 두 손은 가슴까지 올린 것이 물건을 들었던 것 같다. 머리는 조금 돌리고 몸은 약간 비틀며 S형을 이룬 자태가 우아하다.

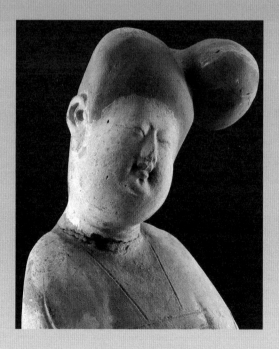

## 206

### 삽소지선여좌용(挿梳持扇女坐俑)

당(唐)
높이 9.2cm 너비 3.8cm
서안시(西安市) 수집

## Figurine of a Sitting Woman with Comb and Fan

Tang Dynasty (618AD~907AD)
H 9.2cm W 3.8cm
Collected in Xi'an

머리카락을 높게 빗어 계(髻)를 하였는데 위쪽 계에는 꽃을, 이마 앞 계에는 빗을 꽂았고 양쪽 계는 자연스레 드리웠다. 저고리와 긴 치마를 입었으며 포동포동한 얼굴에는 기쁜 표정을 지었다. 손잡이가 긴 둥근 부채를 든 양손은 허리쯤에서 맞쥐었으며 두 발을 모은 채 둥근 의자에 단정하게 앉아 있다. 화려한 차림새를 보아 정성껏 화장한 부잣집 귀부인이 부채를 들고 휴식을 취하는 모습을 본떠 만든 것 같다.

## 207

### 복두남시용(襆頭男侍俑)

당(唐)
높이 24cm 너비 8cm
서안시문물보호고고학연구소(西安市文物保護考古學研究所) 소장

## Figurine of a Male Servant with the Kerchief

Tang Dynasty (618AD~907AD)
H 24cm W 8cm
Collection of Xi'an Cultural RelicProtection and Archaeology Institute

도용(陶俑)은 검은색 복두(襆頭)를 쓰고 둥근 옷깃에 소매가 넓은 붉은색 두루마기를 입었으며 허리에는 검은색 가죽 띠를 둘렀다. 미소를 띤 얼굴은 영준하게 생겼고 두 눈에는 생기가 있다. 두 손은 가슴 앞에서 맞잡은 채 얇은 받침에 공손히 서 있다. 전체 모습을 보아 기민하고 영준한 사내종의 형상을 묘사한 것 같다.

**208**

### 대풍모남입용(戴風帽男立俑)

당(唐)
높이 21cm 너비 7cm
서안시(西安市) 수집

### Figurine of a Standing Man with Weather Cap

Tang Dynasty (618AD~907AD)
H 21cm W 7cm
Collected in Xi'an

　도용(陶俑)은 노란색과 붉은색이 섞인 풍모(風帽)를 쓰고 젖힌 옷깃의 외투를 입었다. 연홍색 외투에는 원권문(圓圈紋)을 새겼고 젖힌 옷깃에는 하얀색을 입혔다. 안에는 몸에 붙는 포복(袍服)을 입었다. 도용은 포동포동한 얼굴, 치켜세운 눈썹, 부릅뜬 두 눈에, 입꼬리는 위로 살짝 들려 위엄 있어 보인다. 주먹 쥔 두 손은 가슴 앞에 붙였는데 주먹 가운데 구멍이 난 것을 보아 원래 물건을 들었던 것 같다. 이 도용은 무기를 든 위병의 모습을 묘사한 것이다.

**209**

### 대풍모남입용(戴風帽男立俑)

당(唐)
높이 20.5cm
1958년 서안시(西安市) 동방(東方)기계설비공장 출토

### Figurine of a Standing Man with Weather Cap

Tang Dynasty (618AD~907AD)
H 20.5cm
Excavated from Dongfang Machinery Factory in Xi'an in 1958

　도용(陶俑)은 노란색 풍모를 쓰고 젖힌 옷깃이 하얀 외투를 입었는데 노란색 외투에는 하얀색 원권문(圓圈紋)을 그렸다. 외투 안에는 몸에 붙는 포복(袍服)을 입었다. 눈썹을 치켜세우고 눈을 부릅떴으며 입꼬리가 위로 들렸고 얼굴 근육도 긴장된 노기충천한 표정이다. 두 손은 가슴 앞에서 주먹을 쥐었는데 가운데 구멍이 난 것을 보아 원래 물건을 들었던 것 같다. 전체 형상을 보아 무기를 든 위풍당당한 위병(衛兵)의 모습을 표현한 것 같다.

## 210

### 복두남시용(襆頭男侍俑)

당(唐)
높이 8.8cm 너비 2.5cm
1974년 서안시 연호구(西安市 蓮湖區) 544공장 출토

Figurine of a Male Servant with the Kerchief

Tang Dynasty (618AD~907AD)
H 8.8cm  W 2.5cm
Excavated from Xi'an No.544 Factory in Lianhu District, Xi'an in 1974

　도용(陶俑)은 복두(襆頭)를 쓰고 옷깃이 둥근 붉은색 두루마기를 입었으며 허리에는
띠를 둘렀다. 미간을 약간 찌푸려 주름살이 보인다. 두 눈은 동그랗게 떴고 콧마루는 조
금 파였으며 넓고 납작한 입은 굳게 다물었지만 아래턱의 근육은 느슨하게 풀렸다. 목
을 움츠리고 어깨를 으쓱이며 얼굴에는 미소를 짓고 있다. 소매에 가려진 두 손은 가슴
앞에서 맞춘 채 받침에 허리 굽힌 자세로 서 있다. 전체 형상을 보아 세상의 온갖 풍파
를 겪은 하인의 형상을 묘사한 것 같다.

## 211

### 화상용(和尙俑)

당(唐)
높이 8cm 너비 2.5cm
서안시(西安市) 수집

Figurine of a Monk

Tang Dynasty (618AD~907AD)
H 8cm  W 2.5cm
Collected in Xi'an

　도용(陶俑)은 머리를 깎고 우임(右衽)의 가사(袈裟)를 입었는데 무릎 아래
로 드리운 가사의 소매는 넓고 길다. 나이가 어려 보이고 얼굴은 선해 보이며
두 손은 가슴 앞에서 수인(手印)을 맺고 있지만 손은 이미 유실되었다.

## 212

### 소관남시용 (小冠男侍俑)

성당(盛唐) 현종(玄宗) 개원(開元) 12년(724년)
높이 13.5∼13.7㎝
1991년 8월 서안시 파교구 신축향(西安市 灞橋區 新築鄕) 우가(於家)벽돌공장
당(唐) 금향(金鄕) 현주묘(縣主墓) 출토

---

Figurine of a Male Servant in Small Hat

The 12th year of Kaiyuan Reign in High Tang Dynasty (724AD)
H 13.5∼13.7cm
Excavated from the Tomb of Tang Dynasty at Xinzhu County in Baqiao District,
Xi'an in Aug 1991

도용(陶俑)은 검은색 작은 관모(冠帽)를 쓰고 교령에 소매가 넓은 주홍색 두루마기를 입었는데 그 자락 아래로 하얀색 주름바지가 보인다. 긴 소매는 무릎 아래로 드리웠고 끝이 둥근 검은색 신을 신었다. 두 손은 모두 주먹 쥐었는데 오른손은 가슴 부분에, 왼손은 복부에 붙였다. 주먹 가운데 작은 구멍이 난 것을 보아 원래 물건을 들었던 것 같다. 엄숙한 표정을 지은 얼굴은 둥글고 눈썹은 검으며 눈은 크고 입술은 빨갛게 칠했다. 공손한 자세로 네모난 받침에 곧게 서있다.

# 기마격요고여용(騎馬擊腰鼓女俑)

성당(盛唐) 현종(玄宗) 개원(開元) 12년(724년)
높이 37.5㎝ 말 길이 32㎝
1991년 8월 서안시 파교구 신축향(西安市 灞橋區 新築鄕) 우가(於家)벽돌공장 당(唐)
금향(金鄕) 현주묘(縣主墓) 출토

## Figurine of a Woman Beating the Waist Drum on a Horse

The 12th year of Kaiyuan Reign in High Tang Dynasty (724AD)
H 37.5cm  Horse L 32cm
Excavated from the Tomb of Tang Dynasty at Xinzhu County in Baqiao District, Xi'an in Aug 1991

도용(陶俑)은 화려한 공작 모양 모자를 썼는데 공작은 고개를 들어 먼 곳을 바라보고 있다. 깃털은 하늘색, 연녹색, 붉은색, 검은색을 입혔고 목 아래 잔털은 흰색이며 길고 넓은 꽁지 털은 자연스레 도용의 어깨로 드리워져 실제로 살아 숨 쉬는 것 같다. 여인이 남장을 한 모습인데 둥근 옷깃에 소매가 좁은 흰색 두루마기를 입었다. 겉옷의 앞뒤, 양쪽 어깨와 다리 부분에 가장자리가 검고 흰색 바탕에 붉은색이 감도는 크고 둥근 연꽃을 새겼다. 말 잔등에 앉은 도용은 두 손을 벌려 요고(腰鼓)를 두드리는 동작을 하고 아래에는 끝이 뾰족하고 목이 높은 검은색 신을 신었다. 요고의 테두리에는 붉은색을 입히고 표면에는 하얀색을 칠하였다. 둥근 얼굴, 맑고 아름다운 눈동자, 오똑한 코, 앵두같이 작은 입을 한 여인은 통통하면서도 우아해 보인다. 말은 머리를 치켜세웠고 두 귀를 쫑긋 세웠다. 말의 눈빛은 형형하고 입은

반쯤 벌렸으며 코는 벌름거리고 묶은 꼬리는 높게 추켜세운 채 네모난 받침에 곧게 서 있다. 말은 하얀색이고 안장은 검은색에 넓은 테두리는 하늘색을 입혔다. 가운데에는 적갈색 바탕에 군데군데 가장자리가 붉고 하얀색, 검은색, 녹색을 칠한 사판화(四瓣花)가 있다.

당대(唐代) 도용 중 공작새 모양의 모자를 쓴 도용은 매우 드물다. 아름다운 공작 모양으로 모자를 만들어 악사에게 씌운 것에서 조각가의 창의적인 구상과 정교한 기법을 엿볼 수 있다.

요고는 위진(魏晉)시대 쿠차[龜玆]에서 중원(中原)으로 전해졌다. 『구당서(舊唐書)』 「음악지(音樂志)」에는 "요고 중 큰 것은 기와 흙으로, 작은 것은 나무로 만드는데 모두 머리가 크고 배가 좁으며 본래 호고(胡鼓)이다", "정고(正鼓)와 화고(和鼓)는 모두 요고에 속한다"는 내용이 있다. 정고는 막대기와 손으로 두드리고, 화고는 양손으로 두드리는데 모두 호악(胡樂)에 속하므로 호고(胡鼓)라고 부른다. 당대(唐代) 남탁(南卓)의 『갈고록(羯鼓錄)』에서도 당대 도자기 요고가 성행했다는 기록이 있는데 도자기 요고가 실제로 전해진다. 전해지는 화유요고(花釉腰鼓)는 흑유(黑釉) 바탕에 하늘색 반점이 있고 크기도 매우 커 길이가 58.9cm에 달한다. 1980년대 섬서성(陝西省) 요주요(耀州窯)에서 화유요고가 출토된 바 있다. 현존하는 도자기 요고는 북의 밑 부분만 도자기 재질로 만들었는데 연주할 때에는 양쪽에 가죽으로 만든 고면(鼓面)을 끈으로 단단히 고정해야 한다. 이 도용이 연주하는 요고는 전체적으로 진홍색을 입혔는데 당시 도자기 색상이 아닌 것을 보아 나무재질에 색을 덧입힌 것 같으며 크기도 작은 것을 보아 두 손으로 연주하는 작은 요고인 것 같다.

## 기마탄비파여용(騎馬彈琵琶女俑)

성당(盛唐) 현종(玄宗) 개원(開元) 12년(724년)
높이 35.5㎝ 말 길이 32.5㎝
1991년 8월 서안시 파교구 신축향(西安市 灞橋區 新築鄉) 우가(於家)벽돌공장
당(唐) 금향(金鄉) 현주묘(縣主墓) 출토

**Figurine of a Woman Playing Chinese Lute on Horse**

The 12th year of Kaiyuan Reign in High Tang Dynasty (724AD)
H 35.5cm  Horse L 32.5cm
Excavated from the Tomb of Tang Dynasty at Xinzhu County in Baqiao District, Xi'an in Aug 1991

　도용(陶俑)은 정수리에 틀어 올린 계(髻)를 이마로 드리웠고 좌우 양쪽에도 계를 하였는데 그 형태를 보아 쌍환계(雙環髻)인 것 같다. 겉에 소매가 좁은 하얀색 두루마기를, 그 안에 반비(半臂)를 입었고 목이 높고 코가 뾰족한 검은색 신을 신었다. 여인은 조홍마(棗紅馬)를 타고 줄이 4개인 비파를 품에 안았는데 왼손으로 줄을 누르고 오른손으로 술대를 쥐고 연주에 몰두하는 모습이다. 얼굴이 붉고 입술을 빨갛게 칠하여 단정하면서도 우아해 보이고 이마에는 화전(花鈿) 장식을 했다. 머리는 왼쪽으로 조금 돌렸는데 연주에 빠진 듯한 모습이다. 말은 두 귀를 쫑긋 세우고 앞을 주시하며 네모난 받침에 곧게 서 있다.

　'琵琶(비파)'는 '批把(비파)'라고도 하며 일종의 현악기이다. 동한(東漢) 유희(劉熙)의 『석명(釋名)』「석악기(釋樂器)」에 의하면 "비파는 본래 오랑캐들의 악기로 말 위에서 연주했다. 손으로 미는 것을 비(批)라 했고, 손으로 당기는 것을 파(把)라 하여 이로써 이름으로 삼았다"는 기록이 있다. 동한 응소(應劭)의 『풍속통의(風俗通義)』에서도 비파에 대한 기록이 나온다. 진한(秦漢)시대에서 당대(唐代)에 이르기까지 비파는 여러 현악기의 총칭이었는데 원형이나 배[梨] 모양의 공명통에 머리 부분이 휜 곡경(曲頸) 또는 머리 부분이 곧은 직경(直頸) 모양 등 다양하다. 남북조(南北朝)시대, 서역에서 전해진 곡경비파(曲頸琵琶)는 4현이며 공명통이 배 모양으로 가슴 앞에 가로로 놓고 손으로 튕기거나 술대로 켜서 연주한다. 당대에 이르러 성행하였는데 백거이(白居易)는 『비파행(琵琶行)』에서 비파 연주를 생생하게 묘사한 바 있다. 이 외에 돈황(敦煌) 벽화 속에도 거꾸로 비파를 연주하는 묘기를 묘사하였다. 당나라의 비파는 4현과 5현으로 나뉘는데 『구당서(舊唐書)』「음악지(音樂志)」에는 "오현비파(五弦琵琶)는 크기가 조금 작고 북국(北國)에서 만들어진 것이다"는 기록이 있다. 비파는 가로로 안고 술대로 켜거나 세워서 손가락으로 튕기는 연주방법이 있다. 남북조시대 이미 손가락으로 연주하는 방법이 나타났다. 당(唐) 정관(貞觀) 시기, 태상악공(太常樂工) 배신부(裴神符)가 손가락으로 5현 비파를 연주하자 태종(太宗)이 무척이나 기뻐하였고 그 뒤로 사람들은 비파 연주자를 '추탄가(搊彈家)'라 부르기 시작하였다. 손가락으로 연주하면서 자세도 가로로 안던 것에서 세워 안는 것으로 바뀌었지만 가로로 안고 비파를 연주하는 방식은 여전히 유행하였다. 백거이(白居易) 시 중의 여인 또한 4현 비파를 가로로 안고 술대로 연주하였다. 일본 나라(奈良)의 쇼소인(正倉院)에는 당대의 사현나전비파(四弦螺鈿琵琶)와 나전자단오현비파(螺鈿紫檀五弦琵琶) 및 술대가 보관되어 있다. 당대 시에도 말 타고 비파를 연주하는 묘사가 적지 않은데 예를 들어 "야광배(夜光杯)에 따른 포도주를 입에 대려 할 때 말 위의 비파소리 재촉하는구나"라는 시가 있다. 이 무덤에서 출토된 여인 도용이 연주하는 비파는 가로로 안고 술대로 연주하는 4현 비파로 보이는데 윗부분은 이미 유실되었다.

**215**

## 기마탄공후여용(騎馬彈箜篌女俑)

성당(盛唐) 현종(玄宗) 개원(開元) 12년(724년)
높이 36㎝ 말 길이 32.5cm
1991년 8월 서안시 파교구 신축향(西安市 灞橋區 新築鄕) 우가(於家)벽돌공장
당(唐) 금향(金鄕) 현주묘(縣主墓) 출토

### Figurine of a Woman Playing Konghou on Horse

The 12th year of Kaiyuan Reign in High Tang Dynasty (724AD)
H 36cm  Horse L 32.5cm
Excavated from the Tomb of Tang Dynasty at Xinzhu County in Baqiao District,
Xi'an in Aug 1991

　도용(陶俑)은 검은색 복두(襆頭)를 쓰고 둥근 옷깃에 소매가 좁은 짙은 남색 두루마기를 입었는데 그 아래로 주홍색 바지가 보인다. 허리에 검은색 접섭대(蹀躞帶)를 두르고 등 뒤에 가죽 주머니를 걸었으며 허리띠에는 가죽 끈 8개가 달렸다. 목이 높고 코가 뾰족한 검은색 신을 신고 수공후(竪箜篌)를 품에 안은 채 주홍색 말에 앉아 있다. 공후의 현은 이미 사라졌고 남아 있는 곡목(曲木) 공명통과 각주(角柱)에는 황갈색을 입혔으며 검은색 권초문(卷草紋)이 사이사이에 그려져 있다. 미소 띤 얼굴은 둥글고 눈동자는 검으며 입술은 빨갛다. 머리를 약간 왼쪽으로 돌린 자태가 빼어나다. 말은 두 눈을 동그랗게 뜨고 목을 치켜세웠으며 입을 벌려 포효하며 네모난 받침에 곧게 서 있다.

　'공후(箜篌)'에는 와공후(臥箜篌), 수공후, 봉수공후(鳳首箜篌) 등이 있다. 여인이 들고 있는 공후는 형태로 볼 때 수공후인 것 같은데 옛날에는 호악(胡樂)이라 불렀으며 서아시아에서 들어온 것이다. 일부는 고대 페르시아에서 유행하던 '수금(竪琴)'으로 보기도 한다. 양한(兩漢)시대 중원(中原)에 유입된 후 위진(魏晉), 수당(隋唐), 오대(五代), 송(宋) 등 시대에 성행하다 명대(明代) 이후 점차 사라졌다.『통전(通典)』권144에는 "수공후는 호악으로 한(漢)나라 영제(靈帝)가 좋아했다. 몸이 구부러지고 길며 스물두 줄로 세워 품에 안고 두 손으로 가지런히 연주하는데 속칭 벽공후(擘箜篌)라고도 한다"라는 기록이 있다. 당(唐)나라 시인 고황(顧況)은 다음과 같은 공후가요를 남겼다. "궁중 악사 공후 켜네, 적황색 줄에 금빛 횡목…… 왼손은 낮게, 오른손은 높게, 음조 바꿈이 하늘이 내린 듯하네…… 손가락은 나는 듯이, 손목은 흐르듯이, 오고 감이 바람결 같네." 이상은 모두 수공후 연주를 생생하게 묘사하고 있다. 석각 및 도용에서도 공후를 찾아볼 수 있지만 완벽한 실물은 발견된 바 없다. 돈황(敦煌) 벽화 및 당(唐) 소사욱묘(蘇思勗墓)의 벽화에 있는 수공후와 대조하고 일본에 남아 있는 당대(唐代) 수공후 일부를 참고로 하면 금향(金鄕) 현주묘(縣主墓)에서 출토된 여인 도용이 품에 안은 수공후는 윗부분이 호형(弧形)인 곡목 공명통과 네모난 기둥의 일부로 추정되며 아래 현을 연결하는 횡목은 이미 유실되었다. 공명통 윗부분에는 소사욱묘 벽화 중의 수공후와 똑같은 유운권초문(流雲卷草紋)을 새겼다.

## 기마고발여용(騎馬敲鈸女俑)

성당(盛唐) 현종(玄宗) 개원(開元) 12년(724년)
높이 37㎝ 말 길이 32㎝
1991년 8월 서안시 파교구 신축향(西安市 灞橋區 新築鄕) 우가(於家)벽돌공장
당(唐) 금향(金鄕) 현주묘(縣主墓) 출토

### Figurine of a Woman Playing Cymbals on Horse

The 12th year of Kaiyuan Reign in High Tang Dynasty (724AD)
H 37cm  Horse L 32cm
Excavated from the Tomb of Tang Dynasty at Xinzhu County
in Baqiao District, Xi'an in Aug 1991

말 잔등에 앉은 여인은 복두(襆頭)를 쓰고 둥근 옷깃에 소매가 좁은 두루마기를 입었는데 겉옷의 색상이 대부분 지워져 군데군데 주홍색만 보이고 목이 높고 코가 뾰족한 신을 신었다. 두 손에 동발(銅鈸)을 들었는데 오른손을 위로, 왼손을 아래로 하여 동발을 두드리고 있다. 얼굴은 포동포동하고 입술은 빨갛게 칠하였으며 이마에는 화전(花鈿) 장식을 하였다. 말안장은 검은색이고 언치는 가장자리가 하얀색이며 가운데는 주황색 바탕에 큰 꽃송이를 새겼다. 황갈색 말은 머리를 추켜세우고 네모난 받침에 곧게 서 있다.

발(鈸)은 일찍 동발(銅拔) 또는 동반(銅盤)이라 불렸는데 서로 맞부딪쳐 소리 내는 삿갓 모양 체명악기(體鳴樂器)이다. 문헌기록에 의하면 발은 서아시아에서 생겨난 것이며 법기(法器)로서 불교와 함께 인도에서 중국에 전해졌다. 북조(北朝)시대 용문(龍門), 운강(雲岡) 등 석굴의 기악(伎樂)에서 발의 모습을 찾아볼 수 있다. 북위(北魏) 시기 발은 민간에서 유행하였으며 당대(唐代)에 이르러 십부악(十部樂) 중 7부는 동발을 사용하였다. '동발(銅鈸)'이란 이름은 동발(銅拔, 銅跋)에서 변화한 것으로 당서(唐書)『일체경음의(一切經音義)』에서는 "동발(銅鈸)…… 발(鈸)은 고서(古書)에는 없는 글자로 근래에 나타났다"고 적고 있으며『수서(隋書)』와『구당서(舊唐書)』에서는 모두 동발(銅拔)이라 적고 있다. 중당(中唐) 시기, 금속으로 제작되었다 하여 '발(鈸)' 자를 새롭게 만들고『육전(六典)』,『통전(通典)』에서부터 '동발(銅鈸)'이라 쓰기 시작하였다. 당(唐)나라 두우(杜佑)는『통전』에서 "동발(銅鈸)은 동반(銅盤)이라고도 한다. 그 원(圓)은 수촌(數寸)이며 가운데가 도드라져 부구(浮漚)처럼 생겼다. 가죽으로 꿰어 서로 부딪쳐 소리를 조절하였다"고 적었다. 베이징중국악기박물관(北京中國樂器博物館)에는 출토된 지름이 26cm인 당대(唐代) 동발이 소장되어 있다. 이 무덤에서 출토된 동발은 크기가 손바닥만 한 것을 보아 소형 동발인 것 같다. 당송(唐宋) 이후로 동발은 민간악무, 희곡, 취타악(吹打樂)에서 광범위하게 사용되었다.

# 기마취필률여용(騎馬吹篳篥女俑)

성당(盛唐) 현종(玄宗) 개원(開元) 12년(724년)
높이 36㎝ 말 길이 31㎝
1991년 8월 서안시 파교구 신축향(西安市 灞橋區 新築鄕) 우가(於家)벽돌공장 당(唐)
금향(金鄕) 현주묘(縣主墓) 출토

## Figurine of a Woman Playing Bili on Horse

The 12th year of Kaiyuan Reign in High Tang Dynasty (724AD)
H 36cm  Horse L 31cm
Excavated from the Tomb of Tang Dynasty at Xinzhu County in Baqiao District,
Xi'an in Aug 1991

말 잔등에 앉은 여인은 가장자리가 젖힌 호인(胡人) 모자를 썼는데 붉은색 선으로 가장자리를 장식한 하얀색 꽃이 새겨져 있다. 옷깃이 둥글고 소매가 좁은 두루마기를 입었으며 목이 높고 코가 뾰족한 검은색 신을 신고 있다. 두 손에 필률(篳篥)을 들고 왼쪽 위로 조금 올리며 연주하고 있다. 여인은 눈썹이 가늘고 포동포동한 얼굴에 연주에 몰두한 표정을 짓고 있다. 네모난 받침에 곧게 선 말은 흰색을 시유(施釉)했는데 목을 치켜세우며 울부짖고 있다. 말안장은 검은색이고 언치의 넓은 테두리는 하얀색이며 가운데의 적갈색 바탕에 붉은색, 흰색, 옅은 남색으로 그린 사판화(四瓣花)가 보인다.

필률은 앞서 십육국(十六國)시대 기악여용(伎樂女俑)을 설명할 때 소개하였으며 약 십육국시대에 서역에서 전해진 것으로 당대에 유행하였다. 당(唐)나라 두우(杜佑)의 『통전(通典)』 권144에는 "필률은 본래 비율(悲篥)이라 불렸는데 호인 지역에서 나왔으며 소리가 매

우 구슬프다"라는 기록이 있으며 단안절(段安節)은 『악부잡록(樂府雜錄)』에서 "필률은 쿠차[龜玆]의 악기이다. 비율이라고도 부르며 가(茄)와 비슷하다"고 하였다. 기록에 의하면 당대에는 안만선(安萬善), 위지청(尉遲靑), 동정란(董庭蘭), 이귀년(李龜年), 경납(敬納), 장야호(張野狐), 왕마노(王麻奴), 설양도(薛陽陶) 등 많은 이름난 필률 연주가가 나타났다. 그중 적지 않은 이는 비단의 길 동쪽에서 건너온 소수민족 예술가였다. 당나라 시인 이기(李頎)는 〈안만선(安萬善)의 필률소리를 듣다〉라는 시에서 "남산에서 대나무 꺾어 필률을 만드니 이 악(樂)은 원래 쿠차에서 나온 것이네. 한나라에 들어온 후 곡조가 더욱 기묘해지니 양주 호인이 나를 위해 불어주네"라고 묘사하였다. 필률에는 여러 가지가 있는데 육조(六朝) 말기에 이미 큰 필률, 작은 필률, 쌍필률, 도피(桃皮)필률 등이 있었다. 큰 필률은 앞에 7개, 뒤에 2개의 구멍이 있고 작은 필률은 6개의 구멍이 있으며 필률의 주를 이루는 구멍이 9개인 것은 쿠차에서 제작한 것이다. 도용(陶俑)의 손에 든 필률은 관이 조금 짧고 손 사이의 거리도 가까워 작은 필률로 보인다.

수당(隋唐)시대에 성행했던 필률은 악대(樂隊)에서 선두로 연주되었으므로 송대(宋代)에는 직접 '두관(頭管)'이라 칭하였으며 원명(元明)시대까지 이어졌다. 그 후 필률이란 이름이 점차 적게 사용되면서 두관 또는 '관자(管子)'란 이름으로 대체되었으며 악대에서의 지위도 날로 낮아졌다. 오늘날 중국 북방 지역에서 광범위하게 전해지는 관자는 고대의 필률에서 변화된 것이다. 수당시대 필률은 동쪽으로 조선, 일본에까지 전해졌는데 일본 쇼소인(正倉院)에는 당대(唐代)의 대나무로 된 필률이 보존되어 있다.

## 기마출행여용(騎馬出行女俑)

성당(盛唐) 현종(玄宗) 개원(開元) 12년(724년)
높이 35.2㎝ 말 길이 32㎝
1991년 8월 서안시 파교구 신축향(西安市 灞橋區 新築鄕) 우가(於家)벽돌공장
당(唐) 금향(金鄕) 현주묘(縣主墓) 출토

Figurine of a Woman Traveling on Horse

The 12th year of Kaiyuan Reign in High Tang Dynasty (724AD)
H 35.2cm  Horse L 32cm
Excavated from the Tomb of Tang Dynasty at Xinzhu County
in Baqiao District, Xi'an in Aug 1991

여인은 '왜타계(倭墮髻)'를 하였는데 넓고 큰 양쪽 머리는 귓가에, 정수리에 틀어 올린 단계(單髻)는 이마에 드리웠다.

위에는 옷깃이 둥글고 소매가 좁은 하얀색 저고리, 아래에는 주홍색 긴 치마를 입었다. 치마허리는 가슴 위까지 올라왔으며 겨드랑이 아래에서 녹색 치마끈으로 묶었다. 치마 위에는 작은 하얀색 꽃을 군데군데 장식하였다. 어깨에는 피백(披帛)을 두르고 발에는 코가 작은 검은색 신을 신었으며 덩치가 큰 백마 위에 앉아 있다. 왼손은 가슴까지 반쯤 올리고 오른손은 자연스레 내렸는데 모두 소매에 가려졌다. 포동포동한 얼굴, 화전 장식을 한 이마, 버들잎 같은 눈썹, 가느다란 눈에 앵두같이 작은 입을 하고 있다. 머리를 살짝 왼쪽으로 돌렸고 빨간 입술을 살며시 오므렸으며 얼굴에는 미소를 띠고 있다. 백마는 두 눈을 동그랗게 뜨고 앞을 주시하고 있으며 두 귀를 쫑긋 세웠는데 아주 민첩해 보인다. 머리를 치켜세우고 입을 크게 벌려 포효하며 직사각형 받침에 곧게 서 있다. 말안장은 검은색이다. 언치는 바탕이 하얀색인데 그 위에 붉은색 선으로 가장자리를, 그 안쪽에 열은 남색, 검은색 등 여러 가지 색상의 큰 꽃을 장식하였으며 넓은 가장자리는 열은 남색이다. 전체적으로 조형이 정확하고 생동감이 있으며 자태가 우아하다.

# 기마출행여용(騎馬出行女俑)

성당(盛唐) 현종(玄宗) 개원(開元) 12년(724년)
높이 35.5㎝ 말 길이 32.7㎝
1991년 8월 서안시 파교구 신축향(西安市 灞橋區 新築鄕) 우가(於家)벽돌공장
당(唐) 금향(金鄕) 현주묘(縣主墓) 출토

## Figurine of a Woman Traveling on Horse

The 12th year of Kaiyuan Reign in High Tang Dynasty (724AD)
H 35.5cm  Horse L 32.7cm
Excavated from the Tomb of Tang Dynasty at Xinzhu County in Baqiao District,
Xi'an in Aug 1991

도용(陶俑) 218과 같이 '왜타계(倭墮髻)'를 하였다. 소매가 좁은 갈색 저고리를 입었는데 그 위에는 흰색 꽃을 장식하였으며 아래에는 역시 흰색 꽃으로 장식된 녹색 긴 치마를 입었다. 어깨에는 하얀 피백(披帛)을 걸쳤고 오른팔은 복부 앞에 놓았으며 왼팔은 내려뜨렸는데 두 손 모두 긴 소매에 가려졌다. 백마는 머리를 돌린 채 입을 벌리며 직사각형 받침에 곧게 서 있다. 안장은 검은색이다. 언치는 분홍색인데 그 위에 붉은 선으로 가장자리를, 그 안쪽에는 연녹색, 검은색, 옅은 남색 등 여러 가지 색상의 큰 꽃을 장식하였다. 여인은 단정하고 우아하며 기색 또한 태연한데 흩날리는 듯한 소매는 그 모습을 더욱더 소탈하고 대범해 보이게 한다. 이 작품은 여인이 말 잔등에서 몸을 돌려 소매를 뿌리치는 찰나를 생동감 있게 묘사하였다.

**220**

## 기마출행여용(騎馬出行女俑)

성당(盛唐) 현종(玄宗) 개원(開元) 12년(724년)
높이 35.7㎝ 말 길이 30㎝
1991년 8월 서안시 파교구 신축향(西安市 灞橋區 新築鄕)우가(於家)벽돌공장
당(唐) 금향(金鄕) 현주묘(縣主墓) 출토

Figurine of a Woman Traveling on Horse

The 12th year of Kaiyuan Reign in High Tang Dynasty (724AD)
H 35.7cm  Horse L 30cm
Excavated from the Tomb of Tang Dynasty at Xinzhu County in Baqiao District,
Xi'an in Aug 1991

도용(陶俑)은 '왜타계(倭墮髻)'를 하고 겉에 소매가 좁은 저고리를, 그 안에 반비(半臂)를, 아래에는 하얀색 긴 치마를 입었는데 치마 위에는 연판문(連瓣紋)을 장식하고 어깨에 걸친 피백(披帛)은 몸 뒤로 늘어뜨렸다. 오른손은 허리쯤에서 주먹을 쥐었는데 말고삐를 잡은 듯하고 왼손은 다리 위에 자연스럽게 얹었으며 오른쪽 앞을 주시하고 있다. 백마는 두 귀를 쫑긋 세우고 눈을 부릅떴으며 몸통을 앞으로 기울였는데 마치 앞으로 나아가려는 것 같다. 안장은 검은색이다. 언치는 홍갈색 바탕인데 그 위는 붉은색 선으로 가장자리를 장식한 하얀색 꽃으로 채웠으며 가장자리에는 하얀색을 넓게 입혔다.

## 기마출행여용(騎馬出行女俑)

성당(盛唐) 현종(玄宗) 개원(開元) 12년(724년)
높이 35.9㎝ 말 길이 31.5㎝
1991년 8월 서안시 파교구 신축향(西安市 灞橋區 新築鄉) 우가(於家)벽돌공장
당(唐) 금향(金鄉) 현주묘(縣主墓) 출토

### Figurine of a Woman Traveling on Horse

The 12th year of Kaiyuan Reign in High Tang Dynasty (724AD)
H 35.9cm  Horse L 31.5cm
Excavated from the Tomb of Tang Dynasty at Xinzhu County
in Baqiao District, Xi'an in Aug 1991

　도용(陶俑)은 '왜타계(倭墮髻)'를 하고 위에 소매
가 좁은 녹색 저고리, 아래에 주홍색 치마를 입었는
데 저고리, 치마에 그렸던 무늬는 대부분 지워졌다.
넓고 긴 피백(披帛)은 등 뒤에서부터 어깨에 비스듬
하게 걸친 다음 가슴 앞에서 교차하며 늘어뜨렸다.
왼손은 고삐를 당기고 오른손은 다리에 얹었다. 둥근
얼굴, 가느다란 코, 작은 입을 한 여인은 풍만하고 수
려하다. 여인이 탄 말은 황색에 덩치가 큰데 머리를
치켜세우고 곧게 서 있다. 길고 빽빽한 갈기가 있고
꼬리에는 흰색 유약을 입혔으며 목과 잔등에는 흰 반
점 무늬가 있다. 안장은 검은색이고 주홍색 언치에는
흰색 꽃을 그렸다.

## 포견수렵호용(抱犬狩獵胡俑)

성당(盛唐) 현종(玄宗) 개원(開元) 12년(724년)
높이 35.5cm 말 길이 33.5cm
1991년 8월 서안시 파교구 신축향(西安市 灞橋區 新築鄕) 우가(於家)벽돌공장
당(唐) 금향(金鄕) 현주묘(縣主墓) 출토

Pottery Figurine of Northern Barbarian Hunter Holding a Hound in Arms

The 12th year of Kaiyuan Reign in High Tang Dynasty (724AD)
H 35.5cm  Horse L 33.5cm
Excavated from the Tomb of Tang Dynasty at Xinzhu County in Baqiao District, Xi'an in Aug 1991

다홍색 말을 탄 도용(陶俑)은 검은색 복두(襆頭)를 쓰고 안이 녹색, 겉이 검은색이며 젖힌 옷깃에 소매가 좁은 호복(胡服)을 입었는데 옷깃에도 녹색을 입혔다. 왼쪽 가슴과 팔을 드러내고 왼쪽 소매는 몸 뒤로 자연스레 늘어뜨렸다. 목이 높은 하얀색 신을 신었다. 품에 안은 하얀색 사냥개는 주인의 품에 바싹 붙어 고개를 들고 두 귀를 쫑긋 세운 민첩한 기세로 앞을 주시하고 있다. 호인(胡人)은 우뚝한 코, 오목한 눈, 붉은 얼굴, 검은 눈썹, 바람에 날리는 듯한 팔자수염을 하고 있고 턱 아래의 길고 빽빽한 구레나룻은 역삼각형을 이루었다. 얼굴은 왼쪽으로 돌렸는데 둥근 눈으로 앞을 매섭게 노려보고 있으며 이를 드러냈는데 고함을 지르는 듯하다. 왼손 주먹은 단단히 거머쥐었고 드러낸 왼팔의 울퉁불퉁한 근육은 굵고 단단해 보인다. 말은 네모난 받침대에 곧게 서 있는데 갈기를 자르고 꼬리를 동여맸으며 머리를 치켜세우며 울부짖고 있다. 안장은 검은색이고 가장자리가 하얀 언치에는 촘촘한 검은색 무늬가 보인다. 주홍색 바탕에 검은색 원권문(圓圈紋)은 표범의 반점으로 보여 언치는 표범 가죽으로 추정된다. 이 작품은 호인의 호방하면서도 노련한 개성을 남김없이 표현하였다.

수렵은 '전렵(田獵)' 혹은 '전렵(畋獵)'이라고도 하는데 최초에는 원시인들의 생산활동이었지만 하(夏) 이후 역대 통치자들은 수렵활동을 사계절에 순응하는 대례(大禮)로 간주하기 시작하였다[『좌전(左傳)』, "봄에는 수(搜), 여름에는 묘(苗), 가을에는 선(獮), 겨울에는 수(狩)라는 사냥은 모두 농한기에 실시하며 무사(無事)를 강습하였다"]. 수렵을 통하여 조상과 종묘제사에 사용할 제물을 얻을 수 있을뿐더러 말 타고 활 쏘는 연습도 할 수 있어 수렵활동을 국가의 대전(大典)이자 상무(尙武) 정신을 나타내는 군사 체육활동으로 간주하였다. 진한(秦漢) 이후, 수렵은 제왕귀족들이 여유를 즐기는 오락으로 변하였는데 한무제(漢武帝) 유철(劉徹)은 "말 타고 들짐승을 쫓는 것"을 즐겼다. 당의 통치자들도 수렵을 즐겨 3대 즐거움으로 간주하였다. 당태종(唐太宗) 이세민(李世民)은 "사내대장부는 일생에 3가지 낙이 있는데 천하가 태평하고 집집마다 살림이 넉넉하며 의식이 풍족한 것이 첫 번째 낙이고, 풀이 무성하고 짐승이 살쪄 수렵하기 적합하며 백발백중할 수 있는 것이 두 번째 낙이며, 모든 사람들이 평등하고 자유로우며 온 천하가 길하고 상하가 융화되는 것이 세 번째 낙이다"라고 하였다. 이렇듯 사냥을 즐기는 풍조가 형성되면서 수렵활동은 점차적으로 회화(繪畫), 조각(彫刻), 시가(詩歌) 등 예술 작품에서 나타나기 시작하였다. 피장자의 신분이 높은 당묘(唐墓)에서 기마수렵용(騎馬狩獵俑)이 종종 출토되는데 금향(金鄕) 현주묘(縣主墓)에서도 8점이 출토되었다. 이 도용은 그중 하나이다.

## 223

### 포견수렵호용(抱犬狩獵胡俑)

성당(盛唐) 현종(玄宗) 개원(開元) 12년(724년)
높이 30.3cm 말 길이 24.5cm
1991년 8월 서안시 파교구 신축향(西安市 灞橋區 新築鄕) 우가(於家)벽돌공장
당(唐) 금향(金鄕) 현주묘(縣主墓) 출토

Pottery Figurine of Northern Barbarian Hunter
Holding a Hound in Arms

The 12th year of Kaiyuan Reign in High Tang Dynasty (724AD)
H 30.3cm  Horse L 24.5cm
Excavated from the Tomb of Tang Dynasty at Xinzhu County in Baqiao District,
Xi'an in Aug 1991

검은색 복두(襆頭)를 쓴 도용(陶俑)은 코가 우뚝하고 눈이 오목하며 온 얼굴에 구레나룻이 나 있다. 옷깃이 둥글고 소매가 좁은 두루마기를 입었으며 목이 높은 신을 신었다. 주먹 쥔 왼손은 어깨 위로 올려 고삐 잡은 동작을 하고 오른손은 소매를 걷어붙였으며 품에는 하얀 사냥개를 안고 있다. 사냥개는 두 귀를 쫑긋 세우고 앞다리를 호인(胡人)의 왼쪽 다리에 올려놓으며 주인을 쳐다보고 있는데 마치 주인의 명령에 따라 당장이라도 덮칠 듯한 기세이다. 호인은 머리를 조금 오른쪽으로 돌리며 두 눈으로 앞을 주시하는데 말을 세우고 주위 동정을 관찰하는 듯하다. 갈기를 자르고 꼬리도 동여맨 황갈색 말은 두 귀를 쫑긋 세우고 두 눈을 부릅뜨며 받침에 곧게 서 있다. 안장은 검은색이고 표범 가죽으로 만든 언치는 도용 222와 동일하지만 일부 색상이 벗겨져 옅어 보인다.

사냥개는 앞의 도용 사냥개와 마찬가지로 주둥이가 뾰족하고 몸체가 가늘며 꼬리가 긴 것을 보아 서아시아에서 당(唐)나라에 조공한 '페르시아 견(犬)' 종류인 것 같다.

# 가응수렵호용(架鷹狩獵胡俑)

성당(盛唐) 현종(玄宗) 개원(開元) 12년(724년)
높이 37.5㎝ 말 길이 33.5㎝
1991년 8월 서안시 파교구 신축향(西安市 灞橋區 新築鄕) 우가(於家)벽돌공장
당(唐) 금향(金鄕) 현주묘(縣主墓) 출토

---

## Pottery Figurine of Northern Barbarian Hunter Holding up an Eagle

The 12th year of Kaiyuan Reign in High Tang Dynasty (724AD)
H 37.5cm  Horse L 33.5cm
Excavated from the Tomb of Tang Dynasty at Xinzhu County
in Baqiao District, Xi'an in Aug 1991

도용(陶俑)은 검은색 복두(襆頭)를 썼는데 양쪽 각건(角巾)은 어깨로 길게 늘어뜨렸고 둥근 옷깃에 소매가 좁은 두루마기를 입었으며 두루마기의 주홍색은 이미 지워졌다. 목이 높은 검은색 신을 신었다. 얼굴은 붉고 눈썹은 짙으며 눈은 오목하다. 왼팔을 자연스레 내리고 오른손은 머리 위로 올렸는데 손에 매가 앉아 있다. 도용은 몸체를 오른쪽 뒤로 젖히며 매를 주시하고 있다. 매는 두 눈을 동그랗게 뜨며 앞을 주시하는데 마치 호인(胡人)이 명령을 내리면 바로 사냥감을 덮치려는 것 같다. 안장에는 검은색을 입히고 언치는 황갈색 바탕에 검은색 원권문(圓圈紋)이 있는 것을 보아 표범 가죽인 것 같다. 갈기를 자르고 꼬리를 동여맨 백마는 머리를 치켜세우고 직사각형 받침에 서 있다.

당(唐)나라 황궁의 대응방(大鷹坊)에서는 4가지 종류의 사냥매를 길렀다. 그중에서 가장 귀한 것은 독수리이고 가장 우아한 것은 송골매로 왜가리나 청둥오리를 잡으며 이외에 새매도 있는데 몸집이 작은 맹금으로 사람들은 흔히 이 새를 이용하여 메추라기 등을 사냥한다. 마지막으로는 흔히 볼 수 있는 참매가 있다. 사냥매는 당나라 외에도 다른 지역에서 공물로 바친 것이 다수 있었다. 예를 들어, 개원 3년 동이(東夷)의 군장(君長)이 새하얀 매 두 마리를 공물로 바친 바 있고, 함통(鹹通) 7년 사주(沙州) 절도사 장의조(張義潮)는 '청교(靑鮫)' 매 4쌍을 바쳤다. 8세기 들어 한반도와 인접한 발해에서도 매를 대량 바친 바 있다. 들고 있는 매는 모두 몸체가 작고 날개도 짧은 것을 보아 매인 것 같다.

# 가응수렵호용(架鷹狩獵胡俑)

성당(盛唐) 현종(玄宗) 개원(開元) 12년(724년)
높이 34.4㎝ 말 길이 33㎝
1991년 8월 서안시 파교구 신축향(西安市 灞橋區 新築鄉) 우가(於家)벽돌공장
당(唐) 금향(金鄉) 현주묘(縣主墓) 출토

Pottery Figurine of Northern Barbarian
Hunter Holding up an Eagle

The 12th year of Kaiyuan Reign in High Tang Dynasty (724AD)
H 34.4cm  Horse L 33cm
Excavated from the Tomb of Tang Dynasty at Xinzhu County
in Baqiao District, Xi'an in Aug 1991

　　조홍마(棗紅馬)를 탄 도용(陶俑)은 코가 높고 눈이 오목
하며 머리는 양옆으로 나누어 빗어 양쪽에서 계(髻)를 하
였다. 위에는 옷깃이 둥글고 소매가 좁은 하얀색 두루마
기를 입고 허리에 검은색 띠를 둘렀으며 검은색 신을 신
었다. 소매에 가려진 왼손은 가슴 앞에서 고삐를 잡은 자
세를 취했다. 참매를 앉힌 오른손을 조금 올리며 앞을 주
시하고 있는데 마치 매를 풀어 동물을 사냥하려는 것 같
다. 갈기를 자르고 꼬리를 동여맨 말의 잔등에는 하얀색
을 입혔고 그 위로 갈색 반점이 보인다. 안장과 언치의 모
양은 도용 224와 동일하다.

## 대표수렵호용(帶豹狩獵胡俑)

성당(盛唐) 현종(玄宗) 개원(開元) 12년(724년)
높이 35.3㎝ 말 길이 34㎝
1991년 8월 서안시 파교구 신축향(西安市 灞橋區 新築鄕) 우가(於家)벽돌공장 당(唐) 금향(金鄕)
현주묘(縣主墓) 출토

Pottery Figurine of Northern Barbarian Hunter with
His Cheetah

The 12th year of Kaiyuan Reign in High Tang Dynasty (724AD)
H 35.3cm Horse L 34cm
Excavated from the Tomb of Tang Dynasty at Xinzhu County in Baqiao District, Xi'an
in Aug 1991

도용(陶俑)은 검은색 복두(襆頭)를 쓰고 둥근 옷깃에 소매가 좁은 두루마기를 입었는데 그 표면에 입혔던 주홍색은 대부분 지워졌으며 목이 높은 검은색 신을 신었다. 왼손은 앞으로 뻗어 고삐를 잡은 동작을, 오른손은 힘껏 뒤로 젖히며 말에 채찍질하는 동작을 하고 있다. 머리는 왼쪽 뒤로 돌렸는데 두 눈에 생기가 넘쳐 보이고 등 뒤에는 치타 한 마리가 있다. 둥근 방석에 엎드린 치타는 두 귀를 쫑긋 세우고 두 눈은 동그랗게 떴으며 앞다리를 굽혔는데 예리한 발톱이 보이고 뒷다리도 반쯤 굽힌 모습을 보아하니 사냥감을 덮치기 직전의 모습을 나타낸 것 같다. 안장에는 검은색을 입히고 언치는 표범가죽으로 만들었다. 갈기를 자르고 꼬리도 동여맨 하얀 말은 두 귀를 쫑긋 세우고 눈을 부릅떴으며 예사롭지 않은 기세로 직사각형 받침에 곧게 서 있다. 이 작품에서 호인(胡人)은 몸을 돌려 방석에 엎드린 치타와 동일한 방향을 바라보고 있는데 치타는 뒷다리를 세우고 엉덩이를 치켜세우며 말에서 뛰어내릴 준비를 하고 있는 것 같다. 인물처리기법이 뛰어나고 동태와 정태가 결합되어 실제로 살아 숨 쉬는 것 같으며 일촉즉발의 긴장된 수렵 장면이 생생하게 드러났다.

호인 도용 등 뒤의 치타는 몸통이 노랗고 등에 검은 반점이 흩어져 있으며 목 아래와 복부 및 발톱에 모두 하얀색을 입혔다. 치타는 표범보다 체구가 작은데 길이는 140cm이고 체중은 약 50kg이지만 질주하는 속도는 시속 100km 이상이다. 치타는 사냥을 할 때 직선이 아닌 之(지) 자로 달려 사냥감이 치타의 예리한 발톱을 벗어나기 힘들

다. 말 둔부 둥근 방석에 엎드린 치타의 목에 검은색 목줄이 걸려 있는 것을 보아 길들인 치타인 것 같다. 페르시아 전설에 의하면 치타는 인도 마우리아 왕조에서 최초로 길들인 것이라 한다. 고증에 따르면 중국에서 치타를 사용한 역사는 서한(西漢)시대까지 거슬러 올라간다. 그러나 한대(漢代) 이후 사료(史料)에서 치타 관련 기록을 찾을 수 없으며 당대(唐代)에 이르러 관련 문물이나 문헌에 치타에 관한 내용이 나타나기 시작하였다. 『당회요(唐會要)』 권99 강국(康國)에서는 "개원 초기, 누차 사자(使者)를 보내 쇄자갑(鎖子甲), 수정배(水精杯), 직물, 난쟁이, 호선녀(胡旋女), 개, 표범을 바쳤다"고 기록됐다. 여기에서 말하는 개와 표범은 아마도 사냥개나 치타를 가리키는 것 같다. 당(唐) 장회태자묘(章懷太子墓), 의덕태자묘(懿德太子墓)의 벽화 중에도 목줄을 맨 치타가 그려져 있지만 치타를 데리고 사냥하는 도용은 극히 드물다. 당나라 귀족들이 사냥할 때 사용하던 매나 개, 치타는 대부분 서역 등지에서 공물로 바친 것인데 서역에서 온 호인들이 이러한 동물을 잘 길들였다. 따라서 사냥에 사용하는 동물들도 대부분 호인들이 길들였는데 이상의 사냥하는 호인 도용들도 이러한 상황을 표현한 것 같다. 이러한 도용들은 역사를 거슬러 천여 년 전 말을 타고 사냥하던 모습을 생생하게 표현하는 한편 서역 호인이 전해온 이국 풍속이 당나라에 끼친 영향을 느끼게 한다.

239

## 227

### 대사리수렵녀용(帶猞猁狩獵女俑)

성당(盛唐) 현종(玄宗) 개원(開元) 12년(724년)
높이 33㎝ 말 길이 34㎝
1991년 8월 서안시 파교구 신축향(西安市 灞橋區 新築鄕)
우가(於家)벽돌공장 당(唐) 금향(金鄕) 현주묘(縣主墓) 출토

**Figurine of a Woman Hunter with Lynx**

The 12th year of Kaiyuan Reign in High Tang Dynasty (724AD)
H 33cm  Horse L 34cm
Excavated from the Tomb of Tang Dynasty at Xinzhu County
in Baqiao District, Xi'an in Aug 1991

조홍마(棗紅馬)를 탄 여인은 쌍계(雙髻)를 하여 귓가로 드리웠는데 얼굴은 불그레하고 입술은 붉으며 눈썹이 가늘고 눈은 까맣고 입은 앵두 같다. 옷깃이 둥글고 소매가 좁은 하얀색 두루마기를 입고 허리에 전대를 착용하였으며 목이 높은 검은색 신을 신었다. 몸은 오른쪽으로 조금 돌려 앞을 주시하고 오른손은 주먹을 쥐었으며 왼손은 앞으로 뻗어 고삐를 잡은 모습인데 얼굴에는 긴장한 표정이 역력하다. 등 뒤에서 붉은색 방석에 엎드린 스라소니는 두 귀를 쫑긋 세웠고 두 눈을 부릅떴으며 앞다리를 곧게 세우고 뒷다리를 굽힌 모습이 아주 기민해 보인다. 말은 머리를 치켜세우고 입을 쩍 벌리며 네모난 받침에 곧게 서 있다. 갈기를 자르고 꼬리도 동여맸으며 잔등에는 하얀 바탕에 적갈색 반점이 있고 안장은 검은색을 띠며 언치는 표범가죽으로 만들었다.

스라소니는 등이 회흑색이고 목과 복부는 하얀색이며 길이는 95~105cm에 달하는 고양잇과의 맹수로 길들여 수렵에 이용할 수 있다. 중국은 서방의 영향을 받아 고대부터 수렵에 스라소니를 이용하기 시작하였다.

기마수렵용(騎馬狩獵俑)의 대부분은 남성이고 호인(胡人)이 다수를 차지하지만 이 스라소니를 태우고 사냥하는 도용은 여인이어서 눈길을 끈다. 이로써 당대(唐代) 여인들은 말을 탔을 뿐만 아니라 격렬한 사냥에도 참가할 수 있었다는 것을 알 수 있다. 현실주의 시인 두보(杜甫)는 〈애강두(哀江頭)〉라는 시에서 궁녀들이 황제를 따라 '호복기사(胡服騎射)'하는 정경을 묘사하여 "소양전(昭陽殿)의 제일 미인 양귀비(楊貴妃)는 임금과 함께 수레 타고 곁에서 모셨네. 수레 앞의 재인(才人)은 활을 차고 백마에는 황금재갈을 물렸네. 몸을 돌려 하늘을 향해 구름을 쏘니 화살 하나에 새 두 마리가 바로 떨어졌네. 맑은 눈 하얀 이의 미인은 어디 있는가. 피에 더럽혀진 떠도는 영혼은 돌아올 수 없구나"라 하였다.

**228**

## 타록수렵녀용(馱鹿狩獵女俑)

성당(盛唐) 현종(玄宗) 개원(開元) 12년(724년)
높이 34.7㎝ 말 길이 31㎝
1991년 8월 서안시 파교구 신축향(西安市 灞橋區 新築鄉)
우가(於家)벽돌공장 당(唐) 금향(金鄉) 현주묘(縣主墓) 출토

### Figurine of a Woman Hunter Bearing a Deer

The 12th year of Kaiyuan Reign in High Tang Dynasty (724AD)
H 34.7cm Horse L 31cm
Excavated from the Tomb of Tang Dynasty at Xinzhu County
in Baqiao District, Xi'an in Aug 1991

큰 말에 올라탄 여인은 쌍수계(雙垂髻)를 하고, 겉에는 둥근 옷깃에 소매가 좁은 두루마기를, 안에는 반비(半臂)를 입었다. 허리에 전대(纏帶)를 착용하고 목이 높은 검은색 신을 신었으며 두 손은 복부 앞에서 고삐를 잡은 듯 주먹을 움켜쥐었다. 등 뒤에는 사냥한 사슴을 얹었는데 사슴 머리는 축 늘어지고 사지는 하늘로 향해 마지막 숨을 내쉬는 것 같다. 여인은 빨간 입술을 살짝 다물고 붉은 얼굴에는 의기양양한 미소를 띠고 있다. 이것은 "소년이 평원의 토끼를 잡아 말 뒤에 가로 얹고서 의기양양한 기세로 돌아오네"라는 시구와 서로 어울린다. 말은 윗부분에서 나오는 말과 달리 갈기가 뒤덮이고 꼬리를 동여맸는데 목덜미의 길고 촘촘한 갈기는 흐트러지고 좌우로 드리웠다. 말은 두 귀를 쫑긋 세우고 주둥이를 크게 벌리며 네모난 받침에 곧게 서 있다. 안장은 검은색이고 언치는 표범가죽으로 만든 것 같다.

# 수렵호용(狩獵胡俑)

성당(盛唐) 현종(玄宗) 개원(開元) 12년(724년)
높이 28.9cm 말 길이 22.2cm
1991년 8월 서안시 파교구 신축향(西安市 灞橋區 新築鄉) 우가(於家)벽돌공장
당(唐) 금향(金鄉) 현주묘(縣主墓) 출토

## Figurine of a Hunting Hun Person

The 12th year of Kaiyuan Reign in High Tang Dynasty (724AD)
H 28.9cm  Horse L 22.2cm
Excavated from the Tomb of Tang Dynasty at Xinzhu County in Baqiao District,
Xi'an in Aug 1991

호인(胡人)은 말에 올라 등자를 밟고 있다. 검은색 복두(幞頭)를
쓰고 둥근 옷깃에 소매가 좁은 하얀색 두루마기를 입었으며 허리
에 검은 가죽 띠를 매고 목이 높은 검은색 신을 신었다. 오른쪽 팔
꿈치는 가슴 앞까지 굽혔지만 손 부분은 이미 사라졌는데 원래 말
고삐를 잡았던 것 같다. 왼손은 조금 낮게 내렸다. 말은 대추색이고
콧마루와 이마에는 하얀색을 입혔다. 안장은 검은색이고 언치는
표범가죽으로 만들었다. 호인은 몸을 오른쪽 앞으로 기울이고 생
기 있는 두 눈을 동그랗게 뜨며 오른편 앞쪽 상황을 뚫어지게 살피
고 있다. 왼쪽으로 돌린 말 머리는 도용이 고삐를 잡은 동작과 맞물
린다. 이 작품은 사냥 중 신기한 것을 발견하자 말을 멈추고 주위를
관찰하는 사냥꾼의 형상을 진실하게 표현하였다.

# 기마수렵용(騎馬狩獵俑)

성당(盛唐) 예종(睿宗) 태극(太極) 원년(712년)
높이 33.5cm 말 길이 33cm
1994년 6월 서안시 주지현(西安市 周至縣) 이곡진(二曲鎭) 당(唐) 양종묘(梁琮墓) 출토

## The Figurines of Hunter on Horseback

The First year of Taiji Reign in High Tang Dynasty (712AD)
H 33.5cm Horse L 33cm
Excavated from Tomb of Liangcong of Tang Dynasty in Zhouzhi County in Xi'an

높은 코에 우묵하게 들어간 눈을 가진 호인(胡人)의 형상이다. 검은색 복두(幞頭)를 쓰고 둥근 옷깃에 소매가 좁은 녹색 호복(胡服)을 입었으며 목이 높은 검은색 신을 신고서 대추색의 건장한 말을 타고 있다. 양손으로 고삐를 잡고 앞을 주시하고 있다. 튼실한 말은 갈기가 짧고 꼬리를 동여맸는데 머리를 들고 두 눈을 부릅뜬 채 직사각형 받침 위에 서 있다. 검은색 안장에 표범가죽 언치를 하고 있다. 호인 몸 뒤쪽에는 스라소니가 자그마한 원형 깔개 위에 엎드려 있다. 스라소니는 귀를 쫑긋 세우고 눈을 부릅뜨고 앞다리를 세우고 뒷다리를 굽힌 것이 민첩해 보인다. 안장 뒤쪽 오른편에 매달린 작은 새는 수렵물로 보인다. 이 도용(陶俑)은 인물과 말을 표현함에 있어 모두 생동감이 뛰어나다. 말은 깎아 놓은 대나무 같은 귀, 횃불 같은 두 눈, 벌렁거리는 듯한 코, 분명한 골격을 가진 형상으로 당대 도자기 예술의 대표작이라 할 만하다. 이 도용은 양종묘(梁琮墓)에서 출토된 수렵용 중 하나로 당대 귀족들이 말을 타고 수렵하던 모습을 생동하게 반영하였다.

## 231

### 기마취적용(騎馬吹笛俑)

성당(盛唐) 현종(玄宗) 개원(開元) 12년(724년)
높이 30.7㎝ 말 길이 24.1㎝
1991년 8월 서안시 파교구 신축향(西安市 灞橋區 新築鄉) 우가(於家)벽돌공장
당(唐) 금향(金鄉) 현주묘(縣主墓) 출토

---

**Figurine of a Man Piping on Horse**

The 12th year of Kaiyuan Reign in High Tang Dynasty (724AD)
H 30.7cm  Horse L 24.1cm
Excavated from the Tomb of Tang Dynasty at Xinzhu County in Baqiao District,
Xi'an in Aug 1991

말 잔등에 앉은 남자는 주홍색 풍모를 쓰고 소매가 넓은 주홍색 두루마기를 입었으며 목이 높은 검은색 신을 신었다. 두 손을 왼쪽 입가에 붙이며 무엇인가 불고 있는데 오른쪽 손등과 왼쪽 손가락은 모두 밖을 향하였으며 들었던 피리는 이미 사라졌다. 도용에 입혔던 색상은 대부분 벗겨져 흑회색(黑灰色)의 소태가 보이고 옷에는 군데군데 붉은색이 남아 있다. 금향(金鄉) 현주묘(縣主墓)에서 말을 타고 피리, 통소, 필률(篳篥), 북채 등을 들고 연주하는 도용 18점이 출토되었는데 모두 고취의장용(鼓吹儀仗俑)에 속한다.

# 기마취적용(騎馬吹笛俑)

성당(盛唐) 현종(玄宗) 개원(開元) 12년(724년)
높이 30.5cm 말 길이 26cm
1991년 8월 서안시 파교구 신축향(西安市 灞橋區 新築鄕) 우가(於家)벽돌공장
당(唐) 금향(金鄕) 현주묘(縣主墓) 출토

## Figurine of a Man Piping on Horse

The 12th year of Kaiyuan Reign in High Tang Dynasty (724AD)
H 30.5cm  Horse L 26cm
Excavated from the Tomb of Tang Dynasty at Xinzhu County in Baqiao District,
Xi'an in Aug 1991

　도용(陶俑)은 주홍색 풍모(風帽)를 쓰고 소매가 넓은 주홍
색 두루마기를 입었다. 오른손은 주먹 쥐었는데 손등이 밖
을 향했으며 편평하게 왼쪽 입가에 올려 뭔가를 부는 동작
을 하고 있지만 왼손은 이미 사라졌다. 동작으로 볼 때, 손에
들었던 악기는 피리인 것 같다. 말은 고동색이고 목과 궁둥
이 부분에는 하얀색 바탕에 붉은색 반점이 있다.

**233**

## 기마취배소용(騎馬吹排簫俑)

성당(盛唐) 현종(玄宗) 개원(開元) 12년(724년)
높이 30.8cm 말 길이 24.5cm
1991년 8월 서안시 파교구 신축향(西安市 灞橋區 新築鄉) 우가(於家)벽돌공장
당(唐) 금향(金鄉) 현주묘(縣主墓) 출토

### Figurine of a Man Playing Panpipe on Horse

The 12th year of Kaiyuan Reign in High Tang Dynasty (724AD)
H 30.8cm  Horse L 24.5cm
Excavated from the Tomb of Tang Dynasty at Xinzhu County in Baqiao District,
Xi'an in Aug 1991

도용(陶俑)은 검은색 농관(籠冠)을 쓰고 옷깃이 둥글고 소매가 넓은 주홍색 두루마기를 입었다. 두 손에 배소(排簫)를 들고 연주하고 있는데 배소는 9개의 죽관(竹管)을 엮어 만들었으며 황갈색을 입혔다. 도용은 눈썹이 짙고 눈이 크며 팔자수염이 났고 얼굴에는 태연자약한 기색을 띠어 마치 연주에 몰입한 것 같다. 네모난 받침에 곧게 선 말의 몸통에 입혔던 색상은 이미 지워졌다.

**234**

## 기마격고용 (騎馬擊鼓俑)

성당(盛唐) 현종(玄宗) 개원(開元) 12년(724년)
높이 28.1㎝ 말 길이 25.3㎝
1991년 8월 서안시 파교구 신축향(西安市 灞橋區 新築鄕) 우가(於家)벽돌공장
당(唐) 금향(金鄕) 현주묘(縣主墓) 출토

Drumming Figurine on Horse

The 12th year of Kaiyuan Reign in High Tang Dynasty (724AD)
H 28.1cm  Horse L 25.3cm
Excavated from the Tomb of Tang Dynasty at Xinzhu County in Baqiao District,
Xi'an in Aug 1991

도용(陶俑)은 풍모를 쓰고 소매가 넓은 주홍색 두루마기를 입었으며 목이 높은 가죽신을 신었다. 오른손은 높게 들고 왼손은 내렸다. 두 손 모두 주먹 쥐었는데 가운데에 작은 구멍이 있는 것을 보아 원래 북채를 들었던 것 같고 안장 왼쪽 뒷부분에는 북을 고정하였던 작은 구멍이 있다. 말은 두 귀를 쫑긋 세우고 눈을 부릅떴으며 입을 크게 벌려 울부짖고 있다. 북을 도용의 왼쪽 뒷부분에 놓아 두드리는 동작이 커져 머리를 힘껏 뒤로 젖히고 몸을 왼쪽으로 비틀었으며 오른손을 높게 들고 왼손은 허리까지 내렸다. 전체 동작을 보아 북채를 들고 온 힘을 다해 북을 두드리는 것 같다. 두 팔의 동작은 자연스러우면서도 조화를 이루었다. 전체 조형과 동작은 과장되었고 기세도 강해 보이는데 마치 북소리가 멀리 울려 퍼지는 듯하다.

# 기마격고용(騎馬擊鼓俑)

성당(盛唐) 현종(玄宗) 개원(開元) 12년(724년)
좌: 높이 30.1㎝ 말 길이 24㎝
우: 높이 28.7㎝ 말 길이 25㎝
1991년 8월 서안시 파교구 신축향(西安市 灞橋區 新築鄉) 우가(於家)벽돌공장
당(唐) 금향(金鄉) 현주묘(縣主墓) 출토

## Drumming Figurine on Horse

The 12th year of Kaiyuan Reign in High Tang Dynasty (724AD)
Man with Cage Hat H 30.1cm Horse L 24cm
Man with Weather Cap H 28.7cm Horse L 25cm
Excavated from the Tomb of Tang Dynasty at Xinzhu County in Baqiao District,
Xi'an in Aug 1991

　도용(陶俑)은 농관(籠冠) 또는 풍모(風帽)를 쓰고 옷깃이
둥글며 소매가 넓은 주홍색 두루마기를 입었으며 목이 높은
가죽신을 신었다. 두 손은 주먹을 쥐고 앞을 향해 올려 뭔가를
두드리는 동작을 하고 있는데 원래 손에 북채를 들었던 것 같
다. 말안장 앞쪽에는 북을 고정하였던 둥근 구멍이 남아 있다.
황갈색 말은 네모난 받침에 곧게 서 있다.

# 대풍모기마격고용(戴風帽騎馬擊鼓俑)

성당(盛唐) 현종(玄宗) 개원(開元) 12년(724년)
좌: 높이 30.8㎝ 말 길이 24.4㎝
우: 높이 31㎝ 말 길이 24㎝
1991년 8월 서안시 파교구 신축향(西安市 灞橋區 新築鄉) 우가(於家)벽돌공장
당(唐) 금향(金鄉) 현주묘(縣主墓) 출토

## Drumming Figurine with Weather Cap on Horse

The 12th year of Kaiyuan Reign in High Tang Dynasty (724AD)
Left H 30.8cm  Horse L 24.4cm
Right H 31cm  Horse L 24cm
Excavated from the Tomb of Tang Dynasty at Xinzhu County in Baqiao District, Xi'an in Aug 1991

　도용(陶俑)은 풍모를 쓰고 소매가 넓은 주홍색 두루마기를 입었으며 목
이 높은 가죽신을 신었다. 오른손은 주먹을 쥐며 어깨 위로 올렸는데 그 가
운데 구멍이 난 것을 보아 원래 북채를 들었던 것 같지만 이미 사라졌고 왼
손은 자연스럽게 내렸다. 오른쪽 무릎 부분에는 구멍 하나가 났는데 원래
북을 고정했던 것 같다. 도용은 몸을 오른쪽으로 비틀고 얼굴은 오른쪽 앞
을 향하며 힘껏 북을 두드리는 동작을 하고 있는데 눈썹과 수염에는 검은
색을 입히고 풍모와 포복(袍服)에는 주홍색을 칠하였다. 고동색 말은 입을
벌려 울부짖는 모습이다.

# 기마취악용(騎馬吹樂俑)

성당(盛唐) 현종(玄宗) 개원(開元) 12년(724년)
높이 29.6㎝ 말 길이 23.5㎝
1991년 8월 서안시 파교구 신축향(西安市 灞橋區 新築鄉) 우가(於家)벽돌공장
당(唐) 금향(金鄉) 현주묘(縣主墓) 출토

## Figurine of a Man Piping on Horse

The 12th year of Kaiyuan Reign in High Tang Dynasty (724AD)
H 29.6cm  Horse L 23.5cm
Excavated from the Tomb of Tang Dynasty at Xinzhu County in Baqiao District, Xi'an in Aug 1991

　도용(陶俑)은 농관(籠冠)을 쓰고 교령(交領)에 소매가 넓은 두루마기를 입었다. 말 잔등에 단정히 앉아 나풀거리는 소매를 늘어뜨렸다. 오른손을 위로, 왼손을 아래로 반쯤 주먹 쥐며 가슴 앞까지 올려 뭔가를 불고 있다. 동작을 보아 세워서 연주하는 관악기인 호가(胡笳) 또는 필률(篳篥) 같다. 호가는 필률과 비슷하며 서역에서 전해진 악기이다. 말에는 황갈색을 입혔다.

## 기마취악용(騎馬吹樂俑)

성당(盛唐) 현종(玄宗) 개원(開元) 12년(724년)
높이 30.5cm 말 길이 25.3cm
1991년 8월 서안시 파교구 신축향(西安市 灞橋區 新築鄕) 우가(於家)벽돌공장
당(唐) 금향(金鄕) 현주묘(縣主墓) 출토

## Figurine of a Man Piping on Horse

The 12th year of Kaiyuan Reign in High Tang Dynasty (724AD)
H 30.5cm Horse L 25.3cm
Excavated from the Tomb of Tang Dynasty at Xinzhu County
in Baqiao District, Xi'an in Aug 1991

도용(陶俑)은 주홍색 풍모(風帽)를 쓰고 소매가 넓은 주홍색 두루마기를 입었으며 오른손으로 관악기를 들어 입에 대고 불고 있다. 왼손에 고삐를 잡은 모습이 왼쪽으로 돌린 말머리와 서로 대응된다. 도용은 왼쪽으로 기울어 균형을 잃은 듯한 느낌을 주는데 이는 악기를 연주할 때 몸을 앞뒤, 좌우로 흔들어 호흡을 조절함으로써 더욱 아름다운 소리를 위해서이다. 조각가는 오른손을 올린 동시에 몸체는 왼쪽으로 기울이며 힘껏 연주하는 모습을 포착함으로써 보기에 균형을 잃은 것 같지만 사실상 생동감을 부여해 전형적인 작품을 만들어 냈다. 이로부터 알 수 있듯이 당대(唐代) 도용 조각가들은 실생활을 세밀하게 관찰하여 불후의 작품을 만들어 냈다.

악기는 조금 짧은데 입가에 닿은 쪽이 다소 작으며 반대쪽은 약간 굵고 크며 한 손으로 연주하는 것을 보아 도피필률(桃皮篳篥)인 것 같다. 도피필률은 필률의 일종으로 『통전(通典)』 권144에는 "……동이(東夷)는 복숭아 나무 껍질을 말아서 필률을 만들었다"라는 기록이 있다. 『당서(唐書)』 「악지(樂志)」 등 문헌에는 도피필률이 일반 필률보다 작으며 한 손으로 들고 연주한다는 내용이 나온다. 도피필률은 수당(隨唐)시대에 유행하였으며 군악 의장이나 악무 중에 사용되었다. 현대 악기 관자(管子)와 쌍관(雙管)은 필률과 쌍필률에서 변화 발전한 것이다.

**239**

## 기마의장용(騎馬儀仗俑)

성당(盛唐) 현종(玄宗) 개원(開元) 12년(724년)
좌: 높이 30㎝ 말 길이 25.5㎝
우: 높이 28.3㎝ 말 길이 23㎝
1991년 8월 서안시 파교구 신축향(西安市 灞橋區 新築鄉) 우가(於家)벽돌공장 당(唐) 금향(金鄉) 현주묘(縣主墓) 출토

Figurine Guard of Honor on Horse

The 12th year of Kaiyuan Reign in High Tang Dynasty (724AD)
Left H 30cm  Horse L 25.5cm
Right H 28.3cm  Horse L 23cm
Excavated from the Tomb of Tang Dynasty at Xinzhu County in Baqiao District, Xi'an in Aug 1991

　말 잔등에 단정하게 앉은 도용(陶俑)은 풍모(風帽)를 쓰고 소매가 넓은 두루마기를 입었으며 움켜쥔 두 손으로는 고삐를 잡은 듯한 동작을 하고 있다. 말에는 밤색을 입히고 오른쪽 말의 잔등에는 목부터 엉덩이까지 하얀 바탕에 붉은색 반점이 있는 융단방석을 깔았다.

　비록 두 도용의 손에 악기가 없지만 차림새와 말의 형상이 앞의 도용들과 일치하는 것을 보아 고취의장용(鼓吹儀仗俑)에 속하는 것 같다.

## 기마취배소악용(騎馬吹排簫樂俑)

당(唐)
길이 26cm 너비 10cm 높이 34cm
1986년 서안시(西安市) 수집

Figurine of a Man Playing Panpipeon Horse

Tang Dynasty (618AD~907AD)
L 26cm  W 10cm  H 34cm
Collected in Xi'an in 1986

　등자를 힘껏 밟고 말 잔등에 단정하게 앉은 남성 도용
(陶俑)은 검은색 농관(籠冠)을 쓰고 옷깃이 둥근 두루마
기를 입었으며 허리에 가죽 띠를 두르고 목이 높은 신을
신었다. 두 손으로 배소를 들고 입에 대고 연주하는 모습
이다. 배소는 한쪽이 길고 한쪽이 짧다. 말 머리 부분은
골격이 분명하며 두 눈을 동그랗게 뜨고 머리를 쳐든 채
곧게 선 모습이 원기 왕성해 보인다. 원래 입혔던 색상은
전부 지워지고 도용이 쓴 관과 말안장에만 검은색이 어
렴풋하게 남아 있다.

**241**

## 기마취악용(騎馬吹樂俑)

당(唐)
길이 26.5cm 너비 10cm 높이 33.5cm
서안시(西安市) 수집

Figurine of a Man Piping on Horse

Tang Dynasty (618AD~907AD)
L 26.5cm  W 10cm  H 33.5cm
Collected in Xi'an

등자를 밟고 말에 단정하게 앉은 도용(陶俑)은 농관(籠冠)을 쓰고 소매가 좁은 두루마기를 입었으며 허리에 가죽 띠를 둘렀고 목이 높은 신을 신었다. 주먹 쥔 오른손은 입가에 바싹 붙였고 왼손은 손바닥을 펼치며 오른손 아래로 뻗었는데 뭔가를 들고 연주하는 것 같다. 한 손으로 악기를 들고 다른 한 손으로 받친 것을 보아 각(角)을 부는 것 같다. 말 머리는 골격이 분명하며 두 눈을 동그랗게 뜨고 머리를 치켜세운 채 우뚝 선 모습이 원기 왕성해 보인다. 입혔던 색상은 전부 지워지고 도용이 쓴 관과 말안장에만 검은색이 남아 있다.

# 채회무녀용(彩繪舞女俑)

성당(盛唐) 예종(睿宗) 태극(太極) 원년(712년)
높이 25,5~28㎝
1994년 6월 서안시 주지현(西安市 周至縣) 이곡진(二曲鎮) 당(唐) 양종묘(梁琮墓) 출토

## Colored Dancing Female Pottery Figurine

The First year of Taiji Reign in High Tang Dynasty (712AD)
H 25,5-28cm
Excavated from the Tomb of Liang Cong of Tang Dynasty at Erqu Town
in Zhouzhi County, Xi'an in 1994

양종묘(梁琮墓)에서 조형이 같고 크기가 비슷한 채색 무녀(舞女) 도용(陶俑) 4점이 출토되었다. 무녀들은 고계(高髻)를 하고 피부를 드러내었으며 너울거리며 춤추는 자태가 우아하면서도 매혹적이다.

왼쪽에서 오른쪽으로 첫 번째 무녀는 높게 올린 쌍환계(雙鬟髻)를 하였다. 용모는 수려하고 얼굴에는 미소를 띠었다. 가슴 부분을 노출하고 허리를 비틀며 오른팔은 몸 뒤에서 허리 뒤로 굽혔고 왼팔은 몸 앞에서 어깨 위로 올렸다. 몸을 오른쪽 뒤로 기울이고 허리는 약간 뒤로 젖힌 채 얼굴은 왼쪽을 향하여 네모난 받침 위에서 춤추고 있다. 정면에서 보면 허리가 S형을 이루어 우아해 보인다.

두 번째 무녀는 용모가 수려하고 균형 잡힌 몸매에 머리 양쪽에서 높게 올린 쌍환계를 하였다. 위에 소매가 좁은 저고리를, 아래에는 긴 치마를, 겉에 개금(開襟)한 반비(半臂)를 입고 코가 구름 모양이며 목이 높은 신을 신었는데 왼쪽 신발 끝이 치마 밖에 나왔고 오른쪽은 치마에 가려졌다. 가슴 부분을 노출하고 왼팔은 앞으로 굽혀 어깨 위로 올렸으며 오른팔은 허리 뒤로 굽혔다. 상체를 오른쪽 뒤로 젖히고 몸통은 왼쪽으로 돌렸으며 눈은 손을 바라보고 있다. 네모난 얇은 받침에 두 발로 서서 춤을 추는 자태가 우아해 보인다.

세 번째 무녀는 높게 틀어 올린 쌍환계를 하고 위에는 반비, 아래에는 긴 치마를 입었다. 얼굴은 포동포동하고 몸매는 날씬하다. 오른팔은 앞으로 굽혀 위로 들었고 왼팔은 등 뒤로 굽혔으며 허리를 힘껏 왼쪽 뒤로 젖혔다. 네모난 얇은 받침을 밟고 서서 너울너울 춤추는 모습이 매혹적이다.

네 번째 무녀는 높이 솟은 쌍환계를 하였다. 위에는 소매가 좁은 저고리를, 아래에는 나팔치마를 입었는데 치맛자락이 발을 덮어 높게 들린 구름 모양의 신코만 보인다. 겉에는 옷깃이 없고 허리 부분이 잘록하며 개금한 반비를 걸쳤고 허리에 졸라맨 명주 끈은 가슴 앞에서 나비 모양으로 묶었다. 무녀는 눈동자가 맑고 아름다우며 둥근 얼굴에는 미소를 띠었고 허리는 날씬하다. 가슴 부분은 노출시켰고 몸체는 왼쪽 뒤로 기울었으며 두 손은 동작에 따라 앞뒤로 움직이고 있다. 네모난 얇은 받침 위에서 우아한 자태로 춤추는 모습이 실제로 살아 숨 쉬는 것 같다.

## 배우용(俳優俑)

성당(盛唐) 현종(玄宗) 개원(開元) 12년(724년)
높이 6.4㎝
1991년 8월 서안시 파교구 신축향(西安市 灞橋區 新築鄉) 우가(於家)벽돌공장
당(唐) 금향(金鄉) 현주묘(縣主墓) 출토

## Canjun Opera Figurines

The 12th year of Kaiyuan Reign in High Tang Dynasty (724AD)
H 6.4cm
Excavated from the Tomb of Tang Dynasty at Xinzhu County
in Baqiao District, Xi'an in Aug 1991

묘실(墓室)에서 2점이 출토되었는데 한 쌍으로 추정된다. 둘 다 검은색 복두(襆頭)를 쓰고 둥근 옷깃에 소매가 좁은 하얀색 두루마기를 입었으며 검은색 가죽 띠를 두르고 목이 높은 검은색 신을 신었다. 왼쪽 도용(陶俑)은 오른손을 주먹 쥐며 앞으로 뻗은 반면 왼팔은 이미 떨어져 나갔고 두 다리를 자연스럽게 벌리며 서 있다. 목을 움츠리며 고개를 돌린 표정이 귀여워 보이는데 턱에 수염이 난 것을 보아 호인(胡人)으로 보인다. 오른쪽 도용은 호인을 쳐다보고 있는데 표정이 익살스럽고 양팔은 유실되었으며 한인(漢人)의 형상을 본떠 만든 것 같다. 이 한 쌍의 도용은 당대 악무백희(樂舞百戲) 가운데 배우로 '희롱용(戲弄俑)'이라고도 부르는데 당대(唐代)에 유행하던 참군희(參軍戲) 중 배역을 묘사한 것 같다.

**247**

무도용(舞蹈俑)

성당(盛唐) 현종(玄宗) 개원(開元) 12년(724년)
높이 19~20.5㎝
1991년 8월 서안시 파교구 신축향(西安市 灞橋區 新築鄕)
우가(於家)벽돌공장 당(唐) 금향(金鄕) 현주묘(縣主墓) 출토

Dancing Figurine

The 12th year of Kaiyuan Reign in High Tang Dynasty (724AD)
H 19~20.5cm
Excavated from the Tomb of Tang Dynasty at Xinzhu County
in Baqiao District, Xi'an in Aug 1991

도용(陶俑) 3점 모두 동감(東龕)에서 출토되었다. 도용은 머리에 검은색 복두(襆頭)를 썼고 양쪽 각건(角巾)은 머리 뒤에서 매듭지었으며 둥근 옷깃, 좁은 소매의 두루마기를 입었는데 그 자락은 무릎까지 내려왔다. 위에 입었던 색상은 대부분 지워졌다. 허리에 검은색 가죽 띠를 두르고 목이 높은 신을 신었으며 두 다리를 벌린 채 타원형 받침에 곧게 서 있다. 이 중 두 명은 주먹 쥔 오른손을 높게 들고 긴 소매에 가려진 왼손으로 허리를 잡았는데 옆으로 돌린 몸은 뒤로 기울었다. 머리는 오른쪽 위로 젖히고 두 다리는 앞뒤로 벌렸는데 앞으로 뻗은 오른쪽 무릎을 조금 굽히고 왼쪽 다리는 뒤로 굽힌 자세를 보아 마치 걷는 모습을 묘사한 것 같다. 다른 한 명은 주먹 쥔 왼손을 높게 들고 소매에 가려진 오른손으로 허리를 잡았다. 머리는 오른쪽 아래로 숙였으며 두 다리를 좌우로 벌린 채 서 있다. 3명 모두 눈썹이 짙고 눈이 크며 얼굴이 붉고 입술이 빨간 것을 보아 화장을 한 것 같다. 입은 옷은 동일하고 동작은 서로 조화를 이룬다. 몸체와 머리 부분은 춤추는 동작에 따라 흔들거리고 눈은 손동작을 주시하는 모양을 생동감 있게 묘사하였다. 이 밖에 춤 동작은 힘이 있고 아름다우면서도 대범해 보인다.

## 설창여좌용(說唱女坐俑)

성당(盛唐) 현종(玄宗) 개원(開元) 12년(724년)
높이 5cm
1991년 8월 서안시 파교구 신축향(西安市 灞橋區 新築鄉) 우가(於家)벽돌공장
당(唐) 금향(金鄉) 현주묘(縣主墓) 출토

### Rapping Female Figurine Sitting on Knees

The 12th year of Kaiyuan Reign in High Tang Dynasty (724AD)
H 5cm
Excavated from the Tomb of Tang Dynasty at Xinzhu County in Baqiao District,
Xi'an in Aug 1991

　도용(陶俑)은 쌍수계(雙垂髻)를 하고 둥근 옷깃에 소매가
좁은 하얀색 두루마기를 입었으며 허리에 검은색 띠를 둘렀
으며 무릎을 꿇고 둔부로 뒤꿈치를 누른 앉음새이다. 오른손
은 가슴 앞까지 올렸고 왼팔은 떨어져 나갔다. 몸을 앞으로
기울이고 머리를 약간 오른쪽으로 갸우뚱하였으며 표정이
생동감이 있어 노래를 부르거나 이야기를 하고 있는 것 같다.
백희배우용(百戲俳優俑)에 속한다.

## 좌지동용(坐地童俑)

성당(盛唐) 현종(玄宗) 개원(開元) 12년(724년)
높이 2.5cm
1991년 8월 서안시 파교구 신축향(西安市 灞橋區 新築鄉) 우가(於家)벽돌공장
당(唐) 금향(金鄉) 현주묘(縣主墓) 출토

### Child Figurine Sitting on Ground

The 12th year of Kaiyuan Reign in High Tang Dynasty (724AD)
H 2.5cm
Excavated from the Tomb of Tang Dynasty at Xinzhu County in Baqiao District,
Xi'an in Aug 1991

　도용(陶俑)은 쌍수계(雙垂髻)를 하고 몸에 붙는 옷을 입었
다. 위에는 녹색 저고리를, 아래는 붉은색 바지를 입었다. 두
다리를 앞으로 뻗어 바닥에 앉았고 두 팔을 앞으로 곧게 펴 힘
껏 두 발로 뻗었다. 몸체는 약간 앞으로 쏠리고 고개는 옆으로
돌렸다. 눈썹이 검고 입술이 빨간 것을 보아 여자아이의 천진
난만한 모습을 나타낸 것 같다. 화장을 하고 소매가 좁고 몸에
붙는 옷을 입은 것을 보아 춤을 추는 백희배우용(百戲俳優俑)
이거나 장난하는 아리따운 소녀의 동작을 표현한 것 같다.

## 상박용(相撲俑)

성당(盛唐) 현종(玄宗) 개원(開元) 12년(724년)
높이 4.7㎝
1991년 8월 서안시 파교구 신축향(西安市 灞橋區 新築鄕) 우가(於家)벽돌공장
당(唐) 금향(金鄕) 현주묘(縣主墓) 출토

### Figurine of a Sumo Wrestler

The 12th year of Kaiyuan Reign in High Tang Dynasty (724AD)
H 4.7cm
Excavated from the Tomb of Tang Dynasty at Xinzhu County in Baqiao District,
Xi'an in Aug 1991

남성의 모습인데 머리에 검은색 복두(襆頭)를 쓰고 상체는 맨살을 드러냈으며 아래에는 삼각형 반바지를 입었다. 왼쪽 다리를 들고 오른쪽 다리는 반쯤 굽혔으며 발끝으로 땅을 딛고 섰다. 왼팔은 떨어져 나갔고 오른손은 뒤로 힘껏 젖혔다. 몸체는 건장하고 머리와 귀도 큰데 옷차림과 동작을 볼 때, 알몸에 맨발 차림이고 머리는 좌우로 돌리며 유유하게 걸음을 옮기다 어깨를 앞으로 내밀고 머리와 허리는 굽힌 상태를 보아 기회를 엿보다 공격하는 동작인 것 같다. 이로 보아 당대(唐代)에 상박(相撲)이 유행했음을 알 수 있다. 상박은 2명 혹은 여러 명이 서로 대항하여 겨루는 운동이다. 이 무덤은 도굴을 당해 상박용(相撲俑)은 한 점만이 발견되었다. 이는 당대 상박용이 최초로 발견된 경우이기도 하다.

상박은 옛날에 각저(角抵) 혹은 각력(角力)이라 부른 씨름의 일종이고 유구한 역사를 가진 전통 체육으로 고대(古代) 중국 군사훈련의 주요 내용일 뿐만 아니라 일종의 오락이자 경기이기도 하였다. 중국 춘추전국(春秋戰國)시대에 이미 각저가 존재하였는데 진대(秦代)가 전국을 통일한 후, 병기 소장이 금지되자 맨손으로 겨루는 각저가 흥성하였다. 진대(晉代)부터 각지의 다른 명칭인 '상박'이 나타났고 당(唐)에 이르러 상박과 각저 두 명칭을 모두 사용하였는데 힘을 겨루는 운동으로 대부분 군대에서 진행하였다. 각저와 격구(擊球)는 당대에 가장 인기를 끈 운동이자 오락으로 각저는 성대한 경축활동에서 매번 피날레를 장식하였다. 『문헌통고(文獻通考)』에서는 "각력희(角力戱)는 장사들이 웃통을 벗어젖히고 서로 겨루어 승부를 결정하는데 경기가 마무리되면 좌우의 군사들이 북을 두드리며 장사들을 응원한다"고 했다. 당 황실은 황궁에 씨름팀을 만들고 '상박붕(相撲朋)'이라 불렀는데 평상시에는 황실의 오락으로 사용되었다. 각저는 당대에 민간에서도 크게 유행하였고 여성도 참가하였다. 이 밖에 당시 상박이 일본으로 전해져 현재 일본 스모의 차림새에서 한당(漢唐)시대 풍습을 엿볼 수 있다.

## 251

### 포슬준좌용(抱膝蹲坐俑)

성당(盛唐) 현종(玄宗) 개원(開元) 12년(724년)
높이 3.5㎝
1991년 8월 서안시 파교구 신축향(西安市 灞橋區 新築鄉) 우가(於家)벽돌공장
당(唐) 금향(金鄉) 현주묘(縣主墓) 출토

### Figurine of a Man Sitting on the Ground Resting

The 12th year of Kaiyuan Reign in High Tang Dynasty (724AD)
H 3.5cm
Excavated from the Tomb of Tang Dynasty at Xinzhu County in Baqiao District,
Xi'an in Aug 1991

도용(陶俑)은 검은색 복두(幞頭)를 썼는데 양쪽 각건(角巾)은 등 뒤로 길게 늘어뜨렸다. 둥근 옷깃에 소매가 좁은 두루마기를 입고 허리에는 가죽 띠를 둘렀다. 땅바닥에 앉아 고개를 숙이고 두 무릎을 껴안았으며 복두의 끝이 흘러내려 손에 닿은 것이 얼굴을 묻고 잠시 휴식하는 듯하다. 얼굴이 가려져 어떤 표정인지 알 수 없지만 일종 표현으로 추정되며 역시 백희배우용(百戲俳優俑)인 것 같다. 전체 조형은 간결하고 명쾌하며 생활의 정취가 짙어 보인다.

## 252

### 무도용(舞蹈俑)

당(唐)
1972년 서안시 파교구 홍경진(西安市 灞橋區 洪慶鎭) 요원촌(燎原村) 출토

### Figurine of a Dancing Woman

Tang Dynasty (618AD~907AD)
Excavated from Liaoyuan Village Hongqing Town Baqiao District, Xi'an in 1972

도용(陶俑)은 머리에 작은 관(冠)을 썼다. 큰 얼굴은 살쪘고 두 눈은 살짝 떴으며 코는 오뚝하고 작은 입을 살짝 벌렸다. 소매가 긴 저고리를 입고 두 손 모두 왼쪽 위로 높게 들었는데 긴 소매는 나풀거리며 아래로 늘어졌다. 오른쪽 다리는 발끝으로 땅을 딛고 왼쪽 다리는 반쯤 굽히며 얇은 받침 위에서 춤을 추고 있다.

## 253

### 독비도립동용(獨臂倒立童俑)

성당(盛唐) 현종(玄宗) 개원(開元) 12년(724년)
높이 4.7cm
1991년 8월 서안시 파교구 신축향(西安市 灞橋區 新築鄉) 우가(於家)벽돌공장
당(唐) 금향(金鄉) 현주묘(縣主墓) 출토

#### Figurine of a Child Standing Upside Down with One Arm

The 12th year of Kaiyuan Reign in High Tang Dynasty (724AD)
H 4.7cm
Excavated from the Tomb of Tang Dynasty at Xinzhu County in Baqiao District,
Xi'an in Aug 1991

도용(陶俑)은 쌍수계(雙垂髻)를 하였지만 계는 이미 떨어져 나갔다. 이마에 짧은 천을 두르고 몸에 붙는 옷을 입었다. 남은 흔적으로 보아 옷에 주홍색을 입힌 것 같다. 도용은 오른손으로 땅을 짚으며 물구나무서기를 하고 있다. 두 다리는 공중에서 교차하며 앞으로 뻗었고 허리를 활 모양으로 굽혔으며 머리는 앞을 보며 쳐든 모습이 늠름하다. 남겨진 하얀색 흔적에서 보아 이 도용은 왼팔이 없는 장애인인 것 같다.

물구나무서기는 한대(漢代)에 이르러 상당히 발전했는데 한대의 화상석(畵像石)에서도 한 손 물구나무서기를 찾아볼 수 있다. 당대(唐代)에는 이외에도 두세 명이 함께 하는 물구나무 동작이 나타났다. 그러나 장애인이 한 손으로 물구나무서기를 하는 도용은 극히 드물다. 백희용(百戲俑)에 속한다.

## 254

### 탄악호용(彈樂胡俑)

당(唐)
높이 14cm 너비 12.5cm
서안시(西安市) 수집

#### Figurine of a Man Playing Qin

Tang Dynasty (618AD~907AD)
H 14cm  W 12.5cm
Collected in Xi'an

도용(陶俑)은 눈썹이 짙고 눈이 크며 코가 오뚝하고 매끈한 얼굴에 미소를 띤 준수한 호인(胡人) 남성의 모습이다. 머리에 복두(襆頭)를 쓰고 안에 반비(半臂), 겉에 옷깃이 둥근 포복(袍服)을 입었으며 허리에는 띠를 둘렀다. 옷의 선이 유창하고 소매는 넓어 하늘거리는 듯한 생동감을 준다. 도용은 바닥에 무릎 꿇고 앉아 오른손은 손바닥이 위로 향하게 앞으로 뻗어 악기를 잡는 동작을 하고, 반쯤 주먹 쥔 왼손은 무릎 위에 얹고 엄지를 밖으로 하여 튕기는 동작을 하고 있다. 동작으로 보아 비파(琵琶)류의 악기를 안고 연주하는 것 같다. 몸을 앞으로 기울이고 머리는 왼쪽으로 돌렸는데 정신을 집중하여 음악에 몰입한 듯하다. 이 작품은 범상치 않은 기개를 지닌 인물의 외모를 묘사하였는데 간결하면서도 유창한 선과 극히 자연스럽고 세련된 동작 및 눈빛 등 세부를 통해 자태가 우아한 연주가의 비범한 기질과 음악 속에 빠져든 인물의 내면을 남김없이 드러낸 걸작이다.

# 대간잡기용(戴竿雜技俑)

성당(盛唐) 현종(玄宗) 개원(開元) 12년(724년)
높이 4.8~7cm
1991년 8월 서안시 파교구 신축향(西安市 灞橋區 新築鄕) 우가(於家)벽돌공장 당(唐) 금향(金鄕) 현주묘(縣主墓) 출토

## Figurine of Acrobats with Poles

The 12th year of Kaiyuan Reign in High Tang Dynasty (724AD)
H 4.8~7cm
Excavated from the Tomb of Tang Dynasty at Xinzhu County in Baqiao District, Xi'an in Aug 1991

현주묘(縣主墓) 묘실(墓室)에서 도용(陶俑) 7점이 출토되었는데 특징에 따라 관련 자료를 참고하여 다음과 같은 3개 조의 장대 곡예 도용으로 복원하였다.

중: 장대 아래의 도용은 머리에 검은색 짧은 수건을 두르고 몸을 곧게 폈으며 두 팔은 일부 떨어져 나갔다. 남은 팔의 동작으로 볼 때 수평으로 뻗어 '大(대)' 자를 이루었다. 정수리에 쇠 손잡이가 남아 있는 것을 보아 이마로 장대를 들어 올린 사람의 모습을 표현한 것 같다. 위의 도용은 몸에 붙는 옷을 입고 두 팔을 수평으로 벌렸으며 정수리에 작은 구멍이 나 있고 몸도 가벼워 보여 머리에 대나무 장대를 얹고 공중에 거꾸로 매달린 연기자의 모습인 것 같다. 이 동작은 아래 인물의 동작과 맞물린다.

좌: 장대 아래의 도용은 머리에 짧고 하얀 수건을 두르고 머리 뒷부분에 작은 계(髻)를 하였으며 두 다리를 앞뒤로 벌리고 섰는데 복부에 둥근 구멍이 있는 것을 보아 장대를 꽂았던 것 같다. 오른손은 이미 떨어져 나갔고 왼손은 장대의 옆을 잡고 있으며, 머리를 위로 젖힌 것으로 보아 장대 위 인물을 보고 있는 것 같다. 이 도용은 아낙네의 모습이다. 위의 도용은 머리에 짧은 수건을 두르고 머리 뒷부분에는 틀어 올린 작은 상투가 보이며 몸에 붙는 옷을 입었다. 둔부(臀部)에 쇠 손잡이가 남은 것을 보아 대나무 막대기의 끝에 앉았던 것 같다. 이 도용들의 정수리 좌우에 작은 구멍이 하나씩 있는데 관련 자료로 볼 때 원래 받침대를 꽂았던 것 같다. 이 받침대는 일반적으로 끝에 물건을 달아매거나 어린아이가 그 위에 서서 고난도의 동작을 표현할 때 사용한다.

우: 밑에서 대나무 장대를 든 도용이 계를 뒤로 드리운 것을 보아 아낙네의 모습을 묘사한 것 같고 두 다리는 앞뒤로 벌리며 섰다. 복부에 둥근 구멍이 있는데 원래 장대를 꽂았던 것 같고 오른손은 이미 떨어져 나갔으며 왼손으로는 장대를 잡고 있다. 머리는 위로 올려 장대 위 인물을 주시하고 있다. 장대 위에서 2명이 잡기를 하고 있는데 맨 위의 도용은 몸에 붙는 옷을 입고 어깨에 둥근 구멍이 있는 것을 보아 원래 어깨로 장대의 끝부분을 받쳤던 것 같다. 머리를 아래로, 발을 위로 하여 공중에 거꾸로 매달린 도용은 두 손으로 장대 옆을 잡고 있다. 가운데 인물은 붉은 웃옷을 입고 붙는 바지를 입었으며 두 팔은 이미 떨어져 나갔고 어깨에는 쇠 손잡이의 흔적이 남아 있다. 동작으로 보아 이 도용은 어깨에 장대를 놓고 두 손으로 잡으며 복부를 내밀거나 다리를 뻗는 잡기를 하는 인물인 것 같다. 위치는 장대의 가운데 부분인 것 같다.

'대간(戴竿)'은 '정간(頂竿)'이나 '간목(竿木)', '심동(尋橦)', '투동(透橦)' 등이라 불리며 유구한 역사를 지닌 고공 잡기이다. 대나무 장대에 기어오르는 잡기는 춘추시대에 이미 나타났고 한대(漢代)에 이르러서는 대나무 장대 기어오르기, 머리로 대나무 장대 올리기, 수레 위 장대 묘기, 손발을 이용한 장대 묘기 등이 나타났다. 당대(唐代)의 장대 묘기는 전대(前代)에 비해 더 한층 발전하여 백희(百戲)의 으뜸으로 인기 종목이 되었다. 교방(敎坊)에서도 장대 묘기를 중요 종목으로 정함으로써 많은 인재가 배출되었다. 『교방기(敎坊記)』 기록에 의하면 개원(開元) 시기의 후 씨(侯氏), 조해수(趙解愁), 범대낭(範大娘), 왕대낭(王大娘) 등은 모두 유명한 예인(藝人)들이었다. 이들은 늘 명절이면 공연하는데 시(詩), 사(詞), 가(歌), 부(賦)에서는 모두 이에 대해 읊고 있다. 예를 들어, 고황(顧況)의 『험간가(險竿歌)』에서는 "완릉(宛陵)의 딸 네 손발 날렵하여 허공 위의 긴 장대기 마음대로 오르내리네. 위험한 허공 위를 평지길 걷는 듯하니 어찌 한 집안의 지어미로 매어 있으랴?"라 하였고, 장호(張祜)는 『천추악(千秋樂)』에서 "팔월의 평일이니 화악루(花萼樓) 앞뜰에서 만민이 모여서 그네뛰기 즐기네. 장대타기 구경하는 성안의 사람들, 재인 조해수가 재주 용케 넘는구나"라 하였는데 이로부터 그 당시 상황의 번창함을 느낄 수 있다. 당대에 이르러 대간으로 무거운 것을 드는 잡기가 유행하였는데 특히 여성장사의 활약이 뛰어났다. 예를 들어, 『독이지(獨異志)』에는 왕대낭(王大娘)이 장대 위에 18명을 올리고 걸었다는 내용이 나온다. 『명황잡록(明皇雜錄)』에서는 왕대낭이 근정루(勤政樓)에서 갖가지 잡기를 할 때 백 척(尺)의 장대를 머리에 올리고 그 위에 영주방장(瀛洲方丈) 모양의 목산(木山)을 올렸으며 어린 연기자들이 채찍을 들고 "그 사이를 넘나들며 춤추고 노래하였다"는 기록이 있다. 이때 10살의 신동(神童) 유안(劉晏)은 양귀비(楊貴妃) 무릎에 앉아 있다 현종(玄宗)의 명으로 시를 지었다. "근정루 앞 백 가지 공연이 신기함을 경쟁하는데 오직 장대 묘기가 가장 절묘하네. 비단옷 입은 왕대낭이 힘이 장사라 하니 스스로 가벼운 것을 싫어하여 사람 수를 늘리네." 당(唐)의 여장사 풍채는 왕건(王建)의 『심동가(尋橦歌)』에서 더욱 생생하게 묘사되었다. "머리를 다시 빗고 짧은 쪽에 금전(金鈿)을 꽂았으며 붉은 모자와 파란 수건을 각기 둘렀네. 가벼운 몸에 날쌘 발은 남자보다 나아 장대를 에돌며 잡기를 하네." 이 시에서 가리키는 장대 위의 연기자는 모두 여성으로 몸이 민첩하고 날렵하다. 아래에서 장대를 드는 사람은 '저좌(底坐)'라 불리는데 용모가 출중하고 호방하면서도 담이 크다. "백 척 되는 장대는 올리기 힘들고 절반 피어오르는 구름 속에 있지만 허리가 날씬한 그녀는 조금도 두려워하지 않고 한 곡이 끝날 때까지 장대를 들고 춤을 추네." 당(唐) 금향(金鄕) 현주묘(縣主墓)에서 출토된 장대 곡예 도용은 짧은 계를 하고 머리에 수건을 두른 모습이 시에서 묘사한 것과도 부합하는데 당대 여자 장대 예인의 모습을 보여주고 있다.

265

## 256

## 설창용(說唱俑)

당(唐)
높이 7.2cm 너비 3.5cm
1972년 9월 서안시 장안현 대조향 사부정촌(西安市 長安縣 大兆鄉 四府井村) 출토

## Talking and Singing Figurines

Tang Dynasty (618AD~907AD)
H 7.2cm  W 3.5cm
Excavated from Sifujing Village Daizhao County in Chang'an District, Xi'an in Sep 1972

한 쌍의 도용(陶俑)은 둘 다 복두(襆頭)를 쓰고 옷깃이 둥근 두루마기를 입었으며 허리에 띠를 두르고 신을 신었다. 두 명 모두 둥근 얼굴, 큰 눈, 작은 입에 목은 움츠렸다. 머리는 오른 쪽으로 기울이고 배가 볼록 나왔으며 오른손은 가슴 부분에서 주먹 쥐었고 왼손은 자연스레 내린 모습이 익살스러워 보인다. 둘 다 고개를 끄덕이고 허리를 굽히며 네모난 판에 서서 연기하고 있는데 둘의 동작이 서로 호응된다. 한 쌍의 설창 도용으로 서로 화답하는 오늘날의 만담(漫談)과도 비슷하다. 당대 백희배우용(百戲俳優俑)에 속한다.

## 기마호용(騎馬胡俑)

당(唐)
길이 31cm 너비 10cm 높이 35cm
서안시문물보호고고학연구소(西安市文物保護考古學研究所) 소장

### Figurine of a Hun Person on Horse

Tang Dynasty (618AD∼907AD)
L 31cm  W 10cm  H 35cm
Collection of Xi'an Cultural Relic Protection and Archaeology Institute

호인(胡人)은 코가 높고 눈이 오목하게 파였으며 광대뼈가 튀어나왔고 뺨 주위와 턱에 긴 수염이 나 있다. 머리에는 복두(襆頭)를 쓰고 젖힌 옷깃에 소매가 좁은 두루마기를 입고 허리에 띠를 둘렀으며 목이 높은 신을 신었다. 두 발로 등자를 힘껏 밟고 말 잔등에 앉은 도용(陶俑)은 두 팔을 앞으로 뻗고 두 손을 주먹 쥐며 말고삐를 잡은 동작을 하고 있다. 호인의 몸에는 전체적으로 흰색 유약을 칠하였다. 대추색 말은 머리를 치켜세우고 목을 곧게 폈으며 두 눈을 동그랗게 뜨고 두 귀를 쫑긋 세웠다. 머리 부분의 골격이 선명하고 목 위의 갈기는 짧고 편평하게 깎았으며 몸뚱이가 실팍하고 짧은 꼬리는 동여맨 채 네모난 받침에 곧게 서 있다. 말 잔등에는 표범가죽으로 만든 언치를 깔고 다리[橋] 모양의 안장을 올렸다.

## 258

# 기상용(騎象俑)

당(唐)
길이 6cm 높이 8cm
서안시(西安市) 수집

Figurine of a Man Riding an Elephant

Tang Dynasty (618AD~907AD)
L 6cm  H 8cm
Collected in Xi'an

　도용(陶俑)은 풍모(風帽)를 쓰고 몸에 붙는 옷을 입었으며 코끼리 등에 옆으로 앉아 있다. 바닥까지 내려온 코끼리의 긴 코는 안으로 다시 감아 올렸고 다리는 기둥 같으며 큰 귀는 부채 같다. 코끼리는 이마가 넓고 두 눈을 동그랗게 뜬 채 받침에 곧게 서 있다. 등에는 가장자리가 톱날 같은 타원형의 융단방석을 깔았고 그 위에 도용이 앉아 있다. 도용은 얼굴이 모호하고 윤곽만 선명하게 나타낸 반면 코끼리는 사실적으로 표현해 긴 코와 튼실한 다리, 거대한 몸체 등 특징을 강조했다. 그러나 전체적으로 볼 때 조악해 보이며 사람과 코끼리의 비율이 맞지 않는다.

**259**

## 황유여무용(黃釉女舞俑)

수(隋)~초당(初唐)
높이 25cm
1985년 서안시 장안현 가리촌(西安市 長安縣 賈裏村) 출토

### Yellow-glazed Figurine of a Dancing Girl

Sui to Early Tang Dynasty (581AD~713AD)
H 25cm
Excavated from Jiali Village Chang'an County Xi'an in 1985

  도용(陶俑)은 반만 접은 반번계(半翻髻)를 했는데 높게 올린 양쪽 머리 모양이 연잎 같아 번하계(翻荷髻)라고도 부른다. 수(隋)에서 초당(初唐) 시기에 이르기까지 젊은 여성들은 대부분 이 같은 머리를 했다. 위에 소매가 좁고 깊게 파인 긴 저고리, 겉에 반비(半臂)를 입었고 아래에는 긴 치마를 입었는데 그 자락이 두 발을 덮었다. 피백(披帛)은 왼쪽 어깨에 걸치고 오른쪽 허리에서 매듭지은 다음 자연스레 늘어뜨렸다. 하얀 목에 진주 목걸이를 한 모습이 청순하고 아름답기 그지없다. 왼손은 높게 들어 소매를 뿌리고 오른손은 아래로 내려 뒤로 뿌리는데 손은 모두 소매에 가려졌다. 날씬한 몸매에 허리는 좌측으로, 골반은 우측으로 튕기는데 머리를 오른쪽으로 살짝 기울여 전체적으로 S형을 이룬다. 허리는 손동작을, 발은 몸동작을 따라 움직이는데 긴 소맷자락을 휘날리면서 춤을 추니 그 자태가 참으로 우아하고 매혹적이다.

  무도용(舞蹈俑)은 일반적으로 조를 이루어 나타나는데 다음의 몇몇 도용과 마찬가지로 황유(黃釉)를 입혔다. 이 유약의 주요성분은 규산납, 착색제는 금속산화물인 철이나 안티몬인 것 같다. 수에서 초당 시기, 당삼채(唐三彩)가 나타나기 전까지 착색제는 시험 단계로 단색의 황유(黃釉) 입힌 도용이 나타나게 되었다. 이에 대하여 일부에서는 황유를 당삼채의 전신(前身)으로 보고 있다.

## 260

### 황유남무용(黃釉男舞俑)

수(隋)~초당(初唐)
높이 32cm
1985년 서안시 장안현 가리촌(西安市 長安縣 賈裏村) 출토

## Yellow-glazed Figurine of a Dancing Man

Sui to Early Tang Dynasty (581AD~713AD)
H 32cm
Excavated from Jiali Village Chang'an County Xi'an in 1985

도용(陶俑)은 복두(幞頭)를 쓰고 젖힌 옷깃에 소매가 좁은 상의를 입었으며 몸에 붙는 바지를 입고 그 위에 독비곤(犢鼻褌, 현재의 삼각팬티와 비슷하다)을 걸쳤다. 머리는 약간 왼쪽으로 기울이고 오른손은 짧은 몽둥이 같은 물건을 들었으며 왼손은 머리 위로 올렸고 두 다리를 약간 구부리고 받침에서 춤추고 있다. 전체적으로 황유(黃釉)를 입혔다.

## 261

### 황유취배소여용(黃釉吹排簫女俑)

수(隋)~초당(初唐)
길이 11cm 높이 18cm
1985년 서안시 장안현 가리촌(西安市 長安縣 賈裏村) 출토

## Yellow-glazed Figurine of a Female Playing the Panpipe

Sui to Early Tang Dynasty (581AD~713AD)
L 11cm  H 18cm
Excavated from Jiali Village Chang'an County Xi'an in 1985

도용(陶俑)은 반번계(半飜髻)를 하고 가슴 부분을 깊게 파고 소매가 좁은 저고리에, 반비(半臂)를 입었고 가슴까지 올라오는 긴 치마를 입었다. 얼굴은 살쪘고 몸매는 날씬하며 두 손으로 배소(排簫)를 들고 네모난 융단에 꿇어앉아 연주하고 있다. 전체적으로 황유(黃釉)를 입혔다.

## 황유취생여용(黃釉吹笙女俑)

수(隋)~초당(初唐)
길이 11cm 높이 18cm
1985년 서안시 장안현 가리촌(西安市 長安縣 賈裏村) 출토

Yellow-glazed Figurine of a Female Playing Yu

Sui to Early Tang Dynasty (581AD~713AD)
L 11cm H 18cm
Excavated from Jiali Village Chang'an County Xi'an in 1985

도용(陶俑)은 고계(高髻)를 하였고 가슴 부분이 깊이 파이고 소매가 좁은 저고리에, 반비(半臂)를 입었으며 가슴까지 올라오는 긴 치마를 둘렀다. 몸매는 날씬하고 얼굴에는 미소를 띠었으며 두 손으로는 생황(笙簧)을 안고 연주하고 있다. 네모난 융단에 꿇어앉았는데 전체적으로 황유(黃釉)를 입혔다.

우(竽)와 생황은 황관(簧管) 기명악기(氣鳴樂器)로 고정 주파수가 있는 황편(簧片)과 관(管) 내 공기기둥의 진동으로 소리를 내는 것이다. 우와 생황은 일찍 춘추전국(春秋戰國)시대에 이미 중요한 기명악기로 자리 잡았으며 중국 전통 기명악기 가운데서 하모니를 연주할 수 있는 악기이다. 또한 세계에서 가장 일찍 자유황(自由簧)을 사용한 악기로 서양악기의 발전을 촉진시켰다. 전국에서 한대(漢代) 사이 문헌에는 모두 생황과 우가 기록되어 있는데 때로는 동일시하거나 때로는 생황만 적고 있다. 『주례(周禮)』「춘관(春官)」에는 "생사(笙師)……우(竽), 생(笙), 훈(塤), 약(籥), 소(簫), 적(篴), 관(管)을 전문적으로 가르친다"는 기록이 있다. 이 둘을 구분할 때, 통이 크고 황(簧)이 많은 것은 우이고 통이 작고 황이 적은 것은 생황이다. 기록에 따르면 우는 36관에서 23관으로 줄어들었다. 호남(湖南) 장사(長沙) 마왕퇴(馬王堆) 한묘(漢墓)에서 출토된 우는 22관, 26관이 있는데 높이가 78cm이다. 수당(隋唐)시대까지 우는 여전히 존재하였으나 더는 중요치 않았으며 수대 구부악(九部樂)이나 당대 십부악(十部樂)에서는 생황만 사용하고 우를 사용하지 않았다. 『수서(隋書)』「음악지(音樂志)」에서는 "생황은 19관을 박통[匏] 속에 넣고 황(簧)을 진동시켜 소리를 낸다. 우는 크고 36관이다"라고 적고 『구당서(舊唐書)』「음악지」에서는 "오늘날 우와 생황은 나무로 박[匏]을 대체하여 칠하는데 복음(複音)이 없다"라고 적고 있다. 당대(唐代)에 생황과 우는 일본에 전해졌는데 현재 나라(奈良) 도다이지(東大寺) 쇼소인(正倉院)에 각각 3개씩 소장되어 있다. 우는 셋 다 17관이며 길이(높이)는 78~91cm 사이이고 우두(竽門)는 나무로 되었으며 가늘고 긴 취구(吹口)가 있다. 생황 역시 모두 17황으로 길이(높이)는 19~57cm 사이이다. 송대(宋代)에 이르러 우는 자취를 감췄다. 이 도용이 들고 있는 악기는 크기와 관(管)의 수로 보건대 생황으로 추정된다.

## 263

### 황유기마취배소용(黃釉騎馬吹排簫俑)

수(隋)~초당(初唐)
길이 25cm 높이 32cm
1985년 서안시 장안현 가리촌(西安市 長安縣 賈裏村) 출토

### Yellow-glazed Figurine of a Man Playing the Panpipe on Horse

Sui to Early Tang Dynasty (581AD~713AD)
L 25cm H 32cm
Excavated from Jiali Village Chang'an County Xi'an in 1985

   말등자를 밟고 말 잔등에 탄 도용(陶俑)은 끝이 뾰족한 풍모(風帽)를 쓰고 좁은 소매에 몸에 붙는 두루마기, 아래에는 바지를 입었으며 목이 높은 신을 신었다. 수려한 얼굴에 미소를 띠었고 두 손에 배소(排簫)를 들고 연주하는데 배소는 한쪽이 길고 다른 한쪽이 짧다. 말은 안장과 언치가 갖춰져 있지만 재갈과 고삐가 없으며 갈기가 잘렸고 이마에 갈기 한 가닥을 드리웠으며 다리를 곧게 세운 채 네모난 받침에 서 있다.

## 264

### 황유기마취각용(黃釉騎馬吹角俑)

수(隋)~초당(初唐)
길이 25cm 높이 32.5cm
1985년 서안시 장안현 가리촌(西安市 長安縣 賈裏村) 출토

### Yellow-glazed Figurine of a Man Blowing the Horn on Horse

Sui to Early Tang Dynasty (581AD~713AD)
L 25cm H 32.5cm
Excavated from Jiali Village Chang'an County Xi'an in 1985

   도용(陶俑)의 차림새는 도용 263과 동일하다. 몸을 약간 왼쪽으로 돌리고 왼팔을 위로 올렸으며 손바닥을 펼쳐 뭔가를 든 듯한 동작을 하고 있다. 머리는 왼쪽으로 돌리고 두 눈은 올린 왼손을 주시하고 있으며 오른손은 입에 대고 있는데 동작을 보아 각(角)을 연주하는 것 같다. 두 손으로 받쳐 든 악기는 '각'인 것 같지만 이미 사라졌다.

# 265

## 채회유도기마취배소용(彩繪釉陶騎馬吹排簫俑)

초당(初唐)
길이 25.5cm 높이 29.8cm
1995년 서안시(西安市) 동쪽 교외 방직타운 국면삼창(國棉三廠) 출토

## Color-glazed Pottery Figurine of a Man Playing the Panpipe on Horse

Early Tang Dynasty (618AD~713AD)
L 25.5cm H 29.8cm
Excavated from tomb of Tang Dynasty in Northwest No.3 Textile mills
in eastern suburbs of Xi'an in 1995

말등자를 밟고 말 잔등에 올라탄 도용(陶俑)은 검은색 농관(籠冠)을 쓰고 교령(交領)에 소매가 넓은 붉은색 두루마기를 입었으며 목이 높은 검은색 신을 신었다. 오른손으로 배소(排簫)를 들어 연주하고 왼손은 엄지만 내밀고 주먹 쥐어 말고삐를 잡은 동작을 하고 있다. 말은 두 눈을 부릅뜨고 고개를 숙였으며 입을 크게 벌렸다. 재갈과 고삐 및 안장과 언치가 갖춰져 있고 갈기는 잘렸으며 꼬리는 아래로 드리운 채 네모난 받침 위에 서 있다. 말은 전체적으로 황유(黃釉)를 입혔고 목과 등 및 궁둥이에는 검은색 반점을 군데군데 장식하였다.

273

# 채회유도기마격고용(彩繪釉陶騎馬擊鼓俑)

초당(初唐)
길이 24.5㎝ 높이 28.5㎝
1995년 서안시(西安市) 동쪽 교외 방직타운 국면삼창(國棉三廠) 출토

## Color-glazed Pottery Figurine of a Man Drumming on Horse

Early Tang Dynasty (618AD~713AD)
L 24.5cm H 28.5cm
Excavated from tomb of Tang Dynasty in Northwest No.3 Textile mills
in eastern suburbs of Xi'an in 1995

말등자를 밟고 말 잔등에 올라탄 도용(陶俑)은 풍모(風帽)를 쓰고 소매가 좁은 두루마기를 입었으며 검은색 신을 신었다. 두 손은 가슴 앞에서 반쯤 주먹 쥔 것을 보아 북채를 들었던 것 같다. 몸을 왼쪽으로 기울이고 왼쪽 허벅지에 구멍이 뚫린 것을 보아 북을 꽂았던 것 같다. 말의 목덜미에는 갈기가 뒤덮였고 재갈과 고삐, 안장과 언치가 모두 갖춰져 있으며 전체적으로 황유(黃釉)를 입혔다.

## 267

채회유도기마격고용(彩繪釉陶騎馬擊鼓俑)

초당(初唐)
길이 24㎝ 높이 29.5㎝
1995년 서안시(西安市) 동쪽 교외 방직타운 국면삼창(國棉三廠) 출토

Color-glazed Pottery Figurine of a Man Drumming
on Horse

Early Tang Dynasty (618AD~713AD)
L 24cm H 29.5cm
Excavated from tomb of Tang Dynasty in Northwest No.3 Textile mills
in eastern suburbs of Xi'an in 1995

　말등자를 밟고 말 잔등에 올라탄 도용(陶俑)은 풍모(風帽)를 쓰
고 소매가 좁은 두루마기를 입었으며 검은색 신을 신었다. 오른쪽
팔뚝은 이미 떨어져 나갔고 왼손은 가슴 앞에서 주먹 쥐었는데 가
운데 구멍이 난 것을 보아 북채를 들었던 것 같다. 몸을 왼쪽으로
기울이고 왼쪽 허벅지에 구멍이 뚫린 것을 보아 북을 꽂았던 듯하
다. 말 목덜미에는 갈기가 뒤덮였고 재갈과 고삐, 안장과 언치가
갖춰져 있으며 전체적으로 황유(黃釉)를 입혔다.

## 268

채회유도기마용(彩繪釉陶騎馬俑)

초당(初唐)
길이 23.5㎝ 높이 29.5㎝
1995년 서안시(西安市) 동쪽 교외 방직타운 국면삼창(國棉三廠) 출토

Color-glazed Pottery Figurineof a Man Riding a Horse

Early Tang Dynasty (618AD~713AD)
L 23.5cm H 29.5cm
Excavated from tomb of Tang Dynastyin Northwest No.3 Textile mills ineastern suburbs
of Xi'an in 1995

　말등자를 밟고 말 잔등에 올라탄 도용(陶俑)은 검은색 농관(籠冠)을
쓰고 소매가 넓은 두루마기를 입었으며 검은색 신을 신었다. 두 손은
가슴 앞에서 주먹 쥐며 고삐를 잡은 동작을 하고 있다. 말 목덜미에는
갈기가 뒤덮였고 재갈과 고삐, 안장과 언치가 갖춰져 있으며 전체적
으로 황유(黃釉)를 입혔다.

## 호인용(胡人俑)

당(唐)
높이 18cm 너비 8cm
1996년 서안시(西安市) 출토

Figurine of a Hun

Tang Dynasty (618AD~907AD)
H 18cm  W 8cm
Excavated from Xi'an in 1996

도용(陶俑)은 복두(襆頭)를 쓰고 둥근 옷깃에 소매가 넓은 두루마기를 입었으며 허리에 검은색 가죽 띠를 둘렀다. 매부리코는 높고 눈은 크고 오목하며 얼굴에는 구레나룻이 나 있다. 고개를 들고 가슴을 펴고 선 모습이 범상치 않아 보인다. 주먹 쥔 오른손을 오른쪽 가슴까지 올리고 주먹 쥔 왼팔은 허리 부분에서 조금 굽혔으며 머리를 오른쪽 위로 젖혔고 건장한 몸체도 오른쪽으로 기울였다. 이 작품은 호인(胡人)의 고집 세고 민첩하면서도 용맹한 기질을 생동감 있게 묘사하였다.

270

## 호인용(胡人俑)

당(唐)
높이 27cm
1996년 서안시(西安市) 출토

Figurine of a Hun

Tang Dynasty (618AD~907AD)
H 27cm
Excavated from Xi'an in 1996

도용(陶俑)은 볼록 튀어나온 눈썹, 오목한 눈, 오뚝한 매부리코, 튀어나온 광대뼈에 짙은 구레나룻이 나 있다. 복두(襆頭)를 쓰고 둥근 옷깃에 소매가 좁은 두루마기를 입었으며 허리에는 넓은 띠를 둘렀다. 주먹 쥔 오른손은 가슴 부분까지 올렸고 왼손은 허리 부분에서 주먹 쥔 채 받침에 곧게 서 있다. 몸에 한복(漢服)을 입은 것을 보아 문관(文官)인 것 같다. 이 작품은 당(唐)나라에서 관직을 맡은 호인(胡人)이 스스로 자랑스러워하는 심경을 충분히 나타냈다.

## 271

# 흑인용(黑人俑)

당(唐)
높이 15cm
서안시 장안구 대조향(西安市 長安區 大兆鄉) 출토

## Figurine of a Black

Tang Dynasty (618AD∼907AD)
H 15cm
Excavated from Daizhao County Chang'an District in Xi'an

   도용(陶俑)은 곱슬머리, 짙은 눈썹, 큰 눈, 약간 도드라진 이마를 하고 있다. 둥근 얼굴은 검고 콧방울은 넓으며 입술은 두껍다. 상체는 맨살을 드러냈고 긴 천을 비스듬히 둘렀으며 아래에는 반바지를 입었다. 피부가 검고 체구는 건장하며 맨발로 네모난 받침 위에 서 있다. 도용은 흑인의 머리 모양과 얼굴 특징을 중점적으로 표현한 반면 기타 부분은 거칠게 나타냈고 두 팔도 팔뚝까지만 대체적으로 표현했다. 전체적으로 검은색을 입혔는데 일부 벗겨져 붉은색이 보인다.

   흑인 도용은 당(唐)나라 도용 중에서 극히 드문데 현재까지 발견된 수가 10여 점을 초과하지 않는다. 당나라에서 가리키는 흑인은 곱슬머리에 피부가 검은 외국인을 가리키는데 동아프리카 흑인과 동남아시아, 남아시아 출신의 곱슬머리에 피부색이 조금 짙은 '곤륜노(崑崙奴)'로 나뉜다. 이 도용은 아프리카 흑인의 모습을 묘사한 것으로 당나라와 아프리카의 교류를 증명하는 귀중한 작품이다.

## 272

# 주유용(侏儒俑)

당(唐)
높이 24.5cm 너비 6cm
1989년 9월 서안시 연호구(蓮湖區) 섬면십창(陝棉十廠) 출토

## Figurine of a Dwarf

Tang Dynasty (618AD∼907AD)
H 24.5cm  W 6cm
Excavated from the Shannxi No.10 Textile mills in Xi'an in Sep 1989

   도용(陶俑)은 체구가 유달리 작고 머리와 눈이 크며 코가 납작하고 입이 넓으며 목이 짧다. 복두(襆頭)를 쓰고 두루마기를 입었는데 손 일부와 다리 아래가 떨어져 나갔다.

   『춘추좌전(春秋左傳)』에서 주유(侏儒)에 대한 기록이 최초로 발견되며 옛 중국에서는 주유를 창우농인(倡優弄人)이라 불렀다. 『사기(史記)』「활계열전(滑稽列傳)」에는 "우전(優旃)은 진(秦)나라의 난쟁이 창(倡)이다"라는 기록이 있다. 당(唐)에서는 주유를 왜노(矮奴)라고도 불렀는데 해마다 지방에서 관노로 바쳤다.

**273**

## 주유용(侏儒俑)

당(唐)
높이 16cm 너비 8.5cm
서안시(西安市) 수집

### Figurine of a Dwarf

Tang Dynasty (618AD~907AD)
H 16cm W 8.5cm
Collected in Xi'an

　도용(陶俑)은 머리가 크고 몸이 길며 다리가 짧고 땅딸막하다. 역팔자형 눈썹에 두 눈은 반쯤 떴으며 넓은 코는 납작하고 큰 입은 굳게 다물었다. 복두(幞頭)를 쓰고 포복(袍服)을 입었으며 허리에는 띠를 둘렀다. 머리는 움츠리고 어깨는 추켜세웠으며 오른손에는 뱀 같아 보이는 긴 물건을 들었고 왼팔을 약간 굽힌 자세로 직사각형 받침 위에 곧게 서 있다.

**274**

## 주유용(侏儒俑)

당(唐)
높이 14.5cm 너비 5cm
서안시(西安市) 수집

### Figurine of a Dwarf

Tang Dynasty (618AD~907AD)
H 14.5cm W 5cm
Collected in Xi'an

　도용(陶俑)은 머리가 크고 몸이 길며 다리가 짧다. 이마는 도드라졌고 눈살은 찌푸렸으며 눈은 가늘게 뜨고 납작한 코는 밖으로 뒤집혔으며 입은 넓고 편평하다. 외모로 보아 중년남자인 것 같다. 복두(幞頭)를 쓰고 트임이 있는 포복(袍服)을 입었다. 체형 때문에 허리띠를 낮게 둘렀다. 머리는 움츠리고 어깨를 들었으며 오른손에는 뱀 같아 보이는 긴 물건을 들었고 왼팔은 몸 옆에 붙여 약간 구부리고 직사각형 받침 위에 서 있다.

## 275

### 입타용(立駝俑)

성당(盛唐) 현종(玄宗) 개원(開元) 12년(724년)
길이 55㎝ 높이 58,5㎝
1991년 8월 서안시 파교구 신축향(西安市 灞橋區 新築鄕) 우가(於家)벽돌공장
당(唐) 금향(金鄕) 현주묘(縣主墓) 출토

### Figurine of a Standing Camel

The 12th year of Kaiyuan Reign in High Tang Dynasty (724AD)
L 55cm  H 58,5cm
Excavated from the Tomb of Tang Dynasty at Xinzhu County
in Baqiao District, Xi'an in Aug 1991

곧은 자세로 직사각형 받침에 선 낙타는 목을 구부리
고 머리를 치켜세웠으며 입을 크게 벌린 채 하늘을 향해
울부짖고 있다. 등의 혹 두 개는 좌우로 기울었다. 원래
입혔던 색상은 대부분 떨어져 나갔고 일부에만 황갈색
이 남아 있다.

## 276

### 입타용(立駝俑)

성당(盛唐)
1988년 1월 서안시(西安市) 동쪽 교외 한삼채(韓森寨) 홍기(紅旗)전동기공장
당묘(唐墓) 출토

### Figurine of a Standing Camel

High Tang Dynasty (713AD~766AD)
Excavated from a tomb of Tang Dynasty at Hansenzhai
in eastern suburbs of Xi'an

낙타는 형체가 크고 목을 구부리고 머리를 치켜세
웠으며 등에 혹 두 개가 있다. 직사각형 받침에 곧게 서
있다.

## 277

### 와타용(臥駝俑)

당(唐)
길이 42cm 너비 25cm 높이 110cm
1987년 서안시 파교구 홍경진(西安市 灞橋區 洪慶鎭) 출토

## Figurine of a Crouching Camel

Tang Dynasty (618AD~907AD)
L 42cm  W 25cm  H 110cm
Excavated from Hongqing Town Baqiao District Xi'an in 1987

도용(陶俑)은 바닥에 엎드려 목을 구부리고 머리를 치켜세웠으며 두 눈을 부릅떴고 귀를 쫑긋 세웠으며 입을 크게 벌렸다. 정수리는 긴 털로 덮여 있고 혹 두 개는 우뚝 솟았으며 사지는 굽혔다. 하늘을 향해 머리를 치켜세우며 울부짖고 있는 모습은 마치 몸을 일으켜 길 떠날 차비를 하려는 것 같다.

## 재물낙타(載物駱駝)

당(唐)
길이 19cm 너비 9.5cm 높이 22.5cm
서안시파교구문화관(西安市瀟橋區文化館)에서 넘겨받음

### Labor Camel

Tang Dynasty (618AD~907AD)
L 19cm  W 9.5cm  H 22.5cm
Transferred by the Cultural Centers of Baqiao District in Xi'an

낙타는 두 눈을 동그랗게 뜨고 목을 젖히고 고개를 치켜세
우며 입을 크게 벌려 울부짖고 있다. 정수리, 목 및 두 다리 사
이에 모두 갈기가 있는데 이 중 목 아래 것이 가장 길어 거의
발까지 내려온다. 발가락을 벌린 채 튼튼한 사지로 직사각
형 받침에 곧게 서 있다. 등에는 타원형 융단을 깔았는데 쌍
봉(雙峰)이 그 사이를 뚫고 나왔다. 혹 두 개의 양측에 깔판을
놓고 그 위에 행낭과 여러 물건을 실었으며 불룩한 포대 주
머니에는 동물 얼굴이 그려져 있다. 동물 얼굴은 흉악한 모
습에 눈이 둥글고 입이 크며 톱날 같은 이빨을 드러냈다.

## 재물낙타(載物駱駝)

당(唐)
길이 30cm 너비 15cm 높이 46cm
1991년 11월 서안시 장안현 위곡진(西安市 長安縣 韋曲鎭) 206연구소 공사 현장 출토

### Labor Camel

Tang Dynasty (618AD~907AD)
L 30cm  W 15cm  H 46cm
Excavated from Institute No.206 of China Arms Industry Group Corporation
in Weiqu Town Chang'an County, Xi'an in Nov 1991

직사각형 받침에 곧게 선 낙타는 하늘을 향해 머리를 치
켜세우고 입을 크게 벌려 울부짖고 있다. 혹 두 개 사이에는
물건을 싣고 그 위에 피낭호(皮囊壺)를 걸쳐 놓았다. 목 아
래로는 긴 갈기가 늘어졌다.

## 280

도마용(陶馬俑)

성당(盛唐)
길이 47.5㎝ 높이 41.2㎝
2002년 7월 서안서북정법학원(西安西北政法學院)
남교구(南校區) 당묘(唐墓) 출토

Pottery Horse

High Tang Dynasty (713AD~766AD)
L 47.5cm  H 41.2cm
Excavated from Northwest University of Politics
& Law in Chang'an County, Xi'an in Jul 2002

다홍색 말은 머리를 높게 치켜세운 채 형형한 눈빛으로 앞을 주시하고 있는데 머리 골격이 선명하고 가슴근육이 발달되었으며 궁둥이가 둥글다. 몸체는 비대하면서도 튼실해 보인다. 이마의 갈기는 양쪽으로 나누어 빗고 목 아래의 촘촘한 갈기는 짧고 편평하게 잘렸다. 재갈과 고삐는 없지만 안장과 언치가 갖추어져 있고 안장은 다리 모양이며 언치는 검은색이다. 꼬리는 짧게 묶고(말이 달릴 때 꼬리가 감기는 것을 방지하기 위하여 당나라 사람들은 비단 끈으로 꼬리를 묶기 시작하였다), 다리를 벌린 자세로 직사각형 받침에 곧게 서 있다. 말의 볼과 목 및 앞가슴 등에는 구리로 만든 행엽(杏葉)을 장식하였다. 말의 앞이마와 갈기, 꼬리와 발굽에 하얀색을 입혔는데 전체 형상을 보아 민첩하면서도 용감하고 튼실한 말의 형상을 묘사한 것 같다.

말은 고대(古代) 중국 사회에서 아주 중요한 위치를 차지해 전쟁터나 왕궁의 의례 활동, 귀족들의 수렵 및 출행, 민간의 생산 활동을 막론하고 모두 말이 사용되었다. 한무제(漢武帝)가 장건(張騫)을 서역에 파견하여 '한혈보마(汗血寶馬)'를 찾게 하였다는 이야기와 당태종(唐太宗)의 '소릉육준(昭陵六駿)' 등 명마에 대한 이야기는 수도 없다. 당대(唐代)는 말 사육이 발달하였는데 궁에서 직접 관리하는 말이 고종(高宗) 시기 이미 70만 필에 달하였다. 당나라 조정에서는 본토 이외에 외부에서 품종이 우수한 '호마(胡馬)'도 많이 들여왔다. 당대 일반 귀족 또한 말을 아끼고 기르던 풍속이 있었는데 이는 당대 이전까지 민간 교통수단은 기본적으로 우차(牛車)였고 당대에 이르러서야 말이 교통수단으로 사용되기 시작했기 때문이다. 이는 또한 무덤에서 말 도용이 다수 출토된 원인이기도 하다. 당시 말 그림과 조각의 수준이 높아 현존하는 작품은 대부분 골격과 근육이 균일하고 선도 유창하며 조각 작품은 해부학의 원리에 거의 완벽하게 부합된다. 이 외에 말의 여러 자태도 생동감이 넘치게 나타냈다. 각종 준마(駿馬) 조각 작품은 당 도용 예술의 두드러진 성과이다.

# 도마용(陶馬俑)

성당(盛唐)
2002년 7월 서안서북정법학원(西安西北政法學院) 남교구(南校區) 당묘(唐墓) 출토

---

## Pottery Horse

High Tang Dynasty (713AD~766AD)
Excavated from Northwest University of Politics & Law in Chang'an County,
Xi'an in Jul 2002

크기 및 조형은 도용(陶俑) 280번과 기본적으로 동일하다. 전체적으로 다홍색을 입혔는데 귀는 280번과 달리 쫑긋 세웠다. 말의 목과 앞가슴, 다리와 복부 등 부위의 군데군데에 갈색 반점이 나 있다. 몸통에 장식한 구리 재질의 행엽은 대부분 떨어지고 머리에만 하나가 남아 있다.

**282**

도마용(陶馬俑)

성당(盛唐) 현종(玄宗) 개원(開元) 12년(724년)
높이 56.7㎝
1991년 8월 서안시(西安市) 동쪽 교외 파교구(灞橋區) 신축향(新築鄕)
당(唐) 금향(金鄕) 현주묘(縣主墓) 출토

Pottery Horse

The 12th year of Kaiyuan Reign in High Tang Dynasty (724AD)
H 56.7cm
Excavated from the Tomb of Tang Dynasty at Xinzhu County
in Baqiao District, Xi'an in Aug 1991

전체적으로 다홍색을 입혔는데 골격이 선명한 머리를 추켜세우고 두 눈은 동
그랗게 뜨며 왼쪽 앞을 주시하고 있다. 쫑긋 세운 두 귀는 매끄럽게 깎아놓은 대
나무 같고 이마의 갈기는 양쪽으로 나누어 빗었으며 목에는 촘촘하고 짧으며 편
평한 갈기를 그렸다. 흉근이 도드라졌고 궁둥이가 실팍하며 몸통이 튼실하다.
안장 아래에는 각이 둥근 직사각형의 언치가 있는데 테두리는 하얀색을 입혔으
며 밤색 바탕에는 하얀색 사판화(四瓣花)가 일부 보인다. 안장에는 하얀 비단을
깔고 그 양쪽을 졸라매어 늘어뜨렸다. 궁둥이 부분에 작고 둥근 구멍이 있는데
장식을 달았던 것 같지만 지금은 구멍만 남았다. 꼬리는 짧게 동여맸다. 튼실한
사지로 직사각형 받침에 곧게 서 있다.

# 유도무마용(釉陶舞馬俑)

초당(初唐)
길이 61㎝ 높이 52㎝
1995년 서안시(西安市) 동쪽 교외 방직타운 국면삼창(國棉三廠) 초당묘(初唐墓) 출토

## Glazed Pottery Dancing Horse

Early Tang Dynasty (618AD~713AD)
L 61cm  H 52cm
Excavated from tomb of Tang Dynasty in Northwest No.3 Textile mills
in eastern suburbs of Xi'an in 1995

매끄럽게 깎아 놓은 대나무 같은 두 귀, 횃불 같은 두 눈, 도드라진 콧마루를 하고 있고 얼굴의 윤곽과 골격을 선명하게 묘사하였다. 긴 갈기는 정연하게 목 부분에 뒤덮여 있고 재갈과 고삐가 없지만 등에 안장, 언치, 비단 천이 갖추어져 있으며 꼬리는 짧게 동여맸다. 몸통은 살쪘고 튼실하며 골격은 강건해 보인다. 말은 머리를 숙이고 입을 벌렸으며 오른쪽 앞다리는 높게 올렸고 남은 세 나리로 바닥에 곧게 서 있는데 전체적으로 황유(黃釉)를 입혔다. 조형과 동작을 보아 춤추는 말인 것 같다.

당(唐)나라 사람들은 말을 좋아하였는데 당시 말은 전쟁·수송·출행·교통수단 등에 사용되었으며 왕실 귀족의 사교나 오락에 사용되기도 했다. 고개를 숙이고 발굽을 들며 춤추는 이 말은 왕실 귀족들이 길들여 오락이나 경축활동에 사용하던 무마(舞馬, 춤추는 말)인 것 같다. 이 같은 말은 매우 드문데 1972년 소릉(昭陵) 배장묘(陪葬墓) 주국대장군(柱國大將軍) 장사귀묘(張士貴墓)에서 출토된 안장이 없고 발굽을 든 하얀 말 도용과 섬서(陝西) 장무(長武) 당(唐) 장신합묘(張臣合墓)에서 출토된 안장이 있고 발굽을 든 말 도용(陶俑)이 위 도용과 비슷하다. 이 도용은 몸통이 크고 근육이 발달하였으며 비율이 정확하고 출중한 형상과 기질을 겸하고 있어 진품이라 해도 과언이 아니다.

## 284

### 도마용(陶馬俑)

당(唐)
길이 47cm 너비 15cm 높이 46cm
1973년 서안시 장안현 유촌향 남유촌(西安市 長安縣 留村鄕 南留村) 출토

#### Pottery Horse

Tang Dynasty (618AD~907AD)
L 47cm  W 15cm  H 46cm
Excavated from Nanliu Village Liucun Town Chang'an County,
Xi'an in 1973

　직사각형 받침에 곧게 선 말은 두 귀를 쫑긋 세
우고 눈을 동그랗게 떴으며 콧방울을 벌름거리고
머리를 약간 숙여 옆으로 돌리고 있다. 머리 부분
의 골격은 선명하고 전체 표정은 기민해 보인다.
목에 오목한 홈이 있는데 원래 갈기를 꽂았던 것
같다. 등에 다리 모양 안장이 있지만 재갈과 고삐
가 없어 더욱더 자유롭게 느껴진다. 전체적으로
붉은색을 입혔다. 당대(唐代) 말 도용(陶俑)은 목
에 있는 갈기에 따라 피종마(披鬃馬), 전종마(剪鬃
馬), 재종마(裁鬃馬)로 나뉘는데 이 도용은 재종마
에 속한다.

## 285

### 도구용(陶狗俑)

당(唐)
길이 6cm 너비 4cm 높이 9cm
1976년 4월 서안시 연호구(蓮湖區) 안가보(顏家堡) 출토

#### Pottery Squatting Dog

Tang Dynasty (618AD~907AD)
L 6cm  W 4cm  H 9cm
Excavated from Yanjiabu Village in Lianhu District, Xi'an in Apr 1976

　개는 머리를 들고 고개를 돌리며 주위 동정을 주시
하고 있다. 앞다리를 세우고 뒷다리를 굽혔으며 꼬리
를 감은 채 바닥에 쪼그리고 앉아 있다. 이마는 넓고
주둥이는 뾰족하다. 원래 입혔던 색상이 대부분 벗겨
져 뱃가죽에만 붉은색이 남아 있다.

## 286

### 도구용(陶狗俑)

성당(盛唐) 현종(玄宗) 개원(開元) 12년(724년)
좌: 높이 8.6cm
우: 길이 7.4cm 높이 3.1cm
1991년 8월 서안시 파교구 신축향(西安市 灞橋區 新築鄉) 우가(於家)벽돌공장
당(唐) 금향(金鄉) 현주묘(縣主墓) 출토

### Pottery Dog

The 12th year of Kaiyuan Reign in High Tang Dynasty (724AD)
Squatting dog H 8.6cm
Lying dog L 7.4cm  H 3.1cm
Excavated from the Tomb of Tang Dynasty at Xinzhu County
in Baqiao District, Xi'an in Aug 1991

좌: 뒷다리는 구부리고 꼬리는 바닥에서 감았으며 허리를 곧게 편 채 수직으로 서 있다. 앞다리를 들어 올린 모습이 당장이라도 침입자를 덮칠 듯하다. 목은 힘껏 위로 젖히고 머리는 높게 들었으며 두 눈은 동그랗게 뜬 민첩한 표정으로 주위 동정을 주시하고 있다. 목줄을 한 것 같다. 원래 입혔던 색상이 떨어져 흰색이 보이고 일부 회색이 보인다. 오른쪽 앞발은 파괴되었다.

우: 앞다리는 앞으로 뻗고 뒷다리는 안쪽으로 움츠렸으며 몸통은 왼쪽으로 웅크리며 엎드린 형태가 호형(弧形)에 가깝다. 두 귀는 처지고 머리는 아래로 숙였으며 주둥이는 앞으로 뻗은 앞다리에 붙였고 두 눈은 동그랗게 떴는데 쉬는 동안에도 경계를 늦추지 않고 있는 것 같다. 전체적으로 황갈색을 입혔고 꼬리 끝부분은 부서졌다.

개 두 마리 중 한 마리는 쪼그리고 다른 한 마리는 엎드려 있는데 한 마리는 민첩한 모습이며 긴장하고 있는 것 같고, 다른 한 마리는 쉬는 중에도 눈을 동그랗게 뜨며 경계심을 잃지 않은 것 같다. 전체적으로 볼 때 생활의 정취가 짙어 보인다.

## 287

### 와구용(臥狗俑)

당(唐)
길이 18cm 너비 13cm 높이 5cm
1979년 서안시 안탑구 삼효촌(西安市 雁塔區 三爻村) 출토

### Pottery Lying Dog

Tang Dynasty (618AD∼907AD)
L 18cm  W 13cm  H 5cm
Excavated from Sanyao Village Yanta District Xi'an in 1979

개는 다리를 구부리고 꼬리를 안쪽으로 감았으며 몸통을 둥글게 웅크린 채 바닥에 엎드려 있다. 주둥이는 뾰족하고 두 귀는 쫑긋 세웠으며 머리는 앞발 위에 놓았다. 늘어진 것 같지만 쫑긋 세운 귀와 반쯤 뜬 눈동자는 졸면서도 민첩함을 잃지 않고 있다.

### 288

## 도우용(陶牛俑)

당(唐)
길이 16cm 너비 7cm 높이 11cm
1966년 서안표준부품공장(西安標準部品工場) 출토

## Pottery Bull

Tang Dynasty (618AD~907AD)
L 16cm  W 7cm  H 11cm
Excavated from Xi'an Standard Parts Factory in 1966

　머리가 넓고 큰데 윤곽마저 선명하여 더욱더 억세고 사나워 보인다. 두 눈은 동그랗게 뜨고 콧방울은 벌름거리고 있으며 뿔의 일부가 유실되었다. 목은 짧고 어깨는 도드라졌으며 꼬리는 궁둥이에 붙이며 위로 치켜세웠다. 굵은 사지로 직사각형 받침에 서 있다.

### 289

## 모우용(母牛俑)

성당(盛唐) 현종(玄宗) 개원(開元) 12년(724년)
길이 13㎝ 높이 8.2㎝
1991년 8월 서안시 파교구 신축향(西安市 灞橋區 新築鄉)
우가(於家)벽돌공장 당(唐) 금향(金鄉) 현주묘(縣主墓) 출토

## Pottery Cows

The 12th year of Kaiyuan Reign
in High Tang Dynasty (724AD)
L 13cm  H 8.2cm
Excavated from the Tomb of Tang Dynasty at Xinzhu County
in Baqiao District, Xi'an in Aug 1991

　뿔이 짧고 몸통이 작으며 전체적으로 진홍색을 입혔는데 복부에 젖 두 개가 보인다.

**290**

## 공우용(公牛俑)

성당(盛唐) 현종(玄宗) 개원(開元) 12년(724년)
길이 18.8㎝ 높이 13.2㎝
1991년 8월 서안시 파교구 신축향(西安市 灞橋區 新築鄉)
우가(於家)벽돌공장 당(唐) 금향(金鄉) 현주묘(縣主墓) 출토

### Pottery Bull

The 12th year of Kaiyuan Reign
in High Tang Dynasty (724AD)
L 18.8cm H 13.2cm
Excavated from the Tomb of Tang Dynasty
at Xinzhu County in Baqiao District, Xi'an in Aug 1991

곧게 세운 두 뿔은 길고 뾰족하다. 몸통은 실팍하고 등은 오목하며 어깨는 도드라졌고 두 눈은 부릅뜬 채 앞을 노려보는 호랑이 같은 기세를 나타내고 있다. 조각가는 소뿔, 눈과 건장한 몸체에 초점을 맞추어 간결한 기법으로 힘센 소의 모습을 돋보이게 하였다. 전체적으로 황갈색을 입혔다.

**291**

## 도우용(陶牛俑)

당(唐)
길이 25.5cm 너비 10cm 높이 29.5cm
서안시 신성구(西安市 新城區) 한삼채(韓森寨) 출토

### Pottery Bull

Tang Dynasty (618AD~907AD)
L 25.5cm W 10cm H 29.5cm
Excavated from Hansenzhai in Xincheng District in Xi'an

부릅뜬 두 눈은 퉁방울 같고 두 귀는 쫑긋 세웠으며 두 뿔은 짧고 끝은 뾰족하다. 머리는 숙였고 어깨는 도드라졌으며 등은 오목하게 패였다. 강건한 체구와 곧은 자세로 직사각형 발판 위에 서 있다.

## 292

### 도양용(陶羊俑)

당(唐)
길이 13.5cm 너비 5cm 높이 8cm
서안시(西安市) 수집

### Pottery Goat

Tang Dynasty (618AD~907AD)
L 13.5cm  W 5cm  H 8cm
Collected in Xi'an

뿔은 반원형을 이루며 뒤로 말렸다. 두 눈은 앞을 보고 두 귀는 아래로 드리웠으며 머리는 조금 위로 젖혔고 몸통은 튼실하다. 온순하면서도 선한 자태를 나타내는 이 도용(陶俑)은 사지를 굽힌 채 바닥에 엎드려 있다.

## 293

### 면양(綿羊)과 산양(山羊)

성당(盛唐) 현종(玄宗) 개원(開元) 12년(724년)
좌: 길이 10.5㎝ 높이 5.7㎝
우: 길이 9.5㎝ 높이 6.6㎝
1991년 8월 서안시 파교구 신축향(西安市 灞橋區 新築鄕) 우가(於家) 벽돌공장 당(唐) 금향(金鄕) 현주묘(縣主墓) 출토

### Pottery Sheep and the Goat

The 12th year of Kaiyuan Reign in High Tang Dynasty (724AD)
Sheep L 10.5cm  H 5.7cm
Goat L 9.5cm  H 6.6cm
Excavated from the Tomb of Tang Dynasty at Xinzhu County
in Baqiao District, Xi'an in Aug 1991

좌: 엎드린 면양(綿羊)으로 뿔은 머리 양쪽에서 말려 있다. 머리에는 돌출된 골격이 없고 입가의 선은 부드럽고 매끈하며 얼굴 모습은 온화하다. 두 귀는 처졌고 꼬리는 늘어졌다.

우: 위로 치켜세운 뿔은 곧고 뾰족하다. 두 귀는 쫑긋 세웠다. 얼굴 부분은 넓고 입은 뾰족하며 골격이 뚜렷하다. 턱 아래 수염이 한 움큼 나 있고 목과 복부 아래에는 긴 털로 뒤덮여 있다. 두 눈을 부릅뜨고 고개를 들며 뿔을 세운 채 앞으로 돌진할 자세를 취하고 있는데 꼬리를 위로 올렸고 사지를 곧게 세웠지만 왼쪽 뒷다리가 파괴되었다.

## 도저용(陶猪俑)

성당(盛唐) 현종(玄宗) 개원(開元) 12년(724년)
길이 16.7cm 높이 7.8cm
1991년 8월 서안시 파교구 신축향(西安市 灞橋區 新築鄕) 우가(於家)벽돌공
장 당(唐) 금향(金鄕) 현주묘(縣主墓) 출토

## Pottery Standing Pig

The 12th year of Kaiyuan Reign in High Tang Dynasty (724AD)
L 16.7cm  H 7.8cm
Excavated from the Tomb of Tang Dynasty at Xinzhu County
in Baqiao District, Xi'an in Aug 1991

도용(陶俑)은 전체적으로 검은색을 입혔는데 주둥이는 길고 뾰족하며 눈은 가늘고 귀는 뾰족하며 작은 꼬리는 아래로 드리웠고 사지는 곧게 편 채 서 있다. 목 위의 털이 곧게 서 있고 복부는 둥글며 몸통도 실팍한 것이 멧돼지인 것 같다.

## 295

## 도계용(陶鷄俑)

성당(盛唐) 현종(玄宗) 개원(開元) 12년(724년)
수탉: 길이 9cm 높이 5.8cm
암탉: 길이 6.1cm 높이 5.7cm
1991년 8월 서안시 파교구 신축향(西安市 灞橋區 新築鄕) 우가(於家)벽돌공장
당(唐) 금향(金鄕) 현주묘(縣主墓) 출토

## Pottery Chickens

The 12th year of Kaiyuan Reign in High Tang Dynasty (724AD)
Rooster L 9cm  H 5.8cm
Hen L 6.1cm  H 5.7cm
Excavated from the Tomb of Tang Dynasty at Xinzhu County in Baqiao District,
Xi'an in Aug 1991

3점 모두 금향(金鄕) 현주묘(縣主墓)에서 출토되었다. 수탉은 뾰족한 부리, 높은 볏을 가졌고 고개를 들고 꽁지를 곧추세운 채 서 있다. 암탉은 볏이 없고 몸통도 작으며 머리를 쳐들고 꽁지를 곧추세운 채 바닥에 쭈그리고 앉았다.

# 십이생초용(十二生肖俑)
## Figurines of the Twelve Chinese Zodiacs

십이생초[十二生肖, 십이지신(十二支神)는 십이시(十二時), 십이진(十二辰) 등으로도 불린다. 당대(唐代) 문헌에서는 명기(明器) 중의 '사신(四神)'과 함께 '사신십이시(四神十二時)'라 하였고 송대(宋代)에는 '십이신(十二神)', 금원(金元)시대 『대한원릉비장경(大漢原陵秘葬經)』에서는 '십이원진(十二元辰)'이라고 하였다. 고대의 술수가(術數家)들은 12가지 동물을 십이지지(十二地支)와 합쳐 자서(子鼠), 축우(醜牛), 인호(寅虎), 묘토(卯兔), 진룡(辰龍), 사사(巳蛇), 오마(吾馬), 미양(未羊), 신후(申猴), 유계(酉鷄), 술견(戌犬), 해저(亥豬) 등을 만들었으며 태어난 해의 간지에 맞는 동물을 띠로 삼았다. 즉, 자년에 태어나면 쥐띠이고 축년에 태어나면 소띠가 된다. 이와 같이 유추하여 12간지로 나눈다. 이런 연유로 쥐, 소, 범, 토끼 등 12 동물은 사람과 끊을 수 없는 연을 맺게 되었다. 12간지는 동한(東漢)시대 이미 있었으나 시대가 가장 이른 십이지신용(十二支神俑)은 남북조(南北朝)시대의 것이고 대부분 수당(隋唐)에서 송원(宋元)까지의 것이 많다.

수당의 무덤에서 출토된 십이지신용은 동물 모양, 짐승 머리에 사람 몸을 한 모양, 사람 모양 세 가지로 나뉘는데 그중 짐승 머리에 사람 몸을 한 도용(陶俑)이 가장 흥미롭다. 예술가들은 십이지신 머리에 사람 몸을 결합시켜 이상의 짐승들을 의인화시켰다. 도용마다 몸에는 포의박대(褒衣博帶)를 하여 전형적인 문인 아사(雅士)의 풍격을 갖추었다. 머리 부분은 세밀하고 사실적인 짐승의 형상으로 짐승마다 모양새도 다르니 무던하고 순박한 소, 날렵하고 총명한 원숭이, 온순하고 우아한 양, 본분을 지킬 줄 아는 돼지, 민첩한 닭, 날렵하고 영리한 토끼, 활기 있는 호랑이 등 모두 생동감이 뛰어났다.

　　짐승 머리에 사람 몸을 한 십이지신용은 남방 지역에서는 수대(隋代)부터 나타나기 시작하였으나 중원 지역에서는 시기가 상대적으로 늦어 당현종(唐玄宗) 개원(開元) 후반이 되어서야 장안(長安)과 낙양(洛陽) 지방에 나타났다. 그 조형은 대부분 똑바로 선 사람 몸에 교령에 넓은 소매의 두루마기를 입었는데 그 길이는 발을 덮을 정도이며, 두 손은 가슴 앞에서 맞잡았으며 머리를 처들고 12가지 동물의 특징을 남김없이 드러냈다. 제작은 진흙 재질의 홍도(紅陶)를 틀로 찍어내는 방법을 사용했다. 서안(西安) 지역의 당묘(唐墓)에서 적지 않은 십이지신용이 출토되었지만 대부분 도굴 또는 묘실(墓室) 침하 등으로 인해 다수 파괴되어 온전한 것이 적다. 12점이 한 조를 이루는 것이 적고 파괴가 심각해 형체를 알아볼 수 없는 정도이며 원래 놓였던 위치와 순서도 대부분 뒤바뀌었다. 1955년 서안 한삼채(韓森寨)의 당묘에서 출토된 온전한 십이지신용 위치로 볼 때, 지지(地支)의 방위순서에 따라 묘실의 사면에 놓였는데 북쪽에서 동쪽으로, 다시 남쪽에서 서쪽으로 시계 방향으로 배열되었으며 그중 쥐와 말이 자오선에 놓여 자북오남(子北吾南)에 부합된다. 이 밖에 십이지신은 묘비(墓碑), 묘지(墓志), 관 등에 새기며 다른 재질의 도용을 만들어 부장품(副葬品)으로 사용하기도 했다.

## 십이생초용(十二生肖俑) 토(兎)

당(唐)
높이 29cm 너비 7cm
1979년 서안시(西安市) 진천(秦川)기계설비공장 출토

## Rabbit

Tang Dynasty (618AD~907AD)
H 29cm  W 7cm
Excavated from Qinchuan Machinery Factory in Xi'an in 1979

## 십이생초용(十二生肖俑) 계(鷄)

당(唐)
높이 26.5cm 너비 7cm
1979년 서안시(西安市) 진천(秦川)기계설비공장 출토

## Rooster

Tang Dynasty (618AD~907AD)
H 26.5cm  W 7cm
Excavated from Qinchuan Machinery Factory in Xi'an in 1979

## 십이생초용(十二生肖俑) 저(豬)

당(唐)
높이 33cm 너비 11cm
1979년 서안시(西安市) 진천(秦川)기계설비공장 출토

### Pig

Tang Dynasty (618AD~907AD)
H 33cm  W 11cm
Excavated from Qinchuan Machinery Factory in Xi'an in 1979

## 십이생초용(十二生肖俑) 사(蛇)

당(唐)
높이 30cm 너비 6.5cm
1979년 서안시(西安市) 진천(秦川)기계설비공장 출토

### Snake

Tang Dynasty (618AD~907AD)
H 30cm  W 6.5cm
Excavated from Qinchuan Machinery Factory in Xi'an in 1979

십이생초용(十二生肖俑) 양(羊)

당(唐)
높이 32cm 너비 11cm
1979년 서안시(西安市) 진천(秦川)기계설비공장 출토

Goat

Tang Dynasty (618AD~907AD)
H 32cm  W 11cm
Excavated from QinchuanMachinery Factory
in Xi'an in1979

십이생초용(十二生肖俑) 호(虎)

당(唐)
높이 32cm 너비 11cm
1979년 서안시(西安市) 진천(秦川)기계설비공장 출토

Tiger

Tang Dynasty (618AD~907AD)
H 32cm  W 11cm
Excavated from QinchuanMachinery Factory
in Xi'an in1979

십이생초용(十二生肖俑) 우(牛)

당(唐)
높이 30cm 너비 11cm
1979년 서안시(西安市) 진천(秦川)기계설비공장 출토

Ox

Tang Dynasty (618AD~907AD)
H 30cm  W 11cm
Excavated from QinchuanMachinery Factory
in Xi'an in1979

# 송원명청 도용

宋元明清 陶俑

송원명청(宋元明淸)시대는 중국 도용(陶俑)의 몰락과 쇠망 시기이다.

송요금원(宋遼金元)시대 장속(葬俗)의 변화와 종이로 만든 부장품(副葬品)이 유행함에 따라 도용을 부장하는 풍속이 점차 사라지고 소수 무덤에서만 도용(陶俑), 석용(石俑), 자용(瓷俑)이 발견되었다. 감여술(堪輿術)이 유행하여 사람들은 음양풍수(陰陽風水)를 믿기 시작하였으며 이와 관련된 도용이 나타났다. 예를 들어 인수어신(人首魚身)의 의어(儀魚), 인수사신(人首蛇身)의 묘룡(墓龍), 인수조신(人首鳥身)의 관풍조(觀風鳥) 및 금계(金鷄), 옥견(玉犬)과 앙관(仰觀), 복청(伏聽), 서왕모(西王母), 동왕공(東王公), 장견고(張堅固), 이정도(李定度) 등이 이에 속한다. 이러한 신살(神煞) 도용은 당대(唐代)에 나타나 오대(五代)에 유행하였으며 송대(宋代)에 가장 흥성한 후 요대(遼代)에도 사용되었다. 송대는 도자기와 벽돌로 조각한 잡극(雜劇), 산악(散樂) 인물용 등 새로운 형식이 나타났으며 시정(市井)문화가 도용에 유입되었다. 금대(金代) 도용은 대부분 등이 벽에 연결되어 둥근 형태는 보기 드물다. 잡극, 산악인물 등을 조각한 벽돌이 금대에 성행하였는데 대부분 묘실의 벽에 사용되었다. 원대(元代)는 도용을 부장하는 풍속이 없었고 소수의 한족 관리(개별적인 외족)들만 도용을 부장하였다. 원대 도용은 실생활을 그대로 모방하였는데 남녀 및 문무를 막론하고 얼굴 모습이나 옷차림새는 모두 몽고족의 특징을 나타냈다.

명대(明代)에는 일반적으로 도용을 부장하지 않았으며 소수의 귀족이나 고관대신의 무덤에만 의장용(儀仗俑)을 부장하였다. 청대(淸代) 초기 강희(康熙) 황제의 배려로 무관(武官) 오육기(吳六奇)의 무덤에 도용과 가구 부장품들을 함께 묻었는데 당시 도용 부장 풍습은 이미 자취를 감추었다.

During the Song, Yuan, Ming and Qing dynasties, the pottery figurines experienced declining and dying out.

During the Song, Liao, Yuan and Jin periods, due to the change of burial customs and the prevalence of paper-made funerary wares, pottery figurines gradually became less frequently used as burial objects. And it is only in a few tombs that pottery figurines, stone figurines and porcelain figurines could be found. Besides, due to the popularity of the Geomantic Omen, people became superstitious about "Yin", "Yang" and geomancy so that the figurines of the spirits overwhelming the evils related to Geomantic Omen came into being and became prevalent. These figurines include Yi Fish (human head and fish body), Tomb Dragon (human head and snake body), Lookout Bird (human head and bird body), Golden Pheasant, Jade Dog, etc.

Such figurines of the spirits overwhelming the evils started to emerge in Tang Dynasty, and became popular in the Five Dynasties, reaching its climax in Song Dynasty, and they were also used in Liao Dynasty. In Song Dynasty, the emergence of the figurines of porcelain carvings and brick carvings with figures in poetic dramas and Sanyue (a kind of traditional Chinese musical program) on them opened up a new form of figurines, symbolizing the blending of pop culture into the figurines. In Jin Dynasty, the figurines were mostly in the form of quadrels and rarely of three-dimensional statues. And the above mentioned personage figurines were prevalent in this dynasty, which were mostly built on the walls of the tomb chamber. Yuan Dynasty had no burial customs of figurines, and it is a few bureaucrats of Han nationality (and exceptionally some other nationalities) that carried on such customs. Figurines of Yuan Dynasty had a style of expressing the reality. Figurines, whether male or female, whether civil or military, are all characterized of Mongolians in both facial features and costumes. In Ming Dynasty, in general case, figurines were no longer used except in the case of the nobility and senior officials, where honor guard figurines were used as burial objects.

In Qing Dynasty, it is only in Senior Official Wu Liuqi's tomb (early Qing Dynasty) that a set of pottery figurines and furniture funeral wares were found as burial objects due to Emperor Kangxi's special grace. This can be regarded as the dying embers of the figurines. Actually the custom of using figurines as burial objects has become extinct ever since then.

## 남입용(男立俑)

송대(宋代)
높이 25.5cm 너비 9cm 두께 7cm
서안시(西安市) 수집

### Figurine of a Standing Man

Song Dynasty (960AD~1279AD)
H 25.5cm  W 9cm  Thickness 7cm
Collected in Xi'an

　　도용(陶俑)은 검은색 복두(襆頭)를 쓰고 젖힌 옷깃에 소매가 좁은 노란색 두루마기를 입었으며 옷깃이 크게 젖혀져 가슴 부분이 드러났다. 허리에 검은색 가죽 띠를 두르고 코가 둥근 신을 신었다. 이마가 넓고 둥근 얼굴은 불그레하며 눈은 크지 않으나 정기가 돌고 작은 입은 깜찍하다. 두 손 모두 주먹을 쥐었는데 오른손은 조금 높게 가슴 부분까지 올리고 왼손은 허리 부분에 붙였으며 가슴을 쭉 편 자세로 얇은 받침 위에 서 있다.

## 좌룡용(坐龍俑)

원대(元代)
길이 23.5㎝ 높이 16.8㎝
2005년 6월 서안시(西安市) 남쪽 교외 곡강(曲江) 계수원(溪水園)
공사 현장 원묘(元墓) 출토

## Sitting Dragon

Yuan Dynasty (1206AD～1368AD)
L 23.5cm  H 16.8cm
Excavated from a tomb of Yuan Dynasty in Qujiang in southern suburbs
of Xi'an in Jun 2005

용(龍)은 쭈그리고 앉았다. 머리에는 뿔이 있고 털은 화염(火焰) 모양으로 곧게 섰으며 두 눈썹은 굵직하고 눈은 볼록하게 튀어나왔는데 앞을 주시하고 있다. 입은 길고 넓으며 코 역시 기다란데 위로 젖혀졌다. 목은 가늘고 길며 구부러졌고 가슴은 내밀었으며 등은 굽혔고 꼬리는 뒤로 높게 치켜세웠다. 얇은 직사각형 받침에 쭈그리고 앉아 있는데 뒷다리를 구부리고 앞다리를 곧게 세워 버티고 있다. 전체 몸통은 힘 있어 보인다. 거푸집을 사용하였으며 흑도(黑陶)로 만들어 다소 단단해 보인다.

중국에서 용(龍)의 조형은 북송(北宋) 이후 규범화, 예술화 경향이 나타났으며 원대(元代)에 이르러 전에 없이 발전하였다. 이 도용에서 알 수 있듯 원대에는 형체의 조화와 아름다움을 중시하여 운치와 힘, 형태와 정신적 깊이가 모두 드러났다. 앉아 있는 용의 조형은 요금(遼金)시대 북방에서 유행하던 무늬로 원대에 이를 계승해 발전시켰다. 이 작품은 빚고 새기고 그리는 등 여러 기법을 사용하였다. 진묘수(鎭墓獸)로 용(龍)을 사용한 데는 특별한 의미가 있다. 한대(漢代) 이후 용(龍)은 4신(神) 중의 으뜸으로 여겨져 서한(西漢) 벽화 가운데 '묘주인승선도(墓主人昇仙圖)'에서는 용이 앞에 나오며 당묘(唐墓) 벽화에서도 청룡(靑龍)과 백호(白虎)가 묘지 양쪽 벽의 앞부분에 위치했다. 진묘수인 용은 액을 막을뿐더러 천지와 통하고 사람의 영혼을 인도하여 승천하도록 돕는다.

# 와릉모무사용(瓦稜帽武士俑)

원대(元代)
높이 26cm
서안시(西安市) 수집

## Warrior Figurine with a Corrugated Hat

Yuan Dynasty (1206AD~1368AD)
H 26cm
Collected in Xi'an

도용(陶俑)은 각이 있는 와릉모(瓦稜帽)를 썼다. 머리는 몽고족의 '파초(婆焦)' 모양으로 빗었는데 이 양식은 한족(漢族) 어린아이의 '삼탑두(三搭頭)' 모양과 비슷하다. 즉 정수리 중앙과 뒤통수의 머리를 전부 밀고 앞머리 가운데와 양옆에만 머리를 남기는데 가운데 머리는 짧게 잘라 앞으로 내리고 양옆은 계(髻)를 하여 어깨에 늘어뜨리거나 여진족(女眞族)의 머리 양식처럼 하나로 땋아 등까지 드리운다. 이 도용은 모자챙 아래로 머리 모양이 보이는데 가운데 짧은 머리는 앞으로 내렸고 양옆의 머리는 하나로 땋아 허리께까지 드리웠다. 원태조(元太祖) 칭기즈칸이 황위(1206년)에 오른 후 자신부터 몽고족 백성에 이르기까지 모두 '파초' 머리를 하였다. 원나라 초기에는 한족에게도 이런 머리 양식을 강요하였다.

이 도용은 교령(交領)에 우임(右衽)의 무릎 아래까지 내려오는 두루마기를 입었다. 허리에는 접섭대(蹀躞帶)를 두르고 왼쪽에 초도(鞘刀)와 편호(扁壺)를 걸었다. 등에는 끈으로 물건을 고정해 짊어졌는데 끈은 등 뒤에서 목 아래로 걸쳤다. 아래에 긴 바지를 입고 몽고족의 신발인 낙봉화(絡縫靴)를 신었으며 두 다리를 벌린 채 얇은 받침에 서 있다. 네모난 얼굴, 역팔자 눈썹, 정기 도는 두 눈, 높고 곧은 코, 꼭 다문 입을 하고 있다. 이는 몽고 무사의 모습을 재현한 것으로 당시 무사의 강인하고 용맹한 영웅적 기개를 엿볼 수 있다.

## 소화상용(小和尙俑)

원대(元代)
높이 26cm
서안시(西安市) 수집

### Figurine of a little Monk

Yuan Dynasty (1206AD~1368AD)
H 26cm
Collected in Xi'an

까까머리에는 계(戒)를 받은 흔적이 있다. 우임(右袵)에 소매가 넓은 삼(衫)을, 아래에는 주름치마를 입었다. 빡빡 깎은 머리, 둥근 얼굴, 큰 눈, 맵시 있는 코, 앙증맞은 입, 복스러운 큰 귀를 하고 있고 얼굴에는 천진난만한 미소를 띠고 있으며 두 손은 합장하고 있다. 두 다리는 자연스럽게 벌린 채 네모난 받침에 곧게 서 있다. 귀여운 동자승으로 불제자의 신심을 지닌 모습이다.

## 301

위사용(衛士俑)

원대(元代)
높이 32cm 너비 13cm
1991년 서안시 안탑구(西安市 雁塔區) 사호타촌(沙呼沱村) 출토

### Figurine of a Bodyguard

Yuan Dynasty (1206AD~1368AD)
H 32cm  W 13cm
Excavated from Shahutuo Village in Yanta District, Xi'an in 1991

　　도용(陶俑)은 두건(頭巾)을 썼는데 양쪽 끝이 올라가 있다. 둥근 옷깃에 소매가
좁은 두루마기를 입었는데 그 자락은 무릎까지 내려왔고 허리에는 조대(組帶)를
둘렀으며 목이 높은 신을 신었다. 두 다리를 벌린 채 곧은 자세로 바닥에 서 있다.
주먹 쥔 오른손은 가슴 부분까지 올렸고 왼손은 내렸다. 얼굴은 네모나고 두 눈은
동그랗게 떴으며 표정은 엄숙하다. 호위무사(護衛武士)의 모습이다.

## 302

여복용(女僕俑)

원대(元代)
높이 29.5cm
서안시(西安市) 수집

### Figurine of a Servant Girl

Yuan Dynasty (1206AD~1368AD)
H 29.5cm
Collected in Xi'an

　　도용(陶俑)은 삿갓 모양의 입모(笠帽)를 썼는데 모자챙은 앞이 둥글
고 뒤가 네모나며 끝에는 긴 술을 달았다. 이마 가운데는 머리를 약간
내렸고 뒷머리는 굵게 땋아 늘어뜨린 '파초(婆焦)' 머리를 하였다. 소매
가 좁고 우임(右衽)인 두루마기를 입고 띠를 둘렀으며 낙봉화(絡縫靴)
를 신었다. 여인은 둥근 얼굴에 미소를 띠었는데 눈이 크고 입이 작아
청순하면서도 귀여워 보인다. 두 손은 가슴 앞에서 맞잡았는데 왼손에
는 목도리를 걸쳤으며 얇은 받침에 곧은 자세로 서 있다.

# 반발여용(盤髮女俑)

원대(元代)
높이 29.5cm
서안시(西安市) 수집

## Figurine of a Female with Her Hair up

Yuan Dynasty (1206AD~1368AD)
H 29.5cm
Collected in Xi'an

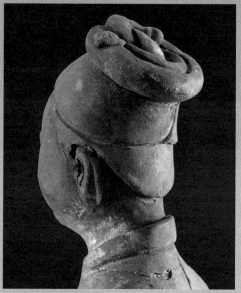

도용(陶俑)은 머리카락을 굵고 길게 한 가닥으로 땋은 다음 정수리에서 뱀이 똬리를 튼 듯이 감은 반발(盤髮)을 하였다. 좌임(左衽)에 교령(交領)이며 소매가 좁은 저고리와 긴 치마를 입었고 가슴 부분에는 띠를 둘렀으며 치마끈은 늘어뜨렸다. 치맛자락이 발을 덮어 발끝만 보인다. 얼굴이 둥근 도용의 용모는 수려하다. 소매에 가려진 두 손을 가슴 부분에서 맞잡은 채 다변형 얇은 받침 위에 서 있다. 공손하고 순종적인 여자 하인의 모습이다.

## 304

### 도마용(陶馬俑)

원대(元代)
길이 24cm 너비 9.5cm 높이 21.8cm
1971년 서안시 조가파촌(西安市 趙家坡村) 출토

### Pottery Horse

Yuan Dynasty (1206AD~1368AD)
L 24cm W 9.5cm H 21.8cm
Excavated from Zhaojiapo Village in Xi'an in 1971

말은 굴레를 쓰고 잔등에는 안장과 언치, 장니(障泥)가 있으며 그 위에 등자를 씌웠다. 가슴걸이와 밀치끈은 음각으로 새겼다. 눈은 둥글고 곧추세운 귀는 매끄럽게 깎아 놓은 대나무 같다. 이마의 갈기는 정연하게 빗어 귀 뿌리를 감쌌다. 길고 빽빽한 목의 갈기는 양쪽으로 늘어뜨렸다. 사지를 곧게 편 채 직사각형 발판에 서 있는데 당대(唐代) 말처럼 크고 말쑥하지는 않지만 섬세하고 생동감 있게 만들었다.

## 305

### 도마용(陶馬俑)

원대(元代)
서안시(西安市) 수집

### Pottery Horse

Yuan Dynasty (1206AD~1368AD)
Collected in Xi'an

말은 굴레를 쓰고 잔등에는 안장과 언치, 밀치가 갖추어져 있다. 눈은 둥글고 곧추세운 두 귀는 매끄럽게 깎은 대나무 같으며 이마의 갈기는 정연하게 콧마루에 드리웠다. 목의 길고 빽빽한 갈기는 양쪽으로 흩어져 있다. 사지를 곧게 편 채 직사각형 발판에 서 있다.

## 306

# 차마용(車馬俑)

원대(元代)
길이 32.5cm 너비 18.6cm 높이 25cm

## Figurine of a Vehicle of Yuan Dynasty

Yuan Dynasty (1206AD~1368AD)
L 32.5cm  W 18.6cm  H 25cm

끌채가 두 개이고 그 위에 직사각형 차체가 있
으며 좌우 양쪽 벽의 윗부분에는 창이 있고 차체
의 앞부분은 활짝 열어젖혔다. 차체 덮개는 삿갓
모양이며 차양이 있는데 앞쪽 차양은 마부가 앉
는 위치까지 길게 나왔다. 덮개 가운데는 원주형
의 뾰족한 장식물을 달았고 둥근 바퀴에는 바퀴
살을 새겼다. 이 차는 네 마리의 말이 끄는데 그중
한 마리에만 끌채를 맸다.

# 중관모남입용(中官帽男立俑)

명대(明代)
높이 25.5㎝
1999년 8월 서안시 안탑구 곡강향 금호타촌(西安市 雁塔區 曲江鄉 金浮沱村)
명대(明代) 견양(汧陽) 단의왕(端懿王) 주공쟁묘(朱公鐳墓) 출토

## Figurine of a Man with a Medium-sized Hat

Ming Dynasty (1368AD~1644AD)
H 25.5cm
Excavated from the Tomb of Zhu Gongzeng of Ming Dynasty
in Jinhutuo Village Qujiang County Yanta District, Xi'an in Aug 1999

도용(陶俑)은 검은색 중관모를 쓰고 반령(盤領)에 소
매가 좁은 붉은색 두루마기를 입었으며 대구[鉤]를 장식
한 가죽 띠를 둘렀는데 허리에 단단히 졸라매지 않고 느
슨하게 포복(袍服)에 두른 것을 보아 신분의 상징과 장식
역할을 하는 것 같다. 검은색 신을 신고 두 다리를 벌린
채 네모난 받침 위에 서 있다. 오른손은 반쯤 주먹 쥐며 가
슴 앞으로 굽혔고 몸체 왼쪽에서 왼팔도 굽히며 반쯤 주
먹 쥐었는데 원래 물건을 들었던 것 같지만 이미 사라지
고 없다. 왼쪽 어깨에 쇠고리를 달았다. 전체 형상을 보아
어깨에는 물건을 짊어지고 손에는 뭔가를 든 의장용(儀仗
俑)인 것 같다. 이 도용은 둥근 얼굴, 큰 눈, 주먹코, 팔자수
염을 하고 있다. 용모가 단정하고 대범하며 표정은 공경
하면서도 엄숙하다.

## 308

### 전모남입용(氈帽男立俑)

명대(明代)
높이 27cm
1999년 8월 서안시 안탑구 곡강향 금호타촌(西安市 雁塔區 曲江鄉 金浐沱村)
명대(明代) 견양(浐陽) 단의왕(端懿王) 주공쟁묘(朱公鏳墓) 출토

**Figurine of a Man with a Felt Hat**

Ming Dynasty (1368AD~1644AD)
H 27cm
Excavated from the Tomb of Zhu Gongzeng of Ming Dynasty
in Jinhutuo Village Qujiang County Yanta District, Xi'an in Aug 1999

　도용(陶俑)은 둥글고 끝이 뾰족한 붉은색 전모를 쓰고 반령(盤領)에 소매가 좁은 회백색 두루마기를 입었는데 그 자락이 무릎을 덮었다. 허리에는 분홍색 띠를 둘렀는데 복부 앞에서 매듭지은 후 양끝을 아래로 늘어뜨렸다. 두 손은 가슴 앞에서 하나는 위로 다른 하나는 아래로 하여 뭔가를 잡은 동작을 하고 있지만 들었던 물건은 이미 사라지고 없다. 두 다리를 벌린 채 붉은색 네모난 받침 위에 서 있다. 분을 바른 것 같은 얼굴에 붉은 입술을 하였으며 용모는 수려하고 입술 아래에 팔자수염이 있으며 턱에도 염소수염이 나 있다. 공손하고 순종적이며 영리하고 능력 있는 의장(儀仗) 시종의 형상을 나타낸 것 같다.

## 309

### 여용(女俑)

명대(明代)
높이 21cm 너비 7cm
1990년 서안시공안국(西安市公安局) 마약단속반에서 넘겨받음

**Figurine of a Woman**

Ming Dynasty (1368AD~1644AD)
H 21cm  W 7cm
Transfered by Xi'an Public Security Bureau in 1990

　도용(陶俑)은 고계(高髻)를 한 후 붉은 천으로 동여맸다. 위에는 대금(對襟)에 소매가 좁은 붉은색 짧은 저고리, 아래에는 바닥까지 끌리는 녹색 긴 치마를 입었는데 그 자락에 두 발이 가려졌다. 용모가 수려하며 얼굴이 둥글고 입이 앵두 같다. 표정은 아주 공손해 보인다. 두 손은 앞으로 뻗었지만 이미 유실되었고 몸을 곧게 펴고 네모난 발판 위에 서 있다.

## 대오사모기마용(戴烏紗帽騎馬俑)

명대(明代)
길이 26cm 높이 36㎝ 받침 길이 16cm 받침 너비 9.5㎝
1999년 8월 서안시 안탑구 곡강향 금호타촌(西安市 雁塔區 曲江鄉 金泘沱村)
명대(明代) 견양(汧陽) 단의왕(端懿王) 주공쟁묘(朱公鎗墓) 출토

## Figurine of a Riding Official with a Black Gauze Cap

Ming Dynasty (1368AD~1644AD)
L 26cm  H 36cm
Base L 16cm  Base W 9.5cm
Excavated from the Tomb of Zhu Gongzeng of Ming Dynasty
in Jinhutuo Village Qujiang County Yanta District, Xi'an in Aug 1999

말등자를 밟고 말 잔등에 오른 도용(陶俑)은 오사모(烏紗帽)를 썼는데 모자 뒤에 가로 구멍 하나가 있는 것을 보아 원래 양쪽으로 날개를 끼워 넣었던 것 같다. 반령(盤領)의 담청색 보복(補服)을 입었는데 가슴과 등 뒤에는 방형의 붉은색 보자(補子)가 있다. 허리에 장신구를 단 가죽 띠를 두르고 검은색 신을 신었다. 가죽 띠와 보자 및 안장과 언치의 가장자리에는 금박을 입혔던 흔적이 남아 있다. 도용은 용모가 수려한데 오른손은 가슴 부분으로 올려 주먹 쥐며 고삐를 잡은 동작을 하고 있다. 소매에 가려진 왼손은 자연스레 내렸다. 말은 하얀색이고 안장과 고삐가 있으며 귀를 쫑긋 세우고 눈을 부릅뜬 채 네모난 받침 위에 서 있다. 오사모를 쓰고 관복을 입은 것을 보아 조정 관리의 모습을 묘사한 듯하다.

보복은 명대 문무 관원의 대례복(大禮服)으로 문관(文官)은 끝단을 바닥에서 1치 높이로 하고 손을 가린 긴 소매는 접어 팔꿈치까지 올린다. 무관(武官)은 바닥에서 5치 높이로, 소매 길이는 손끝을 지난 7치로 한다. 보복의 가슴과 등에는 날짐승과 들짐승을 수놓은 네모난 도안이 있는데 이를 보자 또는 흉배(胸背)라고 한다. 보자는 명대(明代)에 최초로 나타난 관복제도인데 네모난 천에 명주실로 날짐승이나 들짐승의 도안을 수놓은 다음 다시 관복의 앞가슴과 등에 붙여 품계를 표시하였으며 명청(明淸)시대에 이미 엄격하게 지켜졌다. 문헌에 의하면 명대의 경우 문관은 날짐승을, 무관은 들짐승을 새겼다. 구체적으로 보면 문관의 경우 일품은 선학(仙鶴), 이품은 금계(錦鷄), 삼품은 공작, 사품은 운안(雲雁), 오품은 백한(白鵬), 육품은 백로, 칠품은 계칙(鸂鶒), 팔품은 꾀꼬리, 구품은 메추라기, 잡직은 연작(練雀), 풍헌관(風憲官)은 해치(獬豸)를 새겼다. 무관의 경우 일품은 기린, 이품은 사자, 삼품은 표범, 사품은 호랑이, 오품은 곰, 육품은 표(彪), 칠품과 팔품은 코뿔소, 구품은 해마(海馬)를 새겼다.

## 311

### 전모기마용(氈帽騎馬俑)

명대(明代)
길이 27cm 너비 9.5cm 높이 34.5cm
1999년 8월 서안시 안탑구 곡강향 금호타촌(西安市 雁塔區 曲江鄉 金浮沱村)
명대(明代) 견양(湔陽) 단의왕(端懿王) 주공쟁묘(朱公鐺墓) 출토

### Figurine of a Riding Soldier with a Felt Hat

Ming Dynasty (1368AD~1644AD)
L 27cm  W 9.5cm  H 34.5cm
Excavated from the Tomb of Zhu Gongzeng of Ming Dynasty
in Jinhutuo Village Qujiang County Yanta District, Xi'an in Aug 1999

이 도용(陶俑)은 네모난 얼굴에 짙은 눈썹, 큰 눈을 하고 고개를 들고 가슴을 쭉 편 채 말 잔등에 바르게 앉았다. 붉은색 전모를 쓰고 안에 소매가 좁은 옷을, 겉에 붉은색 맞섶 조갑(罩甲)을 입었는데 옷깃, 소맷부리, 옷섶 부분에 연녹색을 입혔고 맞섶의 가장자리에는 둥근 붉은색 단추 3개가 달렸다. 허리에는 분홍색 끈을 둘렀는데 복부 앞에서 매듭지은 다음 두 끝을 왼쪽 아래로 늘어뜨렸다. 두 팔은 굽힌 채 들어 올렸는데 오른손은 오른편에서 반쯤 주먹을 쥔 채 어깨 높이만큼 올렸고 왼손도 왼쪽 옆구리에서 반쯤 주먹을 쥐었다. 두 손의 자세를 보아 고삐를 당기는 것 같다. 말은 두 귀를 쫑긋 세우고 두 눈을 둥그렇게 떴으며 목 위에는 짙고 긴 검은색 갈기가 뒤덮였고 머리를 쳐들고 가슴을 내밀고 네 다리를 쭉 편 채 직사각형 받침대 위에 서 있다. 굴레, 안장, 언치가 갖추어져 있는데 머리 부분의 조형은 당대(唐代)의 말 도용과 달리 윤곽이 분명하지 않을뿐더러 전체적으로 둥글게 만들었다. 몸체는 붉은색을, 주둥이와 갈기 및 발굽에는 검은색을 칠했다.

## 전모기마용(氈帽騎馬俑)

명대(明代)
길이 26㎝ 높이 36㎝ 받침 길이 16㎝ 받침 너비 9.5㎝
1999년 8월 서안시 안탑구 곡강향 금호타촌(西安市 雁塔區 曲江鄉 金浮沱村)
명대(明代) 견양(沔陽) 단의왕(端懿王) 주공쟁묘(朱公鏳墓) 출토

Figurine of a Riding Soldier with a Felt Hat

Ming Dynasty (1368AD∼1644AD)
L 26cm  H 36cm
Base L 16cm  Base W 9.5cm
Excavated from the Tomb of Zhu Gongzeng of Ming Dynasty
in Jinhutuo Village Qujiang County Yanta District, Xi'an in Aug 1999

　띠가 흰색이고 말의 몸통에도 하얀색을 입힌 것을 제
외하고 말의 조형과 도용(陶俑)의 차림새는 도용 311과
동일하다. 도용은 두 팔을 들고 두 손은 반쯤 주먹 쥐며
뭔가를 잡은 채 입가로 올려 연주하고 있지만 손에 들었
던 악기는 이미 사라지고 없다.

## 313

쌍인견마용(雙人牽馬俑)

명대(明代)
도용 높이 25.6cm
말 길이 27cm 높이 29cm 받침 길이 14.5cm 받침 너비 17.5cm
1999년 8월 서안시 안탑구 곡강향 금호타촌(西安市 雁塔區 曲江鄕 金浮沱村)
명대(明代) 견양(沔陽) 단의왕(端懿王) 주공쟁묘(朱公鐺墓) 출토

Figurines of Two Persons leading a Horse

Ming Dynasty(1368AD~1644AD)
Person H 25.6cm  Horse L27cm
Horse H 29cm Base L 14.5cm
Base W 17.5cmExcavated from the Tomb of Zhu Gongzeng of Ming Dynasty
in Jinhutuo Village Qujiang County Yanta District, Xi'an in Aug 1999

네모난 받침 위에 말몰이꾼 두 명과 말 한 필이 함께 서 있다. 말은 머리를 치켜세우며 곧게 서 있는데 안장과 고삐가 있고 전체적으로 검은색을 입혔다.

말은 장난감처럼 보이는데 두 귀는 쫑긋 세웠고 눈썹 뼈는 도드라졌으며 눈은 과장적으로 나타냈고 코와 주둥이는 매끄럽고 옹골지게 표현하였다. 말의 머리 윤곽은 당대(唐代)와 달리 분명하지 않다. 말은 이전의 민첩하고 용맹한 기질이 사라지고 온순하고 귀여운 느낌이 난다. 말몰이꾼은 말의 좌우 양측에 서 있는데 한 손은 말 머리로 뻗어 고삐를 잡은 동작을 하고 다른 한 손은 복부 앞에서 반쯤 주먹을 쥐었는데 원래 뭔가 들었던 것 같다. 머리에 검은색 관모(冠帽)를 쓰고 둥근 옷깃에 소매가 좁은 두루마기를 입었으며 허리에는 장식을 단 가죽 띠를 두르고 검은색 신을 신었다. 두 명 모두 둥근 얼굴에 눈썹이 작고 콧수염이 있으며 수려한 외모에 공손한 표정을 짓고 있다. 동작은 좌우로 대칭되지만 옷의 색상은 서로 다른데 오른쪽 도용(陶俑)의 옷은 녹색이고 왼쪽 도용의 옷은 붉은색이다.

## The Early Pottery Human Figures

### 1. Pottery Sculptures

It is pretty complete. Brown pottery, hand-kneading. Mouth, nose, eyes are obvious, several grooves are inscribed on face sides and top of the head to indicate the hair. There is a hole on the bottom. The whole thing looks like a finger puppet.

### 2. Pottery Sculptures

There are three sheets altogether respectively at the front, the side, and the back. When being unearthed, there is only the head: the nose is prominent and the eyes are asymmetrical. The eye ball and eyelid of the right have been molded while the left eye pit has been inscribed by the thicker hatching line and the eye ball has been inscribed by a bold dot over the eye pit. Outside the molded wider lip an outline of the inverse trapezoid shape has been inscribed by the thicker hatching line and at the neck the veins of the mythical ferocious animal similar to that on the bronzes also has been inscribed. With the crude molding and primitive modeling, they can not be called "figurines" because they are unearthed at the ancient ruins and the functions have not been defined, but the pottery figurines have just been evolved from the pottery sculptures from the Neolithic Age to the Shang Dynasty.

## The Spring and Autumn Period & Warring States Period

### 3. Figurine of Female Servant with Screw Bun

Her hair has been held together at the back of the head with the shape of the conical screw bun and she wears the dark suit of high collar, tight cuff, and right lapel with her toes exposed outside. With her embracing arms on the stomach, her hands are hidden in the cuff and her body slightly extends forward. Her nodding head and raised body make the respectful standing posture while the black eyebrows and the ruby lips make the comely facial expressions. The paintings on her suit have shed off with the remaining red painting on the collar and sleeve openings.

As for the technique of pottery molding, the pottery figurines in the Pre-Qin Period have followed the handcrafts and skills in the prehistoric times that the kneading and conical inscribing of the pottery molding are integrated while the molding method has not been adopted.

### 4. Figurine of Male Servant with Hat

In the round felt hat, he wears the robe of high collar, tight cuff, and right lapel with his toes exposed outside. And he girds a sash round his waist. With the pendulous arms, his hands are hidden in the sleeves and he shows the standing posture. There are the red paintings on the collar and cuff while the round felt hat and the leather belt are black.

### 5. Figurine of Kneeling Sitting Man

In a slightly upward small hat, he wears the robe of crossed collar, tight cuff, and right lapel and he girds a leather belt round his waist. With the forward-extending arms, he bunches his fingers into a fist and there is a hole in the fist while his right hand is damaged. He sits in a kneeling position, from which we may consider him as a carriage driver. The paintings on the robe have almost shed off with little remaining on his collar, the front chest, and the cuff. The small hat and leather belt are black.

### 6. Figurine of a Rider

He wears a small red skullcap while the wide ribbons on both sides have hidden his ears and been tied under his jaw. A small round bun is on the back of his head. He is in the robe of the left lapel, high collar, and long sleeves and he girds a black leather belt round his waist with the lifted robe bottom. His right arm extends forward and his right hand has been damaged, which seems holding the halter. His left arm is pendulous on the waist side and the left hand is hidden in the sleeve. From the position, it can be called a figurine of a rider while his legs and the horse have been lost. There are red and white paintings on the collar.

### 7. Figurine of a Horse

The horse raises its head and its neck extends forward while the ears are damaged. Its mane has been cut out and the tail is pendulous. The tail end has been tied and the four legs stand straight on the ground. The horse body is covered with black painting and there are the bridle, the chest harness, and the stomach belt that are covered with red painting on the horse. Its model is much similar to the horse that is unearthed in the figurine tunnel of Qin Terra Cotta Warriors in Lintong. The earliest time of that tomb may be the Qin Dynasty.

# Qin & Han Dynasty

## 8. Figurine of Kneeling Sitting Man with Hands on the Knees

His head leans slightly forward, his face is comely, the large ears have clear contour, the eyes are looking downwards, and the lips slightly closed. The hair is divided from the middle and then combed into a bun at the back of the head. He wears long brown underclothes and the robe of crossed collar and right lapel. There are some paintings on his back. He girds a sash around his waist while his back is straightened and his arms are pendulous. He bunches his fingers into a hollow fist with his palms downward on his kneels naturally. He sits in the kneeling position with his knees on the ground and his breech on the heels. The kneeling sitting position has been one of the popular sitting postures since the Spring and Autumn Period and the Warring States Period. Until the Han Dynasty it is necessary for all the formal occasions, such as the banquets, meetings, gatherings of families and friends, and the teaching places. The one who didn't do this way would be satirized by others. This figurine is not different from the kneeling sitting one that is unearthed in the stable tunnel of the tomb of the First Qin Emperor and his identity also should be a "stable keeper", namely the person who is in charge of the stables or of the horse breeding and taming. The grey pottery figurines are made of the soil and the framework quality is solid.

Here the author puts much emphasis on the portraying of the mental activity of the figurine: the pendulous eyebrows, the towering brow bones, the downward looking eyes, the slightly closed lips, the straightened back, and the pendulous arms. From the posture we may feel his complex psychology of meekness and some panic, which is just the mental state of the ruled under the power and tyranny of the Qin Dynasty. The author just puts much emphasis on the careful portraying of such mental characteristics and the figurine can be considered as an accurate and vivid work.

## 9. Pottery Figurine of the Phoenix and Tortoise

The tortoise lies on the ground with a hollow body and the two big holes in the base. He wiggles his neck, looks upward, and opens the mouth as if to bite the phoenix. The phoenix stands on the back of the tortoise while her tail and the tortoise body are integrated. Raising her head proudly, her head possesses the molding mark of the phoenix crown and her neck heaves with a groove in it which is supposed to be a drum stand. The entire body is in white while the outside has been decorated with the red paintings which have almost shed off.

## 10. Pottery Beast with Wings

The beast has two long and pointed ears extending backward. The protruding eyes are small but spirited. It has long lips and the upper lip is slightly thicker. There are some protruding things between the nose and forehead. Leaning forward, the four legs are stocky and a bit short. It lays the front legs on the ground and bends the back legs as if to jump at any moment. The double wings in both sides flap as if to fly off the ground. It sticks up the long tail highly and the tail end spreads slightly just like a broadsword. There are two small holes in the root of the wings and they may be fixed in the sides of the body after the molding is completed. The figurine is made of grey pottery.

Except the wings and tail, the beast is just like a rabbit in appearance. The rabbit has long been considered to be docile and it is a confusing question why it is used as the prototype of the ferocious divine beast for counteracting the evil in the Qin and Han Dynasties. However, the docile and lovely prototype of the rabbit has become awe-stricken and mystical after being processed by the pottery handicraftsmen in the Han Dynasty, which also can reflect the excellent technique.

The ancient inhabitants believed that the dead will go to another world, namely "netherworld" where there is not only the difference between the poor and the rich just like that in the human world but also the various attacking and harassing activities. To protect the dead from those harassing in the netherworld, people have invented and created many uncanny monsters which we nowadays generally call the mythical beasts for counteracting the evil force. These monsters are not the beasts in the real world, but the models derive from the real world. The mythical beasts for counteracting the evil in each period are different as they reflect the cultural style of the different periods.

## 11. Pottery Beast with Wings

The model is similar to that of the above, namely the pottery beast with wings that is unearthed in Hongmiaopo. The difference is that the wings of this beast have been directly inscribed on the body instead of being separately molded and its tail is not so long. The beast sticks up the ears, extends the eyes, turns up the upper lip, raises its head, lowers the back and bends the breech, and lies on the ground with the pendulous short tail and the four curved legs. On its shoulders and back are inscribed the wings while on the back of the neck is a foursquare jack socket that is supposed to be used to insert things. This pottery beast should be the stand for musical instruments.

The model is supposed to have been influenced by that of the woodcutting beast for defending in the southern Chu Kingdom tombs and these beasts are buried in the tombs for the purpose of defending the tombs and counteracting the evil.

## 12. Pottery Beast with Wings

The beast has round head, short lips, and long neck. The head is like a tiger, the eyes glare, the nose turns up, and the mouth opens upward with the angry teeth and thrusting tongue. On the shoulders and the back are the wings which are held together at the breech just like the duck wings. The body is also like a tiger. The beast lowers the back and turns up the breech. And it lies on the ground with the cocked tail and four curved legs. With an oblong jack socket on the back, this beast is supposed to be a stand for musical instruments (the stone chime or the bell set).

## 13. Pottery Horse with Wings

The horse raises his head and looks forward. It lies on the ground with the four curved legs in the kneeling position. Its head is big and the lips are long. It turns up the lips and slightly opens its mouth with the protruding eyes and the lightly backward short ears. The neck is short while on the back of the head and the neck is the neat mane. It should be the horse from the Heaven with the double wings on its shoulders and the pendulous tail. There is respectively a small round jack socket in its nose and tail that may be used to insert things. This grey pottery horse is made of clay. The entire body is in white glaze and there are some remaining red paintings on it.

With the wings in both sides of these mythical beasts and the flying posture, the beast subject itself has aroused our great interests. It is well known that in our ancient mythology the flying person need not to be backed by the wings but by other things, such as the cloud or bird. The fairies are flying on the clouds or huge birds. And there is not the person or fairy who is flying by wings in our ancient mythology, which is in connection with the tradition and imagination power in ancient China. The imagination of flying by wings originally appeared along the Mediterranean coast in about the 12th – 10th century B.C. During that period the inhabitants in Greece and Egypt have produced this imagination. In China there is not the consciousness of flying by wings all along, but the mythical beasts with double wings suddenly appeared in around the 3rd century B.C. Does this reflect that there was communication between China and the West? Is flying by wings just the product of such communication between China and the West? All these questions should arouse the thinking and attention of people.

## 14. Figurine of a Sitting Female Player

Her hair is combed together backward, it is firstly center parting, and is then held to be a long and pendulous bun at the back, namely "the fallen horse bun". The long eyebrow, the slim eyes, the embossed nose, the small mouth, the fleshy face, and the docile expression make a female image. She is in the vermeil robe outside but some paintings have shed and she wears the double underclothes with broad sleeves and slim waist. She raises her head, straightens her waist, sits with her kneeling legs. Her knees are on the ground and her breech is on her heels. All these make the kneeling sitting position. She separates her hands and raises the hands before her chest. She bunches her fingers into half a fist and there should be something in her hands, therefore, this is supposed to be a figurine of a musical player with musical clubs.

## 15. Figurine of a Kneeling Sitting Female Qin-Player

With a center parting hair, she combed the hair together backward to hold a pendulous bun at the back of her neck. With the comely and elegant face and the long eyebrow, her big eyes look forward brightly and vividly and she smiles with a sanguine complexion. She wears the triplex clothes and from the neck we may see the exposed curved collars of the inside and middle clothes. There is some remaining red paintings on her underclothes. Kneeling sitting on the ground, she slightly raises her arms, extends her right hand, and bunches her thumb and forefinger of the left hand into a ring while extends the other three fingers in the playing position as if she is playing the Qin. The entire body is in white and the original paintings have shed.

## 16. Figurine of a Kneeling Sitting Player

She combs her hair backward and holds a pendulous bun at the back of her head. She wears the double robes of pressing collar, right lapel, large sleeves, slim waist, and broad downswing. With the delicate looks, she raises hands before her chest and bunches her fingers into a fist so that there is a hollow in the fist that was originally used to hold things. In the kneeling sitting posture, she kneels on the ground and straightens her waist. Judging from such posture, she seems to be playing the music (probably the percussion music). The original paintings have nearly shed and there are only the white glaze and the red painting traces.

## 17. Figurine of a Kneeling Sitting Player

With delicate looks, she wears the triplicate clothes of dark color and broad sleeves and she wears red waist belt. She sits on the ground in the kneeling posture. And she extends her hands with the inward palms. She raises her hands to the mouth in the posture of holding a musical instrument to play. The instrument in her hands is lost, but judging from the posture of her hands it should be a Chinese wind pipe and the kind.

## 18. Figurine of a Kneeling Sitting Player

With the long and pendulous bun, she wears the triplicate clothes of dark color and broad sleeves and she

wears the red waist belt. She has the eyebrows, slim eyes, large ears, small mouth, delicate nose, broad forehead, and comely face. Straightening her waist, she sits on the ground in the kneeling posture. She hides her hands in the sleeves and the sleeves form a ring in front of her mouth. The figurine is supposed to be playing the music (the musical instrument is lost).

## 19. Figurine of a Woman in Flare Skirt

She wraps her head with a kerchief. With the face exposed only, the kerchief has wrapped her hair and neck from the head top to the lower jaw. The kerchief is relatively large and both sides of the lower edge are nearly on her shoulders. She wears the robe of broad sleeves, right lapel, and pressing collar. From the exposed collars we can find that she also wears the underclothes of right lapel and pressing collar. The robe waist is slim while under the breech it becomes broader suddenly and the lower the broader. The long and broad downswing sweeps the ground so as to form the large flare skirt. She has an exquisite face, beautiful eyebrows and eyes, a delicate nose, and a cherry mouth. She holds her jaws and bends her body in the light shy posture. She holds together the hands on her stomach with her hands hidden in the sleeves. These have reproduced the vivid image of a "beauty" in the Han Dynasty. According to the references, the aesthetic standard of woman in the Han Dynasty is having a fair face and people considered rosy lips, pretty white teeth, and glabrous skin as beauty. Besides, people considered slim figure, light-footed posture, slender waist, tender skeleton, and fleshy skin as beauty. These standards are different from the female admiration of healthy and fleshy body in the Tang Dynasty. The so-called "the slim Yan but the fleshy Huan" has just shown the different aesthetic standard of the female between the Han and the Tang Dynasties. The body of this works has a distinct and smooth outline. The slim waist and broad skirt downswing not only make the decent and elegant appearance but also create an artistic aesthetic feeling of the light-footed, the beautiful, and the mild.

In spite of the variety, the ancient clothes in China consist of two categories in the form: the separated system of the upper body and the lower body; the integrated system of the upper body and the lower body. The clothes of the separated system consist of two parts: the "Yi" of the upper body and the "Shang" of the lower body. The subsequent trousers and skirt all derive from this category. During the Spring and Autumn Period and the Warring States Period, there emerged another kind of clothes that integrate the upper and lower clothes, namely "the Shen Clothes". The garments and robes of the later generations have derived from the Shen clothes. Without skirt waist, the clothes of this pottery figurine should belong to the integrated system, namely the "Shen Clothes", just like the present "one-piece dress". This style of slender waist and broad downswing has excellently demonstrated the slim female figure of slender waist while the broad downswing that sweeps the ground just creates a sense of steadiness of the lower part.

## 20. Colored Figurine of a Standing Servant

She combs her hair to the back head and wears the triplicate robe. The robes of the first and the second have the pressing collar and right lapel. With the neckline exposed only, the other parts are hidden by the outside third robe and the length is unknown. The third robe also has right lapel, but the neckline is much lower and is nearly under her chest. Without the shoulders, the outside robe has very broad sleeves and the pendulous sleeves almost reach her knees. The waist of the robe contracts to be narrow while the downswing is broad, so that the robe is just like a flare skirt. With the shoe tips exposed only, the robe has covered her legs. Judging from the remaining trace, the robe should be red while the white glaze is exposed due to the shedding part. With the comely face, she looks at the front horizontally, smiles, and surrounds her hands on the stomach with her hands hidden in the sleeves, so as to show the posture of a docile standing servant.

It is a characteristic of the sculpturing art in the Western Han Dynasty that the figurines of different materials are sculptured into the tabular shape and the downswing of the robes is shaped into a flare skirt. In the Western Han Dynasty, the slightly richer persons will wear double or triplicate robes. However, it is difficult to show the triplicate robes on the pottery figurines because the clothes include more than one layer and the outside clothes will inevitably cover the inside. To show the clothes of more than one layer, the pottery sculptors have put much emphasis on the portraying of the collars. From the inside to the outside, the multi-layer collars become the ladder shape, so that the most outside collar will not be at the right position but be extended downward to about her chest. That is supposed to be the artistic treatment method in the sculpturing instead of being the real wearing way of the robes at that time.

## 21. Colored Figurine of a Standing Servant

The figurine should be a man because of the small hat on his head. He wears the triplicate Shen clothes of crossed collars and broad sleeves while he surrounds his hands in the sleeves to cover his stomach. The robe downswing is large just like the present-day flare skirt. Looking at the front horizontally, he slightly turns up the corner of his eyes and smiles with the comely and handsome face, so as to show a docile and respectful servant image.

## 22. Colored Figurine of a Standing Servant

It is the same as the above in the model and clothes. He half opens the slightly pendulous eyes and smiles, which shows that he is cultivated and elegant.
The above two figurines of the standing servant have molded the vivid and lifelike images of the cautious,

humble, respectful, and loyal servants. The sculpturing of the characters has adopted the techniques of line carving, line sculpturing, and circular sculpturing, so that the classic and elegant characteristics of that time have been reflected completely. It is because of the prominent characteristic of the burial figurines in the Western and Eastern Han Dynasties that there emerged many figurines of the home servants.

### 23. Colored Figurines of Foot Soldiers

They comb the hair to the back head, and coil it up into a round bun, then wrap the hair from the forehead to the back head with a kerchief while the lower edge of the kerchief has been tied a forehead belt. The first Han Dynasty emperor called himself "son of the Red Emperor" so that the Han army used red flag and red forehead belts, but there are also the black forehead belts. Moreover, the red forehead belts are supposed to represent the high-ranking soldiers. Judging from the collars under neck and the clothes edge below the knee, the soldier figurines generally wear the triplicate clothes and the outside coat armor is the shortest. The soldiers in Han Dynasty wore broad trousers, wrapping the leggings around the legs, and wore straw sandals on the feet. As a result, the figurine of soldiers in Han Dynasty always shows the image of tumid thighs and tightly wrapped legs. The kind of oblong cloth, when used as the leggings, should be bound from the ankle to the knee and then be fastened with a band.

He has thin and long eyebrow, round eyes, handlebar moustache, and a flat face. With the serious expression, he looks at the front horizontally and closes the corner of his mouth tight. He raises his right hand before the chest and bunches the fingers into a half fist with a hole in the center. The right hand originally holds the weapon (which should be a Ji). He also bunches the pendulous left hand into half a fist with a hole in the center. And the left hand should originally have held the shield. He stands on the ground with the separated feet.

### 24. Colored Figurines of Foot Soldiers

He has a rawboned face, protruding eyebrow bones, high cheekbones, pouty mouth, and straight nose. With the same hair style as the above, he wears the black cotton-wadded robe and from the left shoulder to right waist wears band-clothes with black edge and white strip, whose shape is like a coir raincoat (or "feathers"). Some researchers believe that this special appearance and clothes should belong to the image of the Cong People in the Ba and Shu States. When Liu Bang raised his army in Hanzhong district, he had recruited many soldiers of the Cong People in the Ba State because the Cong People "had the natural instinct of braveness and they had shown the dashing spirit when they were on the battlefield as the vanguards". In 1965, more than 3000 figurines of soldiers and horses had been unearthed in the Yangjiawan accessory pit of Western Han Dynasty near Changling of northeast Xianyang City while these figurines of Cong People had always been arranged at the front and periphery of the battle array.

### 25. Colored Figurines of Foot Soldiers

The model and clothes are the same as that of the above. With a round bun at the back head, his head is wrapped with a kerchief and a red forehead belt. The armor on his body is apparent and it consists of many narrow conjunctive oblong armor chips. The armor is painted black which shows it is iron in texture. In the Han Dynasty, the iron armors have been called "Xuan Jia" and "Xuan" means black.

### 26. Figurine of a Foot Soldier with the Bian

He wears the military bian on his head with the protective wind-belts on both sides and the tied red string on his jaw. Below the military bian are the kerchief and the forehead belt. He wears the cotton-wadded robe that is pendulous to his knees and is covered with the black armors. Also being called "the dustpan-shape hat", the military bian is worn at the back head so as to cover the bun and to protect the top and both sides of head. And it should be made of leather materials. the Book of Later Han Dynasty says that the military hat, also being called the great hat of military bian, has been designed for the military officers, so the men in this kind of military bian should be the military officers. Compared with the iron armors of the same period this leather military bian owns less protection performance, but it is light, handy, and convenient so that it is suitable for the long-distance marching and the rapid assaulting. His arms, from the elbow to the forearm, are covered with the armors. He clenches his hands with a hole in the center. The figurine should originally have held a weapon. Judging from the garb, this figurine is supposed to be the image of a commanding officer.

### 27. Figurine of a Naked Standing Man

The naked man combs his hair upward and holds it at his back head into a globular bun. With a flat face, small eyes, and a snub nose, he slightly closes his eyes and extends his upper jaw. Without the arms, both sides of the junction of his shoulders and arms are the regulated round plane. There is a round hole in the center of the plane and it is supposed to have been equipped with the wooden arms, which are rotten now. With the slender figure, he is standing on the ground. The author molded him a slender body, flat chest, back, and stomach, as well as a relatively small breech. With thin and long legs, he has thin and long feet while his toes are clearly visible due to the pressing and kneading techniques. Being naked completely, the male genital organ of his private part is vivid and lifelike. The figurine has been covered with white glaze but they now have become black probably because of the influence of such external environment as the cumulate carbon in the tomb.

## 28. Figurine of a Naked Standing Woman

Combing her hair to the back head, she has a comely face, on which there is a remaining trace of red paintings. It is white-glazed and there is the trace of the carbonized cotton and silk clothes of detailed trellis design. A lot of pottery figurines of naked man and woman have been unearthed in such emperor tombs as Baling, Yangling, and Duling of Han Dynasty as well as the tombs of the nobility. Archeological research has found that these figurines had worn the silk or linen clothes and had been equipped with the wood or bamboo arms when they were buried at that time. Two thousand years later when they are unearthed the clothes and wood or bamboo arms have decayed so that we can only see this kind of naked pottery figurines without arms. Consequently these figurines are also called the dressed figurines.

The pottery figurines in Western Han Dynasty, on the one hand, have inherited the styles of figurines in Qin Dynasty that they are completely dressed and are covered with the paintings, on the other hand, they have been influenced by the culture of Chu State so that there emerged the naked figurines in silk clothes. They are completely different from the figurines in Qin Dynasty in model and style, which may be related with the fact that the first emperor of Han Dynasty Liu Bang and most of the critical ministers had come from the Chu State district. The high-level realism of the faces and the integrated human organs of the naked pottery figurines in Western Han Dynasty make us feel the craftsmen desire that the pottery figurines should be endowed with as much human nature as possible, which just shows the function of the pottery figurines as the substitute for human sacrifices.

## 29. Figurine of a Rider

He wears the military bian on his head, the kerchief that supports the bian, and the coat armor of crossed collar that is pendulous to his knees. As for the lower part of the body, he wears tight trousers with the knee pads instead of the leg wrappings and he wears pointed shoes. He is looking at the front horizontally while the hands before his chest are trying to control the horse by the halter. The horse below him is tall and strong. It has towery, short, and acute ears while its eyes are protruding and the goniale is well-defined. With the smooth back and round breech, the horse has slender limbs and a cocked tail while the tail end has been held into a small tie. Standing with the head held high, it seems to be gazing at the front alertly. The horse opens its mouth, extends its tongue, holds back its neck, and lowers its mouth obviously because it has been controlled by the halter. These have shown the image of a well-trained war horse. On the horse back there is not the saddle. This figurine is supposed to be the portrayal of the cavalryman in Western Han Dynasty.

When the Spring and Autumn Period was changing into the Warring States Period, the cavalry began to appear in the ancient army as a kind of arms. According to historical documents, the earliest example of the cavalry in the Central Plains was the fact that King Wuling of Zhao State adopted "the riding and shooting skills and coat armors of Hun nationality" to resist the northern nomads in 307 B.C. In the early Western Han Dynasty, the horses were seriously exhausted as a result of so many years of war. Chronicals of Han Dynasty stated that the carriage for the emperor at that time could not even be equipped with four horses of the same color while the ministers could only take the ox carriages. Confronted with the incessant invasions of the northern Huns, the Han Dynasty had made great efforts to develop the horse breeding industry. At the same time they had also introduced the horses of the Great Wan State and the Wusun State in the western regions and then selected the best to breed. At the time of Emperor Wu of Han Dynasty, after the flourishing ages of Emperors Wen and Jing, horses had become abundant so that the powerful cavalry could be established.

## 30. Pottery Horse

The horse raises its head with the pointed and short ears of the cut-bamboo shape. It has protruding eyes, broad and thick forehead, and a strong nose. It is slightly opening its mouth. With a smooth back and raised breech, it has the slender legs and firm hoofs while the tail is cocked and the end has been held together into a tie. It is standing alertly on the ground with the towering ears and glaring eyes. Without the trappings, it looks to be free and vigorous. All these have constituted the image of a fine horse that is good at running.

## 31. Pottery Camel

The camel is looking at the front with a tall and large figure while it raises the head with a crooked neck. There are two humps on its back. The camel is standing forcefully on the ground with a vigorous body. This pottery camel is grey and firm while it has been covered with white glaze.

Camels consist of the single-hump camels and the double-hump camels while the former grow in Arab, India, and northern Africa and the latter grow in China and the middle Asia. They are docile in temper and their humps can store fat and the stomach can store water because of the water sac. Consequently, camels not only are adept in enduring hunger and thirst but also are able to carry heavy objects for a long distance in the desert. Moreover, they are able to recognize the spring source and water vein. They can be used for riding and carrying objects so that they have been known as "the ship of the desert" and become the indispensable carrying vehicles in the desert. In the Han and Tang Dynasties, camels had become the main vehicles on the Silk Road.

## 32. Pottery Swan Goose

It is the profile model of a swan goose. Swan goose, also called "wild goose", has purple brown feather, white abdomen, tabular mouth, and short legs with webs between its toes. They eat not only the seeds of vegetables but also fishes and worms. And they always live in large groups on the waterfront. As a kind of winter bird, when flying they usually are arranged in a line. This pottery swan goose is raising its head with the crooked neck while it slightly extends its neck and its mouth forward with round eyes and pointed beak. Having a fleshy body, it shows a calm lying posture.

In spite of the symmetric proportion and the strong cubic effect, this work has applied a very simple sculpturing language. For example, all the trivial parts of the swan goose have not been shown and the emphasis has been put on the most characteristic long beak and the very lifelike eyes. The sculpturing of the eyes has been most amazing as the pottery artist had only used a knife to draw a shallow ring around the eye ball. And when the eye balls are dyed with ink, the vivid and lifelike eyes have been realistically reproduced. The most difficult sculpturing part of swan goose is doubtlessly the body. However, here the artist had successfully applied the technique of circular carving to reproduce the perfect round body of the swan goose and then used several very simple hatching lines to portray the distinct and vivid feather. The harmony, naturalness, perfect roundness, and plainness of the whole work have not only constituted the aesthetic feeling of the swan goose but also shown the extraordinary taste and technique of the artists in Han Dynasty. In all, this work should really be a masterpiece.

## 33. Pottery Pelican

The beak is not only long but also broad and big while its sharp end is crooked. There is a throat bursa under the mouth and it is used to eat fishes. The eyes are round and the large wings have been held together. It is quietly lying while the legs are held under its stomach. And there are two characters on the stomach.

As a kind of large water bird, pelican, also called gannet, should belong to the pelecaniformes and the pelecanidae. Pelicans are mainly distributed in Europe, Asia, and Africa. Having full-webs of its toes, pelicans are fond of living in groups and they always dwell on the zones of coasts, lakes, and rivers. Pelican is adept in catching fish as the flexible cortical throat bursa under its mouth is sufficient to catch the fish although its large mouth is not very sharp. The pelicans in China consist of two kinds: the spot-mouth pelicans and the white pelicans. The spot-mouth pelican's mouth is covered with the blue spots and the head is covered with the pink crest. The upper body is grey brown while the lower body is white.The white pelicans are mainly distributed in Xinjiang Autonomous Region and Fujian Province of China. They are snowy white completely. Both the spot-mouth pelicans and the white pelicans belong to the second class protection animals in China. This pottery pelican is supposed to be a model of the spot-mouth pelican.

## 34. Pottery Duck

Quietly lying, the duck has round eyes, a crooked neck, and a long beak. The fleshy body shows that it should be a fat duck. It raises the head highly and contracts the crooked neck. The whole body is in the shape of character Z. Here the author has successfully applied the circular caving technique to sculpture the perfect round body of the duck and inscribed the two wings by the simple blade. As it is a lying duck, the duck feet are hidden in its body and have not been presented. It is symmetric in proportion and strong in cubic effect. The most characteristic long beak and highly lifelike eyes of the duck have been portrayed in details. The harmony, naturalness, perfect roundness, and plainness have constituted the whole work.

## 35. Pottery Pigeon

Calmly lying on the ground, the pigeon has a round head, round eyes, a short neck, and a pointed beak. It closes up the entire feather and holds together the two claws under its stomach so as to show a docile and lovely image. It is grey pottery and is covered with the white paintings.

The pigeon is supposed to be the bird that has been particularly raised and domesticated by humans since the early times. Archeological discovery has found that the pictures of pigeon had been carved on the art works and coins of Mesopotamia even in 4500 B.C. During the Qin and Han Dynasties of China, the palace had begun to raise the pigeons and the folk raising had also been popular. As for the raising of pigeons, some are for fun and some are for food. However, the most favorite is the special function that the pigeon is able to find the way home from thousands of miles of distance. In the ancient times of undeveloped communication, people had always applied this function of the pigeon to transfer information. As a result, people have been deeply fond of pigeon as a messenger.

## 36. Colored Pottery Monkeys

The two monkeys almost have the same model. Sitting on the ground, the monkeys have round heads, round eyes, protruding lips, short necks, and small ears. They open the alert and energetic eyes, contract the necks, raise the shoulders, and extend forward the heads. They are sitting on the ground with the bent legs and held feet. However, there are some light differences in the postures of the monkeys. G132: the long arms surround its body while the two front claws are crossed and put on its stomach. G133: it has long arms, and extends the two front claws apart and puts them respectively on the knees.

The two pottery monkeys of different size are painted from head to toe. In spite of the static sitting posture, people are able to feel that the shrewd eyes are turning back and forth and the restless claws are scratching ceaselessly. The realistic and lifelike sculpturing techniques not only vividly show the alert and naughty nature of the monkeys but also reflect completely the excellent skills of the pottery sculpturing

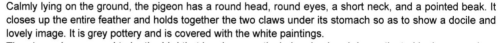

in Han Dynasty. The image of monkeys has always been on various ancient objects for the purpose of decoration, but it has seldom been found in the tombs for burial accessories. The two pottery monkeys for burial accessories have provided important information for further research of the funeral customs in Han Dynasty.

## 37. Small Pottery Beast

The beast has pointed and long mouth and nose, protruding eyes, raised round ears, and cocked flat tail. It is lying on the ground with the bent legs held under its stomach. And there is a small hole under its stomach. Due to the unclear face, it is difficult to recognize but looks like a dog or a mouse. It is grey pottery and the original red paintings have shed.

## 38. Pottery Dog

The ears of the dog are narrow and long while the ear ends bend forward. Raising the head high and the tail in arc form, it is looking at the front and standing on the ground with a strong body. The worker did not delicately engrave the eyes, nose, and mouth. On the contrary, the engraving of these parts is very indistinct. In fact, the worker has put much emphasis on the molding of the external outline, including the parts of ears, tail, and body, so as to emphasize the overall model and momentum. The grey pottery has been covered with white glaze completely. The eye socket brims are painted red while there are also red paintings around its neck and that should be the neck ring.

If we say that the horse is the first animal friend of human, the second should be the dog. For thousands of years, we have been raising dogs. However, there are few material data left. So we have great difficulty in recognizing the variety of the dogs in ancient China. The unearthing of the pottery dogs in Han Dynasty has provided vivid material information for our understanding of dog breeding at that time.

## 39. Pottery Pig

With a long mouth, the pig has a big and valgus nose, drooping ears, raised back, sunk waist, fat body, and a pendulous short tail. It's grey pottery.

The archeological discovery has found that pig breeding has existed in China for at least eight thousand years. In some ruins and tombs of the primitive society, the quantity of the unearthed pig bones was one of the signs of wealth and rank. From this we can see the status of the pigs at that time.

## 40. Pottery Goat

With raised, straight, and pointed horns, the goat turns outward the ears, opens the nose, and tightly closes the mouth while the head bones are clear to see. Under its jaw there is the beard and under its neck and stomach there is the pendulous long hair. With the glaring eyes, the goat raises the head, straightens the horns, rolls up the tail, and stands on the ground. There seems to be an air of coldness and stateliness.

## 41. Pottery Pigeon

The pigeon has round head and eyes, short neck, and sharp beak. It is in the position of turning its head, pecking the feather, holding together the wings, and squatting on the ground. With the abundant feather on its body and the vigorous wings, the pigeon holds together the neat tail feather, looking docile and lovely. The author uses the straightforward technique to sculpture the feather so that each line is forceful and clear. With a composed expression, the pigeon is brushing the feather by the sharp beak as if it is taking a short rest after a long flying.

## 42. Glazed Pottery Bull

With thick and strong horns, the bull glares and extends its head forward. Its nose is thick and under it there is a horizontal hole that should be for the purpose of tying the halter. It is standing on the ground with the fat body, raised shoulders, and the sunk back. On its face the halter has been outlined by the convex lines while there are also the convex lines on the back and sides of the bull. The upper halves of the forelegs and the back legs have been respectively integrated. The whole body is covered with green glaze except for the four hoofs.

The glaze pottery is not only the outstanding accomplishment of pottery in Han Dynasty but also a new kind of pottery products in Han Dynasty. The fluxing agent--lead has been added to the glaze materials so as to reduce the fusing point of the glaze materials (the general baking temperature is 800 degrees) and to improve the brightness and smoothness of the glaze surface. Lead can make the colorant of iron and copper show beautiful green, yellow, and brown color. Moreover, green glaze was the most common. The invention and development of the lead-glaze technology in Han Dynasty had laid the foundation for the production of the later tricolor-glazed pottery of the Tang Dynasty.

## 43. Unicorn

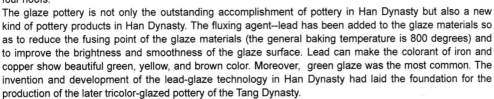

The body of the unicorn is like a standing bull. Its forehead is broad and firm and the eyes are like the brass bells. The unicorn half opens its mouth. As the body is lower in the front and higher behind, it raises the head to charge ahead. In the middle of the top of its head there is a single horn which is long and sharp and is charging ahead. The short swings are inscribed on its shoulders and they show us the divine-beast effect. With the tail raised up backward, it has short forelegs, long back legs, and the feet with hoofs. The body is strong and powerful while the model is full of the dynamism. The red rings have been drawn on its eye sockets, lips, and ears while the red and black patterns have been outlined on its body. Here the author has thoroughly and vividly shown the angrily dashing dynamism of the unicorn as well as such postures as lowering the head, extending the neck, straightening the waist, holding the breech, standing on the ground, and raising the tail. Consequently, the powerful, energetic, and violent unicorn has been portrayed and all these have constituted a precious art work.

This kind of unicorn has been molded through the exaggerating and apotheosizing of the bull image by the ancient people. In the tombs they are always put near the tomb door so they are obviously the tomb defending beast whose duty is to defend the tomb and to counteract the evil. Besides, they are also called "Qiongqi" mentioned in the ancient literatures. The Book of Mountains and Seas recorded that the shape of the unicorn is like a bull and the hair is like that of the hedgehog and it is also called Qiongqi. The Book of Han Dynasty provides the information that "Qiongqi is like the rhino". In the Southern Dynasty, the image of the unicorn had become much more similar to the rhino. The fact that the image of the rhino has been used for the tomb-defending beast may have to do with the legend that the rhino is able to counteract the water. Being underground, it's inevitable for tombs to be interrupted by the groundwater, so they need the rhino to counteract the water. In the literatures there is the record that the governor of Shu State in Qin Dynasty, Li Bing, had used the stone rhino to counteract the water. The Records of Huayang State says that Li Bing had once had five stone rhinos made to counteract the water evil. Records of the Strange even says that the rhino horn is able to destroy the water evil.

## 44. Green Glazed Figurine of a Drinking Hun Man

Wearing a felt hat with the pointed top, his curly hair has been exposed to his forehead under the brim of his hat. The Hun man has thick eyebrow, deep eyes, high cheekbone, Roman nose, and whiskers. In the long-sleeved undershirt of right lapel, he is sitting on the ground. Between his legs, there is a flat square pot with small mouth, square stomach, smooth bottom, and square short foot. He puts his right hand on the knee and holds a small cylindrical cup to his knee end by the left hand. The flat square pot between his legs should be the drinking vessel and can be called a flagon while the pot in his hands should be a wine pot. This work has molded an image of a boozy Hun man. It's red pottery and the entire body has been covered with green glaze except for his head.

The fact that Zhang Qian was sent to the Western Regions as an envoy in Western Han Dynasty had explored the Silk Road and strengthened the tie between the Central Plains and the minorities in Western Regions. As a result, the economic trade and cultural exchange among ethnic groups and districts along the route had become more prosperous while the businessmen from all the regions had frequently shuttled back and forth on the long Silk Road and then penetrated into the interior. Many Hun person from the foreign lands lived in Chang'an City of Han Dynasty as it had become the starting point of the Silk Road as well as the center of commercial and cultural exchange. This figurine is just the image of a Hun person living in Chang'an City. Judging from the posture of drinking by himself with the flagon between his legs and the wine pot in his hands as well as his agreeable expression, the Hun person should be very satisfied with the living in Chang'an City .

The figurines of Hun person were scarce in Han Dynasty and they appeared in quantity in Tang Dynasty. Most of the figurines of Hun person in Tang Dynasty have fierce and tough expressions, vigorous body build, and big belly while most of their appearances are firm, confident, and magnanimous. So they have formed a striking contrast with this figurine of Hun man in Han Dynasty. This figurine only has a thin figure and featureless posture, but the facial expression has shown its kindness and loveliness.

## 45. Figurine of a Sitting Man

With a comely face, he wears a small hat. Judging from the collars, we can find that he wears the triplicate clothes while the outside is the robe of crossed collar and broad sleeves. With a belt around his waist, he is sitting on the ground. He extends his hands and puts them in front of his stomach, showing the posture of holding something. The body, head, and hands have been baked separately. The one end of the head and hands has been respectively equipped with pins that have been respectively stuck in the holes of his neck and wrists. Moreover, they can be rotated back and forth. Having a flat body, his back is flat and thin while the body under the downswing of the robe has become thicker.

## 46. Figurine of a Sitting Man

Similar to the above, this figurine also has a flat body. In the small hat, he wears the robe of broad sleeves so that the broad downswing has covered his feet. The figurine has been baked separately. The head and body have been integrated. The hands have been baked separately, but have been lost with only the round connecting hole in his wrists.

## 47. Figurines of Sitting Music Players

Sitting on the ground, both of them wear small hats and the robes of broad sleeves. The left figurine holds the panpipe to his lips with his right hand to play the music and hides his pendulous left hand into the sleeve. The unclear face and obvious wrinkles on his forehead have constituted the image of an old artist.

As the figurines of panpipe players always hold the instrument by both hands, this figurine that holds the instrument by one hand is relatively rare to see.

The right figurine holds a musical instrument to his lips by both hands to play the music and from the shape we may find the instrument is an ocarina. With the unclear face, the molding of this figurine is crude with only the outline.

## 48. Figurines of Two Connected Standing Women

Embracing each other by the hands, the two connected women are standing on the ground so as to become a connected figurine. With the unclear faces, they both comb the hair into double buns and wear the robes of right lapel and broad sleeves while the robes are long to the ground to cover their feet.

## 49. Figurines of Five Connected Sitting Persons

The five persons have been integrated from the left to the right. Wearing small hats and robes of broad sleeves, they all arch the hands before the chests and hide the hands in the sleeves. They are sitting on the ground. With the remaining red paintings on their bodies, their faces are not so clear.

## 50. Figurines of Seven Connected Standing Women

The seven figurines have been divided into two rows front and back. The four of the front and the three of the back have been connected respectively from left to right while the back row have been inserted into the neutral space of the front, so that the two rows have been integrated. With unclear faces, they comb the hair into the double buns and wear the robes of crossed collar and big sleeves as well as the belts. Hiding the hands into the sleeves, they embrace the hands before the stomachs and are standing on the ground. Judged from their appearances, they are supposed to be the female servants.

## 51. Figurines of Storytellers

They wear small hats or comb the hair into the conical bun. Wearing the robes of broad sleeves and belts, they raise one arm and bend the other arm on the chests or waists while some raise the heads and some face upward. Their eyes are in accordance with the hand postures, the appearances are different, and the expressions are lifelike, as if they are telling the stories. Although the faces and clothes of these figurines have been unclear, the portraying of the postures and appearances of the characters has been emphasized. As a result, the dynamic state of rocking the head back and forth as well as of dancing with excitement of the storytellers has been shown vividly. This group of pottery figurines should be a miniature of the prevailing of folk theatrical troupes in the Eastern Han Dynasty.

Being characterized by conciseness, generality, simplicity, and wildness, the molding of the small pottery figurines in Eastern Han Dynasty has put much emphasis on the representation of the outline of the figurine body and the dynamic relationship. Just like the hasty works in handwriting creation, they are always finished freely without too much hesitation but also are full of wit and charm.

## 52. Figurine of a Dancer

In a small hat, he wears the robe of broad sleeves and a waist belt. With his hands clasped behind his back, he slightly extends his body forward, kicks at the front with one foot, stands on the ground with another foot, striding and stepping, and waves his arms to dance. The downswing of the robe sails dynamically in accordance with the moving feet. There are the remaining red paintings on his face and robe. This figurine should belong to the category of singers and dancers of Baixi in Han Dynasty. There is a wonderful description about the dancing of Han Dynasty in The Dancing Ode by Fu Yi in the Han Dynasty. He said that starting in great fun the dancers bend or raise their body back and forth while their beautiful silky clothes sail with the wind and their long sleeves cover each other. That is just the best interpretation of the dancing figurines in Han Dynasty.

## 53. Figurines of Baixi Actors

They comb the hair into the double bun or wear the scarf. And they all wear the tight-fitting clothes of crossed collars and the waist belts. Kneeling on the ground, some are kneeling on both feet and some are kneeling on one foot. They bend forwards and backwards while the hands make various postures. Their different appearances are vivid and lifelike and that should be the Baixi dancing in Han Dynasty. There are the red lines on their collars, cuffs, and waists.

## 54. Figurine of a Kneeling Woman

In the scarf, she wears the tight-fitting clothes. She kneels on the ground with the held feet while her knees, legs, and the upper surface of her feet are on the ground. Stretching out her arms, she holds her hands together and tries to clasp the hands behind her waist back. Straightening her body, she crouches down while her forehead touches the ground. Judged from her clothes and posture, she should belong to the image of dancers in Baixi performance, just like the above figurines of Baixi dancers.

## 55. Figurines of Inverted Acrobats

With the scarves on their heads, they wear the tight-fitting clothes. Trying to raise the heads, they straighten their bodies in the inverted position. One of the figurines supports his whole body with the right hand while raises the left hand, which should be the one-hand handstand. The other figurine's hands are damaged. Judging from his remaining arms, he should be in the posture of the two-hand handstand. They should belong to the figurines of acrobats of Baixi in Han Dynasty. The rudiments of the seven categories of acrobatics, including the force artistry, the figure artistry, the juggling artistry, the sky artistry, the illusion magic, and circus shows and farce, all have appeared in the Spring and Autumn Period and the Warring States Period. The handstand of the figure artistry has been found in the pottery figurine group of singers, dancers, and acrobats in paintings that have been unearthed in the tombs of Western Han Dynasty in Wuying Mountain of Jinan City, Shandong Province, also in the edges of the large-scale pottery containers that have been unearthed in the tombs of Eastern Han Dynasty in Luoyang City of Henan Province, and the portrait stones in the tombs of Han Dynasty in Nanyang City of Henan Province. And the one-hand handstands are not rare to see. Consequently, we can find that the handstand technique in Han Dynasty had been greatly profound. "Handstand" was called "daozhi" in Han Dynasty while "the one-hand handstand" was called "danshouding".

Baixi was the general term of the entertainment programs in Han Dynasty which include acrobatics, music, dancing, storytelling, martial art, and operas. There was not the word of "acrobatics" in Han Dynasty while in the Tang Dynasty there had been the word but it was still called Sanyue and Baixi habitually.

## 56. Figurines of Cuju Players

Cuju, also called tiju, is the football in ancient China. Cu means kicking while ju means the ball made of leather. It is unknown that when cuju derived, but the Biography of Su Qin in Records of the Historian has recorded that Linzi City was so wealthy that there were many people interested in playing yu, se, qin, and zhu, as well as in cockfighting, running dogs, liubo, and cuju. As a result, we may find that at least as early as in the Warring States Period cuju had been in fashion as a kind of sports and entertainment activity. From Han Dynasty to Wei and Jin Dynasty, Cuju developed rapidly. Before the Tang Dynasty, the ball was stuffed with hair while in the Tang Dynasty there appeared the football filled with gas. These figurines of cuju players in Eastern Han Dynasty all wear tight-fitting clothes. Their different actions of carrying the ball by foot, kicking the ball, and stopping the ball are vivid and lifelike. These should undoubtedly be the material proofs of football in ancient China.

The traditional sports of ancient China were formed in the Spring and Autumn Period and the Warring States Period. In Han Dynasty, sports flourished and there emerged the first climax of sports development in China history. The pottery figurines of sports that were unearthed in tombs of Han Dynasty are just the true portrayal of the situation.

## 57. Figurine of a Laborer with a Spade

With a flat kerchief on his head, he wears the robe of broad sleeves and holds a spade before his chest in the standing position. The cha, namely, the present iron spade, has thick and short handle while the spade surface shows the shape of a long trapezium with the blade on its bottom end. This figurine should be the image of a farmer who is plain, honest, warm, and natural.

In the Eastern Han Dynasty, the manorial economy of landowners developed rapidly. As a result, there emerged the figurines of laborers that were related to the manorial economy, such as the figurines of farmers who held a spade, a dustpan, a shovel, or a plough. At the same time, there also emerged the figurines of soldiers whose duty was to defend the manors as well as the figurines of house servants whose duty was to carry the pots, raise the bottles, sweep the floor, or present the food. These have more distinctly reflected the funeral concept of "taking the dead as the live" in the Eastern Han Period. Through these figurines of different images, we can also detect the true scenes of the landowners' home lives at that time.

## 58. Figurine of a Laborer with Double-forked Cu

In flat kerchief, he wears the short coarse clothes of narrow sleeves and the waist belt. Holding the double-forked cu by his right hand, he is standing there with the separated feet. This should be the image of a farmer. The pottery material is hard and the outside is slightly covered with glaze.

## 59. Pottery Dog in Green Glaze

With the glaring eyes and the raised ears, the dog raises its head, opens its nose, and extends forward its mouth in the barking position. There is a neck ring around its neck and some small bells are tied in the ring. The ring and the wide belt on its chest have been tied at its back. Lifting the chest and rolling up the tail, the dog is standing on the ground with its vigorous body. The entire body has been covered with green glaze except for the upper half of the four legs and its stomach. The worker has put much emphasis on the molding of the nose, eyes, mouth, and ears to demonstrate the characteristics of the sensitive smell and alertness of the dog. The wide belt around its neck should be the neck ring, which shows that the dog is kept by its owner.

## 60. Pottery Dog

It is looking at the front with raised ears and protruding eyes. Opening the nose, the dog slightly opens its

mouth so that the jagged fangs are shown. It is standing on the ground with the vigorous body and rolled tail. The dynamic state of the dog that prepares to attack by an order at any time has been molded although the posture is static. The neck and chest have been surrounded by several connected belts and the knot with a hole has been held at the junction of its back. The pottery dog has not been covered with any glaze.

## 61. Pottery Pig in Green Glaze

With a long mouth and exposed fangs, the pottery pig glares and raises the ears forward while the ears are narrow, long, and slightly pointed. On its neck and back there are the manes that are raised, long, pointed, and hard. The pig lowers its head and extends its mouth with the raised back and sunken waist. Having a fat body and vigorous hoofs, it rolls up the small and short tail at its breech, opens the fangs, and glares in the dashing position.

Judging from the model, this pig should be a wild one as it is quite different from the unearthed domestic pig that has drooping ears in Yangling of Emperor Jing in Han Dynasty, which has no mane on the neck and back, and has a pendulous big stomach.

## 62. Pottery Sheep

The two big sheep horns have been surrounded backwards for a circle. Its head is small and shows itself a conical shape. Its eyes are made by two small holes on the corresponding position and its mouth is made by a hole at the conical top. The sheep has a big, fleshy, and smooth body as well as short and conical legs. The body of the sheep was molded by concise and vivid techniques while the characteristics of the sheep are emphasized by concentrating on the depicting of the sheep horns. There is a round socket in its back which seems to be the base for sticking things. It's grey pottery.

## 63. Pottery Rooster

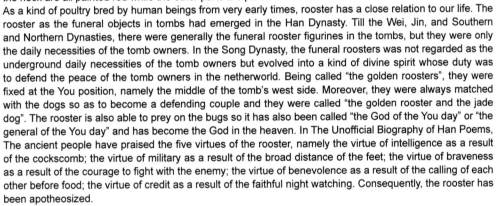

The model is a vigorous rooster with high cockscomb and fleshy beard. Raising the head and neck, the rooster is looking at the front attentively with plump and neat feather and tilted tail. With forceful legs, the rooster is standing on the ground with the stretched feet. The cockscomb, tail, and the fleshy beard under the neck are all painted red while the other parts are painted white.

As a kind of poultry bred by human beings from very early times, rooster has a close relation to our life. The rooster as the funeral objects in tombs had emerged in the Han Dynasty. Till the Wei, Jin, and Southern and Northern Dynasties, there were generally the funeral rooster figurines in the tombs, but they were only the daily necessities of the tomb owners. In the Song Dynasty, the funeral roosters was not regarded as the underground daily necessities of the tomb owners but evolved into a kind of divine spirit whose duty was to defend the peace of the tomb owners in the netherworld. Being called "the golden roosters", they were fixed at the You position, namely the middle of the tomb's west side. Moreover, they were always matched with the dogs so as to become a defending couple and they were called "the golden rooster and the jade dog". The rooster is also able to prey on the bugs so it has also been called "the God of the You day" or "the general of the You day" and has become the God in the heaven. In The Unofficial Biography of Han Poems, The ancient people have praised the five virtues of the rooster, namely the virtue of intelligence as a result of the cockscomb; the virtue of military as a result of the broad distance of the feet; the virtue of braveness as a result of the courage to fight with the enemy; the virtue of benevolence as a result of the calling of each other before food; the virtue of credit as a result of the faithful night watching. Consequently, the rooster has been apotheosized.

## 64. Pottery Cock in Glaze

Having big cockscomb, the cock raises the head and holds the tail. The legs are integrated while the feet are a round base. The part over the legs has been covered with green glaze while the part under the legs has not, so that the red pottery framework has been exposed.

The cock is one of the earliest poultry domesticated by human. The fact that the images of the cock, duck, and pig have been used as the funeral objects has reflected the tomb owner's longing for a wealthy life with abundant harvest of all crops and with many cocks and ducks as they hope that the netherworld life will also be so. The pottery poultry and livestock have accounted for a great proportion in the ancient funeral objects, especially in the tombs between the Western and Eastern Han Dynasties and the Southern and Northern Dynasties. That not only has demonstrated the achievements of pottery artistry at that time but also has shown from the side the prosperity and development of the manorial economy in the Han Dynasty.

## 65. Pottery Bear

In a squatting position, the bear bends the back legs, straightens the front legs, and extends forward the neck, opens the mouth and exposes the teeth. With small ears and protruding mouth, the bear extends forward the tongue for the bear is greedy for food and that is one of the frequent actions. The sculpturing craftsman has vividly shown the characteristic through depicting the particular action. The silly disposition of the half-closed eyes and the listless appearance can be plucked. There is a belt respectively around its neck and on its fore chest that has been held to the back and been tied, just like the belt on the above pottery dog. As a result, this bear is supposed to be the captured or domesticated one. It's grey pottery.

### 66. Pottery Bear Base

In a sitting position, the bear glares and shows the teeth with a laborious expression. Having a swelling and round stomach, with the thick and strong back legs, the bear is squatting on the ground so as to support its body. Straightening the waist, the bear tries to throw up the forelegs so as to support the square platform which should be a base. The grey pottery bear has been covered with white. Perhaps the ancient people believed that the bear possesses the best physical strength, so that they always used the bear image as the base.

### 67. Pottery Owl

As for this pottery owl, the big head is like a cat, the eyes are round and big, and the beak is short and sharp just like the eagle hook. The owl turns the head to the left of his body and holds together the wings to wrap around its body. Raising its head proudly, the owl is standing on the ground with the sharp claws. It's grey pottery and there is the remaining white glaze.

Owl, also called hao (the owl is the popular name), belongs to the nocturnal raptors. In the zoology classification, owl should belong to the Aves. With more than 180 species in the world, owls have about 26 species in China and all belong to the national second-class protection animals. With many black spots, owl has a light brown body and a big head, just like that of a cat, has horned feather. The two especially big eyes right ahead of its head, can absorb all the light but can not turn around. Only being able to look at the front, owl must turn its head when it looks the side ways. The long and soft neck is able to turn around for 270 degrees. Owl also has a short and crooked beak, forceful hook claws, and the outside toes which can be turned around. Owl can fly silently and rests in the daytime while comes out at night, so that it is also called "the night cat". Owl has very acute hearing and its ears are not at the same level, which can help it to ensure the correct position of the preys according to the sound of preys on the ground. Living on the mouse, owls are a kind of beneficial birds for agriculture and forestry.

### 68. Pottery Tortoise

Stretching the head from the shell, the tortoise extends outwards the four legs and exposes the tail. On the thick and firm round shell there are the inscribed stripes. Through depicting the timid and careful characteristics of the tortoise, this work has skillfully and vividly portrayed its expressions and the action that it stretches its head and looks out while carefully creeps.

## Wei, Jin and Southern-Northern Dynasty

### 69. Painted Pottery Horse with Saddle

With a standing gesture, the saddle horse is fully armored: bridle, saddle-accessory, saddle, pad, mud-preventer, stirrup and strings. The horse opens both eyes wide and holds manes lifted like antennae, with a cylindrical protrusion on its nose. Its head and body are made of single molds, and limbs and tail of kneaded models. The entire body is red-painted, mane and tail black-painted, bridle, saddle, mud-preventer, saddle-accessory and strings white-painted.

### 70. Pottery Horse in Armor

In a standing gesture, the horse with ears prickled up and, opens its eyes wide to look straight ahead. It holds a big head, thick neck and robust body with stiff limbs. With a bridle on the head, the figurine wears panoply, which is composed of visor, neck guard, breastplate, body armor, buttock-plate and so forth. The panoply is densely decorated with black scales (on which red spots are painted to symbolize joints). Its back has a supporting saddle; meanwhile, there is black-painted oval stirrup tired to each side of saddle bridge at the front side, whose rear side has a protruding round broom-like object. And the horse tail-plate is hung down. The entire horse is blue-and-white painted; however, its eyes, mane and tail are black-painted, and mouth, nose and hooves red-painted, with the red-painted halter visible from the lower jaw.

In ancient China, chariot battle is conventional. Despite the advent as early as roughly between Spring and Autumn Period and Warring States Period, cavalry was not the main force of troops until Emperor Wudi of Western Han Dynasty sent an expedition against the Huns. As a saying goes, "one soldier's horse, not himself, is often the primary target of archery." To protect horses against that danger, horse armor with some function, such as leather breastplate, has been applied in Eastern Han's reigns. When it came to Three Kingdoms Period, full horse armor came along according to historical records. In the later Two Jin Dynasties and the Period of Sixteen States, horse armor had been better structured, being officially called "horse armor" or "horse panoply". However, the former, "horse harness", was accepted. Only those armors for men can be named JIA in Chinese. Harness might be made in iron, or in leather. During Wei-Jin and the Northern and Southern Dynasties, armored cavalry was the core of cavalry. Up to Sui Dynasty, armored cavalry faded away from the scene of history. This was because horses carried too heavy loads when horses and soldiers were both in full armor. More specifically, their agility was substantially affected.

For horse harness, saddle was very exquisite in Eastern Han Dynasty. The stirrup which appeared in Western Jin Dynasty, mainly single type, only served to facilitate mounting or dismounting (a pottery figurine with was unearthed from a tomb of the 2nd Year (302 AD) of Yongning Period of Western Jin Dynasty, in

Changsha, Hunan, with a triangular single-stirrup tied at the saddle bridge on the left of the horse and no such object on the right). Later on, its development into dual-stirrup not only helped achieve faster mounting and dismounting, but also overcame instability of horseback riding and better control over horse. The "horse harness" during Sixteen States Period consisted of visor, neck guard, breastplate, body armor, buttock-plate and broom-like object (which seems to protect cavalryman's back). In this way, the horse was fully protected, except its ears, eyes, mouth, nose, limbs and tail, shown as the attached figure.

## 71. The Figurine of a Colored Armored Warrior in White Clothing

The standing man hides both hands together in the sleeves in front of his belly. In addition to arched eyebrows and thin eyes, he holds "moustache" on the lips and his face is smiles. Moreover, he wears a white round-top helmet with scales painted in black and outlined in red paint, high-collar short jacket of the right lapel with red-painted cuffs and white coat armor with both bands hanging down at the back of his neck. Again, a white band is at his waist. By the waistband, the armor-piece is divided into wave-pattern grid armor (painted with black lines) for the upper body and ink-lined scale armor (painted with black lines) for the lower body. Under the lower armor (painted with black lines) stretching down to cover his both feet separately, there is a pair of black trousers. And one can see, he wears black-painted boots under the trousers.

## 72. The Figurine of a Colored Armored Warrior in Black Clothing

The figurine stands there and bends his arms in front of the chest, holding a Bili (a cylindrical double reed wind instrument in ancient China) by the left hand. He has a "moustache" on his lips. Born with arched eyebrows and thin eyes, he wears black sharp-tip helmet, high-collar short jacket of the right lapel with vermillion-painted neckline, cuffs and lap, and black coat armor with an up-side-down triangle chestplate. Again, he ties a white belt around his waist. Under the black armor covering his both feet separately, he wears black trousers and black-painted boots.

## 73. The Figurine of a Colored Standing Man in Black Clothing

The standing figurine hides both hands in the sleeves in front of his belly. He is born with arched brows, thin eyes, high nose. And his look is very calm. His face is white-painted, brows, eyes and moustache outlined by black lines and lips red-painted. Also, he wears a black circular silk hat decorated with long edges. There is black collars- crossed short jacket, with collar-band, cuffs and lap red-painted. There is a hole in the right armpit of his garment. It is a pity that what was ever held by him had been lost. He girdles his waist by a belt and wears black trousers with wide ends, exposing boot-tips.

## 74. Figurine of an Honor Guard(Blowing the Horn on Horse)

The player wears a black sharp-tip helmet and a black high-collar short jacket with neckline, cuffs and lap red-painted. He girdles the waist by a belt, and wears black trousers and black boots. Standing upright on horseback, he turns his head to the left slightly; meanwhile, he is playing a horn with both hands. Misfortunately, the most part of the horn is lost. The horse lowers his head with manes (or tassels) stretching upside like antennae. It holds a rectangular saddle on the back and mud-preventer hung down. The horse, hanging down its tail, is in bay and has black-painted eyes, mane, tail and hoofs as well as white-painted bridle, saddle, saddle-accessory, strings and mud-preventer. The cavalryman's legs and horse-body are molded as a whole.

## 75. Figurine of an Honor Guard (Drumming on Horse)

The drum-beater wears black sharp-tip helmet and black high-collar short jacket with vermillion-painted neckline, cuffs and lap. With a belt girdled around his waist, he gets dressed in trousers and black boots. He looks as if he were watching ahead, and beats the drum in one hand by the stick in the other hand. There are black lotus-flowers painted on the top of the flat-looking drum. The horse, standing there, lowers its head and stretches its manes (or tassels) upside thereon like antennae. It carries a rectangular round-edged saddle and hangs down mud-preventer. Its entire body is black-painted, four hoofs, bridle, mud-preventer, saddle-accessory and strings are red-painted, and bridle white-painted. The cavalryman's legs and horse-body are molded as a whole. Obviously, this is a figurine of a drum-beater on horseback, in an array of guards of honor.

## 76. The Figurine of a Woman with Cross Bun

She wears black butterfly-shaped headwear with a protruding square base and hair on the forehead combed to both sides, making temple hair hung across ears and back-head hair neatly combed on the head. A round-headed comb is inserted in the top of her head. She has a rectangular face, bent brows and comely eyes (with eyebrow center and lower chin decorated with red points) and dimples in both cheeks. She stands on the ground and hides her hands together in the sleeves. Her dress is so long that it reaches for the ground. That is a red and brown pleated dress. Also, she wears red collar-crossed and medium-sleeved garment. Under the dress, her brown square shoes are exposed. Her head and body are separately molded, both of which are front-back molded. After shaping, the figurine was trimmed with a bamboo knife to portray her features such as eyes, nose and mouth. It is an object hollow inside and smooth outside. Cross bun was popular since Western Jin Dynasty. In Wei, Jin, and Southern and Northern

Dynasties, high buns were popular for women. That made the women of those days look more handsome and elegant.

## 77. The Figurine of a Woman with Cross Bun

This figurine is entirely painted, just like the previous one of the basically same garment and design. Bun and face are separated by vermillion lines, upper and lower eye pits and lower eyelids outlined by vermillion, both sides of nose outlined in vermillion and neck painted in three vermillion lines. Her left shoe is still lost despite considerate recovery.

## 78. The Figurine of a Standing Man with Military Hat

He wears big black warrior hat (called Bian in Chinese) and grey collar-crossed long gown (which stretches for the ground) of the right lapel. Besides, there is a white band around his waist. His eyes and brows are painted in black lines and lips in red. His bent brows, thin eyes, high nose and chuckling are all portrayed vividly. This standing figurine hides both hands in the sleeves in front of his belly. There is a hole in the left armpit of his gown. The hole has been left after the object held by him originally was lost.

## 79. The Figurine of a Colored Woman Playing Bi Li

A set of female singers, dancers and players was unearthed from a tomb (No. M9) of Sixteen States Period, at a construction site of the silicon wafer factory under the former Xi'an Aerospace Industrial Base on Fengqiyuan Tableland, Chang'an, Shaanxi, in September 2008.

Everyone unearthed figurine mentioned wears black cross-shaped flat hat, with hair in two layers combed from middle to both sides; the butterfly-shaped hat forms a comb-like knot. As a typical one, she has a slightly round face, and good-looking high nose, red phoenix eyes (eyes whose outer corners incline upwards, with eyebrow center and lower chin decorated with red points), red lips and dimples in both cheeks. Her face shows a smile. She wears red narrow-sleeve collar-crossed robe and brownish red dress with vertical stripes. A belt is girdled around her waist. She squats and stands on her hips, which was the standardized sitting gesture since Han and Wei Dynasties in terms of Chinese ritual. All those figurines look as if they were playing various instruments such as Bili, panpipe, guqin (Chinese stringed zither), Ruanxian (a plucked instrument) and flat drum.

The typical figurine holds Bili by both hands: press the tone holes by right fingers and put the left hand down, which is ill-preserved nowadays. As its name suggests, Bili is a vertical double-spring wind instrument made of wood or bamboo.

Bili was introduced from the Western Regions into inland China during Sixteen States Period around the 4th century AD. And Bili was documented in Chinese historical records of Eastern and Western Jin Dynasties. This instrument developed as part of palace music. By Sui and Tang Dynasties, Bili had been flourished to its pinnacle. It may produce portamento, trill, beating tone, and sibilance. It sounds now plaintive and then loud. This is reflected in several lines of Tang's poetry: "Make a bamboo Bili with dried reed as the head; its nine holes can make all five tones...Now it sounds like cracking, then like cut by a knife, again sweet and soft, then forceful. And it sounds breathlessly short as if a string of pearls were falling down. Bili creates a long mild tone as straight as written by a brush, and suddenly again heavy like a falling stone, then pitched like soaring into the sky..." For its unique color and expressive richness, this instrument often serves as an important element in Chinese-style concert. In a word, it is irreplaceable among all wind instruments. So, it was named "No. 1" of all such instruments as early as Song Dynasty, which continued to Yuan and Ming Dynasties. Later on, the term Bili was seldom used gradually. Guanzi, a modern instrument popular in Northern China, just evolved from Bili.

## 80. The Figurine of a Colored Woman Playing Panpipes

This figurine wears the same garment as the previous one. She is playing an 11-pipe panpipe with both hands. Panpipe, known as one of oldest instruments in ancient China, and chimes and Bianqing (a set of unique chime stones) were part of elegant music at that time. Panpipe was also called Xiao or Lai, according to Guo Pu's annotations in "Interpretation of Music", ErYa (ancient book containing commentaries on classics, names, etc.). In Han Dynasty, it got another name, Dongxiao (Wang Bao's Ode to Dongxiao).

Again, there is a long list of its names. It is actually a wind instrument made of bamboo pipes tied by ropes or splints, or bound by wood frame. With various shapes and clear, fruity color, it is indeed one of major instruments in ancient Chinese orchestra. The real-world panpipe earliest discovered in archeology was a bamboo panpipe unearthed from the tomb of Huang Junmeng's wife at Baoxiang Temple, Guangshan County, Henan in 1984. That went back to early Spring and Autumn Period, with only 44 bamboo pipes intact. Another stone panpipe, unearthed in the No. 1 Tomb under the temple, belonged to late Spring and Autumn Period and has 13 pipes imitating bamboo panpipes. Again, tomb of Marquis Yi of the Zeng State made 2 bamboo panpipes unearthed, both of which were 13-pipe and often seen in orchestras. However, no such real instrument of Han Dynasty was discovered. Its image was portrayed many times in Han Dynasty, implying its key role in Han folk music. Judging from Han figure stones or bricks, the player often held a small drum by one hand and the panpipe by the other hand. As China is the cradle, panpipe was very important in palace music of Southern and Northern Dynasties, Sui and Tang Dynasties. Moreover, it was brought to Japan and Europe. Up to now, Romania still called it "Nay". It is stated that Nay was transliteration of Lai (a name of panpipe). After founding of New China, its pattern was taken as the national emblem of music. For number of pipes, different books gave varied greatly. Among all panpipes, 23 and 16-pipe types were most often seen. But, visible panpipes in Han figure stones and mural paintings range from 3 pipes to 10 pipes and so forth. All those panpipes, including the one described here, only look very like panpipe. These are not a solid basis for judging number of pipes.

## 81. The Figurine of a Colored Woman Playing Qin

This female figurine holds the same garment and gesture as that above. Her upper and lower eye pits and lower eyelids are outlined by vermilion. She press the strings of a qin put on her knees by the left hand and plays it by the right hand. The red stringed instrument is of a rectangle with one side a bit wider than the other side. It is carved with fine stripes symbolizing strings is 8-string type. Qin or yaoqin, is now called guqin or seven-string zither. As one of oldest instruments at home, it has gone a long history of several thousand years. Guqin or zither came into account of Zhou Dynasty. The present archeological documents also show, it really originated in Zhou Dynasty. Tomb of Marquis Yi of the Zeng State, Changsha Wulipai tomb and Mawangdui Han Tomb in Changsha all have real objects of guqin unearthed. Again, books devoted to guqin appeared in Han Dynasty. According to "Biography of Cai Yong", History of Later Han Dynasty, the guqin's notation was written in characters during Southern and Northern Dynasties. That was the earliest throughout the world. Over 100 notations had been passed down from Southern and Northern Dynasties to Qing Dynasty. Since Tang and Song, all dynasties had their own excellent pieces of guqin. Guqin prevailed in Warring States Period, Qin and Han Dynasties, further developed in Han and Wei Dynasties. By reigns of Han and Wei, not only perfect resonance chamber came along, but also studs with pitches appeared. Guqin was passed to East Asian countries such as Goryeo, Paekche. Shosoin qin made in Tang is still well-preserved in Shosoin, Todaiji Temple, Nara, Japan. As recorded in history, qin had five strings in the very beginning and developed into 7-string type in Zhou Dynasty. However, the number of strings in Pre-Qin time was not fixed. In other words, 27, 20 and 15-string types were often played. Around Han Dynasty, the number was fixed to 7. Judging from the studs, guqin at that time was capable of making loud scattered sounds light overtones and solid sound of stopping strings. The description of Cai Yong's Ode to Qin shows us how superb the art of playing qin was at that time, "Now I flex my fingers and then stretch them to play the zither. My fingers move so fast like raindrops in a rainy day." Since ancient times, qin, chess, calligraphy and painting have been mentioned together as four treasures of traditional Chinese culture and art. Guqin has been a symbol for our traditional culture, too.

This figurine in Sixteen States Period watches the strings as if she were pondering over something. Her complexion suggests her mind is entirely immersed in the world of music. Its portrayal is immensely vivid and accurate.

## 82. The Figurine of a Colored Music Player

She should be playing some instrument with both hands. Though it was lost, now we can still assume that is a wind instrument.

## 83. The Figurine of a Colored Drumming Woman

The woman keeps a small flat drum on his knees. It looks as if she beat the drum by holding the hoop (in the left hand) and the white mallet (in the right hand). It is a skin drum with a short cavity in ancient China. And it has a long history. In 1979, a small flat drum was discovered in cliff tombs of Eastern Zhou Dynasty (770-256 BC) in Xianyan, Yukuang Township, Guixi County, Jiangxi. The small drum was incomplete (only wood frame intact, dia. 26.8cm or so and height around 6.5cm). Flat drums were also unearthed from Chu Kingdom tomb in Xinyang, Henan and No. Tomb Chu Kingdom tomb in Wangshan, Jiangling, Hubei (both belong to Warring States Period), in 1957 and 1965 respectively. Flat drum may be big enough to be hung on a stand or smaller enough to be held for playing. Some argued that, the flat drum (which belongs to Eastern Han Dynasty) held by the storyteller unearthed from cliff tomb in Tianhui Mountain, Chengdu, Sichuan in 1957 should be a muffled drum for similar shapes and playing methods. The muffled drum was held by one hand and beat by drumstick in the other hand. Muffled drum was later beaten on horseback as a sort of military music. So, it was also called horseback drum after Han Dynasty. Tang poet Bai Juyi's Song of Eternal Sorrow wrote two lines, "Then from Yuyang the drums of war shook the ear and cut short the Rainbow Skirt and Feather Mantle Song."

## 84. The Figurine of a Colored Woman Playing Ruan

She presses strings by the left hand and holds a plectrum to play the 4-string circular instrument. For red-painted Ruanxian, 4 flower-shaped holes are cut in the box panel. Ruanxian, Ruan for short, was also called "Qin Pipa", "Han-and-Wei pipa", "Long-neck pipa" or other names in the past. Unlike bent-neck pipa from Kucha, the native pipa was favored by Ruan Xian, one of Seven Sages of the Bamboo Grove in Western Jin Dynasty. During Tang's Kaiyuan Period, a straight long-neck bronze pipa with thirteen frets, was unearthed from the pipa master's tomb. Tang people didn't know its name and call it "Ruanxian" directly. In this way, Ruanxian has been handed down to now. Its shape is described in "Prelude" of Fu Xuan's Ode to Pipa, "Hollow inside and solid outside, it indeed resembles the earth and heaven; the circular body and straight handle look like the order of yin and yang; the twelve frets match different rhythms; last but not least, its four strings stand for the seasons." Fu was a scholar of Western Jin Dynasty. Later on, the four-string and twelve-fret shape (with four crossbars) became the finalized version of Ruanxian. Its image was earliest seen in green-glazed pottery sculpture of Three Kingdoms [Wu] (222-280 AD), and later found in mural painting on the smooth area of Amitayus Buddha's back in the 1st Year (420 AD) of Western Qin's Jianhong Period, No. 169 Grotto of Binglin Temple. For a moonlike shape with two half-moon holes (later modified into inlaid carved sound windows), it is called Yueqin (round moon shaped qin) in later generations. People often compare playing it to "holding the moon in the chest".

### 85. Painted Pottery Pig

Standing there, the pottery pig has long mouth, big ears, thick bristles, sunken waist and rolled tail. Indeed, it has a stout body and round buttocks. Two forelimbs are molded together, so do hind limbs. The entire body is black-painted, but both eye sockets, mouth and even nose red-painted.

### 86. Painted Pottery Dog

The standing dog, has short ears and wide mouth. With visible ribs in the abdomen, it raises its short tail up somewhat. Two forelimbs are molded as a whole, so do hind limbs. The white dog is decorated with tiny black spots. Both eye sockets are outlined in black and mouth painted in red. The dog in a standing gesture raises its head, keeps eyes open wide, opens its mouth and waves the tail. Alas, what a vigilant animal it is!

### 87. Tomb-defending Beast of Human Face

Having human face and beast body, it has a big and round head as well as a square and broad upturned face with a small round nevus on the forehead middle. With the Slightly open big mouth, the eyes are bight and benevolent, the nose is wide and flat, and the jaw is broad and thick with wave shaped beard painted black. The smiling face has been equipped with highly heaved profile of a circle that is just like a flat neck ring from the head top to the jaw. The beast body is thin and long while the four legs are as tall and slender as a stick. With straightened forelegs and the bent rear legs, the beast is squatting on a footplate of peach shape. There are several bundles of long fur that are upright and are of the spine shape from the upper half of the forelegs to the shoulders.

### 88. Tomb-defending Beast of Beast Face

With a figure similar to that of an ox, the beast has an exaggerated head: it protrudes the eyes, fully opens the mouth, exposing the bloody mouth and the red tongue, and it stretches the nose, and raises the ears. Particularly, there are the raised red manes of saw tooth shape along the line from the middle of its head top to its neck and backbone while there are also the black lines on the manes so that the beast appears very fierce and terrible. The five red stripes that have been outlined by the black lines cover around its neck and stomach. With the thin and long tail rolled on its breech, the beast is standing on a base of oblong shape.

### 89. Tomb-defending Beast of Human Face

The beast has a human face but a beast body. As for the human face, with the raised eyebrows and eyes and big ears, the beast opens the nose, tightly closes the mouth, and firmly puts the round, swelling, and big chin on the ground. As for the beast body, on its neck and back there is a bundle of manes of tooth shape while the beast is crouching down on the ground with the strong body and the bent legs. This tomb-defending beast that has the human face and beast body and is crouching down on the ground is supposed to be the early image of the late tomb-defending beast that has the human face and is squatting on the ground.

### 90. Tomb-defending Beast of Beast Face

Having beast face and body, the beast shrinks the neck, raises the head, shows its teeth, opens the nose, and turns up the lips with the glaring eyes and the strong porcine body. It is crouching down on the ground with the bent legs. There are the red stripes on its back while the short tail is up on its breech.

### 91. Figurine of a colored Warrior

In full military uniform, the warrior wears a helmet with the ear protection on both sides as well as the bright armors and the fighting skirt with the shoulder pad. Owning broad shoulders and round waist, the warrior shrinks the neck, swells the stomach, and turns the head and waist with his glaring eyes, showing his teeth in a fierce position. The pendulous right hand is protecting the body side while there is a round hole in the half clenched hand that originally held a weapon. With the naked left forearm, he puts the hand in front of his chest while there is a hole in the half clenched hand that originally held a shield probably. His big nose, deep eyes, and protruding eyeballs seem to constitute the image of the northern nomad nationality.

Being prevalent in North China, the bright armors have metal round protection on the chest and back respectively. They appeared in the Cao Wei Dynasty and had been a kind of very rare armors in the Southern and Northern Dynasty. "Bright" refers to the big metal round-protection on the chest that can reflect the sunshine at the battlefield just like a mirror for the round protection was as bright as the sun. According to the historical documents, in a fighting with the troops of Northern Qi Dynasty at Mangshan Mountain of Luoyang City the general of Northern Zhou Dynasty Cai You wore this kind of armor so that the enemy lost heart, abandoned their weapons, and fled. The Cai You Biography of the Book of Zhou Dynasty recorded that Cai You was powerful and lionhearted wearing the bright iron armor. The enemy cried: "that was an iron beast", and then all fled in terror. From this fact we can find that the bright armor was not very prevalent in the late Southern and Northern Dynasty.

## 92. Figurine of a Colored Armored Warrior

With powerful appearance, the warrior has high nose, deep eyes, and broad and flat mouth. He wears a helmet while the ear protections on both sides have reached the neck. The warrior wears coat armor that is covered with the bright armor, and he wears boots on his feet. On his shoulders there are the armor protections. He puts the pendulous right hand on his waist closely and raises the left hand in front of the chest. Both hands are half clenched with holes. The warrior should originally hold weapons. His body is contorted while his back is flat. This figurine should be the image of an attendant warrior of the minorities. The jurisdiction area of the Western Wei Dynasty was the present Shaanxi-Gansu-Ningxia Region. The fu-bing system of the Western Wei Dynasty was a pioneering work in the military development history of ancient China. In form, the fu-bing system adopted the eight-tribe system of the clan tribes of Xianbei Nationality. They added the troops in the military membership instead of the civil membership and added the militiamen in the fu-bing system that had been controlled by the state to enhance the military strength. The models of the pottery figurines in this period became so extensive and plain that they emphasized the demonstration of the overall outline while lacked the sculpturing of the details.

## 93. Four Figurines of Colored Warriors with Shields

With square faces, high noses, and deep eyes, the four warriors all should belong to the minorities. They wear helmets while the ear protections on both sides have reached their shoulders. They put on the bright armors whose length has exceeded the breeches as well as the wide-mouthed trousers. They raise their left hands and hold the shields in front of the chest so as to protect themselves while putting their pendulous right hands on their waists and there are holes in the hands that originally should hold weapons. They all have powerful postures. The original paintings have almost shed and there are only the white glaze. On their helmets there are the spots of the remaining red paintings and the backs are flat.

## 94. Figurine of a Colored Person with a Small Hat

With a low and flat small hat on his head, he wears the robe covered by the coat and the trousers of broad leg openings. He puts the hands at his waist while there is a hole in his hands that originally held things. His face is fleshy and the back is flat.

## 95. Figurine of a Colored Rider

The rider wears the clothes that have crossed collar and are covered with the robe. He puts the hands in front of his chest as if he is holding the halter. The head of the horse is drooping and the hoofs are thick and strong. In the Northern Dynasty, the pottery horses in Guanzhong District had been relatively crude that the four legs showed pillar shape that was not in harmony with the body proportion while the techniques were unskilled and untutored and the models lacked verve, which was a kind of inevitable phenomenon in the course of the learning of Han culture and changing of custom after the minorities had established their political power in the Central Plains. From the pottery figurines, we also can see one segment of the whole disordering of the Hun customs and the Han customs.

## 96. Figurine of a Warrior with a Shield

Having protruding eyes, high nose, and wide mouth, the warrior clenches his teeth in bitter hatred, showing a fierce appearance. He should belong to the minorities. He wears the helmet while the ear protections on both sides have reached his shoulders. He wears the armor with the shoulder protection, the trousers with the foot wraps, and the boots. With the bent arm, the left hand holds a shield to protect him and there is a raised backbone edge in the shield middle. The pendulous right hand that originally held a weapon is clenched into a fist with a hollow center. Of the awe-inspiring appearance, he is standing on the ground with separated feet.

## 97. Figurine of a Warrior with a Shield

The warrior has a flat-top helmet with two wings slanting down and tabs over the ears. Again, he wears bright armor, two oval metal breast protectors, leather waist belt, the foot wraps of wide openings. The so-called foot wraps are simply the tightly wrapped belts around the legs for quick action. He is standing on the ground with separated feet. The right hand holds a shield in front of the chest for protection and there is a raised backbone in the middle of the shield. He puts the left hand that has been clenched into a fist with a hollow center on the waist side while the originally held weapon has been lost. The entire body is painted: red helmet with white scales, bright armor painted in white, breast protectors outlined in white, shoulder protection with scales painted in red, and the warrior has reddish-brown painted face, vermillion lips and white teeth, pink right arm and lower legs as well as dark red back. Having protruding eyes and big nose, the warrior has a craggy square face and shows his teeth in a fierce manner. Judging from the appearance, the warrior should belong to the minorities.

## 98. Figurine of a Colored Warrior

The warrior wears an ogival helmet with towering horn on the forehead and the ear protections on both sides. He wears a red underskirt of tight sleeves and the armor coat of fish scale shape which are connected. His shoulders have been equipped with the protections of the tube-shaped sleeves and his waist is bundled with the belt. He wears the trousers with the foot wraps, exposing the round boots. The left hand that originally held a shield is raised on his chest and the right hand that originally held a weapon is put on the body side with a hole in it. Having big nose and mouth, the warrior glares and shows the stately manner. Judging from the appearance, the warrior should belong to the minorities.

## 99. Figurine of a Warrior with a Shield

In the full military uniform, the warrior wears a helmet, bright armor, leather waist belt, foot wraps of wide mouth, and boots. He glares and firmly frowns, showing a powerful appearance. The left hand is put in front of his stomach while the palm holds the shield of oblong shape. The veins of a tiger head are decorated in the middle of the shield. The pendulous right hand is clenched into a fist on the body side and the held weapon has rotten. Being strong and handsome, the warrior firmly frowns and closes the mouth with glaring eyes, showing a serious appearance. As a result, the heroic spirit of a gallant soldier is shown in his forehead. Being a portrayal of the warriors at that time, the figurine has been buried in the tomb for the purpose of defending the peace of the tomb owner and counteracting the evil.

## 100. Figurine of a Rider in Armor

The war horse is completely clad in armor. With delicate face, the rider wears a small hat on his head and turns up the moustache at the corner of his mouth with thin eyebrows and small eyes, showing a frosty appearance. In coat armor, he clenches the hands with a hollow center in front of his chest while the round hole in his fist originally held a weapon. The production of the head and body has been completed in one-off by the half molding technique. The body is solid and the back is flat. The whole body is covered with white glaze and the square collar edge of his coat is covered with red. Having a big head, thick neck, and strong body, the war horse is completely covered with an armor of fish scale veins so that it is called "the armed horse". Standing on the oblong supporting plate, the four legs appear thin and rigid just like four rods. The making is relatively crude. The armor chips are painted with black lines and the edges are covered with bright red.

In the ancient troops, the armor for the rider was generally made of metal chips or leathers. The armor chips were made of iron and the shapes were oblong or fish scale. It is made into two parts: the chest and back; then the two parts were connected by the leather belt on the shoulder; finally a leather belt was bundled around the waist. Moreover, a thick and solid shirt should be worn inside so as to prevent its attrition to the skin. From the Sixteen States Period to the Northern Dynasty, the horse armors had become the prevalent equipment in the troops. As a result, lots of figurines of riders and horses in armors that simulated the heavily equipped cavalrymen have been unearthed in tombs of the Northern Dynasty and their models are basically the same.

## 101. The Figurine of a Rider in Armor

The cavalryman wears a helmet with raised tassels, narrow-sleeved overcoat and armor with jointed chips. Wearing foot-wraps of wide openings, the warrior looks so awesome and stares into the distance, straight on the horseback with both hands held together in front of his belly. A hole is visible in his right fist, where the originally held weapon has been lost. The steed plucks up its years and lowers its head. Also, the fully armored horse is molded with bridle and tail tied short. First, it is painted in white and the entire body painted as scales in vermillion to highlight the armor. A round hole is left in the horse's buttocks, with flower petals painted around the hole which was originally designed for installing broom-like object. With a black saddle on horseback, the warrior wears a white overcast, vermillion armor and dark red foot wraps of wide openings.

## 102. Figurine of an Honor Guard Riding on Horse

The player wears a hood with a raised pendant and white collar-crossed jacket of wide sleeves. Wearing white foot wraps of wide openings and stirrup, he rides upright on horseback with both hands put up to play something. It is a pity that the held instrument has been lost, but some evidence shows it is a horn. The remains of the hood is red and face, neck and arms painted in pink. With saddle and saddle cloth, the horse plucks up its ears and lowers its head, with four legs standing upright on the ground. The entire body used to be red-painted, which has shed now. Only the white paint keeps intact. Besides, the molded bridle is painted in red.

## 103. Figurine of a Rider

The rider wears the robe of right lapel, crossed collar, and broad sleeves as well as the trousers of wide mouth. Looking at the front, he is sitting upright on the horse back. He puts the tightly clenched hands on his waist as if he is controlling the horse by pulling the halter. With the complete saddles, he extends his neck and lowers his head showing that he is marching with an effort. The paintings on the rider have almost shed completely and there is only the white glaze on the body. The whole horse body has been covered with red paintings. The head and body of the horse have been produced by the molding technique while there are obvious traces of manual kneading on the four legs and the production is crude.

## 104. Colored Figurine of a Hand-folded Official

With a black small hat (namely the kerchief) on his head, he wears a medium-length robe of crossed collar, broad sleeves, and left lapel as well as the trousers of wide mouth. The lower part of trousers legs has been held together by the red bands into a tie respectively under the knees (namely the held trousers of wide mouth). He wears round-toe shoes on his feet. With a spare appearance, the official has a handlebar moustache and face beard with bright eyes and red lips. He folds the hands in front of the chest and there is a hole in the hand that originally held something. On the lower part of his left chest there is also a vertical hole that should originally be used to stick something. Standing on the ground with the connected feet, he shows the image of a modest, courteous, and handsome official. The body of the figurine is covered with the white glaze while the clothes are covered with red paintings.

This kind of medium-length clothes and wide-mouthed trousers had appeared in the Southern and Northern Dynasty. This kind of clothes had originally been the military uniforms for officers that emerged earliest in about the Three Kingdoms Period. In the Southern and Northern Dynasty, many of the northern minorities had successively founded their state and sent the army to conquer South China. After they had established the political power one after another in the Central Plains, the cultural custom of the northern nomads and the Han people were integrated, which resulted in the changes of dress custom. This kind of clothes had completely changed the ample gown and loose girdle of the Han clothes, let alone the Shenfu dress whose upper and the lower parts had been integrated. They shortened the upper clothes while the sleeves can be wide or narrow. Wearing wide-mouthed trousers, they would wrap the knee part with a band for inconvenience so that the riding and daily movement would be smooth. With the innovation and extension of the Han clothes, the medium-length clothes had become the informal folk dress in the Southern and Northern Dynasty. According to historical documents, both the men and women in the Northern Dynasty wore this kind of clothes.

## 105. Colored Figurine of an Official with Things in Hands

The image and dress are the same as those of the above. The difference is that the band for the foot wraps under the knee is black while the position of hands is also different: he bends the right arm into a right angle, raises the right hand in front of the chest, slightly bends the left arm, and puts the left hand on his waist. The right hand is higher and the left is lower while both hands have been clenched into fists with a hollow center that originally should have held something.

## 106. Figurine of a Music Player

With a small hat on his head, he wears short robe of broad sleeves, trousers, and boots. Putting a round thing to his mouth with one hand up and one hand down, he seems to be playing the music with an absorbed expression. The held thing is lost, only leaving a round hole. His back is flat. This should be a figurine of a music player.

## 107. Figurine of a Standing Man in a Small Hat

With a low and flat small hat on his head, he wears big red robe and a waistcoat. He wears the wide-mouthed trousers that has reached the ground and covered up his feet. Showing a serious expression, he has thick eyebrows of inverted splayed shape, big eyes, and small mouth. He puts the clasped hands in front of his chest. In his left and right wrists there is respectively a vertical hole that originally should have held something which has been lost.

## 108. Figurine of a Man in a Small Hat

With a small hat on his head, he wears the robe of open collar and big sleeves while the robe has reached the ground and covered the feet, only leaving the toes. He wears armor and the chest has been made into two big beast eyes that are fierce and terrible. Wearing a waist belt, he puts the pendulous hands on the body sides while the hands are hidden in the sleeves.

## 109. Figurine of a Standing Man in a Small Hat

With a small hat on his head, he wears the robe of crossed collar, left lapel, and broad sleeves. The neckline is wide open. With a waist belt, he wears the big-mouthed trousers, revealing his boots of round toes. Having a comely face and natural expression, he is standing on the ground with his connected feet. He puts the hands in front of his stomach as if he is holding some objects. The objects have been lost and there are only the vertical round holes in his hands.

## 110. Painted Figurine of a Standing Woman

With two black high buns on the head, the square-faced woman has high cheekbones and smiles a smile. She wears vermillion collar-crossed wide-sleeve skirt of the left lapel with breast exposed, and white dress touching the ground, showing the tips of her shoes. Her hands are put together in front of her breast. A hole in the hands suggests the originally held object has rotten and lost. However, the paint is still preserved well.

### 111. Colored Figurine of a Man with a Hood

With a black hood on his head, he wears a red robe of round collar and a black overcoat. He wears around his neck a scarf that seems to be made of the tail of a fox. He wears the wide-mouthed trousers. With a serious expression, he has a square face, big eyes, big nose, and clear cheekbones. He puts the clasped hands in front of the chest while the held objects have been lost and there is only a hole in his hands. He is standing straight on the ground with his connected feet. Judging from the appearance and dress, he should come from the northern nomads. There was so much sand wind in the Northwest of China and the clothes should have been able to prevent the sand wind.

### 112. Figurine of a Man with a Hood

He wears a hood on his head and the lower front brim of his hat has covered up his forehead. He wears the tight-fitting clothes of round collar, an overcoat, a wide waist belt, and the wide-mouthed trousers. He puts the clasped hands in front of the stomach while the objects in his hands have been lost and there are only the holes. With the fleshy face, protruding eyes, and big nose, he should belong to the northern minorities. The model of this work has not been in the right proportion because of the big head, long body, and short legs.

### 113. Figurine of a Man in a Cage Hat

With a black cage hat on his head, he wears a red robe of crossed collar, left lapel, and broad sleeves, a waist belt, and the big-mouthed trousers, revealing his boots of round toes. He is standing straight on the ground with the connected feet. Having thick eyebrows and big eyes, he puts the clasped hands in front of his stomach with a smile. The held object has been lost and there is only the round hole in his hands.

### 114. Figurine of a Standing Male Servant

In a black hat, he wears a red robe of crossed collar, left lapel, and big sleeves while the wide open neckline hangs down under the chest. He wears a wide waist belt and the wide-mouthed trousers, revealing the boots of round toes. He is standing on the ground with the connected feet. With a serious expression, he has thick eyebrows of slightly inverted splayed shape, big eyes, and small mouth. With the especially long arms, he puts the clasped hands respectively in front of both sides of his stomach. The held objects have been lost and there are only the vertical round holes in the hands.

### 115. Figurine of a Man in a Small Hat

In a small hat, he wears the robe of crossed collar and wide sleeves and the robe has exceeded his knees. He wears the trousers and the boots of round toes. With a smile, he has broad forehead, well-featured appearance, and a mellow face. He puts the clenched hands in front of his chest while there is a vertical hole in the hands that originally should have held some objects. The paintings have shed, leaving the white glaze only. The back of the figurine is flat.

### 116. The Figurine of a Female Laborer

The pottery artifact consists of mill mold, pestle, two-woman figurines standing the pestle and one woman worker.

The mill mold only shows wall and floor for convenience's sake, both of which are round arched and decorated with red ochre frame. Each side of inner wall has a vermillion-painted latticed window and the center of the outer wall a latticed window, too.

Dui (Pestle) is an ancient tool for husking rice. By the principle of leverage, it erects a wood bar with one end having a cylindrical stone (or wood) pestle. Tread on the other side and its head will go up and down continuously, hulling brown rice in the cotyle. For the pottery mold, both sides of the two-woman figurines have their support brackets with one end fastened to the wall and the other end to the floor. The near-ground ends are perforated with two round holes. An axis travels through the holes work and the round hole on the bars as supporting points. The front of the bar has a tapered pestle, which matches the round cotyle on the floor. The floor (base board) is 25cm long, 17.5cm wide and 0.9cm thick; wall 12cm high; pestle 15.5cm long, 0.9-2.1cm wide and 1cm thick; the support bracket 7.7cm high, internal distance 4cm. The entire height is 15cm.

The two women workers, against the back wall of the mill, stand on the floor by one foot and lift up the other foot to tread the pestle simultaneously. With flat backs, they are molded together with the walls behind them. Both has delicate features and smile gently. Each they wears collar-crossed wide-sleeve skirt of the left lapel. Their hair and eyebrows are black-painted, face and breast pink-painted, and lips, collar edges and skirts red-painted. The woman on the right wears a large, high bun and girdles her waist by a wide belt, lowering the right hand and putting the left hand on her knees. And she half-raises the left foot and leans against in front of the other woman. The other woman, on the left side, wears high double buns and puts the left hand on her thigh. Again, she half-raises the right foot and stands behind her companion. All of them are permeated in a friendly atmosphere of rice-hulling. The right-side woman is 13.4cm tall and the left one 12.6cm.

Wearing a high bun, the kneeling female worker girdles his waist with a wide belt. With a collar-crossed wide-sleeve skirt, she touches her knees by the left hand and holds a broom by the right hand, kneeling at one side of the base plate of the pestle, in perfect cooperation with those two women. In fact, she does some cleaning. The woman is half-molded and half-kneaded. The flatness of the back of her head retains trace of half-molding. Her skirt looks a bit irregular and the back fairly round. At first glance, one can know she is molded. Her bun, eyes and brows are painted in black, and lips and collar edges in red and other parts in white. The 10cm-tall figurine is molded separately from the pestle. Its baking leaves some trace on the pestle.

## 117. Figurine of a Laborer with a Dustpan

With a small hat on his head, he wears the clothes of crossed collar. He holds the two sides of the dustpan by the hands. Bending his knees, he is squatting on the base of a Dui as if he is laboring. As an ancient husking tool, Dui had been made to use the lever principle to vertically put a wood lever on the pillar while one end of the lever had been equipped with a cylinder-shaped stone or wood that should be be the pestle. When successively stepping on the other end of the lever, the pestle head would successively rise and fall so as to husk the brown rice in the stone mortar. Dui had derived from the primitive pestle and mortar. However, people always held the pestle and mortar by hands and used strength up and down while they stepped on the Dui. The pestle in this Dui has been lost. The complete Dui is shown in the figure (A figurine of a laborer who is stepping on the Dui has been unearthed in Xianyang City and it should be in the Southern and Northern Dynasty. The height is 16.5 cm and the length is 20 cm. It has been collected in the History Museum of Shaanxi Province. The figure can be seen in P055 of The Colorful Pottery Figurines. This figurine of a laborer who is holding the dustpan is squatting on the base of a Dui. He should be continuously processing the husked rice in the mortar, namely using the up-and-down dustpan to remove such sundries as the chaff and dust. The rice husking and winnowing had been the common labor for people in daily life while it should be the rough work for the servants and handymen in the houses of the rich. Consequently, this figurine has reflected the laboring life of the people of the lower classes or the servants in spite of the crude production. Looking at the front, he raises the corner of his mouth with a smile. Thus the nature of loving laborer has been shown.

## 118. Ox Carriage

Through the molding technique, the pottery figurine is made of baked clay. The framework is grey and the whole body has been covered with the rufous paintings. The carriage has double wheels and shafts while the end of the shafts has been linked with a bow-shaped crossbar just for one ox to pull the shaft. The pottery ox is standing straight on the ground with raised ears, glaring eyes, and curved horns. The ox has perfectly round and vigorous body, plain image, and thick and powerful legs of cylinder shape while the pendulous tail is closely near its breech. Having a slightly parted mouth and an open nose that is spitting the harsh odor, the ox is struggling to pull the carriage by thrusting against the ground with the double shafts on its shoulders. The four sides of the rectangular carriage have been closed and there is a vertical oblong door on the left of the front side. The carriage is covered with the round ridge roof whose middle is flat and unbent while both ends have the brims of the slightly rolled up edges. On both sides, the carriage has been equipped with a wheel that has sixteen wire spokes and a bouffant axle.

In terms of the carriages in ancient China, the original was the carriage of single shaft and in the Warring States Period there appeared the carriage of double shafts, but the latter had replaced the former till the late Western Han Dynasty. The single-shafted carriage needed at least two animals respectively on each side of the shaft while the double-shafted one only needed one animal. Moreover, the single-shafted carriage was mainly for the standing riding as the person must be standing on the carriage while the double-shafted carriage was mainly for the sitting riding so that the latter was highly developed. Before the Han Dynasty, people always used the horse to pull carriages while the ox carriage was only the common transportation means for loading objects (the carriage for loading objects was called the laboring carriage or the fire wood carriage while that for riding was called the service carriage). In the early Han Dynasty, the ox carriages had been used for riding as a result of the few horses while towards the end of the Eastern Han Dynasty the ox carriages had been widely used. In the Wei, Jin, and Southern and Northern Dynasties, the ox carriage had been popular on account that the ox carriage was so smooth and steady that people can freely sit or sleep in it while having curtains and tables inside. Besides, the ox carriage had also been associated with the light and unselfish fashion at that time. In The Book of Social Conduction in the Instructions of Yan Family, Yan Zhitui of the Northern Qi Dynasty described that the juniors of the rich in the Southern Dynasty not only always wore the ample gown, loose girdle, big hat, and high shoes but also were accustomed to taking the carriages when going out and being attended at homes, so that they became too weak to walk outside. The ox carriages had catered to the tastes of steadiness and freedom for the scholar-bureaucrat and juniors of the nobility at that time.

# Sui, Tang Dynasty & Five Dynasty Period

### 119. Tomb-defending Beast

This is the image of a squatting beast. With the head similar to that of a tiger and a curved horn on its head top, the beast raises its head proudly, glares, twitches the nose, and half opens the wide, flat, and big mouth, revealing the one row of sharp teeth. The wings on its shoulders spread upwards. The beast

straightens the forelegs, showing the sharp claws while the bent back legs are squatting vigorously on an oblong supporting plate. On the neck, forelegs, chest, and stomach there are the line dapples that are similar to that on a tiger. Extending the neck and opening the mouth, it is roaring very fiercely. Based mainly on the image of a tiger, this tomb-defending beast has been produced by adding a horn to its head and wings to its shoulders. The tiger is the king of beasts. Consequently, there has been the custom that uses the tiger to protect the house so as to drive out the evils for a long history in China. It was for the purpose of defending the tomb and driving out the evils that the "White Tiger" had frequently been painted on the frescoes of the tombs in the Western Han Dynasty and that the "White Tiger" had also been carved on the stone doors of the brick-chambered tombs in the Eastern Han Dynasty. Being fierce and powerful, the tiger with both wings seemed to be the divine beast sent by the Gods for the purpose of securing the peace of the body and soul of the tomb owner.

### 120. Tomb-defending Beast of a Human Face

The beast has the face of a man and a body of a beast. In a helmet, it frowns, glares, opens the nose, and tightly closes the mouth with tense face muscles and a hardhearted expression. Having a body of a beast, it is squatting on a thin supporting plate of slightly oblong shape with straightened forelegs and bent back legs. The beast leans forward and there are manes painted by black lines on its broad chest.

### 121. Tomb-defending Beast of a Beast Face in Yellow Glaze

Having a tiger face and beast body, the beast is looking at the front with raised ears and glaring eyes. The open nose seems to have smelled something. It slightly opens its big mouth, exposing the several sharp teeth while the mouth water seems to be flowing out of the open lips. Raising its head proudly, the beast straightens its forelegs, exposing the sharp claws while the bent back legs are squatting on a supporting plate. There are several clusters of short manes of triangle shape along its backbone. The whole body has been covered with relatively thin yellow glaze.

In the Sui and Tang Dynasties, the images of the tomb-defending beasts with beast faces had changed from the original tiger faces to lion faces. That may be related with the prevalent Buddhism because lion was one of the "defending Gods" in Buddhism while the tomb-defending beast of lion shape seemed to have possessed the great magic power and to be infinitely powerful.

### 122. Tomb-defending Beast of a Human Face in Yellow Glaze

Generally in the same tomb the tomb-defending beasts always appeared in pairs. One is the beast face one and the other is the human face one. This tomb-defending beast of human face and the above are just a pair. Having human face, beast body, and a short round horn on the head top, the beast firmly frowns, glares, opens the nose, and tightly closes the big mouth with beard all over its face. Having thick and long neck, the beast opens the big ears outwards. The beast body is the same as that of the above while some of the yellow glaze has shed.

### 123. Tomb-defending Beast of a Beast Face

This beast and the above are a pair. With the body of a beast and the feet of hoofs, the beast has the face of a lion. Raising its head proudly, it glares and raises the big ears with the thick and large nose as well as the long buckteeth outside the mouth corners. There is a fistful of long mane under its jaw while the manes on the neck have been held sharply up. It is squatting on a U-shaped base fiercely with leaned sitting forelegs, bent back legs, and leaned-forward body.

### 124. Tomb-defending Beast of a Human Face

Having the face of a man and the body of a beast, the beast holds the hair upward, glares, firmly frowns, straightens the nose, and tightly closes the big mouth. On both sides of the head there are the towering big, narrow, and long ears that are similar to those of a pig. Just like a powerful squatting lion, the beast has a beard all over its face, a body of a beast, feet of hoofs, and two bundles of raised manes on each side of its shoulders. Raising its head proudly, the beast is squatting on a base with the straightened forelegs and the bent back legs. The hair has been painted black and the original gilded patterns on the chest have shed unfortunately.

### 125. Figurine of the Heavenly King

In a helmet of coiled brim, the heavenly king wears the bright armor with two round chest protections. The shoulders have been covered with the armor protections in the shape of a dragon head. The fringes have been carved on the lower lappet and the edges of the knee skirt while the tail of a falcon is on his back. With foot wraps, he wears a pair of boots. Turning the head to the left, the heavenly king seems to be roaring with raised eyebrows, cold eyes, and open mouth. Resting the left hand on the waist, the heavenly king holds up the clenched right hand in which there is a hole that originally should have held a weapon. The eyebrows and the whiskers have been painted black while the face has been covered with the red paintings. On the war skirt there are the patterns painted by red, blue, and green colors while on the armor there is only the remaining spots of the original gold drawing or coverings. With an awe-inspiring appearance, the heavenly king is stepping on a little devil that is lying face down on the ground. With one

foot on the devil's shoulder and another on its breech, the heavenly king's war skirt and sleeve brims fly against the wind, which has further served as a foil to his tall and powerful figure. Creeping down on the base, the naked little devil is showing its teeth in a painful struggling position.

The figurine of the Heavenly King had begun to appear as the burial figurine in Tang Dynasty. It was put in the tomb door with the tomb-defending beasts symmetrically so as to be called "the Four Gods". Molded according to the image of the heavenly king in Buddhism, the figurine owns tall and powerful body and steps on the little devil with an awe-inspiring appearance, and was the God of Justice in the mind of people at that time who can counteract and drive the evils. With the model similar to the dress of military officers in each period, the heavenly king wears the helmet and the armor while holds the weapon powerfully and domineeringly. The figurines of Heavenly Kings in Tang Dynasty with accurate proportion showed an overwhelming inherent strength. In terms of the sculpturing technique, through the contrast between tall and short or strong and weak, exaggeration had been used to express that justice would triumph over evil eventually.

## 126. Figurine of the Heavenly King

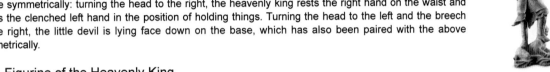

This figurine and the above are a pair. The dresses are basically the same while the small difference is a small tuft of beard under the jaw instead of whiskers. The posture has been paired with that of the above symmetrically: turning the head to the right, the heavenly king rests the right hand on the waist and raises the clenched left hand in the position of holding things. Turning the head to the left and the breech to the right, the little devil is lying face down on the base, which has also been paired with the above symmetrically.

## 127. Figurine of the Heavenly King

The heavenly king wears the armor helmet with high tassel on its top while the ear protections on both sides have coiled upwards. With a fierce appearance, he glares, looks at the front, firmly frowns, and raises the beard under his nose toward both sides. The heavenly king wears the bright armor. Around his neck there is the neck protection. The chest armor is made up of the left part and the right part. On each part there is a raised round protection. The armor belt has been bound from the neck protection to the middle of the two round protections while on the chest it has been horizontally bound to the back. On his stomach there is also a round protection and below the waist belt there is a pendulous knee skirt on both sides. He wears the boots with wraps on his legs. The shoulders have been covered with the armor protections with a precious pearl of flame pattern on both sides. Resting the right hand on his waist, the heavenly king raises the left hand as if he is holding an object (the left hand is damaged). The heavenly king steps on the face of a little devil with the left foot while straightens the right foot to step on the breech. There is a high base of oval shape under the little devil that shows the teeth and struggles painfully. With an awe-inspiring appearance, the heavenly king wears the helmet and armor, showing a sacred and inviolable image. The paintings on the whole body have been covered with the exquisite and magnificent gold drawings. However, some paintings have shed unfortunately.

## 128. Figurine of the Heavenly King

This figurine and the above are a pair as the models are basically the same and the posture has been paired with that of the above symmetrically. On the armor helmet without coiled brim, there is a rose finch that is flying with the spread wings while the tail is rising high. The armor protections on his shoulders are made up of two layers. The outside layer is in the shape of a dragon head. The dragon raises the pointed lips and opens the big mouth, revealing the sharp teeth while the orange armor protection of the inside layer is extended from the dragon mouth. On the shoulders there are also the precious pearls of flame pattern. The tassel has been carved on the lower edges and the knee skirt borders while the tail of a falcon hangs down in the middle. Turning the head to the left, the heavenly king is looking at the left. With the left hand on his waist, he raises the clenched right hand over his shoulders and the hollow hand originally should have held an object. The image is powerful and lifelike while the paintings on the whole body have been covered with the gold drawings. On the helmet there are the paintings of flower cluster while on the armor and war skirt there are also the remaining marks of the paintings of flower clusters.

## 129. Tomb-defending Beast of a Human Face

The beast has the face of a human, the body of a beast, and the feet of huffs. It glares and opens the nose with big ears that coil outwards. On the head top there is the upright hair and on the forehead there is a single horn whose double forks on the top dash forward aslant. The upright manes on both shoulders tower just like the spread wings. From top to bottom, there are three sticky horns of cockscomb shape along the backbone. Raising its head proudly, the beast is squatting on a supporting plate of the peach shape with the straightened forelegs and the raised small tail. And a higher base of mountain shape has been equipped under the supporting plate. Having some marks of gold drawing, the whole body has been covered with colored paintings. Moreover, the face has been covered with pinky white and the eyebrows, eyes, nose, and beard have been painted with thin black lines. The mouth, ears, and the sticky horn have been covered with the red paintings while the upright manes have been painted the black, blue, red, and green colors. The back is painted the tan colors and some paintings on its chest and stomach have shed. The overall model looks quite terrible and powerful.

### 130. Tomb-defending Beast of a Beast Face

The tomb-defending beast has the face, body, and tuffs of a beast. With the face similar to that of a lion and bouffant round eyes, it opens sharply the big mouth, revealing the buckteeth. The beast raises the ears with the double horns on its head and the double wings on its shoulders. There are some sticky horns on the back while the manes are upright. The beast raises the left fore claw that holds a snake and straightens the right forelegs. Raising its head, the snake enwinds around the forearm. Fiercely and terribly, the beast opens its fangs and spreads its claws while the back legs are squatting on a high base of oval shape. On the snake back there are the scales painted orange while on the white stomach there are the horizontal stripes painted with black lines. The other paintings are the same as those of the above tomb-defending beast of human face.

### 131. Tomb-defending Beast of a Human Face

The beast has the face of a human and pig ears. On the head top there is an upright big horn that circles while on the forehead there is a sticky horn with a smaller curved horn on both sides. The beast raises the thick eyebrows aslant, protrudes the eyes, opens the nose, and tightly closes the mouth with cross-grained features: swollen jaw, thick and short neck, and red face. Having a body similar to that of a human, the beast stretches the sharp and powerful claws that are in the shape of the claw of an eagle while it raises the right claw over the head and rests the left claw on the waist. Raising the head proudly, it steps on a monster. The bent right foot steps on the monster's head and the left foot steps on the monster's tail aslant. Creeping on an oval high base, the monster glares and rests the pointed lips on the ground.

### 132. Tomb-defending Beast of a Beast Face

The beast has the face of a beast and the body of a human. The head is similar to that of a lion. On the forehead there are the double horns while on the shoulders there are the double wings. The upright manes on the head top and the wing manes on the shoulders have been held together and been raised up curvedly in flame shape while the top end of each cluster of upright manes is as sharp as an erect spear., the beast glares and opens the nose, showing its teeth, forming a terrible appearance. Having the body of a naked human and the claws and feet of a beast, the beast raises the left arm over the head and opens the sharp claw while enwinds the snake around the right arm and tightly holds the snake by the right claw to pull downwards. Stepping on a monster, the beast straightens the right foot to step on the breech and tail of the monster while bends the left foot and steps on the monster's head with the claws. The monster is creeping on a high base of mountain shape with the bent legs in the position of painful struggling.
The highly raised left claw and the straightened right leg of the tomb-defending beast have formed the position of leaning up left, showing a dynamic picture.

### 133. Tomb-defending Beast of a Human Face

Having the face of a human, the body of a beast, and the feet of hoofs, the beast is squatting on an irregular high base. The most particular is the vertical angle winded by three snakes on his helmet top. The snake heads rise up outwards while the body and tail have winded upward in a pointed shape and straighten upward. With a terrible expression, the beast glares and coils its nose outwards with some sticks on its mouth corner. On the shoulders there are the double wings that tower on both sides of its body. The beast seems to be declaring to all invaders that it can face any challenge as it is able to fly and run while having rank poison.

### 134. Tomb-defending Beast of a Beast Face

Having the face and body of a beast, it is squatting on an irregular high base. The beast has three long horns on its head, big ears that coil outwards, protruding eyes, thick and big nose, and buckteeth outside its mouth. It is squatting on the high base with raised wings on its shoulders and claws of a beast.
This is a kind of imaginary monster because besides realism, there was another style, namely, the romantic imagination in the Tang Dynasty. In terms of this molded monster, the big ears can hear the entire world while the electric eyes can penetrate through the clouds and mists. At the same time, the double wings on its shoulders can fly freely in the sky and the feet of hoofs can run easily on the ground. On the head there is the sharp horn and in the mouth there is the buckteeth. The sculptors of the Tang Dynasty had given full play to their imagination to mold this image whose sole duty was to defend the body and soul of the tomb owner without any fear of the disturbance from any ghosts or spirits.

### 135. Tomb-defending Beast of a Human Face

The beast has the face of a human and the body of a beast. Straightening the forelegs and bending the back legs, it is squatting on the base when it raises the tail that is close on its body and scratches the ground by the four claws. It raises the eyebrows and glares and has wide nose and high cheekbones. It coils the mouth outwards with upright curly moustache on the mouth corner. On both sides of the head there are the especially big symmetric ears like two cattail leaf fans. On the head top there are the connected double horns that straighten upward and part at the top. Besides, on the top of the forehead and before the double horns there is a small sticky horn of S shape that dashes forward curvedly. On the shoulders there are the double wings that extend upwards in flame shape. It has a fleshy red body, and the chest is covered with the paintings of flower cluster shape, the stomach is covered with red horizontal stripes, and the back is covered with black panther dapples. The color is bright and the image is powerful and fierce.

## 136. Tomb-defending Beast of a Beast Face

The beast has the face and body of a beast. Straightening the forelegs and bending the back legs, the beast is squatting on a base when it raises the tail that is close on its body and scratches the ground by the four claws. Both The models and paintings are the same as the above while only the head is different. With the face similar to that of a tiger, the beast glares with protruding eyes and opens the big mouth, revealing the sharp buckteeth. On the head top there are two long horns that extend towards the up left and up right respectively. As for the molding of the face, the worker emphasized the bloody mouth with red tongue.

## 137. Figurine of the Heavenly King

The heavenly king wears the armor helmet whose brim is coiled, part of the brim and the middle of the eyebrows are covered with gold drawings, and ear protections on both sides are coiled outwards. Owning a square face, the heavenly king firmly frowns and glares while the big nose seems to be wheezing heavily. He extends downwards the two corners of the closed big mouth and raises the moustache high. The beard under his jaw has been clearly painted by black thin lines of elaborate style. He wears the outside armor and the inside robe while the upper body is covered with the armor with neck protection. On the chest there are two chest protections whose brims are covered with gold drawing and on the red back there are the painted flower clusters. Moreover, on his stomach there is the round protection. The shoulders have also been covered with the armor protections of the shape of a dragon head. The protections are made up of two layers while the outside protection is in the shape of a dragon head and the inside one is extended from the dragon mouth. As for the emerald dragon heads on both shoulders, scale grains have been painted by ink lines and the protruding big eyes have been painted black. An orange round pearl is at the head top of each dragon head on both sides. The inside layer of the armor protections is brick red and the edge part is highly coiled. The underclothes have arrow-shaped sleeves. The part below the waist belt is decorated with panther stripes. The red base on the frontage of the knee skirt has been painted the stripes of flower clusters with the colors of blue, green, yellow, and black while the brim of the knee skirt has been carved with tassel. On the background white of the knee skirt's back there is a painted orange panther that is running like wind. Veins of grass and clouds have been ornamented around the panther. With the pendulous tail of a falcon at his back and the foot wraps between his legs, the heavenly king wears brown boots on his feet. Raising the eyebrows and glaring, the heavenly king rests the right hand on his waist and holds up the clenched left hand. Stepping on a little devil, the heavenly king raises the left foot to step on the left shoulder of the little devil and straightens the right foot to step on the right thigh. In much difficulty, the naked little devil is sitting on an oval base with the left arm on the ground. Having a big head, broad mouth, and wide nose, the little devil glares, raises the ears, shows its teeth, and struggles painfully as its head is pressed between the feet of the heavenly king.

## 138. Figurine of the Heavenly King

The model and dress are similar to those of the above. Without a helmet, the heavenly king has a braid. Raising the eyebrows and swelling the eyes, he seems to be scolding. The king wears the bright armor with round protections on his chest and stomach. The knee skirt below the waist belt is made up of two parts on both sides. On the knee skirt of his back there are the paintings of flower clusters without the flying panther. The edges have all been covered with gold drawing. His posture and that of the above should be a pair symmetrically: resting the left hand on his waist and raising the clenched right hand over his head, the king holds up the right foot to step on the right shoulder of a little devil and straightens the left foot to step on the left thigh. In disorder, the little devil swells its eyes, closes its mouth, and kneels on the oval base as if it is struggling painfully.

## 139. Tomb-defending Beast of a Human Face

The human-faced animal stands upright on its forelegs and bends its hind legs. It looks as if all his four paws were scratching the ground. Squatting on a U-shaped pedestal, it raises eyebrows with eyes open wide, and has wide nose and big mouth. It raises the head straight on which double horns grow. Again, it has double cattail-leaf-fan-like big ears. And it stretches up two wings like raging flames. Its image is immensely fierce.

## 140. Tomb-defending Beast of a Beast Face

The human-faced animal stands upright on its forelegs and bends its hind legs. All his four paws are scratching the ground. Squatting on a U-shaped pedestal, it raises eyebrows with eyes open wide, and has wide nose and big mouth. It differs in the head from the above figurine, except shape and painting. The face looks like a lion with protruding eyes open wide. It shows teeth in a fierce manner. All manes around its head are lifted up, adding to its awe-inspiring look. And it has double horns on the head and wings on the shoulder. Besides, its head lifted up and shoulder's back grown with erected hair, highlights its terrifying cavernous mouth and upright manes.

## 141. Tomb-defending Figurine

The beast owns the head and body of a human and the feet and hand of a beast. With erect hair of flame shape, the beast has the face similar to that of a human, the uplifted eyebrows, and the sunken eyehole so that the eyeballs are especially protruding. Having a sunken nose and uplifted ears, the beast shows the teeth, coils the lips upwards, and raises the head terribly with tense face muscles. The beast wears nothing except for the triangle short kerchief that is wrapped around the waist. The swelled muscles of the whole body are just like those of a present body builder. It rests the right hand on the waist and holds up the left hand highly, revealing the sharp claw. Separating the feet, it is sitting on a base plate with a round hole.

## 142. Tomb-defending Figurine

The model is basically the same as that of the above. Instead of the erect hair, it has short and slightly coiled hair. It rests the right hand on the waist while holding up the left hand that holds a snake. This figurine and the above are a pair.

This tomb has a path of long slope, square vault, and has single-brick room. When it is unearthed, the pair of figurines is on both sides of the tomb door inside the sealing bricks. Therefore, they should be tomb-defending figurines whose duty is to guard the tomb room and to defend the souls of the tomb owner, so we may call them "tomb-defending figurines". In the tombs of Tang Dynasty, tomb-defending figurines were generally made up of the four: a pair of tomb-defending beasts and a pair of figurines of heavenly kings. It is seldom seen that there is the extra pair of tomb-defending figurines in this tomb.

## 143. Figurine of a Warrior in Yellow Glaze

The warrior wears an armor helmet that is surrounded by the neck and ear protections. He wears the bright armor with two round protections on the chest. The armor chips of his back have been integrated while on his shoulders the chest armor and the back armor have been connected by the leather belt like armor. Hanging down from his neck to his chest, the armor belt is tied from the back to the stomach. On both sides of the part below the waist belt there is a piece of knee skirt whose edges are decorated with tassels. The armor protections on his shoulders hang down on both sides while the upper layer looks like tiger skin and the lower layer with flower lace extends from the tiger mouth. The warrior lifts up the curved left arm and clenches the hand into a hollow fist. It's obvious that the hand originally held a weapon. Resting the right hand on his waist, the warrior ties the foot wraps on his legs. On his each knee there is a dragon head, which is seldom seen in the figurines of the same kind. Wearing boots, he is standing on a square supporting plate. The whole body is covered with yellow glaze.

Having a tall body, the warrior tightly binds up his waist, showing a powerful and free physical build. He glares and tightly closes the mouth corner, showing an awe-inspiring but not fierce appearance. The image is realistic without any exaggeration, so it should be the true portrayal of the military officers at that time.

As for the tomb-defending figurines buried in the tombs of Tang Dynasty, they were made up of two tomb-defending beasts and two figurines of warriors in the early Tang Dynasty. In the Period of Wu Zetian, the figurines of warriors had gradually been changed into the figurines of heavenly kings who were stepping on the little devils while in the Kaiyuan Period of Emperor Xuanzong, the former had been replaced by the latter completely.

## 144. Figurine of a Warrior

With wiskers over his face, the warrior has protruding eyebrow bones, deeply sunken eyes, high nose, and protruding cheekbones. It's obvious that this is the image of a Hun person. In complete military uniforms, the warrior wears the helmet and the armor. He raises the clenched hands to his chest. The holes in his fists originally should have held the weapons. In history, many great generals of Tang Dynasty were Hun persons, such as Yuchi Jingde. This figurine is just a true portrayal of the great Hun generals in Tang Dynasty.

## 145. Figurine of the Heavenly King

In an armor helmet of round top, the heavenly king wears the bright armor with two round protections on the chest and the armor protections of dragon heads on the shoulders. The king wears red coat armor and foot wraps while below the waist belt there is a knee skirt on both sides and the edges have been decorated with tassels. With glaring eyes and raised beard, the heavenly king rests the left hand on his waist and holds up the right hand highly when he is stepping on a monster. The overall model is powerful, awe-inspiring, and inviolable. The whole body is covered with paintings while the helmet and armor are covered with gold drawings.

## 146. Figurine of the Heavenly King

The heavenly king wears an armor helmet on which there is a peacock that is raising the head and spreading the wings with the highly lifted back tail. The heavenly king straightens the eyebrows, raises the eyes of bell shape, and swells the nose, looking murderous. He wears the bright armor with a round protection on both sides of the chest while under the waist belt there is the half round navel protection and on his shoulders there are the armor protections. The lower lappet and the edges of the knee skirt have been carved with tassels. The king wears foot wraps and the round-headed boots with the tail of a falcon on his back. Having swelled muscles on both arms, the king clenches the right hand into a fist and rests the palm of the left hand on his waist. Stepping on a little devil, the king raises the right foot to step on the right shoulder and the head of the little devil while straightening the left foot to step on the left hip. Squatting on a round base, the little devil shows its teeth as its head has been stepped on between the king's feet. It is struggling painfully when it only supports the body with the right foot and arm. On the figurine there are traces of gold drawing.

## 147. Figurine of the Heavenly King

The king wears an armor helmet with coiled brim and raised ears. The high tassel has been lifted up on the helmet top in the shape of the long feather of a peacock. Bundling a belt round his waist, the heavenly king wears the coat armor, the war skirt, and boots. The king straightens the eyebrows and glares, showing a powerful image. He rests his right hand on the waist and puts the left hand that has been clenched into a fist on his body side. He originally should have held a weapon as there is a hole in the fist. The king is stepping on a little devil while the naked little devil is creeping down on a lower base.

## 148. Figurine of the Heavenly King

The heavenly king wears an armor helmet of coiled brim. With fierce appearance, the king has the eyes of bell shape, wide and flat nose, and a closed big mouth. He wears the bright armor with the armor protections of dragon heads on his shoulders. On his feet he wears the round-headed boots. The heavenly king slightly bends the right arm and tightly clenches the right hand into a fist to protect his waist while at the same time he tamps the left hand that has been clenched into a fist on the lifted left thigh. The heavenly king is stepping on a little devil by his feet. Kneeling down on the ground, the little devil is hunkering on an oval base. With glaring eyes, raised ears, and upright hair, it shows the teeth and painfully struggles as its head has been stepped on between the king's feet. On the figurine there is a trace of gold drawings. This figurine and the above are a pair.

## 149. Figurine of the Heavenly King

The heavenly king wears an armor helmet that has been decorated with a peacock in his pride. On both temples of the head there is the upright hair that has been lifted curvedly and the sharp top is flame-shaped. The heavenly king glares violently when he tenses the lips, showing an awe-inspiring expression. The king wears the bright armor with round protections on his chest and stomach. On his shoulders there are the armor protections of dragon heads and around his waist there is the belt. He rests the left hand that has been clenched into a fist on his waist while the right hand is damaged. Wearing high boots, the king is stepping on a little devil. Supporting the body with both hands, the little devil is sitting down weak and limp on a high base when it shows the teeth and painfully struggles. The molding of this figurine of the heavenly king is magnificent as we can still find the clinquant gold drawing on the shoulders as well as the chest and stomach.

## 150. Figurine of the Heavenly King

The hair of the king is lifted up in flame shape. With a bun of peach shape on his head top, the king wears the armor as he raises the hands that have been clenched into fists in front of his chest. There are holes in the hands so the king originally should have held a weapon. Turning his head to the right, the king straightens the eyebrows and glares as if he is scolding, showing an awe-inspiring appearance. He is stepping on a creeping little devil, and straightens the right foot to step on the breech of the little devil while bending the left foot to step on its shoulders. The naked little devil is creeping down on the base as if it is painfully struggling.

## 151. Figurine of the Heavenly King

The king wears an armor helmet with round top and coiled brim. Bundling a belt round his waist, he wears the bright armor, war skirt, and boots. The king raises the eyebrows, glares, tightly closes the mouth ferociously, showing a powerful appearance. He supports the left elbow by his right hand and bends the left arm when he spreads the forefinger to press his face as if he is deep in thought. The heavenly king is stepping on a creeping monster.

## 152. Figurine of a Civil Officer

In a black hat worn specially by civil officials, the official wears the red robe of wide sleeves and crossed collar. The pendulous robe has reached his shoes and the lower part of the robe is decorated with tassels. The sleeves hang beneath his knees and there are flower patterns on the brims of the sleeves and the collars. Bundling the waist with a belt, the official wears square-toed shoes with high heels when half of his arms are hidden in the sleeves. Having thick eyebrows, small eyes, raised mustache, and ruddy face, the official is modestly standing on the base in serving posture as he cups one hand in the other in front of his breast and leans forward slightly.

## 153. Figurine of a Civil Officer

In a black hat specially designed for civil officials, the official wears a long robe of wide sleeves and crossed

collar. The pendulous robe has reached his shoes and the robe's lower part decorated with tassels. The sleeves hang beneath his knees. Girdling the waist with a belt, the official wears square-toed shoes with high heels when half of his arms are hidden in the sleeves. Having thick eyebrows, large eyes, straight nose and shut big mouth, the official is awesomely standing upright on the base.

## 154. Figurine of a Military Officer

The officer wears a black pheasant-shaped hat. On the head, the pheasant spreads its wings on both sides as it is swooping with the head downward. With military uniform, he wears the wide-sleeved three-quarter robe covering his knees, the waist belt, and the high-heeled boots. The officer has thick eyebrows, big eyes, upright nose and wide mouth shut tight, wearing an awesome look. He raises both hands that have been clenched into fists in front of his chest. The small holes in his half-clenched fingers originally should have held a sword or saber. The officer is standing on a mountain-shaped base. The paintings on the robe have almost shed, with patches of red painting fairly intact.

As its name suggests, pheasant-shaped hat is decorated with the bird or its feather. The brown-eared pheasant belongs to the Crossoptilon species within the genus Crossoptilon of the family Phasianidae in the order Galliformes of the class Aves. The pheasant has a brown body with red naked skin on cheeks. Because of features such as developed white ear cluster feather shaped like a short horn, it is also called "horned pheasant" or "eared pheasant". Its tail feathers is very long, especially those two big feathers in the center of its tail. The two tail feathers are called "feathers of eared pheasant". With tail feathers drooping like horse's tail, it is given the name horse-pheasant (eared pheasant). The pheasant is only able to fly in short-distance, but brave in struggle. As a distinctive rare bird in China, it is under the state first-class protection. China Ornithological Society accepts brown-eared pheasant as its emblem, even Shanxi Province uses it as the Bird of the Province.

According to records in ancient books, the bird is brave and good at battling to death. As written in "Vehicle and Clothing Annals", The Book of Jin Dynasty, "He (brown-eared pheasant), is a blackish bird like harrier, which is brave by nature and fights to death. It is a tribute from Shangdang (present-day southeastern Shanxi Province)." The pheasant-shaped hat goes back to no later than Warring States Period. As recorded, Wuling King of Zhao State ever decorated generals' helmets with tail feathers as incentive for their bravery. By Han Dynasty, the hat had been that for military officers. "Vehicle and Clothing Annals", Book of Later Jin Dynasty writes, "Warrior Hat, generally called Big Hat, is decorated with a ring of tassels, but without fringe. And green threads are used as strings. With double pheasant tails added to both sides, a pheasant-shaped hat takes shape." "Guard of Honor Annals", New Book of Tang Dynasty says, "Three guards of honor perform five parades for morning presentation. Called five guards, all of them wear pheasant-shaped hats and official uniforms." Since Tang Dynasty, the pheasant's whole image was used as a decoration for hats, shaped like a small bird. After mid-Tang, the bird shape gradually faded away. And when Tang was over, the pheasant-shaped hat became a decoration for guards of honor. But, military officers' hats were decorated with tassels. In Qing Dynasty, hats for military and civilian officials had blue tail-feathers and multicolored tail-feathers. These two feather decorations were made of pheasant's and peacock's feathers, respectively.

## 155. Figurine of a Long-Bearded Hun Person Leading a Camel

With black and thick whiskers on his face, the Hun person has high nose, deep eyes, red face, black eyes, and white teeth. He raises the eyebrows and glares as if he is reproaching loudly with the open mouth. With a black kerchief on his head, he wears the Hun clothes of coiled collar and tight sleeves and the clothes have covered his knees. With the bare right arm, he bundles up the right sleeve around his waist and wears the red half-arm underclothes of crossed collar and flower edges. The Hun person wears a black leather waist belt and high boots. With slightly higher right hand and lower left, he puts the clasped hands before his waist as if he is pulling the halter. Separating his feet, the Hun person is standing on an oval supporting plate with a hole in the center. The colors of the Hun clothes have shed so that the white pottery glaze is exposed. The overall model has completely shown the unruly and heroic personality of the minorities.

## 156. Figurine of a Bare-breast Hun Person Leading a Camel

Havin high nose and sunken eyes, he should belong to the Hu race (generally referring to the ancient minorities of the Western Regions). His bare head top is a sharp contrast to the thick whiskers over his face while on his head back there are the slightly long curly hairs. He wears a robe with bare breast and belly. On the neckline and cuff there are the exposed fur and the robe sweeps his knees. He wears a long bag on his waist and high boots on his feet. Rolling up the sleeves with the strong arms shown, he is standing on a U-shaped supporting plate with a hole in the center as if he is pulling the halter. Judging from the camels unearthed of the same time, we can conclude that this should be the figurine of a person who is leading a camel. That the big-bellied man rolls up sleeves with bare breast has fully revealed the rough and unconstrained personality of Hun people.

## 157. Figurine of a Woman with Double Buns and Leading a Horse

She turns the hair on both sides into the double pendulous buns near her ears.She has big eyes, mellow face, black eyebrows, and red lips, showing her childishness. She wears a narrow-sleeved shirt that is covered with the half-arm dress of V-shaped collar. She bundles up the outside three-quarter robe around her waist and ties the robe on her belly with the sleeves. Wearing boots on her feet, she is standing on a trapezium supporting plate when she half raises the left arm, hangs down the right, and clasps the both hands as if she is pulling the halter.

## 158. Figurine of a Hun Person Leading a Horse

She has round face, small eyes, wide and flat nose, and high cheekbones. Her hair has been held towards the head back and the bun is damaged. She is standing on a supporting plate with a hole in the center when she raises the right hand and moves the left hand downwards to pull the horse. She wears the robe of round collar and narrow sleeves, black feather waist-belt, and high boots. Judging from the strange face, she is exactly like an old woman instead of a Han people. Although she is not the same as the above Hun persons, the "Hun people" is a broad concept so that we may call it "the figurine of a Hun person" for the time being.

## 159. Figurine of a Hun Person Leading a Camel

With a felt hat of pointed top on his head, the Hun person wears a tight-fitting robe of round collar and narrow sleeves (the downswing of the robe is bundled up behind the body), and wears waist belt, tight-fitting trousers, and boots. With high nose, sunken eyes, whiskers over the face, and the raised cheekbones, he glares, extends forwards the right hand, tightly clenches the hand into a fist, and rolls up the sleeves, exposing the right arm of strong muscles. He rests the clasped left hand on his belly. In the position of the T step, he is standing on a slightly trapezium-shaped base with separated feet. Judging from the overall posture, the clasped hands, and the hole in his fist, we can conclude that it should be the figurine of a Hun person who is leading a camel and the halter in his hand is lost.

The camel highly raises the head and opens the mouth towards the heaven as if it is neighing. With the pendulous manes, the camel lifts up the long neck deviously. The double humps on the back, the felt pad between the humps, and the bagging pot on both sides make it easy for the camel to load the packed goods. With strong arms and legs, it is standing on an oblong supporting plate. Possessing the good reputation of "the ship of the desert", the camel had become the main delivery vehicle for the ancient land Silk Road of China and the west countries. As the Tang Dynasty was a very developed period for transportation between China and the foreign countries in ancient China, the figurines of the Hun persons who are leading a camel or are riding a camel had become the common subjects of the pottery sculpturing in Tang Dynasty. Through grasping the moment that the camel stops to neigh and the Hun person pulls the halter, this work has revealed the steady, reliable, and tough characteristics of the camels. The Hun person also could not ride the camel all the time and sometimes they even had to march forward by leading the camel, from which we can see the difficulties on the Silk Road. This figurine is just a miniature of the camel teams of Hun businessmen on the Silk Road.

## 160. Figurine of a Hun Person Leading a Horse (Camel)

The man should be a Hun people as he wears a kerchief on his head, and he has high nose and sunken eyes, and whiskers over the face. He is looking at the front when he tightly frowns and closes his mouth, showing his anger. He wears tight-sleeved underclothes that are covered with the half-arm coat. As for the outside, he wears the Hun clothes of coiled collar. Wearing the right sleeve only, he hangs down the left and then bundles it around the waist. He wears tight-fitting trousers and high boots. Turning his head to the right and leaning right a bit, he clasps both hands in front of his chest with the left hand higher and the right lower. With separated feet, he is standing on a supporting plate in the position of the T step as if he is pulling the halter.

## 161. Figurine of a Man Leading a Horse (Camel)

The man is standing on an oblong supporting plate wearing a kerchief, robe of round collar and narrow sleeves, leather waist belt, tight-fitting trousers, and high boots. He clasps the raised hands as if he is pulling the halter while he closes the mouth and glares as if he is reproaching the animal.

## 162. Figurine of a Woman Leading a Horse (Camel)

With the small double buns on her head, she should be a woman. She wears the robe of round collar and narrow sleeves, a long bag around her waist, tight-fitting trousers, and high boots. She is standing on a supporting plate when she clasps both hands as if she is pulling the halter. As a woman, she wears the male Hun clothes, which is just a portrait of the fashion at that time. In the poem of The Song of Fashion, the poet Yuan Zhen of Tang Dynasty described that after the Hun cavalrymen came to the Central Plains the Hun fashion and custom had conquered all the cities so that the women competed against each other to learn the Hun dressing and Hun music.

## 163. Figurine of a Hun Person Leading a Horse

On each side of his head there is a small braid that has been held on his back head. He has protruding eyebrow bones, swelled eyes, hooked nose, high cheekbones, and small mouth, so he should be a Hun people. He is standing on a supporting plate and wears the robe of big coiled collar, right lapel, and narrow sleeves, a foxtail around his neck, waist belt, tight-fitting trousers, and boots. He lifts up the clasped right

hand in front of his chest, hangs down the left arm, and hides the hands in the sleeves. From his right shoulder to the left rib there is a semicircular leather bag that has been held in his left armpit. Judging from the posture and model, it should be a figurine of a man who is leading a horse.

### 164. Figurine of a Hun Person Leading a Camel

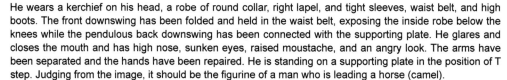

He wears a kerchief on his head, a robe of round collar, right lapel, and tight sleeves, waist belt, and high boots. The front downswing has been folded and held in the waist belt, exposing the inside robe below the knees while the pendulous back downswing has been connected with the supporting plate. He glares and closes the mouth and has high nose, sunken eyes, raised moustache, and an angry look. The arms have been separated and the hands have been repaired. He is standing on a supporting plate in the position of T step. Judging from the image, it should be the figurine of a man who is leading a horse (camel).

### 165. Figurine of a Man Leading a Horse

The man wears a black head kerchief, a black robe of coiled collar with only the left sleeve on. He bundles the right sleeve from his left shoulder to his waist and ties it on his belly. From the exposed right side we can see the inside half-arm clothes. With the trousers and high boots, he is standing on a baseboard of trapezium shape. With fleshy face, red lips, and energetic eyes, he raises the head to look at the right and turns to the right to extend forward his right foot. Bending forward his body, he puts the clasped right hand at the front and uses the left hand slightly below the waistline to hold something as if he is grasping the halter to lead a horse.

### 166. Figurine of a Man Leading a Camel

The man should be a Hun people as he has high nose, sunken eyes, and long beard. He is standing on a supporting plate and wears a black felt hat of pointed top, a red robe of round collar and narrow sleeves, black leather waist-belt, and high boots. Rolling up the right sleeve, showing the strong muscles, he lifts up the right hand in front of his chest and rests the left hand on his waist and clasps the hands as if he is pulling the halter.

### 167. Figurine of a Standing Man

He wears a black head kerchief, a robe of coiled collar, right lapel, and tight sleeves, waist belt, and high boots. The front downswing has been held upwards in the waist belt and the pendulous back downswing has reached the ground. Having a big and mellow face, he winks the eyes, straightens the nose, and tightly closes the small mouth. Resting the pendulous left arm on his waist, he raises the wrist and half clasps the palm. At the same time, he extends forward the right arm a bit and stretches the palm as if he is pressing something. He is standing on a supporting plate with separated feet. Judging from the dress and posture, it seems to be the figurine of a man who is leading a horse.

### 168. Figurine of a Man Leading a Camel

He wears a black head kerchief and a robe of coiled collar. The model, dress, and size are the same as those of the above figurine. Unfortunately, the paintings have shed and there is the white glaze only. This should be a figurine of a man who is leading a camel as it has been unearthed in front of a camel.

### 169. Figurine of a Man Leading a Horse

On his head top the black hair is half separated and is turned into two braids that are held to his back head. The man wears a robe of round collar and narrow sleeves as well as the waist belt that has been tied on his belly. With the trousers and high boots, he is standing on a red baseboard. With thick eyebrows, sunken eyes, and slightly high cheekbones, the man seems to be a Hun person. He seems to be grasping the halter to lead a horse with the hands.

### 170. Figurine of a Hun Person Riding a Standing Camel

With winded neck and raised head, the camel is looking at the front and standing on an oblong supporting plate. The double humps swing to both sides respectively and a Hun man is riding the camel. Having high nose and sunken eyes, he raises the head proudly, glares, and extends the mouth corners as if he is reproaching. He extends the left hand forward to grasp something while the right hand is damaged. On the head he wears a black hat of round top and coiled brim. The hat should be made of leather as there is the exposed leather under the coiled brim. The man wears the yellowish white Hun clothes of round collar and narrow sleeves, black high boots, and leather waist belt. He has a ruddy face, black eyebrows, and red lips. Some of the red paintings on the camel's head top and the yellow paintings on its body have shed.

### 171. Figurine of a Hun Person Riding a Lying Camel

Raising the head and turning the neck, the camel is lying down on the ground with the four bent legs as if it is ready to stand up. Between the humps a Hun person is riding the camel. With high nose and deep eyes, the Hun person glares. Bundling a leather belt around his waist, he wears a felt hat of steeple top, tight-fitting clothes of round collar and narrow sleeves, and black high boots. The Hun person raises the right arm over his right shoulder and clenches the hand into a fist that originally should have held a weapon as

there is a hole in it. He puts the slightly bent left arm on his waist and tightly clenches the hands as if he is pulling the halter and driving the camel by both hands. Being entirely covered with yellow brown color, the camel looks lively and high-spirited as if it is ready to start a long journey.

## 172. Figurine of a Hun Person Riding a Lying Camel

With double humps on the back, the camel turns the neck and raises the head when it is lying down on the ground with four bent legs. On the back there is a man who should be a Hun person. Having deep eyes and high nose, the Hun person wears a hat of steeple top, a tight-fitting robe of round collar, trousers, and knee boots. He raises the right hand highly that has been clenched into a fist. The right hand originally should have held a whip as there is a hole in the fist. He clasps the pendulous left hand and pulls backwards as if he is pulling the halter. Straightening the back forward, the Hun person glares when he raises the whip and pulls the halter as if he is driving the camel to go on the journey. The contrast between the dynamic person and the static camel has resulted in a distinct and vivid image.

## 173. Figurine of a Woman Riding a Standing Camel

With double humps on the back, the camel turns the neck and raises the head as it is standing on an oblong supporting plate. On the camel there is a woman who rides the camel with the body sideways and crossed legs. She pulls the left foot by the left hand and puts the right hand on the front hump as if she is taking a short rest with her head on the right arm. The woman wears the robe of round collar and narrow sleeves, trousers, and knee boots. We can not see her face as she is taking a short rest and sinks her head in the bent arms. However, from the pendulous double buns on her head we can judge that this should be a woman. It is quite lifelike and has a strong flavor of everyday life that the rider is taking a short rest on the camel back as a result of much exhaustion of a long journey.

## 174. Figurine of a Hun Person Riding a Standing Camel

In a felt hat of six corners, the Hun person has high nose, deep eyes, and whiskers all over his face. He wears the tight-fitting clothes of round collar and the boots of pointed head. Putting the clasped hands on his chest and stomach, the man rides the camel between the humps with separated feet. The camel stretches out its neck, raises the head highly, and opens the big mouth as if it is neighing towards the heaven. The lips are thick and big and the teeth and tongue in the open mouth are clear. The camel has round and protruding eyes and small ears. The manes on its head top have been trimly draped over its back head. The camel back has been covered with an oval felt pad that has bordering ornaments. The highly raised humps are exposed from the two round holes in the felt pad. The camel is standing on an oblong footplate with a tall body and vigorous legs.

## 175. Figurine of a Maiden

The maiden has black hair while the thick and deep temple hair has surrounded her face and covered her ears. The bun dashing upwards on her head top seems to be "the wuman bun". The maiden has a fleshy and mellow face, small eyes, delicate nose, and cherry mouth. She smiles and the eyes are bright. Covering her shoulders with the silks, she wears the long coat of V shape collar and the high-waist long skirt that daggles the ground. The shoes of raised head are exposed under her skirt. Slightly leaning to the left, she lifts up her hands in front of her chest. She is standing on a pentagon supporting plate and she hides the right hand in her sleeves, half clasps the left hand, and extends the forefinger as if she is dressing and making up in front of a mirror. As the original black and red paintings on the clothes have almost shed off, now we can only find that the underclothes collar is red, the silks on her shoulders are white, and the shoes head is green.

What's the striking is that the paintings on her face have been well preserved and the colors are very bright, so we can find that the maiden has elaborately dressed. The eyebrows are long and curved, just like the lying silkworm, the red flower ornaments of the plum blossom shape have been painted on her forehead while the rouge has been covered on her face; the rosy lips are petite and colorful while the dimples have been painted by black dots on both sides of her mouth corner (called "face dressing").

Being relatively complex, the face dressing of women in Tang Dynasty can be roughly divided into seven steps: the first is the covering of lead powder; the second is the covering of rouge; the third is penciling the black eyebrows; the fourth is dyeing the light yellow (or pasting the flower ornaments); the fifth is the face dressing; the sixth is tracing in the red; the seventh is covering the lip balm. The makeup of this maiden has included all the above except for tracing in the red.

In the Tang Dynasty, to pencil the eyebrows had become a common practice among the women while after the High Tang it had become so flooding that even the underage girls began to pencil the eyebrows. The poem of No Title by Li Shangyin said that even the girls of eight can secretly pencil the eyebrows in front of a mirror. The light yellow and flower ornaments painted or pasted between the eyebrows were called "the flower yellow" as a result of its various patterns while the simplest was only a round dot and the complex pattern was always the plum blossom besides many other patterns. According to the legend, on the seventh day of lunar January Shouyang Princess, a daughter of Emperor Wu in Song Dynasty of the Southern Dynasty was lying on her back in the Hanzhang Palace. As there were several plum trees in front of the palace, a plum blossom blown off by the breeze just fell on the forehead of the princess. Then it had been dyed into the shape of a petal of the plum blossom and can not be removed. The women in the palace found it novel and competed against each other to follow the example so that it had become a fashion at that time. The dressing of plum blossom in Tang Dynasty should be a custom handed down from that time. As for the face dressing, it had generally been put on the dimple in the shape of round dot or the various "flower dressing". There were also a variety of styles of lip dressing.

### 176. Figurine of a Maiden

This figurine is very much the same as the above in all the respects of hair style, face dressing, clothes, and even posture. The thick black hair on her temples surrounds her face and covers her ears, but the bun on her head top does not dash forward but droops on her forehead. Her face is fleshy and mellow while after careful dressing her eyebrows have become very thin. The face powder applying and face dressing are the same as those of the above. However, on her forehead there is a diamond-shaped flower ornament on the face while on each cheekbone of her pink cheek there is the emerald flower dressing. With a smile, she has thin eyebrows and narrows her eyes. On the upper body she wears the brown jacket of narrow sleeves and from the sleeves we can find the small flower clusters of red and white that have been ornamented around the jacket. On the lower body she wears an orange short-waist long skirt that is breast-high and floor-sweeping while several bunches of inverted veins of branches and leaves have been decorated on all sides of the skirt. The small leaves of peach shape are made up of blue, red, and white. With a full and round body, she has a slightly raised belly as well as a natural and graceful physical appearance. The image of a female servant of Tang Dynasty who has heavy makeup and dignified and graceful appearance appeared before our eyes.

### 177. Figurine of a Maiden

She has thin and long brows and eyes. With pendulous temple hair on both sides, she wears a jacket of narrow sleeves and a floor-sweeping long skirt. Her face is elegant and mellow. The silks are surrounded upward from her left breast to her shoulders, then hangs down on her stomach and then are surrounded upward from her left shoulder to her back, and hangs down to the ground. Cupping one hand on the other in front of her chest, she hides her hands in the sleeves and her pointed shoes of raised head are exposed under her skirt. She has a full and round body.

### 178. Figurine of a Maiden

With the hair on both sides, the bun on her head top towers on her forehead and slightly leans forward left. She wears a shirt of low neckline and narrow sleeves and a floor-sweeping long skirt whose high waistline has reached her breast. Having thin eyebrows and cherry mouth, she winks the eyes and slightly leans left with a smile. She puts the bent right hand on her waist side as if she is holding an object while hides the naturally pendulous left hand in her sleeves. The shoes are exposed under the skirt. The original paintings on the skirt have almost shed and from the remaining spots we can see those should be pink. There are several remaining patterns of birds on the back downswing.

### 179. Figurine of a Maiden

The high bun on her head top seems to be "the single knife bun". She wears a shirt of low neckline and narrow sleeves as well as a floor-sweeping long skirt whose high waistline has reached her breast. Having a mellow face, thin eyes, and small mouth, she surrounds the crossed hands in front of her stomach and hides her hands in the sleeves. The highly raised shoes of pointed head are exposed under the skirt.

### 180. Figurine of a Maiden

The temple hair surrounds her face and the bun on her head top highly dashes forward left. She wears a shirt of low neckline and narrow sleeves as well as a floor-sweeping long skirt whose high waistline has reached her breast. Cupping one hand on the other in front of her chest, she raises the hands to hold the kerchief while the pendulous long kerchief has reached the ground. The highly raised shoes are exposed under the skirt. The mellow face and the full and round body have fully shown an elegant image of the maiden in Tang Dynasty that is both dignified and graceful.

### 181. Figurine of a Maiden

The bun that dashes forward left on her head top is drooped on her forehead. She wears a jacket with no collar, open breast, and narrow sleeves as well as a floor-sweeping long skirt. The raised shoes are exposed under the skirt. Having thin eyebrows, small eyes, and cherry mouth, she slightly turns her head to the left with a smile. She lifts up the right hand that originally should have held an object in front of her chest and stomach as if she is grasping something. She puts the naturally pendulous left hand that has been hidden in her sleeves on her body side.

### 182. Figurine of a Maiden

With the temple hair surrounding her face, she has a hollow oblate bun on her head top. She wears a jacket with no collar, open breast, and narrow sleeves as well as a floor-sweeping long skirt. The highly raised heads of the shoes are exposed under the skirt. She has thin eyebrows, long eyes, delicate nose and

cherry mouth. She lifts up the folded hands in front of her breast and hides the hands in her sleeves while the very long sleeves cross before her chest.

## 183. Figurine of a Maiden

The temple hair surrounds her face and on her head top there is an ornament of pearl-shaped quatrefoil lotus in the bud. The servant wears a jacket with no collar, bare chest, and narrow sleeves as well as a long skirt that sweeps the floor. Her shoes are exposed under the skirt. With thin eyebrows, long eyes, delicate nose, and cherry mouth, she lifts up the folded hands in front of the chest. She originally should have held an object as there is a hole in her hand.

The flower ornament on her head top has reflected the custom of flower ornament in Tang Dynasty. In the masterpiece The Picture of Maidens with Flower Ornaments of the artist Zhou Fang in the Middle Tang Dynasty, the ladies wore the fine gauze and coiled up high buns with flowers on the head top. One of them wears a blooming lotus on her head top. According to the documents, the custom of ornamenting the head with flowers had appeared in Han Dynasty. In the High Tang Dynasty, the women adored the high bun and ornamenting the high bun with flowers had become a common practice. "Ornamenting the honorable bun with mountain flowers" in the poem of Enjoying in the Palace by Li Bai and "ornamenting the cloud bun with snow-shaped flowers" in his poem Bihonger had just described the scene that the women wore flowers on their heads. People sometimes used artificial flowers because of the limited preservation time of the real flowers, therefore, women were fond of artificial flowers that were generally made of silks or colored paper. The upper-class ladies favored the artificial flowers that were made of metal, namely the gold flowers. The poem-- "when the bright moon rises women took down the gold flowers" was just the evidence of gold flowers at that time. The gold flowers can be divided into two kinds: the first one can be directly worn as there was the hairpin beam on its back; the second one can be fixed in the bun with the ornament hairpin as there is a hole in its back. The gold flowers mounted with jewels were called jewel flowers. The poem of Zhang Jianzhi in Tang Dynasty said that the bright and delicious cosmetics served as a foil to the jewel flowers. The ornamenting flower on her head seems to be artificial.

## 184. Figurine of a Maiden

The temple hair surrounds her face and the bun on her head top dashes left and forward. She wears a jacket with no collar, bare breast, and narrow sleeves as well as a long floor-sweeping skirt. Her shoes of highly raised pointed head are exposed under the skirt. With the pendulous silk on her right shoulder, she raises the right hand and softly lifts the left. The exquisite and light dress material of the soft long skirt on her body has reflected the plump body and lofty dignity of the maiden.

In terms of the aesthetic standard for women, people in Tang Dynasty considered the full figure as beautiful so this pottery figurine is the most representative portrayal of the beauty in High Tang. Many emperors of Tang Dynasty were fond of plump beauties, which had really gone against the traditional aesthetic standards of Han emperors in China as most of them favored slender beauties. This aesthetic standard probably was because of the fact that the royal family of the Tang Dynasty had the bloodline of the Xianbei nationality and they had preserved the northwest "Hun custom" to a great extent (the nomadic people had always lived on pasturing and were proud of the fat cattle and sheep so they as a nationality would naturally consider being fat as beautiful). People in Tang Dynasty adored bright and plump beauty. Consequently they enjoyed peony and rode plump horses. As people always followed the example of their superiors, the favors of the imperial families had soon become a fashion.

## 185. Head of the Figurine of a Woman with Flowers

It is the head statue of the figurine of a woman as the body is damaged. On her head top there is a flower ornament and on her upper forehead there is an ornament of a big peach-shaped bud. The thick and big temple hair has surrounded her face but exposed her ears. With a full smile, she has a big, mellow square face, thin eyebrows, slightly narrowed thin and long eyes, delicate and high nose, and a cherry mouth. The figurine has perfect form and appearance, exquisite molding and vivid facial expression.

## 186. Figurine of a Maiden

With a bun of dual rings on the head, she wears a robe of round collar, a waist belt, and boots. She is standing on a base and carries an object in front of the chest. As an image of a girl, she wears the male clothes. Bending backwards slightly, she extends the hands forward and raises the head a bit. With a smile, she shows a graceful posture as well as a confident and even arrogant manner.

## 187. Figurine of a Maiden

The temple hair surrounds her face while the bun on her head top dashes forward and falls on her forehead. She wears a shirt of narrow sleeves and bare breast as well as a floor-sweeping long skirt. The highly raised shoes are exposed. With both hands hidden in the sleeves, she hangs down the left hand and lifts up the bent right hand in front of the chest.

## 188. Figurine of a Maiden

The temple hair surrounds her face and on the head top there are two pebble-shaped buns. She wears a

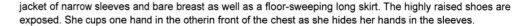

jacket of narrow sleeves and bare breast as well as a floor-sweeping long skirt. The highly raised shoes are exposed. She cups one hand in the otherin front of the chest as she hides her hands in the sleeves.

### 189. Figurine of a Maiden

As the thick and big temple hair has surrounded her face and covered her ears, she has black hair and a bun on her head dashes forward. With a ruddy face, she has small eyes, small mouth, and delicate nose. On the upper body she wears the white long jacket of wide sleeves with orange long silks on her shoulders. On the lower body she wears the floor-sweeping long skirt that has high waistline and light green color while her shoes of raised head are exposed under the skirt. With energetic eyes and mellow smiling face, she wears a jacket of open edge so that the snow-white chest and the red bra of her underwear have been half exposed. She leans her head to the left a little and turns her body to the right a bit in a slight S shape. Cupping one hand on the other before her chest, she hides her hands in the sleeves. The silks, shirt, and skirt all have been ornamented with small flower clusters of various colors.

The models of female figurines in Tang Dynasty had generally developed from the thin style to the fat, namely from the comely face and slender body of the early Tang Dynasty to the fleshy and healthy body of the high Tang Dynasty while in the middle and late Tang Period the body of the female figurines had become fat. The full and round body as well as the raised stomach of this figurine is almost tumid so it probably should be in the middle Tang Period. From her fearless dressing of the open clothes and exposed breast, we can also find the openness atmosphere of Tang Dynasty.

### 190. Figurine of a Standing Woman with Pendulous Double Buns

There are the pendulous double buns on both sides of her head while on her head top and the right bun there are the remaining flower ornaments that are covered with the gold drawing. With a smile, she softly closes the red mouth and has a delicate nose on her mellow face. She wears half-arm underclothes that have been covered with the Hun clothes of round collar. The red trousers of small leg openings are exposed under her clothes. She wears the silken shoes of raised head and a black leather waist-belt. From her back we can find that five round ornaments are mounted on the belt. The round ornaments are covered with the gold drawing. The light green Hun clothes have been sparsely ornamented with the round and white flower clusters. There are wide embroidered borders from the neckline to the robe bottom. The flower patterns are made up of red, white, black, and green colors so they should be the seven aberrant heavenly patterns. She puts the arms in front of the chest and extends the right hand horizontally while the slightly damaged left hand still carries a handle as she should originally have held a mirror. She is standing on a supporting plate with a hole in the center. It is an image of a healthy and plump beautiful girl. The head that slightly turns to the right and the graceful body formed a reversed S shape, making the whole model become elegant and charming. The author has vividly described the scene that a youthful girl who has a pendulous bun with gold coverings and bright Hun clothes is dressing in front of a mirror and appreciating herself.

### 191. Figurine of a Standing Woman in Man's Clothes

She wears a black kerchief that is covered with a chaplet. Although the chaplet is damaged, there are the remaining traces of the paintings and gold drawing on it. She wears the ear caps and a robe of round collar and narrow sleeves. The robe has covered her knees, and she wears the half-arm underclothes, a leather waist belt that is mounted with five round ornaments on the back, and a bag on her right side. As some of the paintings on her robe have shed, we can only faintly find several flower clusters outlined by the black lines and the embroidered robe edges. Having a plump white face, she winks the thin eyes a bit and slightly opens the red lips with a smile. With the pendulous left arm, she hides her hands in the sleeves and half lifts the right arm in front of her chest. There is a handle in the slightly damaged hands; therefore, she should originally have held something. Probably she is making up in front of a mirror. With a dignified and graceful expression, she is standing on a U-shaped supporting plate.

### 192. Figurine of a Female Servant with Pendulous Double Buns

The pendulous double buns on her head reach both sides of her face. She wears a white shirt of narrow sleeves, the half-arm underclothes, and a light green floor-sweeping long skirt whose waistline has reached her chest. The orange silks have been put on her shoulders from the chest and then rest on her back vertically. There are the scattered small white flowers on the silks. With a smile, she has leaf-shaped eyebrows, thin and long eyes, and cherry mouth as she turns her head sideways. On both sides of the mouth corner there is the symmetric face color while the delicate nose and the round face have formed a charming beauty. She cups one hand in the otherin front of her chest. There is a round hole in her hands so she should have originally held an object. This model is an image of a delicate and attractive girl who has graceful posture and romantic charm.

### 193. Figurine of a Female Servant with a Bun

The temple hair surrounds her face and the bun that has been half divided on her head top leans forward. It seems to be the so-called "woduo bun" whose root has been tied with a white silk ribbon. She wears the white jacket of narrow sleeves, the half-arm underclothes, and an orange floor-sweeping long skirt. The long white silks surround the chest and then the exposed part hangs down naturally and elegantly on her

back through the left shoulder. With a smile, she turns her head sideways and slightly opens the red lips, and she has a delicate nose on her white and plump face. She cups one hand in the otherin front of her chest, and there is a small hole in her hands so she should originally have held something. Her head that turns to the right a bit and the soft body have formed the posture of a reversed S shape. Her elegance and graceful appearance as well as her fleshy face and neat figure have shown us the decent and mellow beauty. It is supposed to be a typical image of the women in the High Tang Dynasty.

## 194. Figurine of a Hun Woman

The temple hair surrounds her face and the bun on her head top is damaged. She wears an orange shirt of narrow sleeves with small white flowers, the half-arm underclothes, and a light green floor-sweeping long skirt whose waistline has reached her breast. The white silks hang down on her back through the chest while she rests the surrounded hands on her right stomach. She should have originally held an object as there is a hole in her hands. Having a slightly big nose and deep eyes as well as a big face and small mouth, she should be a "Hun woman" as her appearance is similar to that of the above one. With a stubborn expression, she raises the head towards the up left, winks the eyes a bit, and lifts up the lips. This work has vividly depicted a naïve, naughty, and a little indocile personality of a girl from the Western Regions.

## 195. Figurine of a Hun Woman

On her head there is a sword-shaped high bun that seems to be "the single-bladed bun" (also called the half turned bun). She wears a yellow jacket of narrow sleeves, the half-arm underclothes, and an orange floor-sweeping long skirt. The white silks are worn on her shoulders through her chest and then hang down gracefully on her back. She is standing sideways as she cups one hand in the otherin front of her chest. There is a small hole in the hands so she should have originally held an object. Her eyebrows, eyes, and nose are so different from the other female figurines that the eyebrows are slightly higher, the eyes are slightly deeper, and the nose is slightly flat. A little bit of melancholy expression is shown on her young face and she has a mellow face and the slightly raised mouth corner. She seems not a Han woman but the image of a "Hun Woman" of Tang Dynasty that has been recorded in the documents and mentioned in the poems.

The Hun woman had been mentioned in the poems since the Han Dynasty. The Poems of Han Dynasty of the Poems of the Pre-Qin, Han, Wei, Jin, and Northern and Southern Dynasties had recorded that a fifteen-year-old Hun woman was selling alcohol alone in the spring. Her long garment, suitable belt, and the broad sleeves had formed the graceful clothes while she had the Lantian jade on her head, the big Qin pearl in her ears, and the gentlest buns. The documents of Tang Dynasty recorded that a man of the surname of Jiu in the Western Regions had sent the tribute of "a Hun girl" to the court of Tang Dynasty in the Zhaowu Period. The poems of Li Bai said that a beautiful Hun woman was so warmly greeting the customers that when she waved many customers would go to her inn to drink much and especially in the tourism seasons many people would go to her inn happily. The poems of Wen Tingjun said that the boys of the Western Regions had always played the jade pipes while the girls had always worn the beautiful silk shoes. These described the scenes that the Hun women in Chang'an City were greeting the customers and were singing or dancing. However, we have not found a "Hun woman" in the archeological discoveries. The figurine of "a Hun woman" that has been unearthed in the center tomb of Jinxiang County should be the first finding. These charming Hun women are standing gracefully with bright clothes and symmetric dressing on their mouth corners, so we can really appreciate the mien of the Hun women under the poets' writing.

## 196. Figurine of a Woman in Man's Clothes

She is standing on a supporting plate and wears the head kerchief, the robe of round collar, the half-arm underclothes, and the leather waist belt. Slightly opening the red lips, she has a comely expression, ruddy face, bright eyes, white teeth, the charming small eyes on her plump face and the cherry mouth under her high nose. The tilted small kerchief is put on her head wittily. Under the kerchief, there are the several wisps of the temple hair on both sides of her ears and even the entire beautiful hair on her back head. From her back, we can find on her kerchief a big hook-shaped object that has been tightly tied to her back head and should be a hair decoration as well as the ear caps behind her ears and the square ornament on her waist belt. She throws upwards her right hand while the long sleeve has hangs down gracefully on her shoulder back through her back. She hides the hands in the sleeves with the pendulous left hand the long sleeve that covers her waist. She slightly turns her head to the left while she moves her body according to the gesture, so the overall model has basically presented the S shape and the posture are graceful and somewhat naughty. With the small head kerchief and the broad robe, this figurine seems to show the scene that a rosebud is trying on man's clothes under the influence of the fashion that a woman wears man's clothes: she hurriedly puts on the kerchief that almost leans forward to reach her eyebrows and wears the robe whose waist belt has not been lifted up, she can not help raising the head, throwing out the sleeves, and turning her body so as to quickly experience the unusual feeling of wearing man's clothes.

## 197. Figurine of a Woman with a High Bun

The helical high bun on her head seems to be "the single-bladed bun". Having a comely face, small eyes and mouth, she wears the jacket of bare breast and narrow sleeves, the long silks on her shoulders, and

a floor-sweeping skirt whose waistline reaches her breast and its long band is tied on her chest and then hangs down gracefully. She is standing on the ground as she rests the raised left hand on her stomach, naturally hangs down the right hand, and covers her feet in the skirt. With a slender body, this figurine has the characteristics of the pottery figurines in the Early Tang Dynasty.

### 198. Figurine of a Female Servant in Hun Clothes

She wears a Hun hat whose highly coiled brim is turned into the wave shape of projecting center and concave sides. Such kind of Hun hat seems to be the so-called "the empty hat with coiled brim". She is standing on a round supporting plate and wears the half-arm underclothes that is covered with the Hun clothes of big coiled collar, a leather waist belt whose right side has been tied with a bag, and high boots. She has a mellow pinky face, thin eyebrows, small eyes and mouth, and red lips, so she should be a girl. She extends the hands upwards and then raises them in front of her chest as if she is carrying an object. Raising her head proudly, she wears the Hun hat and the male Hun clothes brightly and bravely so she should be a "Hun woman".

### 199. Figurine of a Female Servant in Hun Clothes

With two small helical buns on her head top, she wears the half-arm underclothes and the outside Hun clothes. Her dress is the same as that of the above while the difference is that there is not a bag hanging down on the black leather belt. She has a round face, small eyes and lips so she should be a girl. She is standing on an oblong supporting plate with separated feet as she slightly turns her head to the up right, rests the clasped hands on her left chest, and wears boots. Just like a heroine, she seems to be "a Hun woman".

### 200. Figurine of a Woman Carrying a Powder Box

On her head there is a thick bun whose temple hair surrounds the face. She has a fleshy face, small lips, small nose and eyes as well as the white neck and red face, and she wears the robe of round collar and broad sleeves, a wide waist belt, and boots. With a docile and respectful expression, she is standing on a footplate as she carries a powder box in front of her chest. The round porcelain powder box with a lid in her hands is the dressing accessory for women of Tang Dynasty and it is frequently unearthed in tombs of Tang Dynasty. This figurine should be the image of a female servant in male clothes.

### 201. Figurine of a Woman with Double Buns

On her head there are the big but not pendulous double buns that have been held up on both sides of her back head. She has a big and plump face, a cherry mouth, small narrowing eyes, a delicate nose, and red lips. She wears a jacket of long sleeves and a floor-sweeping long skirt. She lifts up her hands in front of the chest and hides the hands in the sleeves. She originally should have held something. She slightly leans her head to the right and turns her body to the left, looking graceful and charming in spite of the somewhat fat body.

### 202. Figurine of a Woman

The broad temple hair has exposed her ears while the high bun on her head top has been thrown backwards. She wears a jacket of broad sleeves and a floor-sweeping long skirt whose waistline has reached her breast. Her tiptoes in the round-headed shoes have been exposed under the skirt. She has a mellow face, thin eyebrows, small eyes, a delicate nose, and a cherry mouth. She is standing on a supporting plate as she raises the right hand hidden in the sleeve in front of the chest and also lifts up the damaged left hand to match with the right.

### 203. Figurine of a Standing Woman in Man's Clothes

The broad temple hair has covered her ears and surrounded her face while on her head top there are the reversed double buns that have been thrown backwards a bit. She has a round face, thin eyebrows, small eyes, and a cherry mouth. She is standing on a supporting plate and wears the robe of round collar. Her slit robe, wide waist belt, and round-headed boots should be man's clothes. She lifts the hands in front of her chest as if she is carrying an object. Having a plump body, she nods and straightens her stomach. From her side face, we can find that her head and neck, waist, and legs have somewhat presented the S shape of graceful posture.

### 204. The Figurine of a Standing Woman

The broad temple hair surrounds her face and the bun on her head top has been highly thrown towards the left. With a happy smile, she has a plump and ruddy face, a small mouth and small eyes, and a delicate nose. She wears a jacket of wide sleeves and a broad long skirt. Her shoes have been exposed under the skirt. She is standing on a footplate as she carries a long kerchief in front of her chest.

### 205. Figurine of a Standing Woman with the Paojia Bun

She has a white plump face, red lips, and cherry mouth, a paojia bun on her head and wears a jacket of broad sleeves and a floor-sweeping long skirt, showing a lovely image. The paintings on the jacket have shed and there are the remaining spots of red paintings on the long skirt. She lifts the hands in front of her chest as she originally should have held something. She turns her head and waist a bit, presenting a slight S shape of graceful posture.

## 206. Figurine of a Sitting Woman with Comb and Fan

Her hair has been combed highly, a flower has been inserted in the bun on her head top and a comb has been stick in the bun on her forehead. The temple hair hangs down naturally. With a mellow and happy face, she is sitting upright on a round pillar with the held feet and wears a jacket and a long skirt and surrounds her waist with a round fan with a long handle. As a figurine of full-dress woman, it should be an image of a woman from a rich family taking a rest with a fan after her dressing.

## 207. Figurine of a Male Servant with the Kerchief

He wears a black head kerchief, a red robe of round collar and broad sleeves, and a black leather waist belt. He has a handsome face and energetic eyes with a smile. Cupping one hand in the other in front of the chest, he is standing on a thin supporting plate in the serving position. It should be the image of a clever and handsome boy servant.

## 208. Figurine of a Standing Man with Weather Cap

He wears a yellowish red weather cap and an overcoat of coiled collars. The light red overcoat has been ornamented with scarlet patterns of circles while the coiled collar is white. He wears a tight-fitting underclothes. He has a plump face and raises the eyebrows, glares, and lifts his mouth corner, showing a calm and awful expression. He rests the hands that have been clenched into fists on his chest tightly. He originally should have held something as there is a hole in the fist. It should be the image of a bodyguard holding a weapon.

## 209. Figurine of a Standing Man with Weather Cap

He wears a yellow weather cap and an overcoat of coiled collar. The yellow overcoat has been ornamented with white patterns of circles while the coiled collar is white. He wears a tight-fitting underclothes. He raises the eyebrows, glares, and lifts the mouth corner and the face looks tense and ferocious, showing an image of great rage. He rests the hands that have been clenched into fists on his chest tightly. He originally should have held something as there is a hole in his fists. It should be the image of an awful bodyguard holding a weapon.

## 210. Figurine of a Male Servant with the Kerchief

He wears a head kerchief, a red robe of the round collar and a waist belt. He has a slightly sunken nose and flabby chin muscles, and glares and tightly closes the wide and flat mouth as he frowns a bit and exposes the wrinkles on his forehead. With a stiff smile, he shrinks his head and shrugs his shoulders. Cupping one hand on the other in front of the chest, he is respectfully standing on an irregular base as he hides his hands in the sleeves. It should be the image of a respectful servant who has seen much of the changes in human life.

## 211. Figurine of a Monk

With a bald head, the monk wears a cassock of right lapel. The long pendulous broad sleeves have covered his knees. Having a young and kind face, the monk puts both hands in front of his chest as if he is making a gesture. The hands have been damaged.

## 212. Figurine of a Male Servant in Small Hat

With a black small hat on the head, he wears an orange robe of crossed collar and big sleeves, the white trousers that are exposed under the robe, the long pendulous sleeves that have covered his knees, and the black shoes of round head. Clenching both hands into fists, he rests the upper right hand on his chest tightly and puts the lower left hand on his stomach closely. He originally should have held something as there is a small hole in his fists. With black eyebrows, big eyes, a round face, and red lips, he is seriously and respectfully standing on a square supporting plate in the serving position.

## 213. Figurine of a Woman Beating the Waist Drum on a Horse

On her head she wears a magnificent peacock hat. The peacock raises the head, looks far into the distance, and gracefully hangs down the long and wide feather tail to fall on the shoulders and back of the woman, showing a beautiful and lifelike image. The feather color is made up of sky blue, light green, red, and black while the hair under its neck is white. The woman wears a male white-pink long robe of round collar and narrow sleeves. On the chest, back, shoulders, and legs there is respectively a big round milk-rose lotus flower that has been outlined by black lines. She is riding straight on the horse and wears black high boots of pointed head. She extends her hands as if she is beating the waist drum that has been put on the front saddle. The drum body is red and the drum surface is white. She has bright eyes, thin eyebrows, cherry mouth, mellow face and a delicate nose, looking plump and graceful. With bright eyes, the horse is standing on an oblong supporting plate as it raises the head and ears, half opens the mouth, twitches the nose, and raises the held tail highly. The horse is white, the saddle is black, and the wide edges of it are sky blue. The brown red background in the middle has been ornamented with scattered small white quatrefoils that have been outlined by the red paintings and have been made up of the white, black, and green paintings.

The figurine that wears a peacock on the head is almost the one and only among the unearthed figurines of Tang Dynasty. The sculptor has really exercised his inventive mind and showed his excellent technique to put the hat that has been integrated with the beautiful peacock on the attractive female singer.

The waist drum had been spread to the Central Plains from Qiuci in the Wei and Jin Dynasties. The Music Annals of the Old Book of Tang Dynasty had recorded that the waist drum, originally belonging to the Hun drum, had broad head and thin stomach although the bigger ones were made of tiles and the smaller ones were made of wood. Moreover, it also had recorded that the waist drum was made up of a main drum and an accompanying drum. The main drum should be beaten by the rod and hands while the accompanying drum should be beaten by hands. The waist drum was also called "the Hun drum" as it belonged to the Hun music instruments. The Collection of Jie Drums by Nan Zhuo of Tang Dynasty had recorded that pottery waist drums were popular in Tang Dynasty. There are the living examples of the pottery drums that have been handed down from the ancient times and that have been unearthed. The color-glazed waist drum that has been handed down from ancient times has black glaze, blue spots, and very large body with the full length of 58.9 cm [the figure can be seen in The Illustrated Handbook of China Music History that is edited by the Music Institute of China Art Academy and published by the People's Music Publishing House in 1988].The color-glazed waist drum made by Yaozhou Kiln has been unearthed in Shaanxi Province in the 1980s. The existing porcelain waist drum only has the drum framework and for playing it should be tied with ropes at both ends so as to tighten the leather drum heads. The waist drum of the tomb figurine of a woman riding the horse owns the full deep red drum body so that it should not be the pottery color at that time but the oil paint color on a wood. Besides, the drum shape is small so it should be a small wooden waist drum beaten by hands.

## 214. Figurine of a Woman Playing Chinese Lute on Horse

On her head there is a single bun that hangs down on her forehead and has held a hair ring on both sides. Therefore, the bun should be a double-ringed one. She wears a white narrow-sleeved robe outside, half-arm underclothes, and black high boots of pointed head. She rides on a purplish red horse, and is horizontally holding a four-stringed lute in her arms and attentively playing the music as she presses the string by the left hand and holds the stick by the right hand. She has a white face, red lips, and flower ornaments on her forehead, looking dignified and elegant. As she turns her ears to listen, she turns her head to the left a bit as if she is attentively playing the music. Raising the head, the horse is standing on an oblong supporting plate as it raises the ears and looks at the front.

Chinese lute, also being called "pipa", is a kind of plucking musical instrument. Interpreting Musical Instruments of Interpreting Names by Liu Xi had recorded that Chinese lute originally came from the Hun Region and should be played when riding a horse. pi meant pushing forward while pa meant drawing backward. Chinese lute had also been recorded in The General Customs by Ying Shao of Han Dynasty. From the Qin and Han to Tang Dynasties, Chinese lute had been the general term for a variety of plucking musical instruments and it included so many forms as the round sound box, the pear-shaped sound box, the bent neck, and the straight neck. In the Northern and Southern Dynasties, the bent-necked lute was spread from the Western Regions. It had four strings and pillars as well as the half pear-shaped sound box. And it should be put horizontally in front of one's chest and be plucked by a stick or by hands. In the Tang Dynasty, Chinese lute had become so popular that the poet Bai Juyi had vividly described it in his famous poem The Ballade of Chinese Lute. In the wall paintings of Dunhuang City there is the unique skill of converse lute playing painted. Besides the four-stringed lutes, the Chinese lutes of Tang Dynasty also had the five-stringed ones. The Music Annals of the Old Book of Tang Dynasty had recorded that the five-stringed Chinese lute was smaller and came from the North.

The ways of playing Chinese lute consist of two kinds: holding it horizontally in one's arms and playing it with the stick; holding it vertically and playing it with fingers. Early in the Northern and Southern Dynasties some people had tried to play the lute by fingers. In the Zhenguan Period of Tang Dynasty, the musician Pei Shenfu played the five-stringed lute by his fingers and Emperor Taizong was greatly pleased. As a result, the lute player was also called "the finger player". To adapt to finger playing, the original horizontal holding had been changed into the vertical holding. However, the horizontal lute played by the stick was still so popular that the lute girl in the poem of Bai Juyi just held this kind of four-stringed lute. In Zhengcang Council in Nailiang City of Japan there were the four-stringed screw ornament lute, the five-stringed screw ornament rosewood lute, and the stick of lute in the Tang Dynasty. At the same time, in the poems of Tang Dynasty there are also many lines about playing the lute when riding a horse. For example, "Having not drained the vintage vine in luminous glasses, the Pipa is played on the horseback to call us to the front." The lute for this woman is the horizontal four-stringed one played by the stick while its neck has been damaged.

## 215. Figurine of a Woman Playing Konghou on Horse

She is wearing a kerchief on her head, dressed in a peacock blue round collar narrow sleeve robe and orange trousers, with a black waistband around her waist and a small bag on her back. There are eight leather straps drooping from her waist. She is riding on an orange horse, with a pair of black pointed high boots on her feet and a konghou in her arms. The strings of the konghou are no longer there, but the music box and the frame are painted russet brown with black curly grass pattern. The girl has a round face, black eyes and red lips, with a smile on her face and her head slightly turned to the left. She is quite pretty. The horse is standing on a rectangular supporting board, whickering with its head high and eyes wide open.

There are several types of "konghou" such as the horizontal type, vertical type and phoenix head type. The konghou in the girl's arms is of the vertical type, which originated from west Asia and was called "northern barbarian musical instrument" in ancient times. Some people think it is the "point angle harp" which was popular in ancient Persia and was introduced to the Central Plains of China during the Han Dynasty. According to the existing documents, konghou was popular during Wei Dynasty, Jin Dynasty, Sui Dynasty, Tang Dynasty, Five Dynasties and Ten Kingdoms Period and Song Dynasty, and was rare after Ming Dynasty. In the one hundred and forty-fourth volume of the book Tong Dian, it is recorded: "The vertical type of konghou is a kind of northern barbarian musical instrument, and was favoured by Emperor Ling of Han Dynasty. It is arc-shaped and long, with twenty-two strings. One should play it by holding it vertically in one's arms and play with both hands at the same time. It is commonly called as 'konghou played by thumbs'." Poet Gu Kuang in Tang Dynasty once wrote an Ode to Konghou: "The royal musician is playing a konghou of brown strings and golden frame... with left hand lowered and right hand lifted, producing a heavenly melody ... his head and hands are swinging rapidly, and his wrists are so flexible, the movements are just like wind." This poem vividly describes the scene of playing konghou. There are many images of this kind among stone sculptures and pottery figurines, but no intact real object of konghou has been found. According to the image of konghou painted in Dunhuang Grotto Murals and Murals in the grave of Su Sixu (Tang Dynasty), as well as the remains of lacquered konghou of Tang Dynasty preserved in Japan, it can be deduced that the vertical konghou held by the female pottery figurine on horseback unearthed from Jinxiang County Chief's grave is part of the arc-shaped music box and a section of the remaining post, the horizontal batten used to hold the strings no longer exists. The painted pattern on the arc-shaped music box is the same as that of the one painted in Su Sixu's grave, both are the flowing cloud and curly grass pattern.

## 216. Figurine of a Woman Playing Cymbals on Horse

She is wearing a kerchief on her head, dressed in a round collar narrow sleeve robe, with most of the paint peeling off, and some patches of orange color remaining. She is riding on a horse, with a pair of pointed high boots on her feet, holding a pair of cymbals in her hands with the right hand lifted and left hand lowered in the pose of playing the cymbals. The girl has a round and full face and red lips, with an inlaid floral hair ornament on her forehead. The saddle is black, with a saddle cloth of wide white edge, and the orange background of the central part of the saddle cloth is embellished with clustered flowers. The brown horse is standing on a rectangular supporting board with its head held up.

As recorded in The Chapter about Music in The Old Book of Tang: "Brass cymbals, also known as brass plates, came from the West Frontier and were introduced to the Southern Area; the diameter is about several inches, and the central part slightly bulges out, tied with leather band, the two pieces are struck together to accompany with other musical instruments. In the countries of Southern Area, the diameter can reach several feet." According to some documents, brass cymbals were introduced to central parts of China in the latter Wei Dynasty, and were especially popular during Sui Dynasty, Tang Dynasty, Five Dynasties and Ten Kingdoms Period. Seven out of ten musical works of Tang Dynasty would use brass cymbals, and afterward brass cymbals were widely used in folk dance, music opera, and wind and percussion music. The brass cymbals played by the female pottery figurine equals to a palm in size, so they are small brass cymbals.

## 217. Figurine of a Woman Playing Bili on Horse

She is riding a horse, wearing a hat with crimping flap, the brim of which is decorated with white flowers of red outline, and she is dressed in a round collar narrow sleeve robe, with a pair of pointed high boots on her feet. She is holding a Bili with both hands and slightly leaning forward to the left in the pose of playing. This pottery figurine has a round face and narrow eyebrows, and is playing intently. The horse was painted white, standing on a rectangular supporting board, whickering with its head held up high. The saddle is black, with a saddle cloth of wide white edge, and the maroon background of the central part of the saddle cloth is scattered with blooming little white four-petal flowers with red outline, and filled with white and light blue colors.

Bili is also known as the Tartar pipe, Sad pipe, or Jia pipe, and later got other names such as Wind pipe and Head pipe. It is a kind of Wind Instrument with a reed whistle attached to a short bamboo pipe. The modern pipe evolved from ancient Bili. As recorded in The Chapter about Music in The Old Book of Tang: "Bili was originally called Sad pipe, came from the Northern Barbarian Tribes in ancient China, and the sound is very sad. There is also a saying that Northern Barbarians played it to frighten Central Plain's horses."

Seven out of ten musical works of Tang Dynasty would use Bili. Tang Dynasty poet Li Xin once wrote a poem On Hearing An Wanshan Playing Bili : "Cut a piece of bamboo in the South Mountain to make a Bili, which is kind of musical instrument came from Qiuci. After spreading to the Han area its tune has changed, and Northern Barbarians of Liangzhou always play it for us." Tang Dynasty poet Bai Juyi described Bili's tune vividly in his poem Boy Xue Yangtao Playing Bili: "Cut a reed and insert it into a piece of bamboo, the nine holes in it can produce a whole musical scale... harmoniously it sounds as if the pipe has cracked, and the sound stopped suddenly as if having been cut by a knife. Sometimes it sounds soft as if without bones, and sometimes the pause and transition sound as if having grown knots. The rapid rhythm goes on constantly just like a string of pearls and the slow melody is as straight as a long stroke. The low pitch sounds like a stone falling heavily and high pitch sounds like floating clouds..." There are big Bilis as well as small ones. The big ones have nine holes with seven holes in front and two behind, while small ones have six holes. The Bili held in the pottery figurine's hands looks short, and her two hands are holding very near. Therefore, this Bili is a small one.

### 218. Figurine of a Woman Traveling on Horse

The female pottery figurine has two hair buns hanging loosely around her ears, with a single circle bun hanging over her forehead, which is known as the "loosely hanging bun". She is wearing a round collar narrow sleeve jacket and an orange long skirt, which covers her bosom with a green band tied under her armpits. The long skirt is scattered with small clustered white flowers. She is sitting on a big white horse with a shawl over her shoulders and a pair of black shoes on her feet. She lifts her left hand up to her bosom, with her right hand drooping down naturally, and both hands are covered in her sleeves. She has eyebrows like willow leaves and narrow eyes, with a small mouth on her round face and an inlaid floral hair ornament on her forehead. Her head is slightly turned to the left with a little smile. The white horse is staring straight forward with wide eyes, and its two ears projected alertly. It is standing on a rectangular supporting board, whickering with its head held up high. The saddle was painted black, with a saddle cloth of wide light blue edge, and the white background of the central part of the saddle cloth is decorated with black and blue flower clusters with red outline. The whole figurine looks very vivid, accurate and graceful.

### 219. Figurine of a Woman Traveling on Horse

Her hair style is the same as the former one, with a "loosely hanging bun". She is wearing a brown narrow sleeve jacket scattered with clustered small white flowers and a green long skirt embellished with clustered small white flowers and with a shawl over her shoulders. She lifts her right arm straight before her belly, with her left arm drooping down naturally, and both hands are covered in her sleeves. The white horse is standing on a rectangular supporting board, with its head turned aside and its mouth open. The saddle is black, and the pink saddle cloth is decorated with clustered green, black and light blue flowers with red outline. The girl looks very elegant and at ease, her flowing sleeves making her even more graceful. This piece of art work perfectly portrays the moment at which the girl is turning around and swinging her sleeves on horseback.

### 220. Figurine of a Woman Traveling on Horse

She has the "loosely hanging bun" hair style, and is dressed in a narrow sleeve jacket with a half sleeve shirt inside and a white long skirt decorated with lotus pattern, and with a long shawl on her shoulders hanging behind her back. She is looking forward on the right side, with her right hand on her hip holding the rein, while her left hand put on her thigh naturally. The white horse is staring straight forward with wide eyes and its two ears picked up, leaning forward in a pose of stepping forward. The saddle is black, with a saddle cloth of wide white edge, and the bronzing saddle cloth is scattered with little white blooming flowers with red outline.

### 221. Figurine of a Woman Traveling on Horse

She has the "loosely hanging bun" hair style, and is dressed in a green narrow sleeve jacket and an orange long skirt, of which the decorative patterns have peeled off. A long and wide shawl is hanging on her shoulders from behind her back and crossing in front of her chest. She is plump yet pretty, with a narrow nose and a small mouth on her round face. She is sitting on a big brown horse, with her left hand holding the rein, while her right hand put on her thigh naturally. The horse is standing straight with its raised head. Its long and thick mane and tail were painted white, with round white dots on its neck and back. The saddle is black, and the orange saddle cloth is scattered with clustered little white flowers.

### 222. Pottery Figurine of Northern Barbarian Hunter Holding a Hound in Arms

He is wearing a black kerchief on his head, dressed in a turndown collar narrow sleeve Hun costume of black outside and green lining, and the turndown collar is also green. His left chest and left arm are exposed, with the left sleeve fluttering behind him. He is riding on a claret horse, with a pair of white high boots on his feet and a white hound in his arms. The hound nestles close to its master's chest, raising its head with lifted ears, staring straight forward alertly. The hunter has a high nose and deep eyes on his ruddy face, with a perked handlebar mustache and long and thick whiskers in an inverted triangular shape under his chin. He is staring with wide eyes to the left side, showing his teeth with opened mouth as if shouting. His left fist is clutched, showing the powerful muscles of his bare left arm. The horse's mane is cut short and its tail is braided. It is standing on a rectangular supporting board, whickering with its head held up high. The saddle is black, with a saddle cloth of wide white edge decorated with patterns of close black lines. The orange saddle cloth is scattered with black circles, which should be the patterns of leopard's skin, so it is a leopard's skin saddle cloth. This piece of art work perfectly portrays the rough and outrageous features of Northern Barbarians.

Hunting, also known as "field hunting", was a kind of production activity of primitive men. Since Xia Dynasty, most of the rulers regarded hunting as a big event confirming to the four seasons. Zuo's Commentary of The Spring and Autumn Annals says:"'chun sou'(hunting in spring),'xia miao'(hunting in summer),'qiu xian'(hunting in autumn),'dong shou'(hunting in winter) are all conducted in the free time after farming." By hunting one can not only get oblations for his ancestors, but also practice one's horsemanship and archery. As a result, hunting is not only a big event of a country, but also a military sport reflecting military spirit. After Qin Dynasty and Han Dynasty, hunting also became a kind of recreation for emperors and nobles. Liu Che, Emperor Wu of Western Han Dynasty, adored chasing beasts greatly. Rulers of Tang Dynasty were especially fond of hunting, regarding it as one of the three biggest pleasures. Li Shimin, Emperor Taizong of Tang Dynasty, once said: "There are three big pleasures for man: the first one is to live in a peaceful world with every household well off; the second one is to shoot with unfailing accuracy in hunting; the third one is to feast with the whole country." The prevailing custom of hunting made hunting scenes become a subject for painting, sculpture and poetry. In high-ranking graves of Tang Dynasty, Pottery Figurines of Hunter on Horseback can often be found. This is one of the eight Pottery Figurines of Hunter on Horseback unearthed from Jinxiang County Chief's grave.

## 223. Pottery Figurine of Northern Barbarian Hunter Holding a Hound in Arms

He is wearing a black kerchief on his head, with a high nose, deep eyes and whiskers all over his face, and is dressed in a round collar narrow sleeve robe, with a pair of high boots on his feet. His left hand is lifted over his shoulder, as if holding the rein and his right hand is holding a white hound. The hound's forelegs are put on the hunter's left thigh, with its ears lifted up, looking up at its master, and waiting for order of charging. The hunter's head is slightly turned to the right side, staring forward with the horse standing still, as if he is listening intently. The brown horse's mane is cut short and its tail is braided. It is standing on a rectangular supporting board, staring with its ears lifted up. The black saddle and the leopard's skin saddle cloth are the same as that of the former one, but its color has peeled off and faded.

The hound in this hunter's arms and the former one are both of pointed muzzle, slender body and long tail, and seem to be the so called "Persian Dog".

## 224. Pottery Figurine of Northern Barbarian Hunter Holding up an Eagle

He is wearing a black kerchief on his head, with its two leaves hanging on his shoulders. He is dressed in a round collar narrow sleeve robe, with most of the orange color peeled off. The hunter has thick eyebrows and deep eyes on his ruddy face, with his left arm drooping down and his right hand holding up the eagle over his head. He is leaning backward to the right side, looking back at the eagle, while the eagle is staring forward, as if waiting for order of charging. The horse's mane is cut short and its tail is braided. It is standing on a rectangular supporting board with its head held up high. The saddle is black, and the brown saddle cloth is scattered with black circles, which is a leopard's skin saddle cloth.

There were four kinds of eagles kept in the eagle house of the imperial palace of Tang Dynasty. Among them the rarest and precious ones are vultures; the most graceful ones are falcons which can catch herons and wild ducks, and "frost vultures" which came from the northeast; the third kind is snipes, a kind of small fierce bird to catch quails; the last kind is goshawks. Except for some local ones, most of those birds were tributes paid by outlands. For example, in the third year of Kaiyuan period, king of east outland gave two white eagles as tributes; in the seventh year of Xiantong period, Zhang Yichao, governor of Shazhou gave eight black falcons as tributes; in the eighth century, tribes of Bohai Sea near Korean peninsula also gave many eagles as tributes. This bird in the hunter's hand and the next one are small ones with short wings, so they should be snipes.

## 225. Pottery Figurine of Northern Barbarian Hunter Holding up an Eagle

The figurine has an erect nose, deep eyes, and central parting hair drawn to his back head. He is in a round collared white robe with short front lap, a black leather belt, black boots, and riding on a claret horse. The man is putting his left hand which is inside the sleeve on chest, and seems to be drawing the reins, and his rising right arm is supporting a falcon. He is watching forward, ready to let the bird go. The horse has trimmed hairs and banded tail, with brown spots on his white back, and the saddle is the same as the above one.

## 226. Pottery Figurine of Northern Barbarian Hunter with His Cheetah

The figurine has his head wrapped in a black scarf, wearing round collared robe with narrow sleeves and black high boots. The originally applied orange glaze was much peeled off. The man seems to be drawing the rein with his stretching left hand, and spurring the horse with his right hand backward. He is turning his head left-backward with glaring eyes. A cheetah, sitting on the round pad behind him, is perking its ears with fully opened eyes. It is bending over on his sharp front paws and half bowed left legs, as if jumping to its prey. The white horse is bearing black saddle and leopard fur as saddle cloth. It has mane trimmed and tail banded, with perking ears and staring eyes, looking exceptionally alert. The horse is settled on a rectangular base plate. To give an overall view, in this work, the Hun figurine turns back and looks backward, focusing his eyes with that of the cheetah on the same place, while the cheetah is about to jump with his rear legs straightened, sacrum perking and shoulders tensing. Though the horse is standing

still since it's a sacrifice pottery figurine, thanks to the masterly treated profile, movement and quietude are perfectly combined, it still impresses people with rich spirit and atmosphere, showing a tense scene in which a breath-taking hunting is about to start.

The leopard behind the figurine is yellow with black spots on his back, white skin below his neck, on his stomach and four paws, so it should be a cheetah, which is smaller than ordinary leopards. In spite of the merely 140cm of length and around 50kg of weight, it runs at a speed over 100Km/h. It runs in a shape of Z rather than moving straight when it's hunting, leaving its preys hard to escape from its flexible sharp paws which are different with the usual catamounts. The cheetah was placed on a round pad behind the horse with black rings on his neck; apparently it is a domesticated animal. According to Persian legend, cheetah was first successfully domesticated in Indian Maurya Dynasty.

Based on textual research, cheetah was first used as early as in Western Han Dynasty. But from then on, it is seldom recorded in historical records until Tang Dynasty, when records on relics and articles about cheetah appeared again. According to Clause Country Kang in Volume Ninety-nine of Institutions of Tang Dynasty, in the early Kaiyuan Era, envoys were frequently sent to present hauberks, crystal cups, and dwarfs from Southern territories, girls from Hun states, as well as dogs and leopard etc. wherein, the dog and leopard should refer to hunting dogs and cheetahs. Pictures of cheetah with necklace were found in Zhanghuai Prince Tomb and Yide Prince Tomb of Tang Dynasty, while hunting pottery figurine with cheetah are scarce. Most of the hawks, dogs or cheetahs used by the nobles of Tang Dynasty for hunting were presented from Western countries, where the so called Hun People were good at domesticating hunting hawks, dogs and cheetah and thus they are greatly favored. Therefore, those hunting animals were often attended by them. These Hunting Hun Figurines are truly a portrayal of the scenes. Thanks to these pottery figurines, we are brought back to the hunting spot with noisy crowds and dashing horses more than one thousand years ago, and could feel the deep influences of exotic customs and cultures brought by those Huns on the society of Tang Dynasty.

### 227. Figurine of a Woman Hunter with Lynx

With double buns hanging down to the ears, the female figurine, who has pink face, red lips, thin eyebrows, black eyes, and rose bud mouth is in white round collared robe with short front lap and narrow sleeves. She wears a pouch at the girdle, black high boots, and riding a claret horse. Turning slightly rightward and staring at right front, she is squeezing her right hand into a fist with her left hand stretching out in a rein drawing gesture, and shows a nervous expression. A lynx, crouching on a red round pad behind her, is having its ears perked up and front legs standing, sitting on his back legs, looks very leery. The horse which is raising its head with open mouth stands on a rectangular bench. It has hairs trimmed and tail banded, white back with red and brown spots, and is assorted with a black saddle and leopard fur saddle cloth.

The lynx with the figurine, with another name, lynx monkey, is grey-black in its back and white on its neck and stomach. Being 95cm to 105cm in real size, it is a little ferocious catamount, which can be trained for aiding hunting. The application of lynx in hunting in ancient China attributed to western influence.

It is noticeable that most hunting figurines riding a horse are males, and mostly Huns, while this hunting figurine with a lynx is a female. It is thus a proof that females of Tang Dynasty not only rode out galloping with casual coiffure, but also attended the fierce riding hunting.

### 228. Figurine of a Woman Hunter Bearing a Deer

The female figurine has a hanging-down double buns, and is in round collared robe with narrow sleeves. She wears the half-sleeve clothes inside and a pouch at the girdle, riding a tall and big horse. She is squeezing her two hands on her belly, and is in the posture of pulling the rein. Behind her is a deer hunt, with head drooping and four legs pointing to sky, at its last gasp. The figurine has a round flush face, with slightly closed lips and a complacent smile. It is the very corroboration to the poem "on a plain a youth hunted a rabbit, on the horse he came with spirit". The horse is different with previous ones, it has draping hairs and banded tail, and the thick mane on its neck hangs down loosely. It is perking its ears with open mouth, standing on a rectangular plate, with black saddle and leopard fur saddle cloth.

### 229. Figurine of a  Hunter Hun Person

With a black kerchief on his head, the man is in white round collared robe of narrow sleeves. He is wearing a black leather belt, and black high boots, stepping tightly on a stirrup. The figurine leans a little bit right forward, with his glaring wide open eyes, observing attentively the right forward. The horse is leaning left, which is in accordance with the man's action of pulling the rein. The work vividly and incisively described the scene in which the man is holding his horse for clear observation during the hunting.

### 230. The Figurines of Hunter on Horseback

The horseback Hun man is born with high nose and deep eyes. With a black kerchief on his head, he wears green Hun robe with round collar and tight sleeves, and black high-heeled boots. He rides a jujube red huge horse with both hands grasping the halter, staring in afar. The horse's mane is cut and the tail tied short. Stout and sturdy as it is, the horse is standing upright on a rectangular support plate. The horse has black saddle and leopard-skin accessory. A wildcat squats on a round pad behind the Hun man. This animal plucks up its ears, stands on upright forelegs with crouching hind legs. It looks very vigilant. The wildcat, also called lynx, is a small beat of prey within the family Cat. Once tamed, it can help go hunting.

The hunting with wildcat in Tang Dynasty should be an influence of those people in the West. It is guessed the small bird carried at the right side by the horse is hunted. The artifact indeed grasps the image and spirit of the figure and the horse. The horse of ears like cut bamboos, sparkling eyes, opening nose and visible bones, is an excellent artwork of typical Tang's pottery making. As one of similar figurines unearthed from Liang Cong's tomb, it vividly reflects live scenes of how those aristocrats went hunting on horseback in Tang Dynasty.

### 231. Figurine of a Man Piping on Horse

The riding figurine is wearing an orange hood and a long orange robe with wide sleeves. He is sitting on the horse straight with black high boots. With raising arms and empty hands held close to the left side of his mouth, he is believed to be playing a pipe. The back of his right hand and the fingers of his left hand turn outward, and the flute originally held in hands is lost. The paintings and the white glaze of this figurine mostly peeled off, exposing the black grey pottery, and only residual red spots remain on the clothes. There are totally 18 sets of male figurines riding on horse with flutes, vertical flutes, Bili, and drumsticks on their hands, showing a state of playing instruments, and all of these figurines belong to the orchestra guards of honor.

### 232. Figurine of a Man Piping on Horse

The figurine is wearing an orange hood and an orange wide-sleeved robe. He is clenching his empty right hand with a hole in it, the back of the hand is outward, and the hand is held to the left side of his mouth, showing a state of piping, and the left hand is damaged. Judging from his gestures, the instrument held on his hand should be a flute. The red-brown horse has red spots scattered on its white neck and buttocks.

### 233. Figurine of a Man Playing Panpipe on Horse

The man is wearing a black hat, and is in an orange round collared robe of wide sleeves. He seems to be playing the panpipe between his hands, which is yellow brown and consists of 9 bamboo pipes. The figurine has thick eyebrows, large eyes, composed manner, as if he has been deeply absorbed in playing. The horse stands on a rectangular plate with the color paintings peeled off.

### 234. Drumming Figurine on Horse

The riding figurine wears a hood and an orange robe of wide sleeves. Having high boots on his foot, he is raising his right hand and dropping the left hand. The hands are clenched into fists with holes in them, on which drumsticks are believed to be held. There is a hole on the left back of the saddle, in which a drum should be settled originally. The horse is perking his ears with glaring eyes and open mouth. Since the drum is fixed on the left back of the body, which increased the range of drumming, so the figurine leans his head backward slightly, with his body turning left. He is raising his right hand over head, and dropping the left one on his waist, seeming to spend all his strength on the raised drumstick. The movement of the two arms is liberated and unrestrained but coordinated. The whole figurine is in an exaggerated motion with momentum, bringing people into the ardent scene in which the man is waving his arms up and down, making sonorous drum beats with flying drumsticks.

### 235. Drumming Figurine on Horse

The figurine is wearing a hat or hood, and is in an orange round collared robe of wide sleeves. He wears a pair of high leather boots, and his clenched hands are lifted front in the drumming gesture, so he should originally have held the drumsticks. There is a round hole in the front side of the saddle, which is probably used for settling a drum. The yellow brown horse is standing straight on a rectangular thin base plate.

### 236. Drumming Figurine with Weather Cap on Horse

The riding figurine is wearing a hood, and is in an orange robe of wide sleeves. He wears high boots on his feet, raising his left hand in fist over his shoulders. There is a hole in the fist, which should originally have held the drumsticks which is lost. The figurine drops his left hand down. On the right knee, there is a hole, which was originally used to hold the drum. The man slightly turns to the right, facing the right front and drumming hard. His eyebrows and beards are all painted black, with the hood and robe in orange. The red brown horse is neighing with the mouth wide open.

### 237. Figurine of a Man Piping on Horse

The figurine is wearing a hat and a cross-collar robe of wide sleeves. He sits on a horse straight with his board sleeve hanging down. His hands are half clenched, with the right held up and the left down on the chest, he is playing with something. From his posture, the disappeared instrument should be a vertical pipe, mostly reed pipe. Similar to Bili, reed pipe was brought in from western territories. The horse is yellow-brown.

### 238. Figurine of a Man Piping on Horse

He wears an orange hood and a wide sleeve orange robe, holding a pipe instrument to lips, as if playing.

His left hand is pulling the rein, with the horse head slightly turning left in coordination with the pulling. Rather than sitting stably on the horse, this figurine slightly leans to the left, looking imbalanced. That is because the players will always inevitably sway back and forth to adjust their breath and take enough air in playing instrument so as to make the music richer and longer. The very moment in which the player is raising his right hand and playing with the body leaning leftward was grasped by the sculptor who in turn, created such a typical work of full movement nimbus which is seemingly imbalanced. It is also an evidence that the pottery figurine sculptors in Tang Dynasty also observed the real life in a subtle way, so that they could create a series of masterpieces.

The pipe instrument is relatively short, with the end close to mouth smaller and the other end bigger. As played with single hand, it is supposed to be the peach bark Bili which, according to historical records such as Tongdian and Records on Music of The History of Tang Dynasty, is shorter and stronger than normal Bili, played with single hand, popular in Sui and Tang Dynasty, prevailed among military music, music for guards of honor and the dances.

### 239. Figurine Guard of Honor on Horse

With a hood and a wide sleeve robe on, they sit up on horseback with their hands clenched as if pulling the reins of the red brown horses, on whose back a large white felt pad with red spots is put from the neck to the buttocks.

Although they have no instruments in hand, they are still the piping figurine guards of honor, for their dress and the appearance of the horses resemble the figurines above.

### 240. Figurine of a Man Playing Panpipe on Horse

The figurine is wearing a black hat and a round-collar robe, with a leather belt on his waist and boots on his feet. He is sitting up on horseback with the feet stamping on the stirrup. He is holing a panpipe with both hands close to lips, as if playing. The two ends of the panpipe have differed length. With distinct head profile and glaring eyes, the horse is standing with rising head full of spirit. The color paintings have peeled off, only the hat and the saddle can be recognized as black.

### 241. Figurine of a Man Piping on Horse

The figurine is wearing a black hat and a round-collar robe, with a leather belt on his waist and boots on his feet. He is sitting up on horseback with the feet stamping on the stirrup. He is raising his clenched right hand close to his lips, and the left hand is stretched to support his right hand. From the playing posture, the instrument held with the single hand should be a small Bili. The horse is standing with rising head full of spirit. The color paintings have peeled off, only the hat and the saddle can be recognized as black.

### 242. Colored Dancing Female Pottery Figurine

The Y shaped bun and the robe of this dancing girl are the same as the previous one. She has a fine feature and a smile on her face. She exposed her chest and skin, twisting waist and waving hands. Her left arm is bending down behind her waist, with her right arm horizontally lifted on her chest. She leans to the left and bends her waist slightly backward, and is standing on a square thin base plate dancing. She has a beautiful figure of reversed S shape seen from the front.

### 243. Colored Dancing Female Pottery Figurine

This one has handsome face and even figure. Her erect double-ring bun is coiled up on both sides of the head top. She is wearing a narrow-sleeved robe and long skirt, with a half-sleeve cardigan on the robe. She is wearing high shoes with the left shoe tip exposed outside the skirt and the right one covered. With her chest exposed, her left arm folds forward over her shoulders, and the right arm bends behind her waist. The upper body is bending backwards to the right, and the whole body is turning left, and her eyes move with her hands. Standing on a square thin base plate with both feet, she is dancing in a graceful, free and easy manner.

### 244. Colored Dancing Female Pottery Figurine

She has an erect double-ring bun, wearing a half-sleeve robe and a long skirt.    Her face is plump, and her figure is slim. With the left arm bended up to the front and the right arm bended behind her waist, she is leaning to her utmost right backward, seemingly breaking the balance. She is in a posture of dancing trippingly with both feet standing on a square thin plate, full of charm.

### 245. Colored Dancing Female Pottery Figurine

This group of dancing figurines has highly coiled-up buns, exposed skins, waving arms, bended back and twisted waist, twisting buttocks, appearing to be very pretty and charming.

Dancing Female Figurine No.1: She is coiling her hair into the erect Y shape, wearing a narrow-sleeve jacket and flare skirt covering her feet, exposing only the highly turned-up shoe tips. Her outer cover is a short-sleeved cardigan with a girdle and without collar (which can be deemed as a kind of half-sleeve); the silk ribbon was tied into a bow on her chest.

The dancing girl has bright eyes, charming smile, mellow and round face, and slim waist. She has her chest and skin exposed, leaning the left back, waving both hands with her twisted waist, stamping on a square thin base, full of movement nimbus and elegance.

## 246. Canjun Opera Figurines

There is a pair of them unearthed from the tomb, with the same black kerchief and white round-collared narrow sleeve robe, black leather belt and high boots. The left one is stretching out his right fist, standing with the naturally separated legs, his left arm is damaged. He is shrinking his neck with inclined head, appearing to be honest and lovable. With whiskers on face, he is believed to be a Hun. Opposing to him is the right one, appearing to be wise and humorous with Han people features. This pair of figurines is also somehow called Teasing Figurines; probably they are two roles in the popular Canjun Opera of Tang Dynasty.

## 247. Dancing Figurine

There are three figurines in this group, all of which are found in East Niche. They are wearing black kerchief on heads, with two strings bonded on back head. The paintings have shed from the round collar-robe which hangs down to the knees. They are wearing black leather belt on waist and high boots on feet, standing on an ellipse supporting plate with the legs separated. Two of them are raising their right fists high, and placing their right hands on waist within the sleeves. They are leaning back, and turning the head up to the right, standing with the legs separated. Their right legs are stepping forward with bent knees, and the left leg bends backward, standing sideways in walking steps. The other one is raising his left fist with his right hand on his waist hiding in the sleeve. Turning head down to the right, he is standing with separated legs. All of these three figurines have thick eyebrows, big eyes, pink faces, red lips and apparent make-up. They are dressed the same with coordinated and tacit movements. Their bodies and heads are waving and bowing when dancing, and they move their eyes with their gestures. The vigorous and powerful, free and elegant postures are vividly portrayed.

## 248. Rapping Female Figurine Sitting on Knees

She has drooping double buns, wearing white a round-collar narrow-sleeve robe, with black belt on waist. She is kneeling with the upright body. She stretches her right hand on her chest, and the left arm is damaged. Leaning her head slightly to the right, she has a vivid expression, as if singing a beautiful tone or telling a touching story.

## 249. Child Figurine Sitting on Ground

The child has double drooping buns and tight clothes. She is in green clothes and red trousers, sitting on the ground with the legs stretching forward. She is approaching his arms to his feet, with her body leaning slightly forward and looking back. She has black eyebrows and red lips, really a remarkably lifelike innocent lovely girl portrayed. Judging from the narrow clothes on her, she should be dancing or it is only a beautiful gesture when the girl is having fun, which is just a silhouette of life.

## 250. Figurine of a Sumo Wrestler

This is a male figure who, with a black kerchief on his head, bares his upper body and wears a pair of panties. He raises his left leg with his right leg half squatting and the tiptoe touching the ground. He swings his left hand backwards which has been damaged. This figurine is stout and corpulent. From his dress and sumo-like body movements, we can judge that he must be a sumo wrestler. This is evidence that sumo wrestling was once prevalent in Tang Dynasty. Sumo wrestling is an activity for two or more. This figurine is the only one surviving the tomb robbery. Also, it is the first sumo-wrestler figurine ever discovered of Tang Dynasty.

Sumo wrestling, called force struggle in the ancient times, is also a kind of modern wrestling. It is a traditional sports event with a long history. In china's thousands of years of history, this sports event has been not only an important part of military training but also an entertainment and athletic event. Force struggle originated in the Spring and Autumn Period, and reached its climax after Qin unified China. Since in Qin Dynasty, it was prohibited to hold weapons secretly and, hence, force struggle thrived as a way of bare-handed fighting. It is from Jin Dynasty that force struggle started to have another name: sumo wrestling.

From Tang Dynasty, the names of sumo wrestling and force struggle were both used, still characterized by competitiveness. And this activity was mostly prevalent in the army. In Tang Dynasty, force struggle and batting were ranked as the top two popular sports entertainments, with the former always taking place as the finale in those large-scaled festivals and celebrations. According to Wenhsien T'ungk'ao, in the performance of force struggle, competitors were fighting naked. Each time after all the fighting, the troops would welcome the wrestlers beating the drum. Therefore, we can see how huge and magnificent the activity was at that time. Besides, in Tang Dynasty, the wrestling team, called sumo wrestler fraternity, was specially set up in the royal court for the pleasure and enjoyment of the royal family. At this period, this activity spread to Japan and that is why nowadays the dress of the sumo wrestlers in Japan still has the trace of Tang Dynasty.

### 251. Figurine of a Man Sitting on the Ground Resting

He wears a black hat, and the two pieces of cloth on both sides of the hat droop on his back. He wears a robe with a round collar and tight sleeves, and wraps a leathered belt around his waist. This figurine sits on the ground with his arms embracing his knees, burying his head resting. This figurine is simply and vividly designed, brimming with life atmosphere.

### 252. Figurine of a Dancing Woman

With a small hat on her head, the figurine has a plump square face, two dim eyes, a straight nose and a small mouth which opens a little. Dressed in a long robe, she raises her hands upward to the left, leaving her long sleeves drooping down, and she raises her right leg, standing on the tiptoes. She bends her left leg, standing on a thin base. It seems that she is performing a dance at the moment.

### 253. Figurine of a Child Standing Upside Down with One Arm

The child has double drooping buns, which have already been damaged, and wraps a short piece of cloth around his forehead. He is in tight clothes. From the remaining color spots, we can tell that his tight clothes are orange in color. This figurine stands upside down merely with his right arm stretched and his right palm supporting the entire body. He crosses his two legs forward in the air, with his waist bowed and head raised. He looks strong and vigorous. From the trace of the white glaze, we can tell that this figurine was originally disabled without his left arm.

In Han Dynasty, the skill of standing upside down has already been developed very profoundly, which can be seen in the pictures carved on the stones in the tombs of Han Dynasty. In Tang Dynasty, the skill was further developed into various forms. However, this figurine featured by both the image of standing upside down and the image of the disabled is rarely seen.

### 254. Figurine of a Man Playing Qin

This figurine has a rosy complexion with big eyes and thick eyebrows, a straight nose, a plump face and, moreover, a smiling mouth, looking very handsome. With a hat on his head, he wears a short-sleeve shirt as his underwear and a robe with a round collar as his overcoat, wrapping a belt around his waist. The patterns of his clothes are smooth and the sleeves are fairly large, which bring out a sense of movement. This figurine sits on the ground playing qin with his two hands, and the qin has been lost. With his body slightly leaning forward and head leftward, he seems to be concentrating on something and listening carefully. This work not only portrays the extraordinary appearance of the figurine, but also gives full play to the music master's refined and unusual temperament as well as his inner world merged in the musical world through the smooth lines, natural and handsome movements and the subtle depiction of his eye expressions, etc. This work of art is magnificent as if it were made by Heaven.

### 255. Figurine of Acrobats with Poles

There are 7 figurines of this kind unearthed from the tomb. According to the features of the figurines and after consulting relevant resources, we divide for the time being these figurines into three sets of acrobats with poles.

The set in the middle: on the base there is a figurine, who wears a piece of short black cloth on his head and stands upright. From the remaining movement of his damaged arms, we can see that his arms should have stretched horizontally, which looks like a Chinese character "大". Besides, there remains an iron handspike on his head, which tells us that this is an acrobat who uses his head to support the pole. This figurine is 6.8 centimeters in height. On his top, there is a thin figurine in tight clothes, who stretches out his arms. On the top of his head there is a small hole which tells us that he must be a performer who stands upside down in the air with his head supporting the pole. His movement is corresponding to the one on the base, and he is 6.3 centimeters in height.

The set on the left side: on the base there is a figurine, who, wrapping a piece of short white cloth around her head and wearing a bun on the back of her head, stands with her legs separated front and back. There is a hole in her belly in which a long pole should have been inserted. This is an image of a woman, and it is 7 centimeters tall. On the top there is another figurine, who also wraps a piece of short white cloth around her head, binds her hair into a bun on the back of her head, and is in tight clothes. There remains a handspike on her hips, which tells us that she must have been sitting on the top of the pole. On the top of this figurine's head, there is a hole on each side, and according to relevant data, it is used to put the supporter. Usually there was something or a child hanging on the supporter to undertake a breathtaking performance. This figurine is 5.3 centimeters in height.

The set on the right side: on the base there is a woman supporting the pole who has a bun on the back of her head drooping. She stands with her legs separated front and back. In her belly there is a hole, from which a long pole should have protruded. She puts her left hand beside the pole to protect it while her right hand is damaged. There must be a performer on the pole since she turns her eyes upward. And she is 7 centimeters high. On the top of the pole, there are two performers. The one above is in tight clothes. There is a hole on her shoulder, which should probably have been used to support the top of the pole. Her head and feet are upside down with the two hands hanging down close to the pole for protection. She is 5.3 centimeters in height. The middle one is in red clothes and tight trousers. There is the trace of the handspike on her shoulders. And the arms are damaged. From her posture of suspending in the air with her belly standing out and legs stretched, we can tell that she must be holding on to the pole below and supporting the pole above with her shoulders. It is estimated that she is 4.8 centimeters high and is positioned in the middle of the pole.

Wearing the pole, also called shouldering the pole, etc., is a kind of high-altitude acrobatics boasting a long history. The acrobatics of pole climbing occurred as early as in the Spring and Autumn Period. And various skills of pole acrobatics came into being one after another in Han Dynasty. The pole skills in Tang Dynasty have surpassed the former dynasties, and it is taking as the top acrobatics, and became a popular program performed in the square. In the imperial artistic academy, the pole technique was listed as an important item and excellent pole performers appeared one after another. According to the Records of Imperial Artistic Academy, during the period Emperor Xuanzong of Tang Dynasty, Zhihou, Zhao Jiechou, Madam Fan, Madam Wang, etc. were all famous artists. These artists often performed during festivals. Such spectacular event was frequently chanted by poets. These artists often performed during festivals. Such spectacular event was frequently chanted by poets. From Zhang Hu's The Music of Thousands of Years, we can see how magnificent the scene of pole performance was at that time. The weight carrying capacity of the pole in Tang Dynasty also surpassed that of the former dynasties. We can see how superb the pole technique in Tang Dynasty by its large number of females of unusual physical strength. As recorded, Madam Wang could hold eighteen performers on her pole, and she could hold a long pole while letting the young performers sing and dance on it. A case in point is that at that time, a ten-year-old wonder child named Liu Yan, who was gifted in literature, under the command of Emperor Xuanzong, dictated a stanza of four lines while sitting on the knees of Imperial Concubine Yang, which spoke highly of the ingenious and miraculous pole technique. Besides, the demeanor of the females of unusual physical strength in Tang Dynasty was vividly described in Wang Jian's The Eulogy of Kapok Tree Searching. The performers in this poem were all females with robust and agile figures. And those supporting the pole below, also professionally called "base performers", were also charming and brave. The female performer depicted in this poem was corresponding to the figurine excavated from the tomb in Jianxiang County, who bound her hair into a short bun, wrapped a piece of cloth around her head, and supported a pole. This figurine also represents the pole artists in Tang Dynasty.

## 256. Talking and Singing Figurines

There is a pair of the figurines. Both of them wear a hat and are dressed in long robes and boots. They both have a round face, big eyes and a small mouth. They lean their heads to the right with their necks shrinking, and they bulge their bellies. They both lift their right hands and make a fist in front of the belly and chest, with their left hands drooping down. Their images are funny. They two stand on a square base, one on the left and the other right, with heads downward and waists bent, and the movements echo with each other. They are supposed to be a pair of figurines, one talking and the other singing, similar to today's cross talk.

## 257. Figurine of a Hun Person on Horse

The Hun is characterized by a long and straight nose, deep eyes, protruding cheekbones and bushy beards in cheeks and chins. He is dressed a kerchief on head and in a robe with a turndown collar and tight sleeves. He wraps a belt around his waist and wears a pair of boots. With both arms stretched forward, he clenches his hands as if to rein. He rides on the horseback with his feet stepping on the stirrup iron. He is entirely painted white while the horse, painted bordeaux, with its head raised and chin up, wide opens his eyes and raises his ears. The horse has a clear-cut face, with the hair on the neck trimmed neat and short. Being stout and sturdy with his tail tied short, the horse stands on a rectangular base. In addition, the horseback is equipped with saddle cloth made of leopard skin, and bridge-shaped saddle.

## 258. Figurine of a Man Riding an Elephant

With a hood on his head, and dressed in tights, the figurine rides on an elephant's back with both legs drooping down from one side of the elephant. The long nose of the elephant droops down to the ground and then curls up inwardly. He has pillar-like stout legs, cattail-leaf-fan-like big ears and a wide forehead. It stands on a base with its eyes wide open. On the elephant's back there is an oval-shaped felt cushion which has sawteeth-shaped edges. The man is just sitting on the cushion. Both of these two figurines are blurred in looks since most attention is put on shaping the silhouette. The elephant is carved realistic: his long nose protruding, four legs being stout and his body being huge. However, its whole body is not delicately designed. The human body and the elephant are not in harmonious proportions (the human body is too large).

## 259. Yellow-glazed Figurine of a Dancing Girl

She combs her hairs into two high buns which look like lotus leaves. Girls in Sui and early Tang dynasties had mostly such hairstyle. She is dressed in a long gown with a low collar and tight sleeves, covered by a short-sleeve gown. And she wears a long skirt hanging down to the ground, which covers her feet. She wears a long silk crosswise, which surrounds the left shoulder from both the front and the back of her body, then forms a knot on the right waist, and droops down. She wears a pearl necklace around her fair neck, and looks delicate and pretty. She holds her left hand high and droops her right hand down backward, both hands hidden inside the sleeves. She is slim, with her head slightly turned right, twisting her waist leftward and crotch rightward, taking on an "S" shape posture. Pretty and charming, she is engrossed in her

dancing.

This kind of dancing figurines tends to occur in sets. This figurine and the other ones followed are all painted with a thin layer of yellow glaze, whose main component is lead silicate and whose photographic coupler is metallic oxides of Fe or Sb. From Sui to early Tang dynasties, before the appearance of tri-colored glazed pottery, all coloring agents were in trial, which explains why such monochromatic yellow glazed figurines came into being. Hence, some hold that the tri-colored glazed pottery of Tang Dynasty is based upon such yellow-glaze figurines.

### 260. Yellow-glazed Figurine of a Dancing Man

The figurine wears a kerchief and he is in a robe with narrow sleeves and a turndown collar, and tight trousers with shorts on the surface. He leans his head slightly leftward, and holds a rodlike object in his right hand, with his left hand raised above his head and legs slightly bent. He stands on a base dancing. His entire body is glazed yellow.

### 261. Yellow-glazed Figurine of a Female Playing the Panpipe

She combs her hair into a lotus-leaf like bun, and is in a short jacket with tight sleeves and exposed breasts, a short-sleeve overcoat, and a long skirt with high waist line. She has a plump and mellow face and a slim figure. She is playing the panpipe while kneeling down on a square carpet. Her entire body is glazed yellow.

### 262. Yellow-glazed Figurine of a Female Playing Yu

She combs her hair into a high bun and wears a short jacket with tight sleeves and exposed breasts, a short-sleeve overcoat, and a long skirt with high waist line. Slim and smiling, she is playing the yu while kneeling down on a square carpet. Her entire body is glazed yellow.

### 263. Yellow-glazed Figurine of a Man Playing the Panpipe on Horse

He wears a pointed hood, a tight robe with narrow sleeves and a pair of shorts. The figurine rides on the horse stepping on the stirrup irons with his boots. The panpipe is long on one end while short on the other. The horse has saddle and saddle cloth but no bridle and its hair is cut short with a clutch left before his forehead. It stands on a rectangular base with the four legs upright.

### 264. Yellow-glazed Figurine of a Man Blowing the Horn on Horse

This figurine is dressed in the same way as the former one. He leans his body slightly leftward with his left arm slightly upraised and left hand outspread horizontally as if supporting something. He turns his head leftward and looks at his left hand with his right hand put right beside his mouth. From his movements, we can tell that he is blowing the horn. The long musical instrument that he holds should be a horn, which has been extinct nowadays.

### 265. Color-glazed Pottery Figurine of a Man Playing the Panpipe on Horse

The figurine wears a black hat, a red cross-collared robe with loose sleeves and a pair of black jackboots, riding on the horseback and stepping on the stirrup irons. He holds a panpipe on his left hand and plays it while he makes a fist of his right hand with the index finger stretched out as if reining. The horse stands upright on a rectangular plate with its eyes wide open, head hooked and mouth opened. It is fully equipped with the bridle, the saddle and the saddle cloth, standing there with his tail hanging down. He is glazed yellow and his neck, back and hips are interspersed with black round spots.

### 266. Color-glazed Pottery Figurine of a Man Drumming on Horse

He wears a hood on head, a robe with tight sleeves, and a pair of black boots. He is riding on the horseback stepping on the stirrup irons. He holds his hands half open before his chest, and the drumstick in his hands is lost, leaning his body leftward. There is a hole in his left thigh, where there should have been a drum put. This horse is well equipped with the bridle, the saddle and the saddle cloth, and is glazed yellow entirely.

### 267. Color-glazed Pottery Figurine of a Man Drumming on Horse

He wears a hood on head, a robe with tight sleeves, and a pair of black boots. He is riding on the horseback stepping on the stirrup irons. His right forearm has been damaged and his left hand is clenched before his chest. There is a hole in his left hand which should have held a drumstick. He leans leftward. There is a hole in his left thigh and there should have been a drum. This horse is well equipped with the bridle, the saddle and the saddle cloth, and is glazed yellow entirely.

### 268. Color-glazed Pottery Figurine of a Man Riding a Horse

He is in a black hat and a robe with loose sleeves. He is riding on the horseback stepping on the stirrup irons. He clenches both hands before his chest as if reining the horse. This horse is well equipped with the bridle, the saddle and the saddle cloth, and is glazed yellow entirely.

## 269. Figurine of a Hun

He wears a kerchief, a robe with a round collar and loose sleeves, and wraps around his waist a black leather belt. His aquiline nose is high and straight, his eyes deep and big, and the whiskers cover over his face, taking on an imposing demeanor with chin up and chest out. He holds his right hand before his chest, making a fist, and bends his left arm slightly, making a fist beside his waist. He raises his head to the upper right, and leans his body also to the right. This work of art depicts the unyielding and courageous temperament of the Hun in a vivid way.

## 270. Figurine of a Hun

This figurine is featured by protruding eyebrows, deeply hollow eyes, a high and straight aquiline nose, protruding cheekbone and dense whiskers. He wears a kerchief, a robe with a round collar and loose sleeves, and wraps around his waist a wide belt. He holds his right hand before his chest, making a fist, while he clenches his left hand beside his waist, standing upright on the base. From the Han costumes he is dressed in, we can tell that he is a civic official. This work fully expresses the pride of the Hun to hold an official post in Tang Dynasty.

## 271. Figurine of a Black

His curly hair looks like spirals. He has thick eyebrows and large eyes and a slightly protruding forehead. He has wide nose wings, thick lips and a round black face. He bares his upper body and wears a long scarf crosswise. He is in a pair of pants and barefooted. He is sturdy with dark skin, standing upright on a square base. Most attention is given to the depiction of his hairstyle and facial features which, however, leaves other places relatively coarse. What's worse, the figure has no normal hands but the general shape of hands. His entire body is painted black, and some black paintings have shed, which bares the red pottery base made of mud.

The figurine of a black was rarely seen in figurines of Tang Dynasty. Until now we have only a little more than ten such figurines. The black in Tang Dynasty referred to the foreigners with curly hair and black skin, some coming from Eastern Africa and others coming from Southeast Asia and South Asia. This figurine should be the image of an African, serving as a precious historic witness to the friendship between Tang Dynasty and Africa.

## 272. Figurine of a Dwarf

This figurine is short with a big head, big eyes, a flat nose, a wide mouth and a short neck. He is dressed in a robe with a kerchief on his head. His both hands are slightly damaged. So it is with the part under his feet.

The dwarf refers to those who are extremely short. This is a kind of disability due to dystrophy and other reasons. Records about dwarfs can date back to Zuo's Commentary. In ancient China, dwarfs often served as the entertainers to amuse people, which have been recorded in Records of the Historian. In Tang Dynasty, the dwarf was also called the short slave. Every year, they were sent to the court as tribute to serve as the slaves for the government.

## 273. Figurine of a Dwarf

The figurine has a big head, a tall upper body and short legs, looking short and fat. Featured by the eyebrows looking like an upturned Chinese character /\, half open eyes, a flat and wide nose, a closed big mouth, he looks ugly. He wears a kerchief, a robe and wraps a belt around his waist. With head shrunk and shoulders shrugged, he holds something as winding as a snake in his hand with his left arm slightly bent. He stands on a rectangular base.

## 274. Figurine of a Dwarf

The figurine has a big head, a tall upper body and short legs. He is featured by protruding forehead, frowns, small eyes, a flat nose and a flat and wide mouth. He is supposed to be a middle-aged man who looks ugly. He wears a kerchief and a robe which opens on both sides. Due to the stature, he wraps the belt very low. With head shrunk and shoulders shrugged, he holds something as winding as a snake in his hand with his left arm slightly bent towards his body side. He stands on a rectangular base.

## 275. Figurine of a Standing Camel

With neck bent and head raised, this camel opens wide his mouth as if neighing towards the sky. He has two humps on his head, the front one leaning leftward and the rear one, rightward. He stands on a rectangular base. The color painting has almost shed, only leaving yellowy brown spots.

## 276. Figurine of a Standing Camel

The camel has a massive build with two humps on the back. He stands on a rectangular supporting plate with his neck curved and head raised.

### 277. Figurine of a Crouching Camel

The camel bends his legs and kneels down on the floor, with his neck curved, head raised, mouth open, eyes staring, ears upright and its two humps on the back towering. A cluster of long hair hangs down from behind its head. He turns his face upright and whickers with his neck stretching out, as if he were starting off.

### 278. Labor Camel

The camel opens its eyes and mouth wide, turns its face upright and whickers with its neck stretching upward. Its two humps bulge out from under the oval-shaped felt pad covering its back. On each side of the hump is placed a base plate, and traveling bags and cargos of all kinds are placed right above the humps. The bags with beast faces decorated externally bulge with these patterns. The beast has two round eyes, a big mouth and sharp long teeth——a cruel image. The camel has strong legs and stands on a rectangular plate with its toes separated. It has hair on the top of its head, neck and its upper thigh. The hair under its neck is especially long, almost drooping down to the floor.

### 279. Labor Camel

The camel turns its face upward and opens its mouth to whicker. The long hair grows from under its neck, and cargos and the bagging pot are placed between its two humps. It stands upright on a rectangular plate.

### 280. Pottery Horse

The horse is claret, holding its head high, looking directly forward with its bright eyes. The horse is plump and sturdy with its sharp head goniales, well developed pectoral muscles, and perfectly round hips. The horsehair of its forehead is combed to the two sides; the tightly packed hair on its neck is trimmed short and neat so that he is also called the hair-shorn horse. Without a bridle, the horse is well equipped with a saddle and a pad, the saddle being bridge-shaped and the pad being black. It has a tied-short tail (In case that the horsetail may intertwine when running, people in Tang Dynasty tended to tie it with silk into tied-short tail.). Its four legs stand erect on the rectangular supporting plate. Its cheek, neck, protothorax and so on are decorated with apricot leaves made of bronze. Its forehead, horsehair, tail and hooves are all painted white. It is an agile, brave and vigorous horse.

The horse occupies an important role in Chinese ancient society. The brutal fighting in the battlefield and the rituals in the court could not go without horses. So it is with the hunting activities of kings, princes and aristocrats as well as the folk production activities. Our ancients' eagerness for good horses is near to craziness, which can be shown in Emperor Wu's (one of the emperors of the Han Dynasty) sending Zhang Qian on a diplomatic mission to the Western regions to spare no effort to search for "blood-sweat horses" and in the Six Steeds of Zhao Mausoleum for Emperor Taizong of Tang Dynasty. The horse raising industry in Tang Dynasty was well developed, and in Emperor Gaozong's era (another emperor of Tang Dynasty), the number of horses under the direct control of the government had amounted to 700,000. Apart from the horses locally born, the government of Tang Dynasty also continuously introduced "Hun horses", one of the exotic good strains of breeds. Generally speaking, the noblemen landlords in Tang Dynasty also had the custom to have a fancy for horses and to raise horses. That is because before Tang Dynasty, the means of transport was based on bullock-carts. It is not until Tang Dynasty that the new climate of using horses as a means of transport emerged. Such a climate may possibly explain why horses and pommel horses are commonly seen in tombs belonging to that time. People in Tang Dynasty had high requirements for horse carving. The carved horses available today are mostly balanced in terms of flesh and bones and smooth in lines. The carving of the whole horse is almost entirely consistent with the anatomic principles, and its representation of all kinds of postures of the horse is all perfection without exception. The image shaping of various kinds of steeds is another great achievement of the art of Tang figurines.

### 281. Pottery Horse

In terms of the size and shape, this pottery horse is almost the same as the above one. This one is also claret but it has two upright ears, as sharp as cutting bamboos. And the horse's neck, protothorax and some other parts have brown spots. The decoration of apricot leaves made of bronze has mostly shed except for the one on its head.

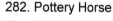

### 282. Pottery Horse

The whole body of the horse figurine is claret, and it is holding its head high, looking ahead on the left with its eyes wide open. The muscles and bones of its head are very distinct and its ears erect upright, as sharp as cutting bamboos. The horsehair of its forehead is combed to the two sides and a streak of horsehair sprouts from its neck, thick, stout, short and neat, which may belong to the hair-shorn horse family. It has a good constitution with its pectoral muscles protruding and its hips big. Under the saddle is a piece of cloth, which is rectangular with round angles and wide white edges. The saddle is covered with a cloth-wrapper made of white silk damask, whose two ends are tied into a bunch, hanging down on the horse's back. On the buttock of its back, there is a round hole, which is probably the hole left behind after the shedding of the "fire ball" decoration. It has the tied-short tail. The horse, boasting powerful hooves, stands erect on a rectangular supporting plate.

## 283. Glazed Pottery Dancing Horse

The horse facial line shows clear arrangement: its ears are as sharp as cutting bamboos. The long horsehair neatly covers its neck. Without the bridle, the horse is well equipped with the saddle things and its tail is tied short. It is plump and sturdy with healthy muscles and strong bones. With its head bent and mouth opened, the horse raises its right foreleg high and stands by the other three legs. It is entirely glazed yellow. And in terms of its posture, this is a dancing horse.

People in Tang Dynasty had a fancy for horses. Not only were horses of that dynasty widely used for wars, transport, daily commute and going from one courier station to another, they were also used for the social activities and entertainment of the aristocrats. This dancing horse, bending its head and raising its hooves, is the very horse domesticated by the royal family for the exclusive use of entertainment and celebrations. The horse of this shape is rarely unearthed. In 1972, four white pottery hoof-raising horses without saddles called Birth Horse were excavated from the tomb of General Zhang Shigui, a subordinate tomb of Zhao Mausoleum (the tomb of Emperor Taizong of Tang Dynasty). Also, there is a hoof-raising horse with a saddle excavated in the Tang tomb of Zhang Chenhe in Changwu County of Shaanxi Province, which is quite similar to this one. This glazed pottery dancing horse is huge in shape and sturdy in muscles with precise proportions, boasting a unity of form and spirit. It can be deemed as a treasure.

## 284. Pottery Horse

With its ears raised, eyes opened and nostrils expanded the horse bends its neck with its head a little lowered down and turned around. The goniale of its head is distinctly carved and it looks alert and agile. There is a groove in its neck where the horsehair was supposed to have been. It is plump and sturdy and boasts strong hooves. Saddled with a bridge-shaped saddle and free from the constraint of the bridle, the horse seems bold and unrestrained. Entirely red, the horse stands upright on a rectangular supporting plate. According to the different approaches of making the horsehair of the horse's neck, people divide the pottery horses of Tang Dynasty into hair-draping horses, hair-shorn horses and hair-planted horses, and this horse belongs to the hair-planted horse.

## 285. Pottery Squatting Dog

The dog is squatting on the ground with its forelegs standing upright, hinder legs bent and tail twisted. It has a wide forehead and a sharp mouth, and raises its head and turns around its neck, as if looking around the surroundings. Most of the colored paintings have shed except for the red painting on the belly.

## 286. Pottery Dog

The squatting dog stands in a way perpendicular to the ground with its hinder legs bent, tail twisted on the ground and waist raised up. It uplifts its forelegs to the air as if ready to jump at any offender. It tries its utmost to raise its neck and head, and open its eyes wide so as to be alert to any sound in the surroundings. It seems that he wears a ring around its neck. Most of the colored patterns have shed, and the grey pottery base is even exposed in some parts. The goat's right forepaw is damaged.

The lying dog stretches out its forelegs, bends its hinder legs inwards, curls its body leftwards to make a slight arc shape and crouches on the ground. With ears and head drooping, it puts its mouth close to the outstretched foreleg and opens its eyes wide. It seems that it is taking a nap but it never relaxes its vigilance. Its entire body is brownish yellow and its tail is a little damaged.

These two dogs, one squatting and the other lying, one being alert, sensitive and highly nervous while the other being loyal to its job when taking a nap: opening its eyes wide and keeping alert. Such is the spice of life.

## 287. Pottery Lying Dog

The pottery dog bends its legs and retracts its tail. The dog curls its body into a circle, crouching on the ground. With a sharp mouth and upright ears, it rests its head on the forepaw. Although he acts as if being sluggish, we can see from its upright ears and half-closed eyes that it keeps alert even when taking a nap.

## 288. Pottery Bull

The bull's head is broad and its facial line shows clear arrangement, which brings out its hard and intrepid nature. Its eyes are wide open and nostrils expanded and its horns are a little damaged. The bull has a short neck, hunched backbones and an upright tail hanging close to the buttocks. He stands erect on a rectangular supporting plate on its four stout legs.

## 289. Pottery Cows

The cows have very short horns and a small-sized body. Their entire body is crimson. One of the cows has two breasts drooping below the lower abdomen.

## 290. Pottery Bull

The horns of the bull are erect, long and sharp. It is stout and strong with its back sinking and shoulders arching. Its eyes are opened wide and staring ahead, whose demeanor is as imposing as a tiger. The sculptor carves the horns, eyes and the robust body of the horse with succinctness, highlighting the horse's sense of power and its impact force. The entire body of the horse is brownish yellow.

### 291. Pottery Bull

The bull's eyes are opened as round as a brass bell. Its two ears erect and it has two short horns with sharp ends. The bull bends its head and hunches its shoulders high with its back sinking. He stands straight on its four feet on a rectangular plate. He is robust and vigorous.

### 292. Pottery Goat

The modeling of this lying goat is the same as that of the contemporary stone-carved lying goat standing in front of the tomb. The goat bends its horns backwards into a semi-circle. Ears drooping, head slightly raised, the vigorous goat looks at the front horizontally and crouches on the ground with its hooves bent, taking on a docile and peaceful bearing.

### 293. Pottery Sheep and the Goat

The lying sheep has its horns first droop down to each side of the head and then turn up passing its ears. There is no edge on its head and the line of its lips is fairly soft, mellow and full, all bringing out kind and gentle facial features. The sheep's ears hang down and tail droops. It is crouching on the ground with legs bent.

The goat has its horns erected, upright and sharp. Also it has its ears erected. Its facial line shows clear arrangement with a wide face and a sharp mouth. Under its jaw, there is a handful of beard, and under its neck and belly, there is the drooping long hair. It opens its eyes round, looking directly ahead, and raises its head, protrudes its horns and uplifts its tail, standing upright on its four legs with its left hinder leg damaged.

### 294. Pottery Standing Pig

The pig's entire body is black. It has a sharp and long mouth, small and long eyes and protruding ears. It stands upright on its four hooves with its tail drooping as if it is walking. The hair of its neck is upright, and it is big and plump with a fat belly, looking like a wild boar.

### 295. Pottery Chickens

The rooster has a sharp beak and a high cockscomb. It raises its head and holds its tail high, standing. The hen has no cockscomb and is much smaller in size. It squats there raising its head and holding its tail high.

### 296. Figurines of the Twelve Chinese Zodiacs

Each of these five figurines of the twelve Chinese Zodiacs has a beast head and a human body, and they are an ox, a tiger, a rabbit, a rooster and a pig from the left to right. The Chinese Zodiacs are also called the twelve two-hour periods, twelve celestial bodies, etc. The four spirits in the literature and funerary wares of Tang Dynasty are collectively called "Four spirits and twelve two-hour periods", the equivalents of which are the "twelve spirits" in Song Dynasty and so on. Mathematicians of ancient times used twelve kinds of animals to match the twelve terrestrial branches, namely Rat, Ox, Tiger, Rabbit, Dragon, Snake, Horse, Sheep, Monkey, Chicken, Dog and Pig. It is thought that a person resembles the specific animal that matches the sexigesimal cycle of the year this person is born, and that he or she has the specific animal as

his or her Zodiac. For example, the one born in the year of Zi resembles Rabbit, the one born in the year of Chou resembles Ox, etc. (for instance, the year of 2005 is the lunar year of Yiyou, the baby born in this year all resemble Chicken). Therefore, as symbols of the twelve Chinese Zodiacs, such animals as the rat, ox, tiger, rabbit, etc. have been tightly bound to human beings. The theory of Twelve Chinese Zodiacs originates in the Eastern Han Dynasty. But according to the existing archaeological data, it is not until the Northern and Southern dynasties that "the traditional twelve two-hour periods figurines" were discovered in the tombs. And such figurines were frequently discovered from Sui and Tang dynasties till Song and Yuan dynasties.

The twelve Chinese Zodiacs figurines excavated from the tombs of Sui and Tang dynasties can be divided into three types: the animal type, the beast-head-and-human-body type, and the human type, among which the beast-head-and-human-body type is the most interesting. Artists skillfully combine the heads of the twelve Chinese Zodiacs and human bodies together, endowing the twelve Chinese Zodiacs with the features of personification. In terms of the body, which is in a color-patterned robe with wide sleeves and a cross collar, it demonstrates the demeanor of a refined scholar of a delicate appearance with hands cupped before the chest or holding something in both hands. While in terms of the heads, which are the real images of the twelve animals, they display different expressions: the simple and honest ox, the alert and smart monkey, the docile and elegant sheep, the deft chicken, etc., all being vividly carved.

The beast-head-and-human-body type of the "twelve two-hour periods" figurines came into being as early as Sui Dynasty in the South of China, and relatively later in the Central Plain. During the later years of Emperor Xuanzong of Tang, the "twelve two-hour periods" figurines appeared in the capital city of that time and the Nanjing areas. Its basic modeling is as follows. The human body stands upright, in a robe drooping

down to the feet with wide sleeves and a crossed collar. His two hands are cupped before the chest, which are almost covered in the wide robe. He stands straight with a raised head, and in solemnity he reveals the specific characteristics of each of the twelve kinds of animals. The figurines are molded by mud into the red pottery. Many figurines of the twelve Chinese Zodiacs were excavated from the tombs of Tang Dynasty in Xi'an area. But they tended to be severely messed up by the grave robbers or because of collapsing of the burial chamber and other reasons, and therefore, incomplete. We can hardly obtain twelve Chinese Zodiacs altogether and some of them were severely damaged and beyond all recognition. And their original arrangement and order were mostly disrupted. In 1955, a set of twelve Chinese Zodiacs figurines which were intact were excavated from a tomb belonging to Tang Dynasty in Hansen Village of Xi'an. According to the position of the figurines in the tomb, the twelve Chinese Zodiacs were placed in accordance with the position and order of the terrestrial branches. They are arranged clockwise from the north to the east, then to the south and to the west. The rat and horse compose the meridian, right conforming to the theory that the meridian line is north-south oriented. The images of the twelve Chinese Zodiacs were also carved on the gravestones, epigraph, the inner and outer coffins, etc. Some are even made into pottery figurines of other materials as burial objects.

# Song, Yuan, Ming & Qing Dynasty

## 297. Figurine of a Standing Man

Wearing a black kerchief on head, the man is in a yellow robe with turndown collar and tight sleeves. The neckline is wide open, exposing his breasts. He wears a black leather belt around his waist and round-head shoes. This figurine has a wide forehead, a round face with rosy complexion, two eloquent eyes though not big and a small mouth. He clenches his fists with the right one raised before the chest and belly, and the left one close to the waist, standing on a thin base with his chin up and chest out.

## 298. Sitting Dragon

The squatting dragon has horns and its flamelike hair rises upright. Its eyebrows are thick and its eyes round and protruding, looking directly forward. Its long mouth is relatively wide and its long nose, turned up. Its neck is long, thin and curled, its chest out, its back humped and its tail perking high rearwards. Looking vigorous and healthy, its forelegs stand upright and its hinder legs squat on a thin rectangular base. The black pottery is molded and hard in nature.

Ever since the Song Dynasty, the shape of Chinese dragons has been developed to be standardized and artistic, reaching its unprecedented height in Yuan Dynasty. From this squatting dragon, we can see that people in Yuan Dynasty attached great importance to the coordination and aesthetic value of the shape of the dragon. The dragons at that time boasted both physical strength and aesthetic charm. The squatting dragon was a kind of ornamentation prevalent in Liao and Jin periods, and was carried on and further developed in Yuan Dynasty. This work boasts high craftsmanship with the application of various carving skills. It has special meaning to use the squatting dragon as the beast dominating the tomb. Ever since the Han Dynasty, the dragon has been regarded as the lead of four spirits, which can be seen in the frescos of Western Han Dynasty in which the picture of the tomb owner being promoted as an immortal was led by the dragon, and in the tomb frescos of Tang Dynasty in which the green dragon and the white tiger as guides, were often painted on the front end of the walls on both sides of the tomb passage. Hence, we can see that dragon, as the beast dominating the tomb, not only performed the role of exorcising the evil spirits, but also served as the media between the heaven and the underground, leading and loading the human spirits into the heaven.

## 299. Warrior Figurine with a Corrugated Hat

The warrior figurine wears a square corrugated hat on his head and has a Mongolian hair style which looks like that of the children of Han nationality. Those children have their hair on the top and back of his head shorn off, leaving some hair in the middle of the forehead and both sides of the head. The hair in the middle of their forehead is cut short loose drooping while those on both sides were each bound into a knob overhanging the shoulders or tied into a braid drooping on their back. The hair of this warrior figurine can be seen from under the brim of his hat: some short hair in the middle of his forehead droops like bangs while those on both sides are tied into a thick braid, drooping to his waist. Since Jenghiz Khan of Yuan Dynasty (1206 AD) proclaimed himself Emperor, it has become a written rule for people from all across the country including himself to adopt such a hairstyle. In early Yuan Dynasty, he even ordered people of Han Nationality to adopt it.

The warrior figurine wears a robe with a crossed collar and a right lapel, extending beyond his knees. He wears a decorative belt around his waist, on the left side of which hang a sheath knife and a flat jug. He wears something on his back connected with his neck, and wears a pair of long trousers and boots made of winding silk, standing on a thin base with legs separated. With a square face, bright eyes, eyebrows looking like an upturned Chinese character"/\", a straight and high nose, and a closed mouth, he demonstrates a heroic demeanor with fortitude and valiance. All in all, this figurine is the image of a Mongolian warrior.

### 300. Figurine of a Little Monk

This figurine has a bald head, on the top of which there is a small pimple (this is probably the symbol of having been initiated into monkhood). He wears a wide shirt with a right lapel, and a front skirt. With a bare head, a round face, two big eyes, a handsome nose, a small mouth and two drooping ears, he shows a lovely and pure smile and puts his palms together, standing on a square base with his legs naturally separated. This is a lovely and cute image of a boy, who should be a devout Buddhist.

### 301. Figurine of a Bodyguard

On his head, the figurine wears a kerchief on which there are two horns sticking up. He wears a round-collar robe with narrow sleeves, which droops down to the knees, and wears a belt around the waist, and a boots on the feet, standing straight on the ground with his legs separated. He clenches his right hand right before his chest and makes a fist of his hanging down left hand. He has a square face with two eyes wide open, and takes on a solemn facial expression. This figurine should be an image of a bodyguard.

### 302. Figurine of a Servant Girl

The girl wears a straw hat, which is round in the front and square in the rear and which features a long string drooping from the top. She has a Mongolian hairstyle with some hair drooping like bangs in the middle of her forehead and a thick braid hanging down on her back. She wears a right-lapel robe with narrow sleeves with a belt around her waist and a pair of boots on her feet. Her round face, big eyes, small mouth and smiling face, all contribute to her pure and lovely image. With her two arms embracing each other before the chest, she stands straight on a thin base with a scarf casually covering her left hand.

### 303. Figurine of a Female with Her Hair up

The female combs her hair into a long thick braid and winds it in the shape a snake on the top of her head. She wears a left-lapeled crossed-collared robe with a girdle around her chest. And she wears a long skirt, the band of which droops down, and the skirt covers her feet, with only her toes exposed. She has a round face with fair complexion and fine features, standing on a thin polygon base with her hands covered in the sleeves cupped before the chest. This is an image of an obedient maid with courtesy.

### 304. Pottery Horse

This horse wears a bridle on the head, and a pad, cloth-wrapper and mud-preventer on his back. On the top of the mud-preventer, there is a stirrup. The accessory of the saddle and the strings are carved on his body in shade lines. The horse has round eyes and two upright ears looking like sharpened bamboos. The horsehair on the forehead is neatly combed behind his ears, while the hair on the neck is long and thick, spreading out on both sides. He stands straight on a rectangular plate. Though not as big and handsome as those in Tang Dynasty, under the skillful carving, this horse is lifelike.

### 305. Pottery Horse

This horse wears a bridle on the head, together with a pad and a cloth-wrapper and strings on his back. The horse has round eyes and two upright ears looking like sharpened bamboos. The horsehair on the forehead is very neat, covering his nose bridge, while the hair on the neck is long and thick, spreading out on both sides. He stands upright on a rectangular plate.

### 306. Figurine of a Vehicle of Yuan Dynasty

The cart is of two shafts with a rectangular carriage on it. On the upper part of the right wall and the left is the mullion, and the front wall is open. On the top of the carriage is a bonnet, which takes on the shape of a wide-brimmed cymbal-shaped hat. The front rim extends forward that could shelter the driver. On the top of the bonnet is a sharp tip decorated with a round pearl. The wheels are round with several spokes. The vehicle is equipped with four horses, one being harnessed in the shafts and the other three pulling the cart in the front.

### 307. Figurine of a Man with a Medium-sized Hat

The figurine wears a black medium-sized hat and he is in a red robe with a plate-like collar and narrow sleeves. He wraps a leathered belt as a decoration, which is not tied to his waist tightly but loosely tied to the robe, symbolizing his identity. He wears a pair of black boots and stands still on a square base with his two feet outstretched towards the opposite position. He half clenches his right hand before the chest while raises his left half-clenched hand on the left side with the elbow bent. The things originally in the hands have been lost and his left shoulder is embedded with an iron ring. This figurine should be the figurine of an honor guard with things in hands and on shoulders. He has a round face, big eyes, a big nose, and a handlebar mustache, looking handsome and generous. He has a respectful and serious expression.

### 308. Figurine of a Man with a Felt Hat

The figurine wears a round red felt cap with a pointed tip, and he is in an off-white robe extending beyond his knees with a plate-like collar. He wears a pink soft belt around his waist which is knotted before his belly, leaving the two ends drooping. He places his two hands before his chest, one upward and the other downward, holding something which has been lost. He stands on a red square base with his two legs apart. He has a rosy complexion with fine features. There is a handlebar moustache above his lips, and a beard under his chin. This is an image of a dutiful, smart and capable honor-guard attendant.

### 309. Figurine of a Woman

The figurine combs her bun high and binds it with a red thin-silk hoop. She is dressed in a red short jacket with half sleeves and a crossed collar on top and a green long floor skirt, the hemline of which covers her feet. She has a round face with a rosy complexion, a small cherry-like mouth and fine features, demonstrating docile facial expressions. She stretches her hands forward which have been damaged, standing straight on a rectangular plate.

### 310. Figurine of a Riding Official with a Black Gauze Cap

The figurine wears on his head a black gauze cap, on the back of which there is a hole. On each side of the hole, there should have been a wing. He is dressed in a nattierblue official suit with both his chest and back being painted a red square cloth. He wraps around his waist a leathered belt as a decoration, and wears a pair of black boots. On the leathered belt, the edge of the red squares and the edge of the pad, the cloth and the saddle are painted with golden traces. The riding figurine has fine facial features. He half clenches his right hand before the chest as if pulling the rein, while his left hand is naturally hanging down in the sleeve. He rides on the horseback with both feet put on the stirrup irons. The horse is white, well equipped with the pad and cloth-wrapper. It upraises its ears and opens its eyes wide, standing straight on a rectangular plate. This figurine is dressed in a black gauze cap and an official suit, bringing out the image of a government official.

The suit the figurine is in is the informal dress for officials in Ming Dynasty. This kind of robe is custom made from top to bottom. For civil officials, the robe shall be as long as 1/3 decimeter to the ground, its sleeves shall extend farther than the hands, and if the official bends his hand, his sleeves shall at least cover his elbows. For military officials, the length of the robe shall be 5/3 decimeters towards the ground, and its sleeves shall extend 3/7 decimeters farther than the hands. This kind of robe has on its chest and back parts a square cloth with birds painted on it, such pattern being called bufu, buzi or xiongbei. This is the earliest official suit system. First, different patterns of birds and beasts were embroidered on the square cloth with silk yarn, and then these patterns were decorated on the chest and back of the official suit as the symbol of the rank of the position. Started in Ming Dynasty, this system had developed into a strict rule that no one could afford to overstep it in Qing Dynasty. According to the documents, in Ming Dynasty, on the civil official's buzi, birds were embroidered while on that of the military official, beasts. The detailed official ranks are as follows. For civil officials, cranes are for the 1st rank, golden pheasants for the 2nd rank, peacocks for the 3rd rank, wild goose for the 4th rank, silver pheasants for the 5th rank, egrets for the 6th rank, purple mandarin ducks for the 7th rank, orioles for the 8th rank, quails for the 9th rank, sparrows for officials with little power, and mistles for supervising officials. For military officials, tigers are for the 1st or 2nd rank, panthers for the 3rd or 4th rank, bears for the 5th rank, young tigers for the 6th or 7th rank, the rhinoceros for the 8th rank and the sea horse for the 9th rank.

### 311. Figurine of a Riding Soldier with a Felt Hat

With a red felt hat on, this figurine is dressed in a tight-sleeve underwear and a red jacket-like armor. The neckline, the cuff and the edges of the jacket are all in light green. On the edges of the jacket, there are three round red buttons. He wraps a pink soft belt around his waist which is knotted before his belly, leaving its two ends flowing downwards on the left. He raises his two bent elbows, with his right hand half clenched on the right front, as high as his shoulders, and with his left hand also half clenched, put on the side of his left ribs. With one hand up and the other down, he is controlling the horse with a rein. This soldier figurine has a square face with big eyes and bushy eyebrows. He sits right on the horseback with chest out and chin up. The horse, with its ears turned upright, eyes wide opened, and its neck covered by the thick black horsehair, stands upright on a rectangular plate with chest out and chin up. Such harnesses as the headstall, the pad, the cloth-wrapper and so on are all available. The modeling of the horse, especially its head, is not as clear as the pottery horse in Tang Dynasty, but takes on a smoother look. This horse is red in body and black in mouth, horsehair and the four hooves.

### 312. Figurine of a Riding Soldier with a Felt Hat

As for the modeling and dress, this horse is the same as the above one. The difference lies in the following aspects. This figurine wraps a white belt around his waist and the horse is painted white. Besides, they differ in their movements. This soldier figurine raises both his arms and half clenches his two hands close before his mouth to display the movement of playing the wind instrument, which has been lost.

### 313. Figurines of Two Persons leading a Horse

The two persons and the horse stand on a rectangular plate. Well equipped with the saddle, the rein and the bridle, the horse stands upright with chin up. It is entirely painted black. The modeling of the horse

seems to have the tendency of toy-likeness. With his ears upright, his geisoma protruding, and his eyes exaggeratingly opened, the horse's mouth and nose are shaped rounded and full. The horse head is not as clearly shaped as that in Tang Dynasty, and the image of the horse is no longer agile and brave, but docile and lovely instead. The two persons stand at both sides of the horse with their back against the horse. Both of them have their one hand stretch out to pull the rein and the other half clenched on the belly, which is supposed to have held something. He is dressed in a black medium-sized hat, a round-collar robe with narrow sleeves, and a pair of black boots. Besides, they wrap around their waist a red leathered belt as a decoration. Both of them have a round face with rosy complexion and fine features. With thin eyebrows and short mustaches, they look obedient. They look the same and boast bilateral symmetry. The only difference lies in the color of the robe. The one on the right is in green while the one on the left is in red.

# 도용(陶俑)

자핑와(賈平凹)

　　진대(秦代) 병마용(兵馬俑)이 출토된 후, 나는 베이징(北京)에서 근무하는 산시(陝西) 동향 사람을 가리키며 "이봐, 생김새가 병마용을 꼭 닮았네그려!"라고 하는 사람을 여러 번 보았다. 사람은 나고 자란 곳의 영향을 많이 받고 생김새의 변화는 매우 느리니 틀린 말은 아니다. 나는 산시에서 나고 자라 쭉 이곳에서 생활해 왔다. 서북에 위치한 이곳은 지세가 높고 바람이 차며 밀가루를 주로 먹어 사람들이 대부분 체격이 다부지고 얼굴이 넓고 두껍다. 사서(史書)에서는 산시 사람들이 강하면서도 아둔하다고 하였는데 이는 아마 산시 남자를 두고 말한 것으로 현재 산시는 중국에서 미녀가 많기로 이름난 지역이다. 그렇다면 예전의 산시 사람들은 어떤 모습을 하고 있었을까? 사진 기록이 없으니 박물관에서 도용을 관찰하는 수밖에 없었다.

　　최초의 도용(陶俑)은 사람의 머리뿐이었는데 그릇 뚜껑같이 생긴 머리가 하늘을 쳐다보며 입을 조금 벌린 모습이 바로 선사(先史)시대의 산시 사람이다. 현재까지 산시에는 눈이 작은 사람이 드문데 선사시대에서부터 그랬던 것 같다. 입을 조금 벌린 것은 도훈(陶塤)으로 묵직한 토성(土聲)을 내기 위해서였다. 이는 세계에 이미 자신들의 위치를 알고 있다는 것을 선포하는 것으로 비록 모든 것을 알고 있지만 뽐내지 않는다. 이 밖에 산시 사람들은 감언이설을 매우 싫어하는데 오늘날까지도 남방의 말은 새가 떠드는 것 같다고 싫어하고 베이징 사람들은 약삭빠르며 톈진(天津) 사람들은 말재간이 좋다고 욕하고 있다.

　　진대에는 병마용이 부장되었다. 병마용의 웅장함은 익히 알려져 있는데 말 도용의 크기가 진짜 말과 비슷한 것을 보아 병사 또한 키 높이에 맞추어 만든 것 같다. 그렇다면 산시 사람들의 선조는 체격이 좋았을까. 그러나 병사 도용들은 모두 허리가 길고 다리가 짧아 나를 난감케 했다. 한편 다시 생각해보면 이런 체격이 싸움에 유리할 것도 같다. 고서(古書)에 '낭호지진(狼虎之秦)'이라는 말이 있듯이 호랑이의 다리는 원래부터 짧지 않은가. 만약 백로처럼 다리가 길다면 무기(舞伎)가 되는 편이 나을 것이다. 산시 사람들은 전통적으로 무예를 즐겨 왔다. 이 밖에 무예에 능한 이들이 대부분 과묵한 것도 산시 사람들의 특징 중 하나이다. 병사 도용의 얼굴 표정은 너무도 온화하여 순박함에 가까운데 고서에도 이 같은 묘사가 많지만 나는 이런 평가를 받아들일 수 없다. 육국(六國)이 어떻게 평정되었는지 안다면 산시 사람들의 강인함이 무엇인지도 알게 될 것이다.

　　진대의 남성들이 이러하였다면 여성들은 어땠는가. 꿇어앉은 도용은 고계(高髻)를 하고 용모가 수려하며 두 손을 무릎에 놓고 침착한 표정을 하고 있다. 처음에는 이러한 모습을 보고 여인 도용으로 생각했지만 동일한 도용들이 대량 출토되고 사람 한 명에 말 한 필씩 부장되었으며 턱에 수염이 난 것을 보고 비로소 남성임을 확신하게 되었다. 신분은 저승 왕실에서 사용할 말을 기르는 사람인 것 같다. 마부 노릇을 하는 남자도 이렇게 수려하니 여인의 인물은 말할 필요도 없을 것이다. 여인들의 형태로 도용을 만들지 않은 것이 여성을 무시하여서인지, 아니면 힘든 일을 맡길 수 없어서인지는 알 수 없다. 오늘날 남방의 여인들은 산시 남자들이 요리, 빨래, 바느질, 아이 보기를 할 줄 모른다며 시집오기 싫어하고 산시 남성들은 남방 남자들이 여자에게 농사일을 시킨다며 욕하고 있는데 과연 누가 옳고 누가 그른 것일까?

　　한대(漢代)에 이르러 도용의 수량이 늘어났는데 방패를 안은 도용, 몸체가 편평한 도용, 병마용 등이 있었다. 도용이 늘어난 것은 순장(殉葬) 풍습이 줄어든 것을 뜻한다. 이 중에서 방패를 안은 도용과 몸체가 편평한 도용은 매우 야윈 모습이고 앉거나 서 있으며 자태는 차분하고 옷차림은 수수하고 고상하며 얼굴은 수려하여 섬세한 아름다움이 엿보인다. 중국 역사상 가장 강성했던 시대는 한당(漢唐)시대이나 한대 초기는 회복기로서 평온함을 추구하였다. 당시 사람들은 실질적이고 소박하였으며 끊임없이 분투하였다. 산시 사람들은 힘을 발휘할 때에는 마지막에 한꺼번에 터트리고 힘을 축적할 때는 오랜 시간을 버틴다. 한대 민간조각기법에 '한팔도(漢八刀)'라는 말이 있는데 기법이 간결하기로 이름났다. 무릉(茂陵)의 석조(石彫)가 바로 이렇게 만들어진 것이다. 오늘날, 산시 사람들의 대범함은 건축, 복식, 음식뿐만 아니라 공예, 인간관계, 말과 행동에서 모두 드러난다. 우물쭈물 앞뒤를 재거나 미적거리는 것은 산시 사람들에게 맞지 않다. 이들은 상대가 자기보다 뛰어날 때에는 상대가 뭐라고 하든 대꾸하지 않는데 이는 스스로를 낮춰 보기 때문이 아니라 훗날을 도모하기 위해서이다.

한대 병마용의 출토량이 가장 많은데 함양(鹹陽) 양가만(楊家灣)의 무덤 한 곳에서만 3천 점이 발견되었다. 이곳에서 출토된 병마용은 규모와 크기가 진대의 병마용보다 작지만 기병이 40%에 달한다. 한대의 산시 사람들은 말 타기를 좋아하였으나 현재는 말들이 거의 자취를 감춰 산시 사람들 또한 대범한 모습이 자연 줄어들지 않았나 싶다.

산시 사람들은 순수 한족이 아닌데 진(秦) 이후 유목민족의 침입으로 인해 이들의 피와 문화가 고대(古代) 중국에 섞여들었다. 위진남북조(魏晉南北朝)의 도용은 대부분 무사들인데 그중 상당수는 호인(胡人)이었다. 말에 올라 호각을 부는 도용과 쌀을 빻는 도용, 사람 얼굴을 한 진묘수(鎭墓獸)를 자세히 살펴보면 눈이 오목하고 코가 우뚝하며 넓은 얼굴에 강건한 체구, 수려한 외모에서 전(滇)과 촉(蜀)의 모습이 보인다. 사서(史書)에서 말하는 '오호난화(五胡亂華)'는 사실상 산시의 혼란을 말하는 것이다. 인종이 섞이면서 산시 사람들의 체구가 더욱 건장해졌고 개방적이 되었지만 남을 해하려고 하지 않아 오히려 남의 속임수에 쉽게 넘어간다. 때문에 지금까지 산시 사람들은 상해에서 물건을 사지 않고 타지에 나가도 남방 사람들과 교제를 꺼린다.

남북조(南北朝)시대에 인종이 섞이고 수(隋)에서 초당(初唐)까지 나라가 홍성하면서 중당(中唐) 시기 번영을 맞이하여 고대 중국의 눈부신 성과인 천왕용(天王俑)이 나타나게 되었다. 천왕의 형상이 아무리 위풍당당하다지만 발아래의 작은 귀신도 평범한 인물은 결코 아니다. 그것은 비록 남의 발아래 밟혔지만 이에 굴하지 않고 온 힘을 다해 맞서려 하기 때문이다. 여기서 나는 상대가 안 되는 걸 알면서도 끝까지 맞서고 온몸이 피투성이가 되더라도 앞으로 돌진하는 산시 사람들을 생각하게 되었다.

삼채여시용(三彩女侍俑): 얼굴은 보름달 같고 허리는 튼실하지만 하반신은 점차 가늘어지며 바닥에 끌리는 치마를 더해 겉보기에 뚱뚱하거나 아둔해 보이지 않으며 곡선의 흐름으로 우아한 자태를 뽐내는 것 같다. 건장한 체구와 굳센 정신력이 드러나는데 당시 힘을 중시하는 풍조가 엿보인다. 오늘날의 산시 여인들은 냉정하고 내성적이며 단아하거나 외향적이고 화끈하거나 한두 가지 모습으로 나눌 수 있다.

기마여용(騎馬女俑): 얼룩말을 탄 미인의 모습인데 가슴과 팔을 노출했으며 고아한 풍격은 18세기 유럽의 귀부인 같아 보인다.

소장여좌용(梳粧女坐俑): 치마허리가 높고 짧은 저고리 겉에 반수(半袖)를 입었으며 삼채(三彩) 복식은 화려하다. 거울을 보며 화장을 하고 있다.

당(唐)나라 여인 도용이 다수 출토되었는데 머리 모양이 140여 종에 달한다. 당시는 남성은 자신의 힘을 자랑하고 여인은 자신의 아름다움을 뽐내던 자신감이 넘치던 시대였다.

기마수렵용(騎馬狩獵俑)을 보면 산시 사람들이 무예 수련을 즐겼음을 알 수 있고 설창용(說唱俑)에서는 이들의 유머와 해학이 엿보인다. 대량의 곤륜용(昆侖俑)과 기마호용(騎馬胡俑), 기와타호인용(騎臥駝胡人俑), 견마호인용(牽馬胡人俑) 등에서 산시 사람들의 호방함과 너그러움을 느낄 수 있을 뿐만 아니라 외부문화에 대한 개방적인 태도 또한 알게 되었다. 이 밖에 낙타를 탄 악사 7명과 목청껏 노래 부르는 여인의 모습에서 산시의 민요와 희곡이 전국을 들썩이게 한 원인을 알 수 있었다.

진(秦)·한(漢)·당(唐)을 지나며 수도가 다른 곳으로 옮겨져 산시에서 멀어지자 산시는 날로 쇠퇴하기 시작하였는데 이는 산시 사람들의 가장 큰 불행이기도 하다. 안강(安康)의 바이지아리양(白家梁)에서 출토된 물건 든 여인 도용은 송대(宋代) 작품으로 단아한 모습이며 마른 몸매에 '배자(背子)'를 입고 있다. 이 밖에 '삼탑두(三塔頭)' 머리를 한 남자 도용도 출토되었다. 송대(宋代)에 이르러서는 이전의 호화스러움과 자신감이 없어지고 명대(明代)의 도용은 동시에 3백여 점이 출토되고 의장용(儀仗俑)을 비롯한 대오(隊伍)를 이룬 장면이 장관을 이루었지만 정기는 사라지고 순종과 체념만이 감도는 것 같다. 산시 사람들이 경직되고 완고하며 틀에 박힌 성격을 갖게 된 것도 명청(明淸)의 영향을 받은 듯하다.

산시역사박물관(陝西歷史博物館)의 도용들을 볼 때마다 산시 사람들의 변화를 마주하는 것 같다. 시대마다 심미관과 가치관에도 변화가 나타났으며 산시 사람들의 외모와 성격 또한 시대를 거치며 점차 형성되어 왔음을 절실히 느끼게 되었다. 도용의 출현과 발전, 쇠퇴를 따라가다 보면 산시 사람들의 행복과 불행을 만나게 되고 중국 역사의 행운과 불행 또한 만나게 된다. 산시는 중국 역사의 축소판이다. 19세기 말, 중국에서 개혁개방정책을 시행하면서 서북에 위치한 산시는 연해 지역에 비해 크게 낙후되었고 타 지방 사람들의 무시까지 받게 되었다. 이에 대해 우리에게 있는 것은 무엇이며 부족한 것은 무엇인지 되돌아볼 필요가 있다고 본다. 경제와 문화의 발전은 지리환경에 달린 것이 아니라 사람에 달려 있기 때문이다. 산시는 용의 후예인데 어찌 이무기가 될 수 있겠는가. 다른 지역 친구들이 산시에 오면 나는 그들과 함께 진대 병마용과 한무릉(漢茂陵) 석각(石刻), 당(唐)나라 벽화(壁畵)를 관람하곤 한다. 그때마다 나는 "중국 역사상 진한당(秦漢唐)이 그토록 강성한 이유가 무엇인지 아는가? 그것은 산시에 수도를 세우고 산시 사람들의 노력이 있었기 때문일세. 송원명청(宋元明淸)의 국력이 쇠퇴해진 것은 산시 사람들 때문이 아니며 산시 사람들은 오히려 그 과정에서 피해를 입었어"라고 이야기한다. 친구들은 내 말에 일리가 있다고 하면서도 흥분한 내 얼굴을 가리키며 말하곤 한다.

"이봐, 자네 얼굴이 병마용을 꼭 닮았어!"

본서는 정위린(鄭育林), 쑨푸시(孫福喜)가 함께 기획한 『西安文物精華(시안문물정화)』 시리즈 중 하나이자 마지막 한 권이기도 하다. 이 시리즈는 모두 11권으로 10년에 걸쳐 「옥기(玉器)」(2004년), 「청동기(靑銅器)」(2005년), 「자기 (瓷器)」(2008년), 「동경(銅鏡)」(2008년), 「불교조상(佛敎造像)」(2010년), 「삼채(三彩)」(2011년), 「서법(書法)」(2011년), 「인장(印章)」(2011년), 「금은기(金銀器)」(2012년), 「회화(繪畵)」(2012년), 「도용(陶俑)」(2015년) 순으로 출판하게 되었 다. 그 가운데 유감스러운 것은 2011년 3월, 편집장 쑨푸시 박사께서 별세하셨다. 시리즈가 모두 출간된 오늘, 이 기 쁨을 먼저 가신 쑨푸시 박사님과 함께 나누고자 한다.

「도용(陶俑)」은 2005년에 집필을 시작하였으나 여러 원인으로 몇 년간 지체되었다. 그러다가 2011년이 되어 초고 가 완성되고 여러 차례 수정을 거쳐 2013년에 기본적으로 마무리가 되었다. 본서에 수록된 300여 점의 도용(陶俑) 은 대부분이 시안시(西安市)에 소장된 유물이며 소수만이 란티안(藍田), 저우즈(周至) 등 구(區)·현(縣) 박물관에 소장된 유물이다. 시리즈 가운데 「삼채」권이 따로 있으므로 본서에는 삼채용(三彩俑)을 수록하지 않았다. 주로 시대 적·지역적 특징을 띤 도용을 수록하였는데 대부분은 고고학 발굴에 의해 출토된 것이며 소부분만이 수집한 유물이 다. 특별히 따로 현재 소장지(所藏地)를 적은 것을 제외하고 대부분 도용의 현재 소장지는 시안박물관((西安博物館) 또는 시안시문물보호고고학연구소(西安市文物保護考古學硏究所)[2007년 시안박물원이 건립된 후, 시안시문물보호고고 학연구소(西安市文物保護考古學硏究所) 유물창고 및 소장 유물은 모두 박물원에 귀속되었다. 이후 고고학연구소에서 발굴· 출토한 유물 역시 모두 박물원에 넘겼다. 고고학연구소는 2011년 말 시안시문물보호고고학연구원(西安市文物保護考古學硏究 院)이라 개명하였다]이다.

본서는 그림과 글이 빼어나고 대중적으로 쓰여 독자들이 시안 도용 발전상황을 엿볼 수 있을뿐더러 더 나아가 중 국 고대(古代) 도용 예술의 찬란함과 운치, 그리고 대체할 수 없는 독특한 매력을 한껏 느껴볼 수 있을 것이다. 이름난 소설가 자펑와(賈平凹)의 에세이 〈도용〉은 감상자의 각도에서 쓴 것으로 본인의 동의를 거쳐 수록하였다.

시안시문물국(西安市文物局)의 샹더(向德), 황웨이(黃偉), 시안박물원(西安博物院)의 왕펑쥔(王鋒鈞), 푸하이시앙 (伏海翔), 시안미술학원(西安美術學院)의 웨이지에(魏傑), 시안비림(西安碑林)의 천건위엔(陳根遠), 허난사회과학연 구원(河南社會科學硏究院)의 리리신(李立新) 등은 본서 편찬 과정에서 여러모로 도움을 주었다. 이 자리를 빌려 감사 를 표한다.

2014년 5월
엮은이